Seeing:

四十八位物件的閱讀者，與他們所見的世界

48 Object Readers & Their Worlds

物見

總策畫●賴毓芝

●柯律格●喬迅●巫鴻●高彥頤●梅玫●羅森●李雨航●板倉聖哲●謝明良●班宗華●竹浪遠●余佩瑾●塚本麿充●劉宇珍●米凱●賴毓芝●施靜菲●史彬士●孟絜予●林麗江●盧慧紋●王淑津●馬孟晶●李慧漱●彭盈真●胡素馨●霍吉淑●雷德侯●陳愷俊●吳曉筠●邱士華●黃蘭茵●森達也●文以誠●芬萊●劉必亞●葉凱蒂●石慢●宮崎法子●蔡家丘●魏瑞明●蔡九迪●劉禮紅●小林宏光●馬雅貞●王靜靈●趙金勇●顏娟英──著

胡宗香●薛芸如●洪婕憶●劉琨華──譯　柯輝煌●李文玉──譯文潤校

物物物物物物物物物
物物物物物物物物物
物物物物物物物物物
物物物見物物物
物物物物物物物物物
物物物物物物物物物
物物物物物物物物物

Seeing: 48 Object Readers & Their Worlds

目錄

序　關於「看見」與「看不見」　賴毓芝　011

1｜一個小墨點
Craig Clunas══柯律格⋯⋯文徵明《古柏圖》　020

2｜把紫禁城看作一件物
Jonathan Hay══喬迅⋯⋯紫禁城　030

3｜宋代的眼光
Wu Hung══巫鴻⋯⋯《洛神賦圖》　036

4｜一物與眾生
Dorothy Ko══高彥頤⋯⋯馬爾卡棉布　048

5｜織造的斷片
Mei Mei Rado══梅玫⋯⋯一件藍地金紋妝花緞　056

6｜畜牧民與大邑商
Jessica Rawson══羅森⋯⋯亞長墓中的商代青銅牛尊　064

7｜緙絲與繪畫
Yuhang Li══李雨航⋯⋯清代緙絲《珍珠塔》紋寬袖長袍　072

8｜《五馬圖》再現世間
Itakura Masaaki══板倉聖哲⋯⋯李公麟《五馬圖》　082

9｜汝窯與金繕
謝明良⋯⋯北宋汝窯青瓷舟形洗　094

10	荊浩的藝術	
Richard M. Barnhart══班宗華⋯⋯荊浩《鍾離訪道圖》		102

11	散發了千年的春天氣韻	
Takenami Haruka══竹浪遠⋯⋯郭熙《早春圖》		114

12	眼力的境界	
余佩瑾⋯⋯北宋汝窯青瓷水仙盆		122

13	一幅宋畫，與適合觀看它的光	
Tsukamoto Maromitsu══塚本麿充⋯⋯李迪《雪中歸牧圖》		130

14	真蹟，複製品，物的靈光	
劉宇珍⋯⋯《神州國光集》		142

15	記憶中的觸動	
Michele Matteini══米凱⋯⋯金農《人物山水圖冊》		150

16	從「半人」到「非人」	
賴毓芝⋯⋯乾隆朝《獸譜》中的「開明獸」		156

17	全世界最著名的青花瓷	
施靜菲⋯⋯大維德瓶		164

18	我的老友來自西元 1351 年	
James Neville Spencer══史彬士⋯⋯大維德瓶		174

19	一，不只是一	
Jeffrey Moser══孟絜予⋯⋯13 世紀鈞窯碗		180

20 | 最會說故事的一幅畫
　　林麗江⋯⋯顧愷之《女史箴圖》　　　　　　　188

21 | 興風作浪的浪漫
　　盧慧紋⋯⋯懷素《自敘帖》　　　　　　　　202

22 | 熱蘭遮城裡的歐洲瓷
　　王淑津⋯⋯熱蘭遮城遺址出土青花瓷片　　　210

23 | 出版人的紙上劇場
　　馬孟晶⋯⋯閔齊伋刊本《西廂記》　　　　　220

24 | 時空中的「畫眼」
　　Hui-shu Lee＝李慧漱⋯⋯馬遠《華燈侍宴圖》　230

25 | 巨大的明艷
　　Ying-chen Peng＝彭盈真⋯⋯大雅齋藕荷地粉彩花鳥紋大魚缸　240

26 | 寫實的多重途徑
　　Sarah E. Fraser＝胡素馨⋯⋯張大千《番女掣厖圖》　246

27 | 地獄的審判
　　Jessica Harrison-Hall＝霍吉淑⋯⋯明代地府判官陶像　256

28 | 枕流漱石
　　Lothar Ledderose＝雷德侯⋯⋯泰山石刻　　264

29 | 美國課堂上的青銅鼎
　　Kaijun Chen＝陳愷俊⋯⋯鄂侯馭方鼎　　272

7

30 | 交錯的殿堂美
吳曉筠⋯⋯石灣月神　　　　　　　　280

31 | 被遺忘的「印」記
邱士華⋯⋯黃彪《畫九老圖》　　　　286

32 | 若隱若現
黃蘭茵⋯⋯明永樂甜白雙龍紋碗　　　294

33 | 青瓷礎花入萬聲
Mori Tatsuya＝＝森達也⋯⋯「萬聲」銘青瓷鳳耳瓶　　　300

34 | 描繪隱形的事物
Richard Vinograd＝＝文以誠⋯⋯周季常《五百羅漢圖・應身觀音》　　　306

35 | 一間 18 世紀的中國溫室
John Finlay＝＝芬萊⋯⋯《中國溫室及其存放花卉》　　　312

36 | 戰爭中的裸體
Mia Yinxing Liu＝＝劉宓亞⋯⋯電影《大路》　　　318

37 | 楊貴妃的裸露手臂
Catherine V. Yeh＝＝葉凱蒂⋯⋯梅蘭芳《太真外傳》劇照　　　326

38 | 圖寫冥茫
Peter Sturman＝＝石慢⋯⋯米友仁《雲山圖》　　　332

39 | 讀一幅新出現的花鳥畫
Miyazaki Noriko＝＝宮崎法子⋯⋯澳洲維多利亞國立美術館藏《花鳥圖》　　　340

40 | 召喚靈光的圖版
蔡家丘……廖繼春《有香蕉樹的院子》　　350

41 | 缺席的文物
Stephen H. Whiteman═魏瑞明……丟失的王原祁《避暑山莊圖冊》　　360

42 | 象徵性肖像
Judith T. Zeitlin═蔡九迪……禹之鼎《少壯三好圖》　　368

43 | 觀看，觀念，觀物
Lihong Liu═劉禮紅……文徵明《勸農圖》　　378

44 | 歌川國芳與陳洪綬
Kobayashi Hiromitsu═小林宏光……歌川國芳《水滸傳豪傑百八人》　　388

45 | 揭發一座園林的祕密
馬雅貞……《御製避暑山莊詩》及三十六景圖　　396

46 | 布萊希特與《懷疑者》
Ching-Ling Wang═王靜靈……布萊希特故居裡的鍾馗像　　408

47 | 歷史遺忘、但土地記得的火槍手
趙金勇……下罟坑遺址燧發槍擊火石　　418

48 | 《甘露水》的涓涓水流
顏娟英……黃土水《甘露水》　　426

總策畫・作者群・譯者・譯文潤校簡介　　437

序　關於「看見」與「看不見」

賴毓芝

2019年十一月我去北京參加中央美院所舉辦的「明清中國與世界藝術」國際研討會，鄭岩老師送了我一本他與女兒剛剛一起合出的新書《年方六千：文物的故事》。[1] 這本書以一文一圖的方式，由鄭岩針對文物撰寫幾百字的短文，配上女兒所繪製的文物圖像而成。鄭岩的短文除了客觀地描述文物外，也帶有一種非常文學而個人性的語調，女兒的繪圖則是以極其細膩的水彩畫模塑出文物的樣貌，包括顏色、光影、紋飾、與各種時間所造成的質感等。相對於鄭岩流暢而輕鬆的文筆所顯示的文物研究專業，我特別注意到的是女兒那種那麼樸素、那麼鉅細靡遺、那麼壓抑個人筆性的畫法，讓人感覺她不是只是在「畫」一件文物，而是非常認真地用每一筆努力、綿密地想「閱讀」出文物所有的細節與特徵。這本書雖然只有不到兩百頁，嚴格地說，也不是藝術史的學術著作，卻讓我有種非常驚艷、甚至感動的感覺，覺得它提醒了我很久沒有想到的藝術史學科的根本，那就是面對、凝視與閱讀作品，這麼看似簡單卻極端複雜的一件事情。

[1] 鄭岩著，鄭琹語繪，《年方六千》（北京：中信出版集團，2019）。

藝術史學科，尤其在經過八〇、九〇年代物質文化與視覺文化的洗禮後，[2] 相信在文字文本外，不僅是所謂「藝術品」，包括任何人造的物品或圖像，都有可能有意識或無意識地在製作當下，編織入了很多所處文化時空的重要線索，其不但保留比文字所載更多，有時甚至是衝突的訊息。而透過對這些物品之形式與物質性的解讀，我們是有可能對於過去那個已經消失的世界，有更立體且多層次的理解。這些來自過去的文物，以實體穿越過幾千、幾百年來到我們的手上，雖然不可避免地帶有時間蝕刻的痕跡，卻還是能讓我們一手地感知到，過去古人拿到這件物品時，壓在手上的重量感，眼睛看到的大小、體積，撫摸時候感受到質面的粗滑。這種了解到你跟古人拿著同一件物品，是抽象文字記載所無法比擬與複製的震撼經驗，歷史變得不是想像，而是可以真實地觸摸。

如果我們可以跟古人看到同一件物品，摸到同一件物品，那麼「閱讀」文物有那麼困難嗎？「看」作為人類汲取與理解訊息的機制，並非一個純然中性而透明的程序，而是負載著許多複雜的文化設定，藝術史學者也許沒有能力解決資訊由眼睛進入腦中後如何形成有意義訊息的生理機制，但是我們是有可能可以透過對不同傳統與文化格套的掌握，分析生產這件物品的文化如何設定這件物品在文化中的位置。更重要的是，「看」並非一個抽象的動作，其接收訊息的程度與理解的方向也常受制於被看物的視覺與物質性，因此藉由分析其形式的文化格套，我們可能可以得知很多那個時代的線索，瑣碎至這件東西可能放在什麼樣的空間？給誰用？給誰看？屬於誰？大到這件物品想要讓當時的觀者得到什麼感覺？接受到什麼訊息？進而有什麼樣的文化意義？

在上面我們談的很多文化格套，尤其是跟視覺形式或物質有關的文化格套，這到底是什麼？這其實就是讓社會運作的一整套約定俗成、便於溝通的形式習慣，例如現在西式婚禮一定要白紗、高跟鞋，如果有人穿運動鞋，其並非代表文化的形式格套不存在，反而是證明形式格套如何決定社會中人們的溝通，因為這對新人不拘泥於格套的新態度，正是要建立在社會內集體對於這個原有格套的認識，這樣他們的新訊息才得以有效地被彰顯。藝術史學者本質上是歷史學者，跟藝評家不同，我們的工作不在給予評斷或價值順序，而是學會運用各種材料與工具，這種能力我們稱作歷史學家的技藝，幫助我們「穿越」到過去，確定兩千年後的藝術史學者依然可以看到穿運動鞋的新娘想要溝通的訊息。

藝術史雖然奠基在「史」，然我們跟歷史學家很大的不同是，我們更關心形式所引發的視覺或感官經驗如何溝通訊息，更具體地說，我們分析形式在不同脈

絡、文化所引發的感受，進而探究這樣的形式如何產生文化意義及影響力。弔詭之處在於，在這個過程中，雖然像歷史學者一樣，我們有各種工具，讓我們試圖去重建與接近過去的「感受」，但是我所用來「感受」的這個身體，卻不可避免的是「當世」的，而這個身體與其感官機制成形的過程，事實上已經內建了很多讓我們可以自然活在這個世界的設定，這個設定決定了我們可以「看到」什麼，無法「看到」什麼，即使我們有意識地檢視這些「設定」，設法讓自己看到「過去」所看到的，但是這些設定是如此全面與根本，所以我們也許永遠無法真的看到明代文人所看、所感受的每一個細節。

這部分有點類似人類學學者克利弗德・紀爾茲（Clifford Geertz）所談論的民族誌寫作，相對於傳統人類學家強調民族誌是客觀性的觀察，紀爾茲坦承不管人類學家如何努力避免，民族誌寫作永遠是一種詮釋，因此人類學研究基本上是詮釋的再詮釋，文化研究本質上一定是不完整的（incomplete）。因此，不同於傳統民族誌寫作強調簡潔且表面上似乎客觀的描述，他主張應該追求一種具有詮釋性的「濃密描述（thick description）」，認為透過觀察與收集大量表面上沒有關係的細節，學者是有可能發現這些細節間的內在關聯與其共組的象徵系統，進而可以發現其內在隱藏的文化意義。[3] 藝術史雖然與人類學處理材料的方式不盡相同，但是我們對於文化探究的目標是一樣的，不管這個文化是無人可以拜訪的過去、或是沒有人聽過的某個太平洋小島。人類學者帶著自己的文明去「經驗」異文化，藝術史學者則以當世眼睛去「觀看」文物。我也相信透過大量描述性的「濃密描述」，我們是有可能找到圖像或是物品形式的內在邏輯，因而可以趨近了解過去那個文化在這件文物上所編織的訊息。事實上，古典藝術史的風格分析也是奠基在大量的細節描述，雖然藝術史學家不太談這個分析所不可避免的主觀與不完整性。作為一個藝術史學者，我自己一直對於這種不完整性所揭露的當代性缺口充滿興趣，一直對於自己當下對作品的直觀反應與好惡，與我想客觀建構的過去間的關係有些困惑、但同時也很著迷。這些對於研究對象很個人的經驗與感覺，就像日本社會學家岸政彥提到他為何會寫《片斷人間》時所說的：

---

2 關於物質文化的簡介可以參考 Jules D. Prown, "Mind in Matter: An Introduction to Material Culture Theory and Method," *Winterthur Portfolio*, 17/1 (1982): 1-19. 對於視覺文化有興趣，建議閱讀王正華，〈藝術史與文化史的交界：關於視覺文化研究〉，《近代中國史研究通訊》，第 32 期（2001.9），頁 76-89。

3 Clifford Geertz, "Thick Description: Toward an Interpretive Theory of Culture," in Clifford Geertz, *The Interpretation of Cultures* (New York: Basic Books, 1973), 3-30.

雖然我的工作是透過社會學的理論框架，分析統計數據或歷史資料，但我真正喜歡的，是那些無法分析的事物，是那些單純存在的事物，更是那些暴露在陽光下並逐漸被遺忘的事物。[4]

岸政彥所說的「無法被分析的事物」是那些無法產生意義、無法成為論述的片段，對我而言，藝術史研究中當代身體與過去經驗間的距離也同樣是「無法被分析的事物」。那場會議的與會學者，除了鄭岩與許多北京地區的學者外，還有包括巫鴻、文以誠、板倉聖哲等前輩朋友。我很興奮地跟他們分享鄭岩的贈書，且提到這幾年教書，發現即使是已經入行的藝術史學生，面對一件需要解讀的物品，卻常常呈現腦筋一片空白而啞口無言的窘狀。我們也討論到上述我們與自己研究藝術品間那些無法成為「研究」或「論文」的非常個人的經驗與觀察，感嘆這些無法寫入論文的部分有時是如此的精彩而豐富。我因此提議也許可以來編一本書，以一人一物的個案方式，分享自己如何分析與閱讀一件文物，內容可以是客觀而嚴謹的學術性寫作，也可以是很個人性地分享那些「無法被分析的事物」，這可以說是這本書的起源。

對我來說，這一本書有兩層預設的觀眾群，第一層應該是對閱讀有興趣的所有人。對於一般讀者來說，「識字」常常是接受教育的第一步，有時甚至不只一種語言，藉由了解個別單字含義與句型結構，我們學會閱讀各種以文字為主的文本，但是會「識字」的文化人卻很少被教導如何「識圖」，常常忽視或無法解讀日常生活中各種「形式」的意義，更遑論以物質形式（包括服裝、用具、裝潢等）流暢地進行論述，因此重要檔案館的入口會選擇掛上一幅沒有由來的法國印象派複製畫、服裝也只有正式與非正式或好看與不好看等。在這個文盲已經幾近成功地被消滅的時代，我們的「識圖率（visual literacy）」卻很少被關注。這本書雖然主要是處理過去的文物，卻希望藉由學者們對於一幅畫、一個瓶子、一件衣服、一塊布、一件印刷品等各種媒材的多元閱讀，開啟一般讀者對於「識圖」的興趣，希望這樣的興趣可以讓人打開眼睛，「看到」生活中流竄在各種物質形式間的訊息與對話。

這本書的第二層預設對話的對象，不意外的是我的藝術史同業，包括參與寫作的前輩與朋友們。2019 年的 11 月開完那一場國際會議後，疫情隨之關閉了世界，學術界的我們不再全球移動，藝術史工作者也不再輕易有機會可以親炙我們研究的作品。因為想念，之前對於作品那種非常個人、當代、直觀的反應，在忙

著寫「有用」的論文時，可能刻意遺忘的「無用」的感覺，現在卻對其莫名渴求。很想了解各自困在世界不同角落的藝術史前輩或朋友們，他們是否也有跟我一樣的疑惑？他們如何跟自己的研究物品發生關係？如何閱讀這些作品？如何處理研究中所發生的「無法被分析的事物」？在這疫情的兩年，我陸續寫信給我想知道他們答案的學者們，也跟在臺北的藝術史圈朋友，熱烈討論這個計畫的可行性與邀請的對象。可能是因為同樣的想念，許多學者回覆的文稿精彩地分享了他們跟他們的文物相遇的私密故事，反而是我自己彆扭地怎樣也寫不好那個有著豐富灰階地帶的部分，而交了一篇四平八穩的「客觀」分析。

我要特別說的是，這本書的學者邀請，就像我們的詮釋一樣，永遠是不完整的。一方面，我刻意想涵蓋在廣泛藝術史領域中從事不同工作、來自不同世代、出身不同地域與訓練的學者，有博物館的策展與研究員、有出身拍賣公司的專家、有藝術史教授、甚至有有運用圖像與物品進行研究的歷史學者與考古學者等，其中有學界仰之彌高的大師，也有充滿潛力的年輕新秀。另外一方面，這些邀請與參與的落實卻又常常不可避免地為無法控制的機緣所決定，就像我們與我們所研究來自過去物件之相遇一樣。另外一個重點是，這本書的參與者雖然大多出身學院，他們對物品的閱讀顯示了各種不同學術訓練與取徑的眼睛，其寫作有扎實的學術內涵，但這本書並不意圖變成一本學術論文集，而是特別珍視那個我寫不出來、具有豐富灰階地帶、不會放在一般學術論著中的個人性片段。這些個人性的寫作並不只是抒情，也不是增加文物的故事性。

正如我一開始所說明，我們的「看見」與「看不見」常常為文化所制約，藝術史的研究讓我們意識到那條讓我們「看不到」的界線，在這意識到的同時，常常又可以讓我們「看到」之前看不到的東西。因此，我想像，去描述、去暴露那個當代性的身體與帶領我們探索過去經驗之文物的相遇，去重新訪視那個藝術史作為一個學科發生的瞬間，是否有可能讓我們「看到」這裡有一個洞存在？也許將來我們可以在這個甚至無法清楚描述的疑問上挖出更多豐富的學科資產。

這本書對於「個人性」的珍視，不僅只是針對學者之「閱讀」本身的個人性，也是針對文物自身的個人性，這讓它跟尼爾．麥葛瑞格（Neil Macgregor）的名著《看得到的世界史》（*A History of the World in 100 Objects*）有很不同的目的。物品的確可以述說歷史，但是我希望這本書對物品的閱讀不是服務歷史，換句話說，其並

4　岸政彥，《片斷人間》（臺北：聯經出版事業股份有限公司，2021），頁38。

不只是「圖說」歷史，也不只是「見證」歷史，而是希望讀者可以看到物品本身的形式意志，希望其所透露出過去時代的織理，有可能是我們所不知道、沒有記載、沒有聲音的過去，一個超越文本歷史的歷史。最後，這個「個人性」更推展到書的編輯本身，我跟總編張惠菁在討論結構時，她提出希望依據非常個人性的閱讀節奏來安排每篇的順序。她大致排了一個順序，且為每篇文章擬定主標並精選重點段落，我跟著唸，馬上感受到她所說的閱讀節奏，這是作為專業作家與專業讀書人張惠菁非常個人性的閱讀，因此，這本書的最後呈現可以說是文學作家與藝術史學者們的雙重閱讀再現。

此書從想法到完成已經近三年，這中間有非常多人的挹注與幫忙才得以成形。除了最重要的四十八位願意跟我們分享他們經驗的學者外，在發想的初期，北京會上鄭岩、巫鴻的正面迴響，回來後臺北藝術史圈的朋友們的密切討論，都是讓這個計畫從只是說說到變成行動的關鍵。特別要感謝林麗江、盧慧紋、施靜菲、王淑津、還有張惠菁，這群臺北泛藝術史圈子的朋友，對於人選、內容、作法上有很多寶貴的建議，特別是王淑津，她不僅推薦且實際幫我邀請考古與部分陶瓷相關學者，讓這個計畫有一個更大視野的拓展。最後，要統合、聯絡四十八位學者，並負責所有讓這本書完美誕生的必要條件，這是有一個全職工作的我，不可能完成的，很謝謝余玉琦執編的加入，她的細心與專業是讓這本書驕傲的基石。

見見見見見見見
見見見見見見見
見見見見見見見
見見見物見見見
見見見見見見見
見見見見見見見
見見見見見見見

Seeing: 48 Object Readers & Their Worlds

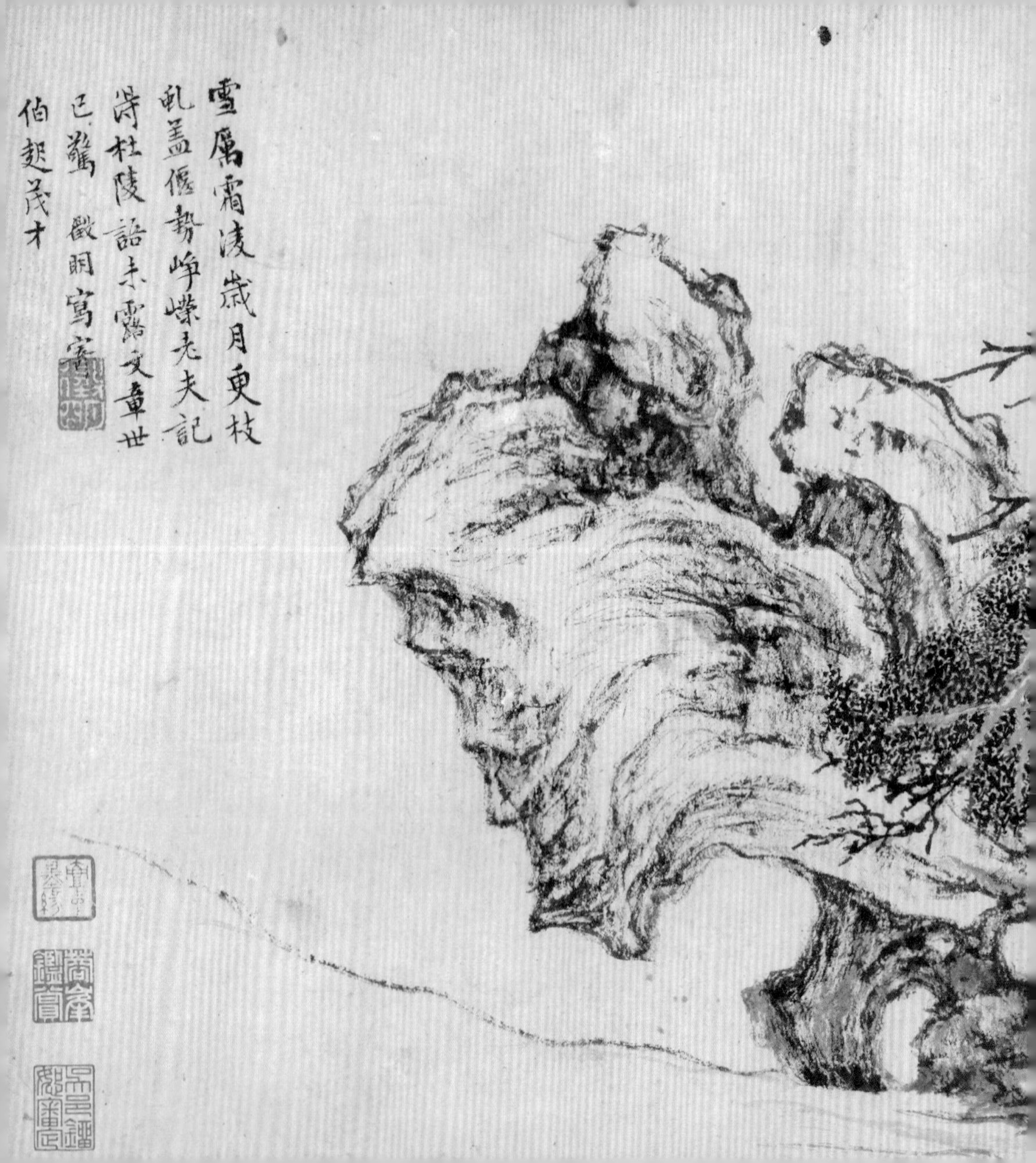

雪厲霜凌歲月更枝
虬蓋偃勢崢嶸老夫記
將杜陵語末露文章世
已驚 徵明寫寄
伯起茂才

一個小墨點

01

Craig Clunas ─── 柯律格

文徵明《古柏圖》

> 我那時的日記上記錄著：「……接著前往史賓塞博物館看明代畫作，《古柏圖》上的小墨點很動人，《北溟圖》的精準也令人感到謙卑。真是美好的東西，美好的東西。」第二天的日記上也寫著：「……我又看了一次展覽，離去時，想到我可能永遠不會再見到這些畫，覺得很感傷。」

明　文徵明　《古柏圖》　1550年　卷　紙本水墨　26.04×48.9公分　納爾遜-阿特金斯美術館藏（Nelson-Atkins Museum of Art）

　　1994年我開始在薩塞克斯大學（University of Sussex）教授藝術史時，從艾弗琳・韋爾奇（Evelyn Welch）身上學到很多，她是義大利文藝復興藝術史學者，也是遠比我經驗豐富的老師，我們經常一起從倫敦搭火車通勤。當時我們都在為牛津大學出版社的一個新的藝術史書系寫書，我在寫《中國藝術》（Art in China），同時間她在寫《義大利的藝術與社會，1350-1500》（Art and Society in Italy, 1350-1500，值得一提的是，牛津大學出版社後來基於行銷考量，將此書重新定名為《文藝復興時期義大利藝術，1350-1500》[Art in Renaissance Italy, 1350-1500]）。[1] 我們也都會帶學生到倫敦，親睹與我們各自在專業領域開設的選修課程有關的藝術品。艾弗琳有次精闢地向我指出，當她帶學生去國家美術館（National Gallery）欣賞文藝復興時期的祭壇畫時，學生所獲得的經驗其實和畫作的原始觀賞脈絡差別非常大──遠比隨我到大英博物館

（British Museum）觀賞明代繪畫的學生，其所獲得的經驗和原始脈絡之間的差異要大上許多。她可以隨時走進國家美術館，那些藝術品就在那裡。而在我帶學生去看明代繪畫的情況裡，每一次參觀都牽涉到運用我個人的社會資本來聯繫相關的博物館員，基於現實的因素，我們只會看到少數作品，而與它們共處的時間也必然是有限的。國家美術館的義大利祭壇畫原本是來自宗教虔誠的脈絡，甚至可能來自普通人沒有管道進入的禮拜堂。這些祭壇畫如今在美術館中被展示的方式，與原作者和贊助人的構想大相逕庭。而明代的卷軸，由「博物館助手」（Museum Assistants）小心翼翼地展開掛起來，供我們欣賞一段時間，則依然深深纏繞在社會關係的網絡之中，仍然有權力和接觸管道的問題在控管著誰能觀賞到它，就像明代鑑賞家所熟悉的情況一樣。我自己從1979至1994年間在倫敦維多利亞與艾伯特博物館（V&A Museum）擔任博物館館員時，已經開始對「誰、能看到什麼」感興趣，這樣的關注延續到我教書的時期，最終累積成為2018年出版的一本書，書名簡單地取名為《誰在看中國畫？》（*Chinese Painting and Its Audiences*），內容主要是我在2012年於美國華盛頓特區國家美術館以同名為題進行的第61屆梅隆美術講座（Mellon Lectures in the Fine Arts）的講學內容。[2]

  1997年出版的《中國藝術》是由牛津大學出版社委託寫作的一本概論性的書，旨在涵蓋中國藝術這個領域從最早到當代所有媒材的藝術（實際上不可能做到），也必然收入了一些我從未看過實體的作品。我並不特別以此為榮或為恥，雖然許多早期藝術史寫作格外強調必須看過實體作品，不能仰賴複製品。以中國藝術的任何概論著作而言，要做到這一點很明顯是非常困難的。地理距離當然是一個因素，但也有特定的物質情況，使得博物館不願冒險，讓古老的絲絹、紙張和墨水長時間暴露於光照或其他形式的污染之下。

  事實上，這幾乎可以說是中國繪畫領域的通則了。一件作品愈是出名，任何人看到它的機會就愈少。我很可能（很慚愧，我記不清了）在1974至1975年之間，當我還是學生的時候，在當時少有人造訪的北京故宮博物院看過張擇端（1085-1145）著名的《清明上河圖》，不過現在我很清楚，就算我能去到北京，不論多少

---

1 Craig Clunas, *Art in China* (Oxford History of Art) (Oxford and New York, 1997); Evelyn Welch, *Art and Society in Italy, 1350-1500* (Oxford History of Art)(Oxford and New York: Oxford University Press, 1997). 前者已有中譯本，柯律格著，劉穎譯，《中國藝術》（上海：上海人民出版社，2013）。

2 Craig Clunas, *Chinese Painting and its Audiences* (Princeton: Princeton University Press, 2017), The A. W. Mellon Lectures in the Fine Arts, Bollingen Series XXXV: 61. 中譯本見，柯律格著，梁霄譯，《誰在看中國畫》（桂林：廣西師範大學出版社，2020）。

懇求都無法說動館員為我將這幅畫取出來，這個「國寶」如今只限於短暫而偶爾的展出。同樣的情形也適用於藏在臺北故宮博物院著名的巨幅北宋山水畫。我有幸在幾次造訪臺灣時觀賞過其中幾幅，第一次是在 1991 年，我也在 1996 年於紐約大都會藝術博物館（Metropolitan Museum of Art）的一次展覽中看過郭熙（1000 後 - 約 1090）的《早春圖》，但在我有生之年不見得會再有一次這樣的機會。這正是為何，大都會藝術博物館在 1999 年取得傳為董源（約 932- 約 962）的《溪岸圖》後，公關部門大力將它宣傳為「中國繪畫的蒙娜麗莎」，或許並不是明智之舉的原因之一。歐洲繪畫的蒙娜麗莎永遠掛在羅浮宮。就算現在，歐洲的博物館因 Covid-19 疫情而大門深鎖（在我寫作之際），它也還是掛在那裡，詭異地無人聞問、孤單淒涼。如果你在疫情封城結束後去巴黎，你會看到蒙娜麗莎，也許並不是最理想的狀況，但至少你可以說你已經見過它。同樣的情形並不適用於《溪岸圖》，不論它究竟是誰畫的，也絕不適用於《早春圖》。

正巧，我在郭熙這幅名作刊印在我那本 1997 年《中國藝術》之前剛看過它。但這並不是書中每一件作品的情形。這本書中我最自豪的影像之一，也是書中收錄唯一特別委託拍攝的作品，就是文徵明（1470-1559）作於 1550 年的《古柏圖》手卷，如今收藏在堪薩斯城的納爾遜－阿特金斯美術館（圖1）。

這不僅是一幅極為美麗的畫作，是筆墨功夫的傑作，以圖像和左上題詩之間的關係而言，也是非常有趣的作品，特別清楚地展現了明代文人文化中重要的一面。它的題跋也訴說著一則耐人尋味的故事，即文徵明創作這幅畫的特定情境，乃是為了餽贈給一位年輕朋友表達鼓勵，這名男子和文徵明不屬於同一世代，此時正罹患了重病，在蘇州城外的寺廟裡療養。我很早就從不同的出版印刷品中得知這件作品。要在那本篇幅極為有限的《中國藝術》中，選擇究竟以哪些作品代表新石器時代以降豐富龐雜的中國藝術（實際上不可能做到），實在是個困難的任務（別忘了，出版社給韋爾奇教授同樣篇幅談 150 年的藝術，而且只限於義大利），但我很早就決定：《古柏圖》是「必選」。

我非常希望有一張《古柏圖》的照片能顯示這幅手卷不僅是圖畫（image），也是物品（object）。希望有一張照片能捕捉到它的 3D 立體性（three-dimensionality），並且避免藝術史書籍經常在呈現中國繪畫時（其實在呈現歐洲繪畫時也一樣）常有的那種扁平化效果（flattening effect）。我希望讀者看到的是，彷彿這件手卷就展示在他們的面前。當然，博物館很容易就能提供一張畫作表面的影像，就像它已經在無數文章、書籍，以及圖錄中出現過一般（這是一幅名畫）。但是牛津藝術史書系本質

上是商業出版（trade book，版權與複製費用由出版社負擔，而非如學術出版中一般由作者負擔），這表示牛津大學出版社願意付費給博物館再拍攝一次手卷（圖1），呈現出卷軸的兩軸、維持兩端固定的木塊，以及它們所投射出來的影子。不過在當時，《古柏圖》對我個人而言仍是一個 2D 平面影像，因為我還沒有真正親眼見過它。

我第一次造訪納爾遜－阿特金斯美術館重要的中國收藏是在 1987 年，當時我負責將維多利亞與艾伯特博物館的一批文物（是哪些我已不復記憶）從紐約運到堪薩斯城，也是在那次，我受到何惠鑑（Wai-kam Ho，1924-2004）令人難忘的慷慨招待，他是一位做人與做學問都非常精采的學者。我很可能是在這次造訪時買了一本納爾遜美術館與克里夫蘭美術館（Cleveland Museum of Art）藏中國書畫聯合圖錄《八代遺珍》（*Eight Dynasties of Chinese Painting*）。這本圖錄在細節的深度和學術價值上為當時之最，至今仍是重要的參考用書。當然就是在這本書中，我第一次認識到了有關《古柏圖》的豐厚度與複雜性之一二。[3] 1991 那年，我再訪堪薩斯城，在美國「18 世紀研究中西部美國學會」（Midwestern American Society for Eighteenth-Century Studies）之年會上，以「真實的異國情調：18 世紀英國的中國圖像」（Authentic Exoticism: The Image of China in 18th Century Britain）為題進行演講。1992 年 4 月，我參加

1　明　文徵明　《古柏圖》　卷　紙本水墨　1550 年　26.04 × 48.9 公分　納爾遜-阿特金斯美術館藏
引自 Craig Clunas, *Art in China*, 159

3　Wai-kam Ho, Sherman E. Lee, Laurence Sickman et al., *Eight Dynasties of Chinese Painting: The Collections of the Nelson Gallery-Atkins Museum, Kansas City, and The Cleveland Museum of Art* (Cleveland: Cleveland Museum of Art Bookstore, 1980), no. 175, 220-222. 我後來針對這些議題續有著述，見 Craig Clunas, "Reading Wen Zhengming: Metaphor and Chinese Art," *Word and Image*, 25.1 (2009): 96-102. 這幅作品名稱的英文翻譯有些混亂。中文名為《古柏圖》並無疑義，呼應文徵明在題詞中引用的杜甫唐詩〈古柏行〉。但是《八代遺珍》展覽圖錄以及博物館網站沿用的英文名仍為「古柏與岩石圖」（Old Cypress and Rock）。我在自己書中的圖說則是「柏與石」（Cypress and Rock），更不嚴謹，參見 Clunas, *Art in China*, 159。

「董其昌的世紀」(The Century of Tung Ch'i-ch'ang, 1555-1636)大展研討會,那次展覽迄今仍是東亞以外針對單一位前現代中國藝術家所辦過最全面的展覽。1993年,我途經堪薩斯城,前往位於勞倫斯市(Lawrence)的堪薩斯大學克瑞斯基金會藝術史系(Kress Foundation Department of Art History)以明代庭園為題進行演講。接著,在2001年3月,我又再度前往這個中國藝術研究重鎮,進行為期數日的講學與專題討論。就是在這第五次的造訪時,我才第一次有機會,在堪薩斯大學的史賓塞藝術博物館(Spencer Museum of Art)中,細細地觀賞當時從納爾遜美術館借來展出的《古柏圖》。它是一個只展出十二幅明代繪畫的展覽當中的一幅,展覽名稱為「鑑賞家眼中的明代繪畫」(Ming Painting through the Eyes of Connoisseurs),由魏瑪莎(Marsha Weidner)教授與她專題討論課的研究生籌辦。我那時的日記上記錄著:「……接著前往史賓塞博物館看明代畫作,《古柏圖》上的小墨點很動人,《北溟圖》的精準也令人感到謙卑。真是美好的東西,美好的東西。」第二天的日記上也寫著:「……我又看了一次展覽,離去時,想到我可能永遠不會再見到這些畫,覺得很感傷。」

所謂「小墨點」,我猜,我指的是在靠近畫作的上緣處,從畫作的最左緣往右大約三分之一處,有個小痕跡,是個略呈橢圓形的墨漬(圖2)。

還有另一個墨漬,比較接近圓形但顏色較淺,位在同樣高度,但從左緣更往內約到畫軸中央位置,就在柏樹主幹的正上方。還有第三個,更小、顏色更淺的墨點,在紙張表面的最上緣,岩石左峰的上方,從卷軸左緣往內約四分之一處,正在題詩的右方。[6] 在《八代遺珍》圖錄的黑白照片中,後兩個墨跡清晰可見,但三個墨漬中最大最明顯的、也是我起初注意到的那一個,則被無聲地抹除。但現在我看《中國藝術》的彩色圖版中,只能看到第三個墨跡,而在畫面中央、上緣下方,則沒有任何墨點的跡象。[7] 我轉而搜尋我在家裡或是網路上能找到的其他資料來源,卻只是讓事情更加撲朔迷離。不論是在一篇討論《古柏圖》的早期文章中所刊登的圖版,或是在史克門(Laurence Sickman)與索柏(Alexander Soper)出版於1956年的中國藝術通論書中,照片上都是連一個墨點也沒有。[8] 在高居翰(James Cahill)於1978年出版,討論明代早中期繪畫的藝術史標準用書中,比較小的兩個圓點重新出現,但三個墨跡中最大的一點依然缺席。[9] 如今有許多博物館亟欲宣告他們擁抱數位管道的可能性,都承諾提供某種高解析度的圖像,我上納爾遜美術館網站搜尋這種高解析圖像,但結果卻令人失望,唯一能取得的數位影像只顯示著手卷的第一部分,畫作僅在左下角微微露出一隅(圖3)。[10]

2 明 文徵明 《古柏圖》 1550年 卷 紙本水墨 26.04 × 48.9公分 納爾遜-阿特金斯美術館藏
  引自 Craig Clunas, "Reading Wen Zhengming: Metaphor and Chinese Art," 97

3 文徵明《古柏圖》，今日在納爾遜美術館網站上可見的圖

所以究竟是有三點、兩點、一點，還是全無墨漬？這些照片是否經博物館圖片庫悄悄「清理」，移除了他們想像中的瑕疵？這似乎很有可能，而這幅畫作在 Pinterest 上面為數不少的影像中都完美無瑕，更強化了這樣的可能。或許只要針對原件仔細檢查一次就可以解決這個問題，但這在現在是不可能的，自從這幅畫遠離了創作之地，來到堪薩斯城長期收藏之後，現在比起過往任何時刻都更不可能。

普魯斯特（Marcel Proust, 1871-1922）的小說《追憶似水年華》中有個著名段落，描述作家貝戈特（Bergotte）強烈感覺自己必須違反醫生的指示，外出去確認某個細節，那是維梅爾（Jan Vermeer）的畫作《臺夫特遠眺》（View of Delft）中出現的「一小塊黃色牆面」，這幅畫作當時正在巴黎展出，書中對這片牆面的描寫是：「畫得如此美妙，單獨只看它，就像某個中國藝術的無價標本，有一種自足的美。」[11] 小說中的貝戈特，彷如沉浸於夢幻之中，在畫作面前死去，嘴裡仍呢喃著：「一小塊黃色牆面。」我注意到這段文字是在收集歐洲文學中指涉到中國藝術的例子（為數非常多）之時，但現在當我在思索著記憶的力量，細節的力量，思索著不知為何、有時、以某種方式「部分」彷彿大於「全體」時，這個段落又再度浮現。我日記上留下的紀錄很模糊，但我相信我之所以發現這「點」非常動人（讓我們在此姑且說，有那一點的存在），是因為它似乎讓人有管道靠近創作當下的動作，靠近那個蘸滿著墨汁的毛筆的起與落。作為「博物館文物」的畫卷圖像，經過接連的修圖（airbrushings），截斷了這個靠近的可能。像這樣無心留下的痕跡，在這類中國畫作中相當罕見（至少在我有限的經驗中是如此），確定不常在文徵明的畫作中看到，他對文人工具的掌握從他仍在世時便素負盛名，後來更傳揚後世。或許，這個痕跡透露了他想趕快完成，把畫作送出，把祝人病癒的祝福傳達出去的急切感。又或許，對我而言的動人之處在於想到了畫家當時的耄齡，或是單純只是想到了要能夠那樣運筆所需要的高超技術。無論如何，這個意外痕跡的存在，這從筆尖落下而不被注意的一點墨的存在，似乎對我而言，至少在記憶之中，召喚出創作的場景，帶著一種貼近感（immediacy），是畫作和題詩上其他更為刻意審慎的筆觸（brushstrokes）所不能到達的，儘管其他筆觸十分可愛（lovely）。此刻當我寫下這些文字時，疾病的恐懼正籠罩全球，這種與久遠過去的貼近連結，似乎更加帶來慰藉。至於張鳳翼（1527-1613），他後來果真痊癒，又活了 63 年。

（2020 年 5 月 6 日，於牛津）

4　https://spencerartapps.ku.edu/collection-search#/exhibition/141（2020/5/3 檢索）。

5　我提到的另一幅畫作是周臣（約 1455- 至 1536 年後）的《北溟圖》，參見 *Eight Dynasties of Chinese Painting*, no. 158, 192-193.

6　在我這篇論文的圖片中，三個墨點都清楚可見：Craig Clunas, "Reading Wen Zhengming," fig. 1。

7　Craig Clunas, *Art in China*, 159.

8　Tseng Yu-ho, ""The Seven Junipers" of Wên Chêng-ming,", *Archives of the Chinese Art Society of America*, 8 (1954): 22-30 , Fig. 2; Laurence Sickman and Alexander Soper, *The Art and Architecture of China* (The Pelican History of Art) (Harmondsworth, Eng., Baltimore, Md.: Penguin Books, 1956), pl. 136.

9　James Cahill, *Parting at the Shore: Chinese Painting of the Early and Middle Ming Dynasty, 1368-1580* (New York and Tokyo: Weatherhill, 1978), pl. 118.

10　https://art.nelson-atkins.org/objects/1026/old-cypress-and-rock?ctx=0aedd751-8b79-4144-9cc7-385dda819d99&idx=2（2020/5/4 檢索）。

11　Marcel Proust, translated by C.K. Scott Moncrieff and Terence Kilmartin, *Remembrance of Things Past* (Harmondsworth, Eng., Baltimore, Md.: Penguin Books, 1985), vol 3, 185. 這段文字曾經在 1967 至 1995 年間擔任牛津大學藝術史教授的法蘭西斯哈斯凱爾 (Francis Haskell, 1928-2000) 的追思會上被朗讀。

02 把紫禁城看作一件物

前跨頁　往神武門方向看見的紫禁城西北角一景，遠方可見東北角樓。
（Photo: Diane Nelson, 2011）

Jonathan Hay ── 喬迅

紫禁城

年輕時我曾經參加北京中央美術學院藝術史研究生的一次校外教學，造訪山西南部的永樂宮。這片 14 世紀的道觀建築群雄踞於偏遠而壯觀的山丘上，然而我很難不去想到，永樂宮是在 1958 至 1966 年間建造三門峽大壩時，從 15 英里外一個完全不同的原址遷移過來的。

北京紫禁城　　東西寬 753 公尺　　南北長 961 公尺　　占地面積 720,000 平方公尺

　　對於器物，人們以它們的製造性（made-ness），與製造生產所隱含的自反性（reflexivity）來辨識它們。這些特質，使器物有別於包含人類在內物質世界的其他成員。實務上，英語世界的藝術史學者往往把器物這個詞保留給像碗或盒子這類可以捧在手中的人造物，或是具有一定程度可攜帶性的較大物品如家具或雕像。這樣的作法頗具啟示性。因為，雖然建築、墓葬、宮殿甚至城市也都可視為器物，一般來講我們不會以這種方式體驗它們。雖然器物性（objecthood）不是由規模大小所決定，但若要以體驗器物的方式，去體驗這些大型的人造物，則需要一些特殊的條件。

　　年輕時我曾經參加北京中央美術學院藝術史研究生的一次校外教學，造訪山西南部的永樂宮。這片 14 世紀的道觀建築群雄踞於偏遠而壯觀的山丘上，然而我很難不去想到，永樂宮是在 1958 至 1966 年間建造三門峽大壩時，從 15 英

里外一個完全不同的原址遷移過來的。想到這麼龐大的建築群是一個可移動的器物，動搖了我將它當作一個建構在周遭環境之上的儀式場所的直觀經驗，而感到它彷彿是屈居在現在的環境裡的。不過，正面地看，若非如此，我也不會因為這個思考過程而更加意識到建築本身的器物性。這座道觀不僅必須是一件被建造出來的人造物，它的建造方式，就像其他木造建築一般，必須是在需要時可以被拆解的，而儘管對於建築可能會被循環利用的預期並未延伸包含其內部的壁畫，這些壁畫仍透過現代方法完整保存了下來。14世紀的施工者暨建築師之所以能讓這片建築群至今仍擁有建築的一致性，是因為他們在設計與建造之初就能以器物的方式想像它。

過去曾有過比永樂宮更大規模的宗教建築群，有些今日依然存在。這些建築群建構起自己的世界，廣大到讓訪客沉浸其中。若從一個人在京都的體驗來推想，在里坊錯綜的唐代長安與洛陽、或北宋洛陽與開封，城內最大的寺廟一定有這種使人沉浸的效果。然而，唐代或宋代的訪客會經常不斷地被他們在建築群中看到、或記得在別處看到的佛經畫面提醒一種對建築群的整體觀點。從第8世紀起，以這些寺廟全景為模型所繪製的淨土圖像盛行，使得訪客能夠將寺廟建築群獨立視為一個器物，而不只是一個地點或環境。畢竟，繪畫向來的功能之一就是教導觀者如何看見。

那麼，規模龐大至宮殿級別的建築群紫禁城，又該如何被觀看呢？明清時造訪過紫禁城或居住在紫禁城中的人，應當不難將其與素日曾見的宮殿圖像相聯繫。然而，那些圖像不太可能如淨土繪畫之於唐宋寺廟那般，激發訪客對宮殿器物性質的感受。大多數對紫禁城的圖像描繪都是非常局部的，少數的全景描繪又讓建築群失去了真實可觸及的感覺（tangibility）。是不是說，到了紫禁城這樣的規模，這個人造物就無法被當成器物來使用和體驗了呢？或更確切地說，這種困囿興許僅限於明清時代？因為現代遊客在遊覽紫禁城或其珍寶巡迴展時，往往有機會看到宮城的三維立體模型。建築模型透露了有關器物性的根本事實——器物性的顯現取決於觀者是否能在腦海中以俯瞰視角將某物想像成一個整體，若能如此，則即便是龐大繁複如建築者亦能被全然束於觀者的想像之中，一如玲瓏小碗盈手可握。少了這麼一個模型，明清時代曾經親身體驗過紫禁城的人，對於其潛在的器物性質，感受便十分有限。由於紫禁城規模宏偉，要體驗這片人造結構的整體，需要具備能從外部看見它的特殊條件，而這不論在當時或現在都高度受到限制。由於器物性即是認知一個物品整體而言的製造性——其人造性

（artifactuality）——要感知到器物性因而需要某些視覺線索，使得這件物品的技術工藝的表達手法能夠被清楚察覺。對於紫禁城而言，這個視覺線索發生在其四個角落，這裡可同時看到兩面牆，激發觀者以想像力揣度出更為廣大的立體結構。與從這些角落看到的景觀形成對比的，是從景山頂上看見的紫禁城壯觀全景，這是現代攝影師鍾愛的景色，但從前只有皇帝和其隨從能看到。弔詭的是，儘管只有景山頂能看到建築群全貌，但在山頂那位於中軸線上的位置所見的紫禁城，卻失去了器物感。因為那個景色把紫禁城變成了望遠鏡所見的影像，可說是以類似地圖的手法從南面描繪紫禁城的明代宮跡圖的現代版本。

紫禁城的器物性，也會因距離靠近、身體察覺到這個結構是一個建築體而消解。1970年代末，我習慣騎著腳踏車，從東華門沿紫禁城的東邊外牆往北，右手邊就是護城河，直到抵達建築群的東北角，再往左騎上一條狹窄而塵土飛揚的道路，這條道路將城牆與當時沿著北護城河分布的地震後臨時住房隔開。最後，這條路會帶我抵達紫禁城北門神武門，在這裡我又再度回到了北京市區。幾十年時間過去了，我在這條路線上有過的數十次騎乘已經融合成為一團不可靠的模糊記憶，不過，有一個記憶至今依然鮮明。我發現腳踏車改變了我與城牆的關係，使它似乎變小了，更容易在想像中擁有。移動的速度，加上沿北邊騎乘最後一段時牆離我如此之近，使得我的身體與城牆（它就像是紫禁城的外層表皮）在物理性上產生互動。因此，也許值得一提的是，在明清時期，有各種社會行動者經常在紫禁城內與其周邊騎馬，皇帝只是其中最顯赫的一位。其中包括負責管理皇家馬廄的宮廷官員、御前侍衛、軍隊信差、參與紫光閣閱兵的驍騎、破格獲恩准在紫禁城內騎馬的高官（他們往往就住在城北邊），以及入清後遷進皇城不時縱馬往來於宮宅之間的八旗顯宦。對這些人而言，把紫禁城當作一個人造物體來感受，是一種經驗上的可能。這種感知填補著他們對紫禁城的其他體驗，如視覺圖像、地點轉換、氛圍情緒及物理質感等共同交織成的網絡。這些體驗，任何一位今日漫步紫禁城的訪客，都仍能感同身受。

誠然，今日絕大多數人以徒步方式體驗紫禁城時，會不斷從一個感知模式轉換到另一個感知模式。從南邊走向天安門時，很難不注意到紫禁城如何在都市環境的肌理中留下印記，同時又從那城市肌理中拔萃而出，就像所有宏偉的紀念物一樣，它的存在是一記信號。在天安門廣場建成前，這一信號的發出方式自當有所不同，但卻未必比之今日的撼人心魄稍遜一籌。接下來，每通過中軸線上的宮門，訪客都會對一個位在稍遠處的建物的標誌性畫面印象深刻。類似的情況是，

每當走進分隔內廷各區域的任一條巷弄，往後方退縮延伸的長巷令人目眩，也創造出強烈的視覺影像。相反地，當訪客離開中軸線去繞著一座院落行走，或以斜線穿過院落，或信步往東邊與西邊較偏僻的宅院走去時，肌肉運動知覺會更清楚地令訪客察覺到自己在一個整體環境內的地點變化。若停下來休息，觀賞周圍，則會令人沉浸在紫禁城環境的情調和氣氛中，且這氣氛會隨著各區而不同，也隨著季節、天氣、與一日中的時間而變幻。每當專注在近處的事物時——不管是磨損的大理石、歷經風吹日曬的木頭、牆上的層層油漆、破損的板石，或是一幅嶄新的建築畫——紫禁城給人的實質物性（material thingness）感受又變得顯著。最後，當我們出入於紫禁城內某座宮院時，偶會感知到那棟建築或區域等局部的器物性。然而，紫禁城作為一個整體的潛在器物性，現代的步行者大抵是感受不到的，對明清時代的行人無疑亦是如此。這種器物性只能偶然發現，或是刻意尋找。

得益於人類隨機應變的感知系統，形制各異的藝術品才能以多種多樣的方式被解讀呈現。藝術品及其觀者擁有多種可選的感知模式，將藝術品視為器物只是這眾多模式之一。在器物模式中，這個藝術品讓我們能察覺到它的技術工藝編碼（crafted encoding），這個編碼針對藝術品與自身物質性之間的自反關係；我們從藝術品刻意選擇的表現形式中，立刻能辨認出這種編碼。不僅如此，在器物模式下，還存在第二種自反關係編碼，反應藝術品與人體的大小比例關聯，讓觀者將比眼下所觀看的藝術品更小及更大的物體都納入感知範圍。離我任教所在地僅幾步之隔的大都會藝術博物館有一中國雕塑展廳，陳列了不少大型雕塑及一幅恢宏的寺廟壁畫。這些背井離鄉的文物被置放於一座美國博物館中，愈發能讓人感到它們被作為器物進行陳列展覽的屬性。雖然我已感知到這些文物的器物性，卻未能同時意識到，存放文物的博物館建築本身，乃是一件更大器物。因為這幢建築之於我，還是更像一個地點：即藝術品的現存地，或所屬環境。但當我稍後從第五大道或中央公園回望博物館時，也許便會察覺到博物館建築本身的器物性。同理，將紫禁城視作器物，可讓人同時覺知到它與其內部所包含的細小結構、及與含括它的外部廣袤城市空間之間的關係。今日的北京正如變形蟲般擴張轉化為邊界模糊的大都會帶，或將吞納天津，一路延伸至渤海灣。然而，北京古城在上世紀被拆除前，有著許多道城門的龐大北京城牆，會讓每一個接近的造訪者和返鄉的居民，意識到北京自身被清楚界定的器物性。同樣一種意識，一定也牽動著明清時代那座比北京城小、但依然龐大的紫禁城所帶給人的經驗，這些，今日我們只能透過對歷史的努力想像去了解了。

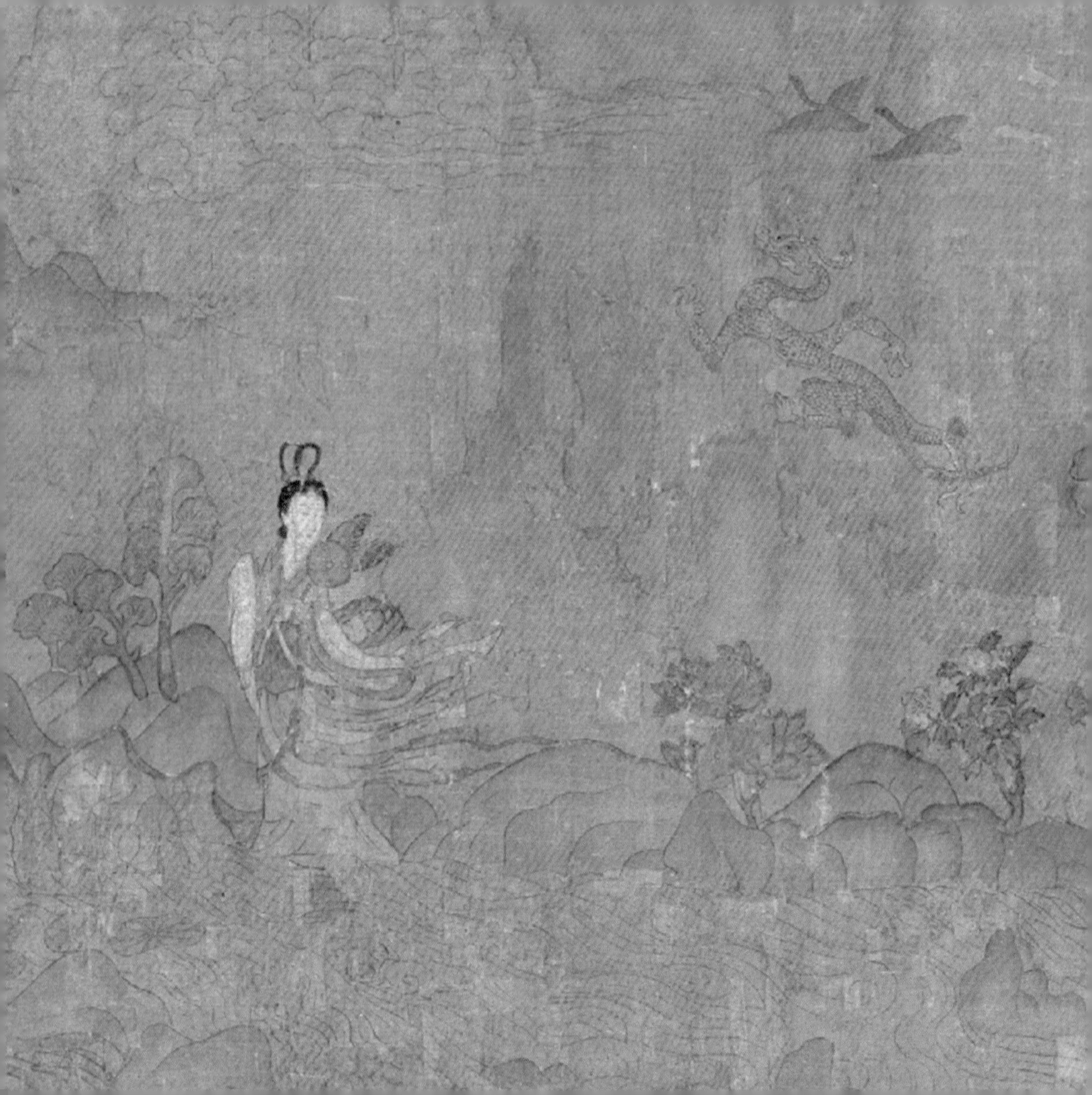

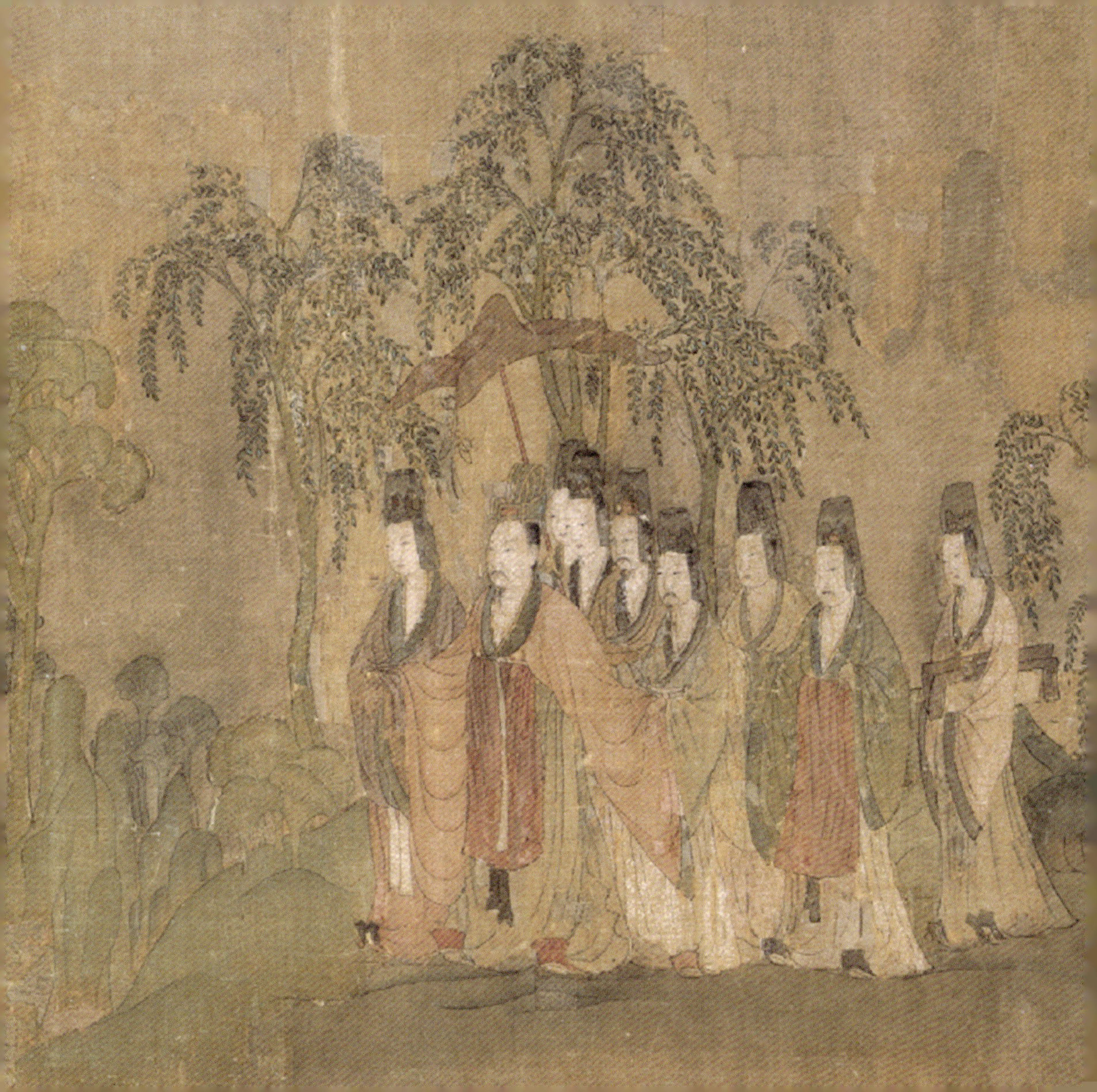

宋代的眼光 03

Wu Hung —— 巫鴻

《洛神賦圖》

以《洛神賦圖》為例，第一個層面是把現存各卷作為宋代視覺藝術產品，思考其產生原因和當時人們看待它們的眼光。這種眼光是複數而非單一的——正如《洛神賦圖》在當時的存在是複數而非單一的。這種思考把多件宋代《洛神賦圖》置入共時的文化情境去理解它們的複雜含義。第二個層面則是從這些宋代《洛神賦圖》出發去追溯它們的歷史本源。這個本源不再是複數和多重的，而是被想像為一件單一原作。雖然早已不復存在，但有可能通過慎密的「視覺考古」發現它在後代畫卷中留存的基因或「影子」。

晉　顧愷之　《洛神賦圖》之局部　宋代摹本　卷　絹本設色　27.1×572.8公分　北京故宮博物院藏（甲本）

越來越多的學者認為現存各卷《洛神賦圖》的繪製時間不早於北宋末年——這一結論在陳葆真教授專論此畫的大著中被詳細論證。[1] 但在具體使用這些作品研究美術史的時候，經常的做法卻是將其作為早期繪畫的珍貴證據，徑直探討唐以前繪畫史中的若干關鍵題目，特別是六朝晚期繪畫中的重大發展。這種討論方式屬於美術史研究中的常規運作，宋摹《搗練圖》和《韓熙載夜宴圖》是另外兩個著名例子，不斷被用來探討盛唐和南唐、張萱和顧閎中的藝術成就。這些論述一方面提供了富有價值的觀察和見解，另一方面也在有意無意之間抹去了摹本和原本的歷史距離，因此也簡化了這些畫卷的複雜性和資料價值。

本文倡議應該在兩個歷史層面上探尋這類作品的美術史意義。[2] 以《洛神賦圖》為例，第一個層面是把現存各卷作為宋代視覺藝術產品，思考其產生原因和當時人們看待它們的眼光。這種眼光是複數而非單一的——正如《洛神賦圖》在當時的存在是複數而非單一的。這種思考把多件宋代《洛神賦圖》置入共時的文化情境去理解它們的複雜含義。第二個層面則是從這些宋代《洛神賦圖》出發去追溯它們的歷史本源。這個本源不再是複數和多重的，而是被想像為一件單一原作。雖然早已不復存在，但有可能通過慎密的「視覺考古」發現它在後代畫卷中留存的基因或「影子」。由於本文的限定長度，也由於筆者不久前在第二個層面上對此畫進行了比較詳細的分析，[3] 以下的討論將聚焦於第一層面，在宋代的文化環境中觀察這幅畫的歷史意義。

從這個角度出發，首先值得重視的一個現象是《洛神賦圖》在宋代的可觀數量、多種風格和觀眾對它的不同興趣。12世紀至13世紀的文獻明確透露了這種狀態——這類文字記錄在此之前則了無痕跡。最早的一則是南宋詩人王銍在13世紀上半葉，據一幅「顧愷之所畫洛神賦圖樣本」做的一首以愛情為主題的〈題洛神賦圖詩〉。[4] 幾十年後，朱熹為另一幅《洛神賦圖》寫了題跋，強調其作為「證古」資料的意義。[5] 面對這幅畫卷，這位宋代大儒並未流露出對古代名作的仰慕和驚羨，而只是相當平淡地將其評價為「不但為好事者無益之玩而已」，看來也瞭解面前之畫並非古代原本。13世紀初詞人劉克莊進而將此潛臺詞一語點破：「畫洛神賦，余見數本。」[6] 他隨後說這些畫卷都自稱為李公麟所摹，請了專家鑑定也說不清是否確為「真跡」。頗有意味的是此處所說的「真跡」並非指顧愷之或晉明帝司馬紹的原本（後者畫《洛神賦圖》之事載於張彥遠《歷代名畫記》），而是歿於12世紀初的一位北宋名家的仿作。因此對於這幾位南宋觀賞者來說，時下流通的這些《洛神賦圖》的「近代屬性」可說是十分明確。

1　陳葆真，《〈洛神賦圖〉與中國古代故事畫》（臺北：石頭出版股份有限公司，2011；杭州：浙江大學出版社，2012）。

2　這個《洛神賦圖》繪畫傳統在宋代之後基本上被仕女畫類型的《洛神圖》所取代。二者在視覺邏輯和圖像性質上具有巨大區別——前者屬於連續性的敘事畫，後者屬於想像的單體肖像。本文因此不考慮宋以後的這類例子。

3　見拙著，《中國繪畫中的「女性空間」》（北京：生活・讀書・新知三聯書店，2019），頁100-129。

4　（宋）王銍，《雪溪集》（臺北：臺灣商務印書館，1986，文淵閣四庫全書影印），冊1136，卷1，頁551。

5　（宋）朱熹，〈題洛神賦圖〉，《晦庵先生文集》，《宋集珍本叢刊》（北京：線裝書局，2004，影印宋刊浙本），卷81，頁32a。

6　劉克莊，〈題蕭棟所藏畫卷〉：「畫洛神賦，餘見數本，皆曰龍眠所臨，雖使善鑑定者莫能辨其真贗，廬陵蕭君此本未有潤泉跋語，不必伯時真跡，自可重矣。」載於（宋）劉克莊，《後村先生大全集》（臺北：商務印書館，1967，四部叢刊初編縮本），冊70，卷109，頁950。

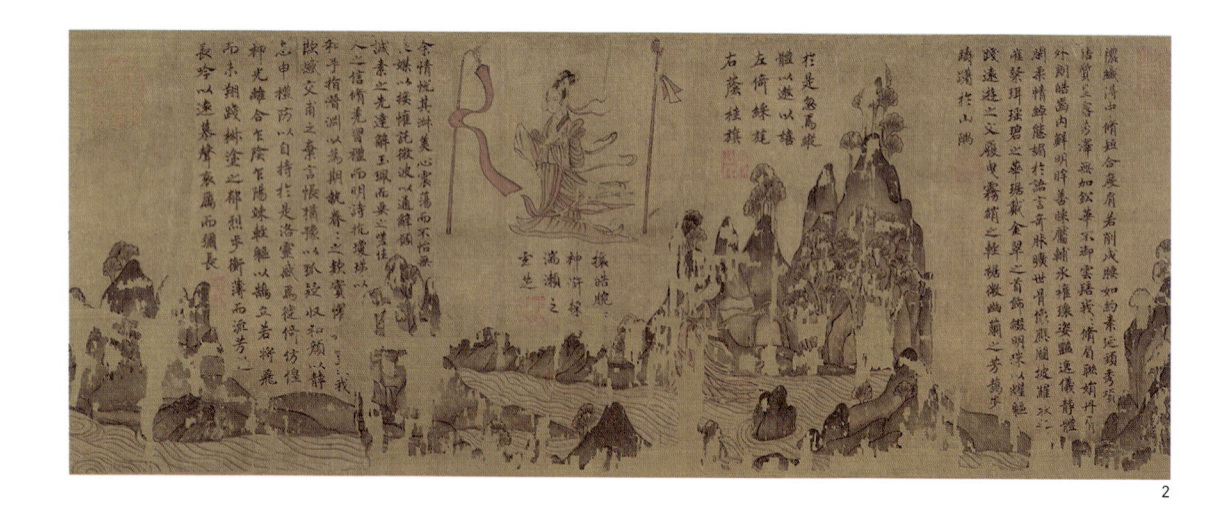

1　晉　顧愷之　《洛神賦圖》之局部　宋代摹本　卷　絹本設色　27.1 × 572.8 公分　北京故宮博物院藏（甲本）
2　晉　顧愷之　《洛神賦圖》之局部　宋代摹本　卷　絹本設色　26.0 × 646 公分　遼寧省博物館藏
3　晉　顧愷之　《洛神賦圖》之局部　宋代摹本　卷　絹本設色　24.0 × 310.0 公分　弗利爾美術館藏（Freer Gallery of Art）（甲本）

再從流傳下來的實物看，目前存世大約製作於 12 至 13 世紀的整幅或局部的《洛神賦圖》竟達八件之多，在同一題材的宋代繪畫中相當少見。[7] 考慮到這類紙絹質作品之脆弱難存以及從宋代到現今的七八百年間隔，此題材畫作在當時的數量必然極為可觀。這一推論與上面介紹的文字記載符合，其寫作者也都生活在這一時期。在這八幅作品中，最為人所知的三卷是北京故宮博物院甲本、遼寧省博物館本和華盛頓弗利爾美術館甲本（圖1至圖3）。與之構圖和形象相近的有弗利爾美術館藏的另一件白描本（弗利爾乙本）（圖4）和臺北故宮博物院收藏的一段畫面，描繪洛神乘飛車離去的情節。此外，一類形制和畫法都明顯有別的「大本」存於北京故宮博物院（此被稱為北京故藏「乙本」）和大英博物館的收藏（圖5）之中。北京故宮還藏有稱為「丙本」的第三卷，僅描繪了曹植初遇洛神的情境（圖6）。陳葆真和袁有根等學者對這些畫作進行了仔細對比，指出其並非直接相互臨仿，即使構圖相近者也有各自不同的淵源，[8] 再次證明當時存在著更大數量和不同類型的《洛神賦圖》。

7　雖然陳葆真教授將其中兩卷（弗利爾美術館白描本和大英博物館「大本」）定為明代，但筆者感到仍有討論餘地，此處仍沿循其較為通行的意見。

8　陳葆真，《〈洛神賦圖〉與中國古代故事畫》，頁 217-259；袁有根、蘇涵、李曉庵，《顧愷之研究》（北京：民族出版社，2005），頁 78-141。

4

4　晉　顧愷之　《洛神賦圖》之局部　宋代摹本　卷　紙本設色　24.1×493.7公分　弗利爾美術館藏（乙本）
5　晉　顧愷之　《洛神賦圖》之局部　宋代摹本　卷　絹本設色　53.6×821.5公分　大英博物館藏（British Museum）
6　晉　顧愷之　《洛神賦圖》之局部　宋代摹本　卷　絹本設色　26.8×160.2公分　北京故宮博物院（丙本）

見 ●《洛神賦圖》●

陳葆真教授根據構圖和繪畫風格將此八幅分為「六朝類型」和「宋代類型」，後者又包括兩個別類——對此分析筆者完全同意。[9] 但需要強調的是，即使「六朝類型」中的案例——包括最有名的三卷「摹本」——也並非刻意仿古之作，而都對畫中細節進行了修飾改造以適應當時觀賞趣味。學者對此做了十分精闢的觀察，如石守謙教授認為「泛舟」一段中的大船造型是按照宋代船舶的結構「予以變形想像的結果」。[10] 這艘船在北京故宮甲本和弗利爾甲本中均在船艙前方掛有一幅山水畫，學者馬采認為故宮本中的這幅山水「畫意已是宋人，其（筆者：指此畫卷）為宋摹無疑。」[11] 陳葆真教授更明確地指出弗利爾本中的「這幅山水畫明顯地展示了一角的構圖，它的風格與盛行於十三世紀的馬遠、夏珪傳統相關」（圖3）。[13] 這類研究的原意主要在於確定畫卷的製作年代，但對本文來說則具有一個更深遠的意義，揭示出這些作品是為了當代的藝術消費——而非為了「學究式」地嚴格保存古畫形態——而製作的。認識到這一點，對我們進而探討這些畫的異同和背後的意圖具有極為重要的意義。八幅《洛神賦圖》中最具「當代」氣息的，是描繪曹植初遇洛神情節的北京故宮丙本（圖6）。此為系列畫幅之一，原畫格式以賦文間隔並連接這些段落，共同構成敘事長卷，在《胡笳十八拍》、《中興瑞應圖》、《晉國公復國圖》、《女孝經圖》等南宋畫作中都可看到。[13] 此畫的非對稱構圖和描繪山石的小斧劈皴法也都是典型的南宋風格。寬闊的河水將林木、人物分為對角兩組，隔江站立的洛神不再是「翩若驚鴻」的神女，而更像是現實中的鄰里佳人。

北京故宮乙本和大英博物館藏的另一幅「大本」以其鳥瞰視點代表了另一種宋代《洛神賦圖》風格。畫面突然推遠，觀者面對的似乎不再是一幅私密的手卷，而是一帶浩瀚綿延的宏偉壁畫（圖5）。這種感覺並非出於主觀臆想，而是由作品的特殊構圖和內容造成：兩畫的最大特點是增添了面積廣大、結構複雜的全景山水，同時大大縮小了人物的比例使之融入環境之中。賦文也被提煉為界格中的榜題，如同懸掛於畫面之上。在12至13世紀的繪畫作品中，最接近這一風格的是山西繁峙縣巖山寺壁畫，同樣展現出氣勢磅礴的構圖，比例適中的山水人物，以及在界格中題寫的榜題。創作這些壁畫的畫師王逵在北宋滅亡後進入金代少府監，成為御前承應畫匠，巖山寺壁畫是他於1167年完成的作品。考慮到他成年之後才入金，其畫風應在宋室南遷之前就已形成。[14] 除此之外，敦煌壁畫中的宋代作品也顯示出相近的構圖和榜題風格。[15] 這些證據使我們建議這兩幅《洛神賦圖》與宋金時代的壁畫具有密切關係，甚至可能是大型壁畫的粉本。這個推測也

可解釋為何兩卷的高度都超過半公尺，比三幅熟知的《洛神賦圖》摹本高出二十餘公分以上。[16]

這兩種宋代風格都在相當大程度上脫離了《洛神賦圖》的傳統構圖模式，其目的在於以新型視覺形式將這一著名愛情故事呈現給當代的觀眾。王鉌所寫的〈題洛神賦圖詩〉傳達出同一意旨，把曹植賦文中超越古今的「情」作為藝術表現的中心主題：

> 丹青畫寫鬼神趣，筆端調出返魂香。
> 妙畫主文盡天藝，神理人心兩無異。
> 此情萬古恨茫茫，且為陳王說餘意。

這一目的有別於其它五幅宋代《洛神賦圖》（遼博本，北京故宮甲本，弗利爾甲、乙本以及臺北故宮本）的旨意，其基本傾向是在保存古典模式的前提下進行局部調整。這個古典模式可被認為是五畫的共同「基因」，由基本一致的敘事情節、整體構圖、人物形象和山水佈置揭示出來。這一保存古典模式的傾向與當時的文化需求無疑有著密切關係：承襲北宋先例而推而廣之，崇古之風在南宋時期更深地浸入了不同社會層面的文化生產，在士人文化、宮廷文化以至流行文化中都有長足反映。流行文化中的器物和墓葬壁畫不斷從歷史文物中獲取樣式，士人所追求的「古意」則與金石學和文獻考據等專業歷史知識相互聯繫。這後一趨向反映在朱熹所寫的《洛神賦圖》題跋裡：他強調該畫具有「可考見當時器用車服制度」的功用。[17]

一旦對這些不同層次上的「崇古」需求和欣賞角度有所瞭解，我們就可以嘗試更加確切地解釋不同風格《洛神賦圖》摹本的產生原因。上文提到南宋詞人劉克莊

9　有關這些畫卷的描述和分類，見陳葆真，《《洛神賦圖》與中國古代故事畫》，頁 217-259。

10　石守謙，〈洛神賦圖──一個傳統的形塑和發展〉，《美術史研究集刊》，23 期（2007.9），頁 59。

11　俞劍華、羅 子、溫肇桐編，《顧愷之研究資料》（北京：人民美術出版社，1962 年），頁 194。

12　陳葆真，《《洛神賦圖》與中國古代故事畫》，頁 217。

13　陳葆真，《《洛神賦圖》與中國古代故事畫》，頁 258。

14　柴澤俊、張丑良，《繁峙巖山寺》（北京：文物出版社，1990），頁 25。

15　如榆林窟第 38 窟壁畫，見段文傑主編，《中國壁畫全集 敦煌 9》（瀋陽：遼寧美術出版社，1990），圖 180。

16　這三卷的高度分別為：遼博本 26 公分、北京故宮甲本 27.1 公分，弗利爾美術館甲本 24 公分。

17　見上引（宋）朱熹，〈題洛神賦圖〉。

曾見過該圖的幾個版本，均稱是李公麟所摹。由於李公麟以仿古白描畫法著稱，[18] 這幾卷可能都作這種形式，弗利爾美術館收藏的白描乙本應是延續了這個傳統（圖4）。雖然這種白描畫風在六朝時期尚未被創造，但在南宋時代卻可以更直截了當地顯示畫作的「趨古」意味，李公麟的摹本因此成為另一種意義上的《洛神賦圖》「真跡」。

最後讓我們把視點聚焦於遼博本和北京故宮甲本（弗利爾甲本和臺北故宮本與之風格相近）。這兩幅畫的製作時代和歷史權威性一直是《洛神賦圖》研究中的一個核心問題：是圖文並茂的遼博本時代更早（圖2）？還是只有圖像的故宮本更接近原作的面貌（圖1）？各種意見層出不窮，但都把兩卷的區別歸結為不同繪製時間或所摹的版本有別。但是如果把二者都作為宋代繪畫產品看待的話，我們便可以嘗試另一種思考角度，將其相異之處訴諸於當時觀眾的不同需求。從這個角度出發，故宮甲本——以及弗利爾甲本——反映了古典模式與當代趣味的合流，前文說到兩畫均在「泛舟」一段中的大船前方掛有一幅宋代風格山水畫，即為這一合流的明證（圖3）。兩畫的另一重要共同點是對整體視覺性的重視，均著意將人物和風景形象組合入連貫的手卷構圖之中。

這種統一的視覺性在遼博本中被顛覆或解構：該卷以圖文並茂的形式在畫面中插入長短不一的文字段落，從而打亂了圖像的連續和流動性的視覺欣賞。一些研究者感到這種方式似乎更為古樸，因而更可能代表了《洛神賦圖》的原貌。但值得注意的是雖然我們不乏南北朝時期的繪畫證據，但卻沒有一例顯示出這種樣式的圖文安排。所有已知例子，無論是考古發現的司馬金龍屏風還是傳世的《女史箴圖》和《列女仁智圖》，都把圖像和文字清楚分開，各有其獨自空間。而遼博本《洛神賦圖》中的錄文則侵入圖畫之中，與形象分享同一畫面。書畫鑒定家羅春政在《遼寧博物館書畫著錄：繪畫卷》中寫道：「圖卷中小楷書賦文，隨圖延展，高低錯落，無一定格局。但文字多少，則依圖意而定。充分表明繪畫在先，書賦在後。」[19] 十分清晰地總結了這個特徵。

這種圖文共用畫面的概念和形式是北宋之後開始流行的藝術現象，在米友仁的作品和南宋院畫中不乏例證。採用這種做法的遼博本在所知各卷《洛神賦圖》中為孤例，不能排除是根據特殊動機設計製作的成果。這一動機與朱熹所說的「考證」興趣很可能有關：這位宋代大儒認為他所見的《洛神賦圖》「可考見當時器用車服制度」，遼博本產生的機緣亦有可能是對此畫摹本所進行的史籍考訂，因此把圖中描繪的賦文一一題寫在圖像旁邊，而未被描繪的文字則被大段大段地

抄錄在畫面空隙處。其結果也就是羅春政所觀察到的「(題字)高低錯落，無一定格局」的局面。

---

18 有關討論見 Richard M. Barnhart, "Li Kung-Lin's Use of Past Styles," in *Artists and Traditions : Uses of the Past in Chinese Culture*, ed. Christian F. Murck (Princeton: Princeton University Press, 1976), 51-71.

19 遼寧省博物館，《遼寧省博物館藏書畫著錄：書畫卷》（瀋陽：遼寧美術出版社，1998），頁 31。

一物與眾生　04

Dorothy Ko ── 高彥頤

馬爾卡棉布

當地一個嬰兒呱呱墜地，家人會預先準備好宗族裡一位長者穿過的棉布舊衣，薰暖後包裹新生兒，寄託一家溫馨的呵護和期望。老人壽終時，家人也會細心地裹好已經穿洗至柔軟無比的故衣，送走最後一程。手種、手紡、手織的印度棉布，就這樣體貼地伴隨一個個凡人，一代接一代的男女，走完一段又一段的不歸路。

印度　馬爾卡棉布　20世紀
Photographs by Dakota Mace, courtesy of the Center for Design and Material Culture, School of Human Ecology, University of Wisconsin-Madison

　　我所鍾意的一物，甚至想為它著書立傳，盼它能名傳後世的，不但暫時沒有進博物館的資格，可能連擺在夜市地攤，也不會引來太多人佇足。馬爾卡（Malkha）棉布，產自文明古國印度，有素白、藍靛青、茜草紅、石榴皮黃、兒茶木棕、鐵鏽黑等天然色，每色種可調製由深到淺各色調，又可以和別種混成中間色。紡好的紗線，織匠用木製平紋織機手織成布，如果經紗用白而緯線用藍，便會織出暗亮的淺藍。如果經紗一段白、一段藍交替，便成條紋布。想要格子布也不難，經緯線都用二或多種色段間隔便是了。用素色布作底，又可以訂製木模型印花，花果草木、鳥獸蟲魚，都一一在眼前再現。再簡單不過的素材，平常的技術，卻有如此多戲法可變，化腐朽為神奇，生生不息。奇怪的是，馬爾卡棉布中

最名貴的品種，也就是要反覆煉染十數回、沈凝發青的深藍靛，竟然只賣550盧比（200新臺幣不到）一米。說印度生活水平遠比我們低也好，物既不罕、便不為貴也好，市場經濟所釐定的價值，顯然跟我心目中的價值觀，有好一大截距離。

尤其使人驚訝的，是馬爾卡布的質感。它的經紗緯線，不粗不細（用行內術語說，分27支和35支兩個品種，一支是組成一方寸面料的經緯線數目總和），穿在身上不至覺得厚重，但也不是如傳說中一位貴女，裏上七層薄如蟬翼的棉布，還彷彿赤身露體，無辜被父親大罵一場那種妙品。[1] 雖是平凡物，馬爾卡布的過人之處，在於它生產過程中，一個無意得來的小發明。19世紀工業革命時期，印度棉花大宗出口英國，棉花採摘後先高壓捆包，縮小體積，方便長途貨運，抵埠後再解壓鬆捆，纖維難免大大受損。習以為常，今天甚至非出口的棉花，也一直照樣加壓捆包。馬爾卡在地生產，發覺如果改良棉花清洗等流程，可以索性免除這工序，讓人們重新領略棉織天然的彈力和汲水性。用人手操控機器紡出來的紗線，一根根前後的直徑難免有些微偏差，織成的布料便略略凹凸不平，有點像人體皮膚的肌理。裁衣時，用精鋼鍊成的裁剪刀，如果不狠下心腸一刀扎下去，指頭會感受到強大的回彈力，這棉線的韌力可不是好惹的。可是裁好的一片片料子，拿捏在左手姆指和食指之間，卻感覺無比輕軟，右手拿穩的縫衣針扎進去，厚至二、三重的料子都會立時服貼地就範。做好的衣服，愈洗愈柔順稱身，是化纖或機織棉無可比擬的。

馬爾卡棉布，是一個品牌、一個志願者組織的信託公司、也是一個「現世烏托邦」。遠在三十多年前的1989至90年間，在印度中南部安特拉邦海德拉巴市，一位四十剛出頭的家庭主婦烏扎兒瑪，開始和兩位志願者友人，走訪市外的大小鄉村，想親身了解手工藝人、特別是棉紡織戶的處境。當年的烏扎兒瑪，是城裡人，從未下過鄉，也不懂泰盧固土語，只是因為雅好金銀器細活，關注手工藝在現代社會的前途，也隱約意識到棉紡織品對印度眾生的重要性。當地一個嬰兒呱呱墜地，家人會預先準備好宗族裡一位長者穿過的棉布舊衣，薰暖後包裹新生兒，寄託一家溫馨的呵護和期望。老人壽終時，家人也會細心地裹好已經穿洗至柔軟無比的故衣，送走最後一程。手種、手紡、手織的印度棉布，就這樣體貼地伴隨一個個凡人，一代接一代的男女，走完一段又一段的不歸路。

如果說中國是絲綢文明，那印度可以說是棉花文明。在這片古老大地上土生土長的各種短纖棉花（Gossypium arboreum），起碼在公元前5000多年便被智慧的匠人紡織成布，並出口至中東今敘利亞的亞述王朝。海德拉巴市所在的德干高原

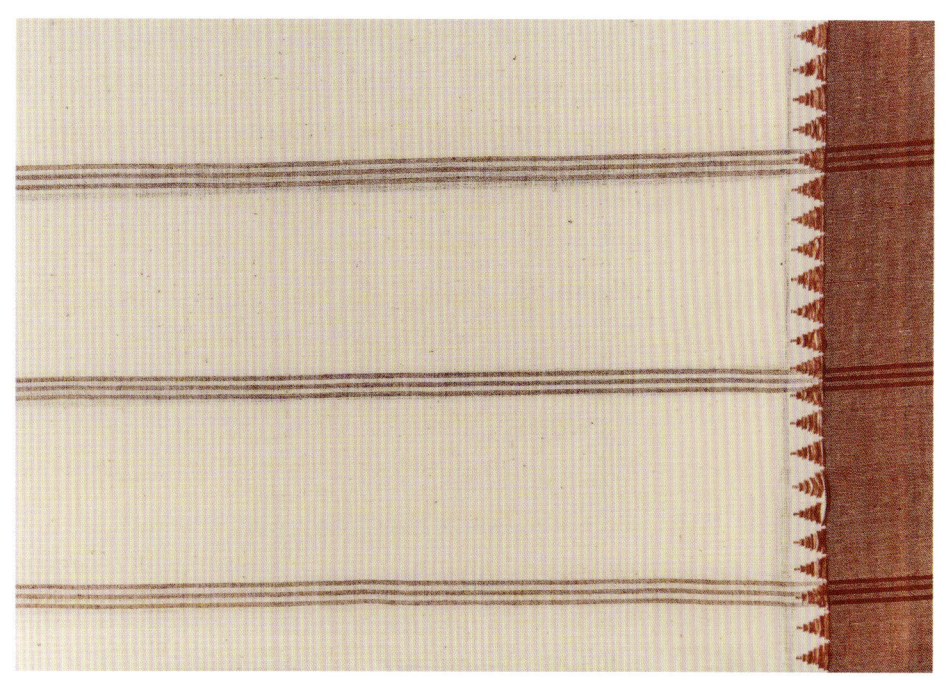

1　素白地茜素紅條子紅白織邊馬爾卡棉布

（Deccan Plateau），尤其是歷史悠久的紡織聖地，出口品從公元前 1000 年起便被古希臘、羅馬的貴族所熱愛。稍後印花棉布更傳入埃及、波斯，以及印尼群島和馬來半島，大大影響了當地的棉紡織技術。印度棉布紗線的幼細，織紋的堅韌，特別是印染技術的高超，配色的變幻無窮，色調的鮮豔耐洗，都是歐、亞各地人們所羨歎的。馬可波羅東遊時，盛讚他在印度看到的棉布，「精細及華麗之處，其他地方無人能及。」[2] 一直到今天，棉業仍是國民經濟的基柱之一，印度名列全球最大的產棉國，全國各地有一千萬農民靠種植棉花為生，另外還有二千多萬人分別在農村和城市從事紡、染、織、銷售等等相關行業。

可是，烏扎兒瑪愈深入了解農村實況，愈是意識到在輝煌的歷史和堂皇的統計數字背後，織戶、木匠和鐵匠等世代相傳的眾多手工藝人，承受著一般城市人光靠閱報讀書難以想像的艱辛、剝削、甚至絕望。她先後成立兩個志願者組織，

1　這妙品便是鼎鼎大名的「達卡輕紗」（Dacca muslin），產自今孟加拉國達卡地區，有「白金」之譽，是上等人家的衣著。Meena Menon and Uzramma, *A Frayed History: The Journey of Cotton in India* (New Delhi: Oxford University Press, 2017), 10. 貴女故事見頁 11。

2　目前在印度出土最早的棉布碎片，定期約公元前 3000 年，屬 Indus Valley Civilization 的 Harappan 文明。最早的出口品碎片，是在埃及紅海邊的 Berenike 港出土的，定期約公元 5 世紀。Menon and Uzramma, *A Frayed History*, xix, 3-8. 印度紡織品東傳東南亞、中國和日本的歷史，見 John S. Guy, *Woven Cargoes: Indian Textiles in the East* (London: Thames and Hudson, 1998).

並不是自信能提供一套現成的解決農村疾苦的方案,而是希望在具體行動中,務實地和底層的平民百姓,一起摸著石頭過河,探索改善生活的種種可能性。馬爾卡(Malkha)是她在2000年總結第一個志願者組織的得失,再起步時所取的名字,把印度傳統著名的精棉布mul-mul和現代獨立運動時甘地為抵制英貨而提倡的土布kha-di,絣在一起,勉勵大家不離不棄,繼往開來,農民和手工藝人合作,一起努力在農村家園經營「現世烏托邦」。[3]

馬爾卡的基本信念,是打破大資本的壟斷,重建一條在地、小規模、長線的產品鏈,自棉花田一直到織成布匹,中間環環相扣,把掌握棉布製作每一步驟所必需的原料和技術的人家,組成一個互惠互助的群體,這固然包括種棉的農民、採棉的童工、清洗棉花和紡紗的婦女和其他工人、染匠、織戶等等,更包括眾多不起眼的傳統技藝,例如煉製各色染料、製作大小漿紗用的木刷子、按客戶要求雕刻成套印花用的木印模等等,每一工藝流程,都有代代相傳的專門人家、村落、或種姓負責。掌控不同環節的專業匠人,通常聚居在不遠處,能互通聲氣,靈活地根據市場風向或客戶具體需要,調製不同產品,供應本地或長途市場。在走訪村落時,烏扎兒瑪隱約看到,這些數百年來,靠人際交往而維繫的棉布生產鏈,已溶進村莊裡的日常生活倫理,還沒有完全瓦解。馬爾卡的使命,與其說是生產棉布,不如說是重建人與土地的和諧秩序,以及生產者與生產者之間靠互助合作而編織的社會關係網。

在地農人和匠人配合生產、多元化技藝組合、製作者與消費者直面溝通、小本商人中介融資和物流市場,本來是印度傳統棉織品數千年來,一直保持旺盛生命力,精益求精,在質和量上,都比其他地方優異的要因。[4]隨著殖民時代及現代產業化發展,原來緊繫農、工、商的關係紐帶逐漸弱化,傳統技藝一一從大地消失,身懷絕藝的手藝人,不得不離鄉背井,到大城市的工廠當雜工。工廠生產的廉價化纖或基改棉紗線、布匹,反過來大量流進鄉村,進一步打擊農村手工藝人的生計。對村裡人來說,印度工業化和現代化的過程,是一個從多元、有機生活退化成為標準化、呆板、窮困生活的過程。

現代發展帶來的城鄉差距,是全球發展中國家共同面對的難題。印度與中國大陸明顯的差別之一,在於今天的印度,仍然有百分之六十五左右的廣大人口生活在農村,傳統的家族倫理和紮根土地的種種精湛技藝,還沒有完全消失。數十多年來,雖然老藝人去世的去世,改行的改行,時至21世紀,印度農村還有為數三、四百萬紡織戶,堅持著靠手織棉布或絲綢維生,養活一家老小。烏扎兒瑪

認識到，大城市裡由大資本建立的現代化紡織工廠，並不能為大多數人謀福利，只能製造一個農村破產和地球污染的惡性循環。她心目中的烏托邦，是把生產決定權和利潤，還給小生產者和他們自組的社團、工會，也就是送回種棉花田、紡紗、整經、織布、印染等的農村人家，好讓他們自給自足，安居樂業。

馬爾卡最受歡迎的經典之作，深藍靛原紗染色布，本來早已從歷史舞臺上消逝。自從19世紀後期化學藍料出現，印度傳統最精湛、被譽為「月華」的藍靛技藝，慢慢被遺忘。到了20世紀後半，連手織布匠人，用的都是化學藍染紗。烏扎兒瑪有志讓這絕學重見天日，一有空便鑽進檔案館，從殖民時代的風俗考察和技術調研報告中，找尋往昔藍靛工藝技術的蛛絲馬跡，又上天下地，托人跑遍大小鄉村訪問故老。終於在一個不通車路的偏遠小村，找到當時八十二高齡、已封刀多年的老師傅雅立伯，好不容易說服他出山，把絕藝傳給一班有志傳承的手工藝人。[5] 雖然尊重前人智慧，馬爾卡絕不是懷舊的傳統物，或所謂文化遺產。

2　深藍靛原紗染色馬爾卡棉布

3　「現世烏托邦」（Real utopias）是美國社會學家艾立・奧倫・懷特提出的概念，既指那些理想得遙不可及的遠大目標，也指鍥而不捨實踐理想的艱辛過程，和應對難關的種種策略。Erik Olin Wright, "Guidelines for Envisioning Real Utopias," *Soundings* (London), Iss 36 (Summer 2007): 26-39; 183-184. DOI: 10.3898/1366207820465778

4　受了馬爾卡啟發，最近一些印度歷史學者，開始從手工藝人的立場去反思印度紡織業走向工業現代化的過程，有興趣的讀者可參閱：Karuna Dietrich Wielenga, *Weaving Histories: The Transformation of the Handloom Industry in South India 1800-1960* (Oxford: Oxford University Press, 2020).

5　雅立伯的傳奇故事和印度的藍靛和其他色料技術，見 Annapurna Mamidipudi, *Towards A Theory of Innovation in Handloom Weaving in India* (Ph.D. dissertation, Maastricht University, the Netherlands, 2016), 109-159.

3　素白地手印藍靛、黃、灰、棕色羽芒菊紋馬爾卡棉布。羽芒菊紋，是馬爾卡設計師原創的花草紋樣之一

它織染用傳統技術，紡紗卻用工程師特別調配的機器。馬爾卡之所以存在於現代社會，是烏扎兒瑪、紡織工程師志願者、農村紡紗婦女和手織機匠在現世合作，逆水行舟的結果。從這角度看來，馬爾卡是嶄新的現代社會產物。

數十年如一日，馬爾卡苦心經營，成立了一座紡紗工場，一所染房，和數間織機房，年產至少五、六萬米的各式布料、紗麗、和披巾，在海德拉巴自營的店舖和其他地區的工藝市場銷售。今天在印度中南部，從事天然草木染的匠人不少，產品也能在城市市場站穩一席地，馬爾卡是開這風氣的先行者。至於摒棄要靠人工灌溉和化肥種植的改基因棉籽，卻暫時未能如願。永不言倦的烏扎兒瑪，最近趁廠房作業因新冠疫情而停頓，思前想後，毅然決定改組現有組織，進一步實行分散管理，調整紡紗、織布、和零售環節之間的不平衡，進而尋求法子大量復植非基因改造的土生卡拉（kala）棉。

要想種植土生土長、耐旱耐熱的棉花，配合就地取材的民間技術，避免用任何化石燃料，生產城市普通人家也穿得起的日常衣服，讓千萬在貧窮線底下掙扎的農戶和手工藝人賴以安居樂業，這乍聽是再簡單、合理、又平凡不過的目標，要實行起來卻難上加難。資本市場經濟扭曲人性，趨使人們捨近求遠，以醜為美，社會學家如衛伯倫（Thorstein Veblen）等早已注意到，所謂「炫耀性消費」，指的是

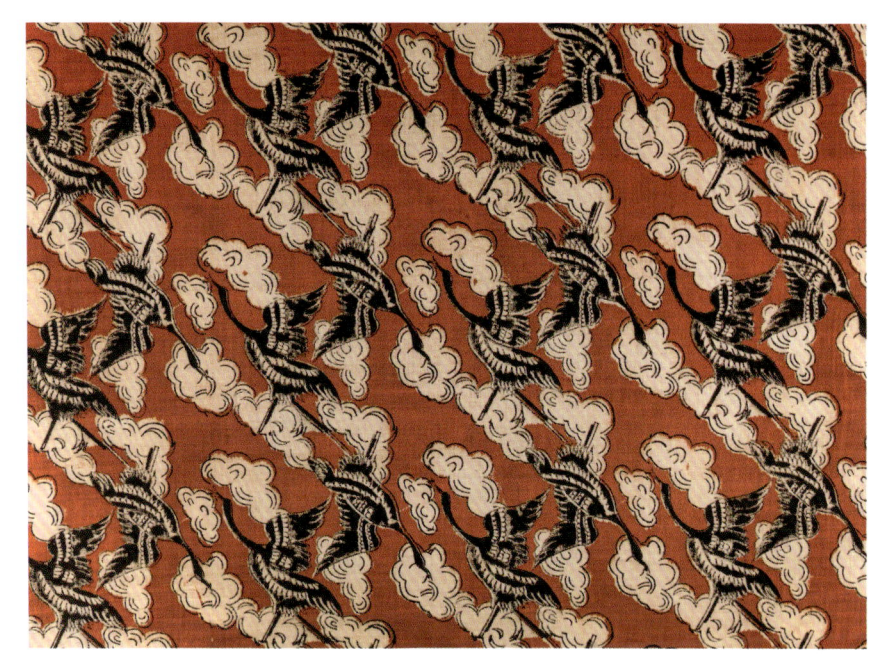

4　茜素紅地手印黑白雲鶴紋馬爾卡棉布。雲鶴紋,是馬爾卡設計師原創的花鳥紋樣之一

　　在現代消費社會成型初期,在標新立異的社會風氣壓力,加上唯利是圖的市場遊戲規則下,人們一貫服膺的價值觀和審美標準,不知不覺間被挪移錯位,結果成了180度逆向倒置。[6]在地的、多元的、可持續的、複雜多姿的、滋養眾生的物質文化,竟然受人摒棄。標準化的、單調的、污染大地江河的工業商品文化,反而被多數人追求。

　　2020年初,新冠疫情開始在各地蔓延時,臺灣和香港市民爭相搶購的,是大米、方便麵和廁紙。在美國,是廁紙和槍械。大難臨頭,人們對自身安全產生恐懼,是人類和其他物類共通的本能。面對生死大限,中美社會價值取向的異同,卻相當耐人尋味。物以罕為貴,固然有一定道理,但一物的價值,並不全然能用經濟效應去衡量。個人的主觀取捨,乃至社會文化取向,也是重要因素。正因如此,重塑人對物的價值觀,是面向將來,值得大家共同努力的事。馬爾卡棉布,是再尋常不過的一物,卻一直無言地體貼著、維繫著培植它、織造它、穿用它、愛惜它、縫補它的眾生。烏扎兒瑪認為,任何一件物品的價值,「實用功能是經、美感是緯。」我們屯積在身邊的長物,又有那幾件真能符合這標準呢?

---

[6]　Thorstein Veblen, *The Theory of the Leisure Class: An Economic Study in the Evolution of Institutions* (New York: MacMillan, 1899). 電子書:https://www.gutenberg.org/files/833/833-h/833-h.htm.

行文至此，我們在介紹這塊織品時已經表述了兩個尚未解釋的判斷：其一，我們認定其紋樣是由織機織造形成，將它稱為「織品」、「織物」（以區別於「繡品」）；其二，我們在描述這塊織品上下左右時，已經認定了其經緯線的走向，對它進行了定位。這兩點是描述、研究一件織品或繡品的入手點，看似簡單，在辨別實物殘片時卻常常會混淆錯判。[1]

　　「織」、「繡」二詞常常被混為一談。彩色提花織物與繡品在視覺上效果上確實有某些相近之處——二者的紋樣都是以眾多彩色細絲線組成，紋樣疊加於地子之上，近看微微隆起，宛若淺浮雕。但用織機織造紋樣和用針線繡製紋樣是完全不同的兩種工藝，二者所牽涉的視覺想象、物質過程、和施造者的能動性亦大相徑庭。刺繡是在一塊底布上按照事先勾畫好的圖稿，用針引線填出圖案，所預想的圖案可以直接在畫布上呈現，是一個相對簡單的過程。刺繡常被比做以針線作畫，單人即可控制並完成從創作草稿到刺繡的過程，有很大的自由性。繡線在底布上的走向亦無拘束，可依據圖案的要求變化。除了釘線繡的特殊繡法之外，每一道繡線也不需要另外的絲線來將其固定在底布上。

　　織造彩色提花織物則是一個複雜得多的工程。要真正理解織物，我們必須要理解提花織造的基本概念，並以三維的模式來想象經緯線的活動和組合。類似這塊絲綢的複雜紋樣需要用大型的束綜提花機織造，經緯線透過程序化的方式逐步交織形成提花織物。簡而言之，經線於織造之前先固定在織機上，與織工呈垂直方向，織工用梭子操縱緯線，使之以 90 度與經線交織。從紋樣設計的意匠圖到織成的布匹要經過好幾道事先規劃好的縝密程序。彩色圖案首先被轉譯為經緯線交織的信息，這個信息用花本的形式存儲。明清時代的傳統的花本通常是綜線形式，這個花本被安裝在織機上，用來控制經緯線的交織方式。明清時代使用的大花樓織機需要二人操作：在花樓上的拽花童按照事先設計好的順序提拉束綜，使某幾組經線打開，同時在織機前操作的織工可拋出緯線梭子，使對應的緯線通過這個經線的開口，再回過梭子，完成一次交織。二人配合，循序漸進織出匹料。經緯線每一輪交織同時形成地子和花紋。也就是説，織造是不可能在織完地子之後再回頭織上花紋的。提花緯線可以與布幅同寬（通梭），也可以是位於花紋局部（挖梭），但不論何種，一定有經線間歇與之交織，將其固結在地子上。與刺繡不同，提花織物的緯線必然是規律地平行排列，與地子的經線垂直。花本存儲的信息可以使花紋得以循環。這塊藍色絲綢的花紋在門幅的寬度上重複一次，殘存的長度中保存了花紋在縱向兩次有餘的循環，一個完整花回的尺寸是 26.5 × 47 公分。

1　清　妝花緞之正面　18世紀初期　112×53公分　洛杉磯郡立藝術館藏
2　清　妝花緞之背面　18世紀初期　112×53公分　洛杉磯郡立藝術館藏

1　紋樣的走向並不能作為判定織品上下左右的唯一依據。有時殘片上的圖案不足以認定紋樣的走向，有時在織造時，紋樣的方向與經線的方向是呈90度的。辨別經緯線的位置是唯一可靠的定位織物的依據。

見 ● 一件藍地金紋妝花緞 ●　　　　　　　　　　　　　　　　　　　　　　　　　　　　　　59

3 妝花緞織物組織結構（顯微鏡 200 倍）
4 妝花緞缺失了一小半的白色小卷紋

這一相當大的花回表明其織造十分複雜。正是因為織品圖案這種可無限複製循環的可能性，其斷裂性成為必然。

看織品的組織結構，我們必須同時看正面和反面，並且，肉眼不足，須借助專門的照布顯微鏡。在查看時，如果我們以一個三維的模型來對經緯線的組合方式進行視覺想象，就不難理解它們之間的層次和結接關係。這塊藍色絲綢的反面顯示（圖2），所有彩色絲線提花緯線（共有黃、白、淡綠、橘紅四色）都是貫穿門幅通梭織入，在需要顯花時浮現在正面，不顯花時則沉在背面。花緯同時也與深藍色地經相固結。只有金屬線（金箔和銀箔纏繞的絲線）提花緯線是用局部挖梭織入，挖梭工藝也就是傳統術語中的「妝花」（圖1）。顯微鏡下顯示的正面局部可進一步看出織物組織結構：深藍色地經與固結緯線形成緞地（固結點沉於經線的浮絲之下，表面不一定能看見，我們需要想象它們的存在和位置）；花緯以斜紋組織與藍色地經固結（圖3）。依據這塊織物的緞地與金屬線妝花組織，我們可將其確切稱為「妝花緞」（請注意此處不是用「錦」或「織錦」的名詞，「錦」標示的是另外的組織結構，不加贅述）。絲線的厚密程度和不同的組織方式也直接影響到面料的質感。這塊妝花緞藍色緞地部分光澤感強，這是因為緞組織有很長的經浮線，使得絲線本身的亮度能充分顯現出來。花緯絲線的寬度是地經的好幾倍，使其具有淺浮雕的微厚度，其斜紋組織使得花紋具有平行斜稜的質感，與平滑亮澤的地子形成對照的視覺效果。

整個織造的過程高度程序化和機械化，從轉譯圖案製作花本（挑花結本）、安結經線、到在織機上拽花和梭織，準確的技術和密切的配合是關鍵。每一步驟的失誤未必能當下立見，而是會顯示在織成

5　妝花緞的圓金（顯微鏡 200 倍）
6　妝花緞的圓銀（顯微鏡 200 倍）

的匹料上，花本的錯誤一旦上機後亦難以逆回糾正。這塊妝花緞即有一處錯誤：花卉結構最繁雜處右側的一個白色小卷紋缺失了一小半（圖4）。這是在製作花本轉譯圖案信息時即產生的錯誤，並且將隨著花回的循環一直在紋樣的同一處複製下去。

照布顯微鏡也能幫助我們初步辨識經緯線的物質成分。當然，更精確的判斷須透過儀器分析纖維採樣。就分辨金屬線而言，照布鏡下看到的成分已足以提供關鍵線索，幫助我們確認金屬線的產地。這塊妝花緞使用了圓金（或稱撚金）和圓銀（或稱撚銀）兩種金屬線：圓金是將處理過的金箔絲纏繞於黃色的絲線芯製成（圖5），圓銀則是將處理過的銀箔絲纏繞於白色的絲線芯製成（圖6）。顯微鏡下可見，金銀箔缺失的情況都比較嚴重，銀箔殘留的部分更是已氧化變黑，二者都透露出襯墊於純金屬層之下的紙層，以及將金屬箔與紙墊貼合的粉紅色土質的粘合劑。這是中國特有的製作織造用金屬線的工藝，我們可以認定這塊絲綢的產地是中國。[2]

在經過上述於物質與技術層面的觀察之後，讓我們再回來看最容易直接看到的紋樣。對分別熟悉中國或歐洲裝飾紋樣的學者來說，這塊絲綢無疑都是一個挑戰，我們很難將其圖像與風格劃入既定的藝術史框架。在垂直上升的紋樣中，眾多奇幻的細節交纏衍生，有些細節彷彿在描述什麼，但我們一旦試圖用熟悉的文化語境中的圖像來比較定義，它們很快就顛覆我們的思路，迅速幻化成另一個難以捉摸、似是而非的細節。首尾相連的花回銜接巧妙，使紋樣看起來無始無終。為了討論方便，我們不妨聚焦於織物左邊，選取橫斷的花枝做為一個截斷的起始，到下一次花枝出現為止，來對紋樣的花回做一個描述（圖7）。

[2] 歐洲圓金屬線是以合金絲（無織層和黏合劑）直接纏在絲線芯上製成。乾隆時期歐洲金屬絲也進口到中國，被用於高檔宮廷織造和刺繡。因此，有歐洲金屬線的織造並不表示一定是在歐洲織造的。相反，中國金屬線並未出口到歐洲，所以有中國金屬線的織物可認定必是在中國織造。

7　妝花緞左邊紋樣的花回

　　架構整個花回的是一個邏輯不明、迂迴曲折的抽象結構：中下部是如青煙般盤旋上升的流線；上部則是類似西洋建築廊柱與拱券的造型。大小形式不一的花葉、卷紋、和風格化的裝飾紋樣與之錯綜交纏。從紋樣下部的花枝處開始，細窄的橙色流線由筆直、方折一轉為旋弧，漸變為半似花瓶、半似卷雲的形狀，戛然而止。漸寬的旋弧有幾分類似明清版刻插圖中表現夢境景象的雲氣狀畫界（dream bubble）。旋弧流線的左下部倒掛這一串串的花束，右上方則連接著層疊匯聚的小

花和漸次如鳳尾般打開的花葉與絲帶。橙色流線的中心穿插著一個倒 L 形的框架，其左邊生出一小段與橙色旋弧相呼應的白色卷流。倒 L 形結構上方上行的花葉引出刀鞘狀和拱券形式的結構，其右邊散發出花瓣狀的扇形裝飾圖案，而左上角則凌空生出廊柱柱頭般的建築部件。

整個設計中，如果錯綜穿插的結構在暗示著某種三維空間，衍生於邊緣和間隙的純裝飾性圖案卻又即刻打破這種空間邏輯。譬如花回下部自成一格的條紋、瀰漫在條紋和卷流之間規整的纏枝小花、填充於卷流空隙處和刀鞘狀結構間的波點、和無端點綴於拱券狀弧線中心的菱形圖案。如此種種不相關的細節加深了整個紋樣的支離破碎感。而這種迷幻流動的整體印象與並行的支離破碎感正是這塊織物的設計所要追尋的視覺效果。

撲朔迷離、支離破碎也同樣可以用於形容這塊織物紋樣的文化脈絡。紋樣整體有強烈的歐洲風格，但某些局部又是似曾相識的明清時代中國裝飾圖案，譬如花瓣狀的扇形裝飾有時在瓷器上見到，纏枝小花常在織品上出現，而深藍的底色亦是清代中國提花絲織品特有的顏色，歐洲織物中非常少見。倘若熟悉歐洲絲綢史，我們不難認定這塊織物為「奇異風」(bizarre style)，特指歐洲絲綢史上約 1700 至 1715 年間流行的怪誕迷幻、綜合不同文化元素的設計風格。這塊絲綢結合類建築元素和花卉的設計概念在英國絲綢設計師詹姆士・雷門 (James Leman, 1688-1745) 於 1706 至 1708 年間的一些紋樣創作中也有見到。[3] 但「奇異風」作為一個由紡織史學者於 1950 年代提出的現代名詞，本身就是一個權宜的概念，關於這類絲綢至今仍然有許多未解決的問題，譬如此種風格的源起、各種設計元素的來源、結合它們在一起的邏輯、流動性結構的設計靈感等等。

這塊藍色妝花緞也同樣有許多無法明確解答的問題。之前我們已討論過它的金屬線表明織造地是中國。它的紋樣對 18 世紀的中國和歐洲觀眾來說同樣充滿了異國情調，文化的陌生感和熟悉感共存。那麼，這是中國外銷絲綢還是中國的西洋風織物呢？它的紋樣是如何流傳到中國，又經過怎樣的改造？應該把它放置在中國藝術史還是歐洲藝術史的框架中來討論呢？這塊織物挑戰我們現代的學術歸類方式。或許我們應該順應它模稜兩可的視覺印象和文化信息，把它看成跨越文化區域、可此可彼的中間物 (in-between object)。正是此類中間物使我們對早期現代全球的文化交流和多元性有一個更深的認識。

3　詹姆士・雷門的絲綢設計稿藏於倫敦維多利亞與艾伯特博物館。

06 畜牧民與大邑商

Jessica Rawson ── 羅森

亞長墓中的商代青銅牛尊

我個人認為，以真實動物為造型的新設計突然出現，應該與中原和北方的往來有關，當時商人遭遇了駕車南下的人群，他們是畜牧者，在黃土高原和更北的地方牧養牲口。馬車和馬匹的到來，理應激發人對其他動物的興趣。商代貴族固然可以駕馬車獵殺老虎，但在同時，這些巨型貓科動物也能捕殺當地的牛羊。我們永遠無法知道，當那些鑄造者在牛腹側鑄上猛虎圖案時，他們自認傳達了什麼給我們；但也許我們見到的，只是晚商時期環境改變的一些跡象。

商　青銅牛尊　約公元前 1200 年　高 22.2 公分　長 40.0 公分　河南安陽殷墟花園莊東地 54 號墓出土　中國社會科學院考古研究所藏

　　一個巨大的青銅牛（ox），長約 40 公分，有著寫實的胖墩墩身體，粗短但健壯的雙腿，和俐落的彎角，相當吸引人（主圖）。同時，它也讓人有些困惑不安，從牛腹兩側諸多紋飾母題及繁複陰線地紋中浮現出來的猛虎，身體修長，帶有浮雕巨眼和像是猛禽的爪子。牛尊中空的器身使我們知道它是用來盛裝液體的；牛背上有個帶有小把手的橢方形蓋子，從蓋子倒入的液體可以自銅牛微開的嘴巴倒出來。這一動物發現於一座重要墓葬，位於今日的安陽，一座晚商城市中心，當時名為大邑商。明確又寫實的動物造型青銅器在安陽很罕見，這樣的青銅器為什麼會伴隨著其他形制更為正式的器物，一起出現在成套的商代禮器中，其本質又為何？在我們思考這些問題之前，我們應該先審視牛尊的出土脈絡。

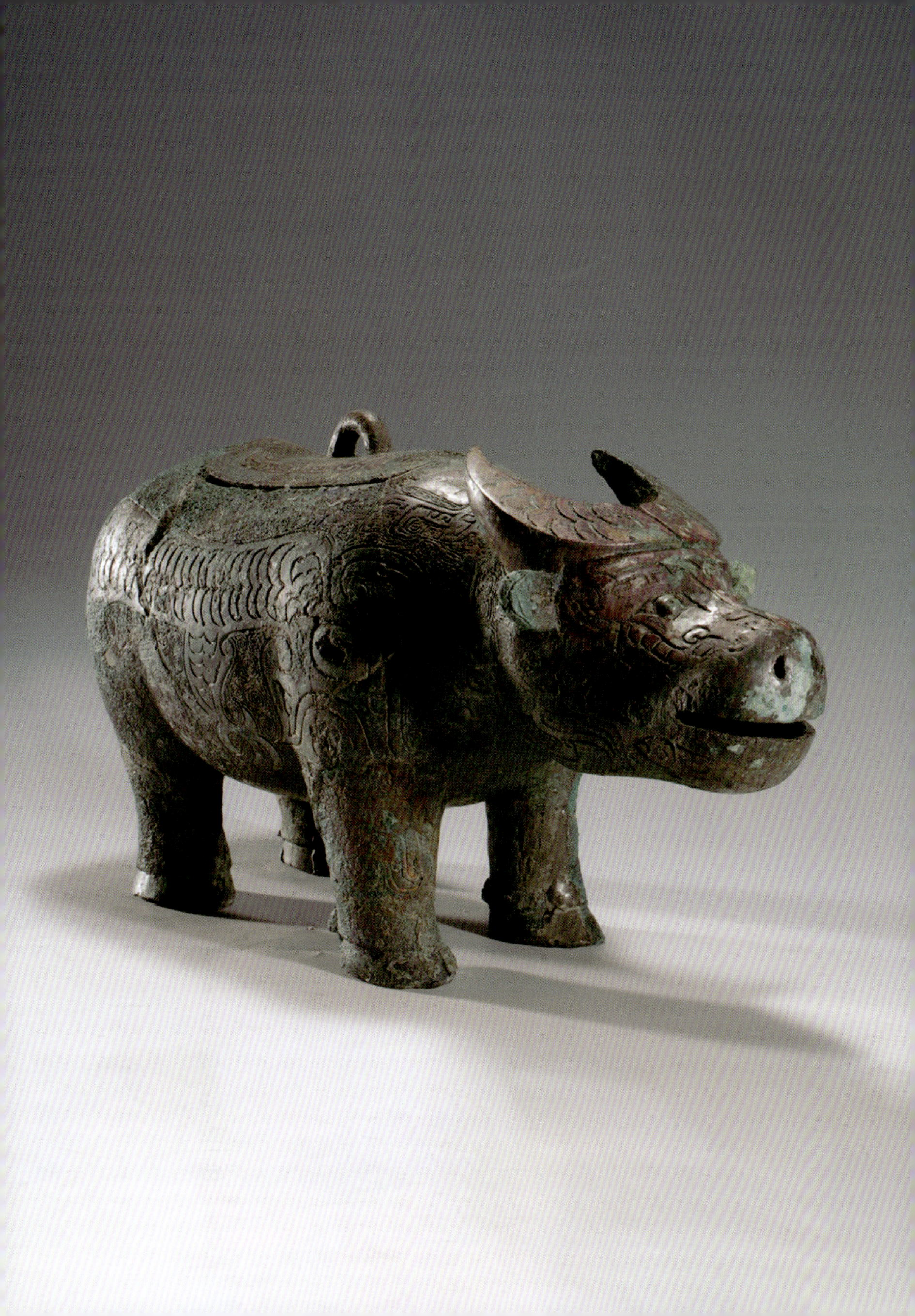

根據牛尊頸部和蓋子內側的銘文，牛尊的擁有者是亞長。「亞」有時理解為軍事將領的正式職銜，「長」是他的名字。亞長墓所在地花園莊位於大邑商的中心，並靠近這座晚商重要城市的宮殿宗廟建築基址。墓葬位於此處頗不尋常，主要墓葬更常被安置在氏族聚落附近的家族墓地，而這類墓地多位於安陽的西南區。亞長生前顯然是重要的軍事領袖，首先，他的骨骸有多數創傷，我們可以看出他有可能是戰死的，帶有受到攻擊創傷痕跡的人骨極為罕見。出奇的是，他的埋葬方式為俯身葬，面朝棺底。俯身葬顯示死者是安陽人口中的少數族群，不過也算是人數眾多的少數，許多戰車的御手都是以這種姿勢入葬的。亞長也是車隊的領導者或管理者，我們從他墓中的青銅器可以看出這點。他的隨葬品中有六個非常精美的掛韁鉤（reign holders），都鑲嵌著綠松石。掛韁鉤是彎曲的長條形銅器，可配戴在駕車者的腰間，兩端曲如環鉤，供韁繩穿過。彎曲的末端為鈴鐺或馬頭，兩者都是北方民族喜用的裝飾，但一般不見於安陽的其他種類青銅器。除了這些掛韁鉤，亞長還擁有戰車御手常有的標準工具，包括單面刃的弧背刀，這種刀和掛韁鉤末端上的裝飾一樣來自北方，他還有銎斧（socketed axes）、錐（chisels），和一件鏟形器（spade-like implement），這些工具也都有來自北方或甚至是來自歐亞草原的原型，是用來維修戰車的工具。

　　這個與北方的關連意義重大，因為戰車本身，還有馬匹，甚或許多駕車者最初都是來自北方。大約在此前一千年，馬匹於歐亞草原西部或鄰近處被人類馴化畜養，烏拉山脈東麓曾出土大約公元前 2000 年的輕型輻輪木車或戰車。我們可以在岩畫上追蹤戰車和訓練有素的馬匹跨越大草原的移動。俯身葬在現在蒙古的南部與內蒙古都已有發現，幾乎可以確定亞長並非直接來自北方，但與北方有關係。亞長和他的墓葬對於了解中原和北方區域——我稱之為半月形地帶（the Arc）的範圍——之群體，以及更北方草原民族互動的歷史大有貢獻。

　　然而，亞長的牛尊代表他完全融入安陽的晚商菁英階層。他的墓葬位在宗廟宮殿區附近。在同一區域還有五個車馬坑，再過去一些就是商王配偶婦好的墓葬。婦好墓在 1976 年發現時引起轟動，因為它是迄今唯一保存完整的晚商王室墓葬。婦好的陪葬品中也有精緻的戰車工具和掛韁鉤。由於商代社會所有成員的墓葬都有意義且高度有秩序，亞長、婦好與車馬坑之所以埋葬在宗廟宮殿區附近，有可能是為了形成一個戰車部隊，在死後的世界保護大邑商的這片區域。

　　同時，亞長的隨葬品中包括一套精緻禮器，用於擺設宴席祭祀死後世界的祖先（有時稱為犧牲）。商代主要的青銅器作坊接受個人委託製作青銅器的可能性

似乎很低，這些禮器想必是在王室（court）禮儀專家的指示下，由管理者監督鑄造。我們從亞長墓中的掛韁鉤和弧背刀也可得知，當時的作坊已經可以製作仿照北方特色的青銅器。製作這些戰車工具、車器和其他青銅器的相關決定，幾乎可確定來自作坊中的監督者，或許還有王室的禮儀專家。亞長墓中的青銅器品質極高，有時形制龐大，並且細節相合於婦好墓中的青銅器，其中許多也刻有銘文。這些要素都顯示它們可能是在王室的監督下製造。不僅如此，牛尊與墓中的一個青銅觥（以虛構動物為形的帶蓋酒壺，圖1），都是在標準青銅器套組中少見的額外品項。它們被納入隨葬品，想必是為了凸顯亞長的地位之高。因為在安陽以幾種標準酒器和食器為尚的脈絡下，動物造形的器物非常少見。

　　動物造形的器物似乎在南方長江沿岸使用青銅器的地區盛行。這些器物中包括一件著名的方尊，器肩四角有極為寫實的大卷角羊首（圖2）。類似搶眼的羊首也見於大英博物館中著名的雙羊尊，像是兩隻羊背上背著尊的樣子。其他被認定為源自南方的青銅器還有一件飾有鱗甲紋的豬尊，以及兩件象尊；這幾件器物乍看下似乎都比本文討論的牛尊寫實。另一方面，以中國南方的脈絡而言，關注羊的可能性似乎不高，夏日的大雨和長期潮溼並不適合綿羊或山羊。如果羊在南方為人所知，應是與當地的高山地區有關。又或者，以羊為器物主題的構想是從別處引入的？

1　以虛構動物為造型的青銅觥（四足觥）
　　商　約公元前 1200 年　高 18.7 公分　長 21.1 公分
　　河南安陽殷墟花園莊東地 54 號墓出土　中國社會科學院考古研究所藏
2　商　四羊方尊之局部　約公元前 1250 年　高 58.3 公分　湖南出土　中國國家博物館藏

見 ● 亞長墓中的商代青銅牛尊 ●

當然，羊與牛兩者都是牧養動物，最早在西亞被馴化，繼而從北方引入中原的河谷，時間可能早在安陽出現青銅鑄造工藝的一千年前。這個問題尚未有人認真探討：為什麼這些有著大型搶眼羊首的華美青銅器，會和羊可能無法茁壯生長的地區聯繫在一起？我提到的兩個例子很可能都不是在安陽鑄造，它們必然是以某種方式與南方有關。但是否還有其他的連結？比如，這些青銅器是否可能來自地形較適合羊生長的漢水沿岸鑄造中心？答案不得而知。現在我們只能記住這些問題，並且接受：在更多證據出現以前，我們無法回答。

不過，以羊為禮器形制的主題又帶我們回到安陽。婦好墓中有兩對青銅器以真實的動物為形，分別是一對鴞和一對羊（sheep，圖3）。不過那對羊絲毫不寫實，它們與在南方發現的公羊（ram）毫不相似，也比本文探討的牛更奇想。要認定它們是羊（ram）並不容易，當它們出現在一般圖說標題（captions）中時，往往也不會那樣描述。但是它們擁有兩個屬於羊的特徵：在帶有一雙大眼睛的長長頭上有一對大卷角，前腿有蹄，它們必然是羊。然而鑄造者充分揮灑了想像力，或許因為這種動物的寫實形象在商朝的宮廷裡不受歡迎，或非屬必要。兩隻動物的尾端有似鳥的大型翅膀紋飾，後腿上有鱗並帶爪，但是沒有鳥首。動物長長的背做成蓋子，上有似蛇的龍身，龍頭探至羊角後方。這兩隻羊和本文探討的牛一樣，身上布滿小型動物圖案，沿著前腿和盤龍周圍分布，甚至和牛尊一樣及於臉部。這對器物的造型融合了多種生物，難怪考古學家忽略了羊的特徵，稱它們為觥，這個傳統名稱用以指帶蓋並有動物特徵的盛酒器。

前文已經指出亞長墓中除了牛尊之外另有一件青銅觥，這件觥上面也布滿了我們在婦好墓中的羊尊身上看到的想像動物，而觥在我看來似乎是在安陽受到偏好的器形。當地的青銅作坊並未發展出要在青銅上製作更寫實動物的可能，相對地，他們更頻繁於製作像觥這樣用來盛裝和傾倒的器皿。最精心製作的觥上帶有龍紋，或是長鳥翅的虎，以及我們在羊尊上面看到的那種龍（圖4）的組合。隨著時間流逝，這種豐沛表現趨於沉寂，觥體上寫實的動物紋飾被更為對稱有序的饕餮紋所取代，這個發展可見於亞長墓中那件觥的下半部（圖1）。但是鑄造者仍對真實動物保留了些許關注，在飾有饕餮紋的方腹上方兩側分別加上象與鳥。從那四隻三角形的器腳，則可看見鑄造者對於他們創造的生物存有模糊的態度。他們想要顯示這是一種動物，但並非真實存在。

然而，我們知道商代的鑄造者完全有能力製作逼真的牛形器物，在發掘報告的照片裡可以看到，偶爾也可見於陳列展示（主圖）。在這件作品上，牛與猛虎同

3 成對羊形青銅器之一，尾部有似鳥特徵
商 司母辛四足觥 約公元前 1250 年 安陽婦好墓出土 高 36.0 公分 寬 46.5 公分 長 12.5 公分 中國國家博物館藏（照片：王山拍攝）

4 商 青銅虎鳥觥 婦好墓出土 約公元前 1250 年 高 22.0 公分 長 28.4 公分 中國社會科學院考古研究所藏

樣引人注目。如果我們回到馴養動物的問題，從馴化的羊是從北方引入中原及至更南方這一點來看，也許我們就可以將牛和亞長的北方關係聯繫起來。只有在晚商與周代早期的某些時候，羊與牛才是器物把手、甚至是幾件出色青銅器器身上的常見主題。我個人認為，以真實動物為造型的新設計突然出現，應該與中原和北方的往來有關，當時商人遭遇了駕車南下的人群，他們是畜牧者，在黃土高原和更北的地方牧養牲口。馬車和馬匹的到來，理應激發人對其他動物的興趣。商代貴族固然可以駕馬車獵殺老虎，但在同時，這些巨型貓科動物也能捕殺當地的牛羊。我們永遠無法知道，當那些鑄造者在牛腹側鑄上猛虎圖案時，他們自認傳達了什麼給我們；但也許我們見到的，只是晚商時期環境改變的一些跡象。我們當然應該關注、也要體認到，這種結合方式是新的，或許出現了新的常俗與信仰。但或許，我們永遠不可能確切知道，那是些什麼樣的改變。

參考書目

- 亞長與婦好墓報告

  中國社會科學院考古研究所，《殷墟婦好墓》，北京：文物出版社，1980。

  中國社會科學院考古研究所，《安陽殷墟花園莊東地商代墓葬》，北京：科學出版社，2007。

  蔡玫芬、朱乃誠、陳光祖編，《商王武丁與后婦好：殷商盛世文化藝術特展》，臺北：國立故宮博物院，2012。

- 馬車

  吳曉筠，〈馬車在早期東西交流中的地位與交流模式：西元前 2000–1200 年〉，《故宮學術季刊》，28 卷 4 期（2011.6），頁 95-132。

  羅森（Jessica Rawson）、康斯坦丁·丘貢諾夫（Konstantin Chugunov）、葛覺智（Yegor Grebnev）、宧立旻，〈從殷墟葬式再看商文化與歐亞草原的聯繫〉，收入北京大學出土文獻研究所編，《青銅器與金文（第四輯）》，上海：上海古籍出版社，2020，頁 1-38。

  Piggott, S. "Chariots in the Caucasus and in China." *Antiquity* 48(1974): 16-24.

  Rawson, J., Chugunov, K. V., Grebnev, Y. and Huan, L. "Chariotry and Prone Burials: Reassessing Late Shang China's Relationship with Its Northern Neighbours." *Journal of World Prehistory* 33/2 (2020): 135-168.

  Wu, Hsiao-yun. *Chariots in Early China: Origins, Cultural Interaction and Identity*. Oxford: Archaeopress, 2013.

- 湖南動物造型青銅器

  湖南省博物館，《湖南出土殷商西周青銅器》，長沙：岳麓書社，2007。

體部分由兩塊長條形織成的紅色料子對接。[2] 並將面料從中間部分對折裁剪形成前後身、袖子和領子、前身開敞、後身縫合。從中間開敞部分起，用四塊深藍色彩緙人物花邊做成領窩、直領及襟邊。前襟中間有一對黑色紐絆和一圓形銅扣。前後衣身兩側的外擺從腋下至下擺上緣用同色緙絲窄條裝飾以加強衣服輪廓的塑形性。袖口，下擺同樣採用與主體紅色衣料對比強烈的黃地花邊。衣服的背面布滿圖案，而兩袖的前部則留出空白。這一設計通常與衣服使用的禮儀狀態有關，即當穿著者將兩手在胸前併合時，袖子的正面被合攏的胳膊遮蓋，而袖口的背面卻與前襟形成一組符號。

此件衣服的面料是緙絲材料，但是仔細觀察後就會發現是緙繪結合。除了很少的地方用勾緙和緙金來表現人物的頭飾及山石的邊緣外，大部分採用的是最基本的平緙技法，即織工首先是以色塊為基本塑形手段，最後等整塊料子織好後，再由畫工在色塊上面進行顏色暈染或墨線勾勒。如其中一個細節所展示，紡織品部分只用了紅、白、深青、淺青、淺綠和盤金線等幾種線，織出紅地、建築的椽子、山石、整體的樹葉覆蓋面積等。（圖2）人物的外形、五官、袍服、建築

2　從前身肩部下不均勻的紅色橫條可以看出，主體的橙紅色是褪色後的顏色，左袖下部的紅色應該更接近本來的面貌。

1
清　《珍珠塔》紋寬袖長袍之正面與背面　19 世紀　緙絲　長 152.5 公分　通寬 173 公分　芝加哥菲爾德自然史博物館藏
© The Field Museum, Image No. A115008d_005 and Image No. A115008d_011, Photographer John Weinstein

的柱子、地面上墁磚的紋理、樹木的軀幹和葉子，甚至表現山石肌理的墨線皴法都是畫上去的。從緙繪發展的角度看，為了表現繪畫的暈染效果，在南宋時期出現了用合花線進行長短戧緙這樣的技法。而在晚明時期，由單一一種技術去複製另一種技術似乎不能滿足製作者對織繡品繪畫化的要求，在緙絲和繡品上都出現補筆的現象。[3] 入清後，緙繪結合的現象有多種型態。在乾隆時期宮廷大量用緙絲複製繪畫時，也還執著於用複雜的技術來精準複製筆墨顏料在紙絹上產生的藝術效果。在清代中後期，當緙絲裝飾品在民間成為一種更為常見的貴重的禮物時，緙繪結合才成為常見的創作方法。而補筆的概念已經不能解釋緙繪在一件物品上比例相當的現象。這時的緙繪結合還是建立在人們對緙絲可以複製繪畫效果的信念上，所以此件衣物「看起來」是緙絲也許比是不是全緙絲更關鍵，而這一點也許和此件衣物的用途密切相關。雖然這種部分媒材的替換首先讓人想到的邏輯是節約緙絲製作的成本，但不容否認的是這種替代也促使產生在緙絲成品上再創作的新的繪畫技巧。而緙繪結合的做法在衣物上的出現則又延伸出另一個問題，即實用性和禮儀性的劃分。就目前看到的流傳衣物看，實用的衣物還是以織繡為主，有繪畫圖案的衣物都是戲服或和某種宗教禮儀有關的衣物。

　　這件衣服上的圖案由幾部分組成：一、八個《珍珠塔》團形圖案；二、圍繞團形圖案的暗八仙、祥雲、蝙蝠等紋樣；三、前襟襟邊上壽公壽母、童男童女、和合二仙及袖口上的八仙圖像；四、前後下擺邊緣的海水江崖和雙龍戲珠紋樣；五、後背繡製的代表道教宇宙觀的符號。

　　道教法衣身後常常出現以一座多層塔形建築為中心的圓形圖案。學者們已經指出這個建築一般是代表道教宇宙中心玉京天玉京山上的鬱羅蕭臺。[4] 正如我們在這件衣服上所見，鬱羅蕭臺有瑞光環繞，上有代表星辰或星座的圓圈對稱布置，左右伴有仙鶴，下有五色彩雲、山脈。整個圖案均是由彩色繡線和盤金線在繡地上盤出並用同色的線垂直固定而成。外圍雲頭、瑞光及瑞光外圍的半圓圈和封閉整個圖案的大圓圈，則是用金銀箔紙做繡地，其上用兩股捻成的線，間隔有序地垂直排列並連接上下橫向的盤線，中間空隙的部分將繡地的金銀箔紙的光澤展露無疑。（圖3）從顯露的紙質繡地推斷，這個圖案很可能是事先繡好的一塊繡片，然後整體加到衣服上。一般來講，真正用於道教儀式的法衣，核心的寶臺圖案只是一部分，其周圍還有其它符號代表道教的宇宙觀，比如在寶臺正上方常常出現代表玉清天、上清天、太清天三天的圖像。而此件袍服在領窩處以一個緙絲織成的身著紅色袈裟、結跏趺坐於蓮花之上的佛像取而代之。另外值得注意的

2　《珍珠塔》紋寬袖長袍之局部，情節①「方子文拜會姑母」
© Courtesy of The Field Museum, Cat. No. 235024, Photographer Yuhang Li

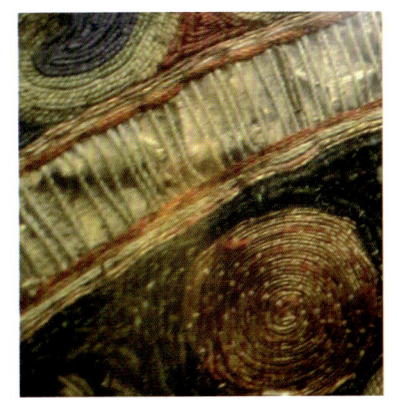

3　「鬱羅蕭臺」繡片繡地
© Courtesy of The Field Museum, Cat. No. 235024, Photographer Yuhang Li

3　很多學者都探討過緙絲技術如何複製繪畫的暈染效果，請參考陳娟娟，《中國織繡服飾論集》(北京：紫禁城出版社，2004)，頁145-146。有關晚明緙絲補筆的現象，請參考樸文英，〈論宋代緙繡書畫對明清的影響〉，收入上海博物館編，《絲理丹青：明清緙繡書畫特集》(上海：上海書畫出版社，2021)，頁184-185。

4　張丹丹，〈天上取樣人間織：傳世道教法衣研究〉(香港：香港中文大學藝術史系博士學位論文，2016)，頁172-176。

5　我要在此向薄松年先生的在天之靈表達感謝！是薄先生首先幫我識別此衣服上的《珍珠塔》題材。

是，寶臺圖案的上下端都蓋住了原有緙絲袍服上的祥雲圖案。這進一步證明寶臺圖案很可能是事先加工好的標準尺寸的繡片，再加到袍服上。此細節間接證實這件袍服雖然有道教法衣上常出現的鬱羅蕭臺圖像，但不一定真正用於法事，而是借用了法衣的形式來表達某種祝福。

在此件衣服的前襟、雙肩、袖背及後背分布八個《珍珠塔》中的故事情節。[5] 此故事最初是以彈詞的形式在江南地區傳播，後來出現了多種地方戲曲版本。它表現了主人公方子文家道中落後，奉母楊氏之命前往襄陽去求助姑母接濟其趕考的盤纏，但是姑母拒絕相助。相反的，方的表姐陳翠娥卻暗中將家中珍藏的珍珠塔贈予他。而翠娥的父親，更是將自己的女兒許配給方。之後方在趕考的路途上遇見強盜，後被他父親的原下屬畢雲顯所救並帶回家中助其備考。畢的母親又將畢的妹妹畢繡金許配給方。其間方母楊氏和方子文失去聯繫，來到襄陽尋找兒子。後被陳家家廟白衣庵的尼姑收留。機緣巧合，方母也得到未來的兒媳婦陳翠娥的細心照料。方子文終於科考及第，同時迎娶陳畢兩家千金。

敘事性本身帶有的時間性預設了前後順序。當敘事附著在一件三維衣服上時，尤其衣服一般是有性別屬性的，就和穿著者的身體、性別及衣服上的圖案有了直接聯繫，因此衣服的前後上下左右也就隱含了一種時間和空間關係。而此件衣服更複雜的地方在於宗教因素的加入。這種宗教性體現在道教法衣的形式和符號。法衣的形式體現在這件衣服的整體形式；法衣的符號則表現在鬱羅蕭臺圖像和八個《珍珠塔》圖像的分布與八卦符號的關係。尤其是八卦符號的數字之時間性和方位性都被此件衣服的設計者巧妙利用，來展現《珍珠塔》的敘事。

正如剛剛分析的道袍背面往往被賦予更多的象徵符號，甚至有些法衣只有背面才有圖案。而《珍珠塔》附著在這件道袍上時，也是從衣服的後面開始的。第一個情節，即表現方子文遭其姑母羞辱，憤而離去的場面，出現在這件衣服背面右下方，然後沿著逆時針方向，從後身的左下方，及兩袖的後面安排了畢家提親（圖4，②右袖），寶象國起兵造反（圖4，③左袖），奉旨欽召畢雲顯出征（圖4，④背面左下方）。剩下的⑤、⑥、⑦、⑧的情節按順時針方向安排在前襟和肩部。他們依次為：翠娥與方卿的母親在白衣庵相認（圖4，⑤前襟右下）；方子文及第後，扮成道士在姑母家講道情，批評姑母嫌貧濟富（圖4，⑥右肩）；方子文到白衣庵與母親相認（圖4，⑦左肩）；方子文與陳翠娥和畢繡金成婚（圖4，⑧前襟左下）。

在描述《珍珠塔》的情節安排時，產生了一個基本問題：為什麼後面情節是倒時針，前面的圖案分布是順時針？這樣分配的意義何在？

這個問題與八個團形圖案在衣服上的布局密切相關。值得注意的是，這八個圓團在衣服上的位置和目前所見清代中後期的一些道教法衣或戲服裡的道教法衣上的八卦圖案的位置相同，只是具體的卦象不一定相同。（圖5）而每一個卦名實際與一個數字是可以相對應的。在衣服上紋事的順序即後背逆時針1到4的連續排列，和前面的順時針的5到8的連續排列形式和先天八卦卦名排列是對應的：即乾1、兌2、離3、震4、巽5、坎6、艮7、坤8。而將先天八卦圖與陰陽太極圖對比的話，則乾1、兌2、離3、震4在陽面；巽5、坎6、艮7、坤8在陰面。（圖6）如果進一步審視這八個情節的性別屬性，則可以看出前四個情節大致圍繞男主人公及其救命恩人畢雲顯，後四個情節大致側重於《珍珠塔》裡的幾位女性：方母、方的姑母（雖然圖像上是其姑父）、陳翠娥、畢繡金及白衣庵的尼姑。

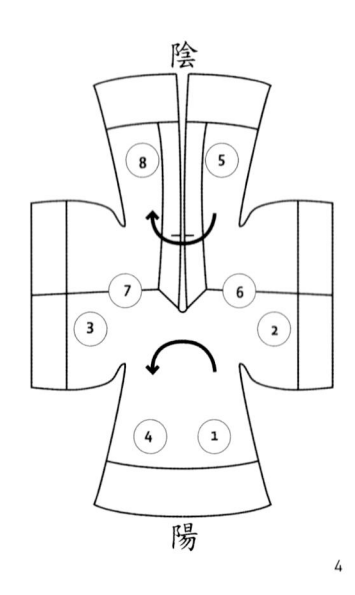

4　清代緙絲《珍珠塔》紋寬袖長袍前後身平面線圖

5　清　黑緞繡平金太極圖八卦紋道袍之正面與背面　19世紀　身長128公分　通寬166.5公分　維多利亞與艾伯特博物館藏
　　ⓒ Victoria and Albert Museum, London

6　先天八卦圖與陰陽太極圖及卦的序號
　　引自 Judith T. Zeitlin and Yuhang Li eds., *Performing Images: Opera in Chinese Visual Culture* (Chicago: Smart Museum of Art and the University of Chicago Press, 2014), 82, pl.4.6a, 4.6b. 作者對旁邊的拼音註釋改寫成中文並在位置上做了適當的調整

乾1

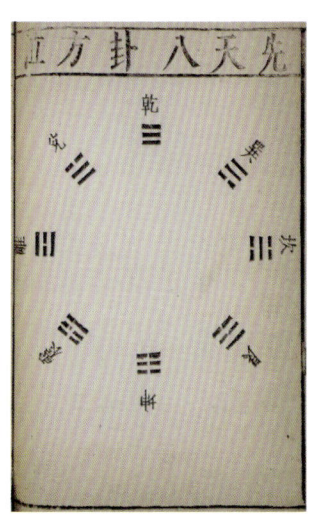

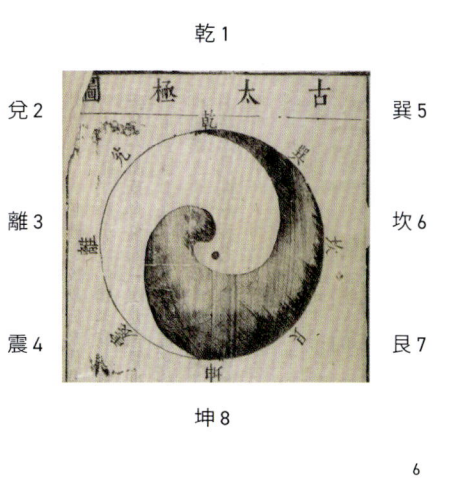

兌2　　巽5

離3　　坎6

震4　　艮7

坤8

見 ◉ 清代緙絲《珍珠塔》紋寬袖長袍 ◉

这提示我們，此件衣服的前後面的設計應該是前後身整體布局。實際上衣料在織機上製作時，前後身（雖然有左右半邊之分）是在同一個平面上設計和製作的。由於後背的鬱羅蕭臺和佛像已經指示了中正的方向（雖然二者是後加的），我們將此件衣服的前面向上翻起，就可以清楚地看到這八個團形圖案出現在同一個平面上。（圖4）

與此同時，我們看到以女性為主的情節在上，以男性為主的情節在下。而這個重新還原後的面料狀態恰恰符合《珍珠塔》文本中的一個細節。在1849年版的《孝義真蹟珍珠塔》彈詞的開始部分，方子文在投奔姑母前，曾到道士許習仙的算命鋪子求卦，求得的大吉之卦「地天泰卦」預示了方子文一生的命運，同時也是《珍珠塔》的敘事脈絡。[6] 此卦最通俗的理解是代表地或陰氣的坤在上，代表天或陽氣的乾在下。其實際內涵當然要比這種通俗理解複雜很多，但是這種極簡化和通俗化的理解恰恰與此件衣服上《珍珠塔》八個情節的排列吻合，即以女性為主的情節都在上或前面，以男性為主的情節都安排在下或後面。支持這一分析的證據，還表現在設計者為了在此件衣服上創造一個明確的性別空間，將其中兩個彈詞文本中的次序打亂。目前排在衣服上的第四情節的畢雲顯奉旨出征和排在第五的陳翠娥與姑母相認在原文中實際前後次序相反。

在此件衣服上被重新排列後，其視覺效果和附屬的意識形態也是非常明顯的。以衣服前襟的女性圖案為例，如（圖7）所示，在前襟的右下方，一頭戴飾冠披雲肩的年輕女子，即陳翠娥，雙膝跪地，雙手相拱，正在向站在她對面的一頭髮灰白的老婦人即方母行禮。方母身後身穿灰色對襟道袍的女子托著一個茶盤，代表方母在白衣庵被照顧的含義。這一幕的核心意識形態是孝敬婆婆，哪怕是未來的婆婆。而作為這種優秀美德的獎勵，陳翠娥最後與方子文成親，即在左襟上的第八個情節。（圖8）當然，能容納丈夫同時迎娶另一位女子，也是陳翠娥的賢淑德行之一。身穿官帽紅服的方子文與兩位頭戴蓋頭的新娘最後的行禮場面，在很多木版年畫上是佔據中心位置的高潮部分，而在此件衣服上是佔據坤位，兩位新娘身上的紅蓋頭和紅衣也讓此幕最醒目。這兩個突出女性的情節，出現在衣服的正面和襟邊，加上與袖口上的眾仙一起呈現的視覺結果，引導我們推斷此衣很可能是為一位女性製作的，且有祝壽的含義。

雖然道教法衣的後背是圖像的中心，但是通過利用道教法衣的結構、符號以及《珍珠塔》彈詞唱本或表演的細節，我們現在看到的是女性合乎儒家傳統規範的品質，被巧妙地呈現在女性衣服的最醒目位置。而這種視覺呈現不是簡單而直接

地將女性情節安排在衣服的前面，而是試圖通過一種宗教物質的傳統和結構將其合理化。不管這件衣服是作為禮物的世俗法衣還是戲衣的女帔，《珍珠塔》善有善報的核心思想和敘事，在此件衣服上被轉換成對女性的推崇和讚美。

7　《珍珠塔》紋寬袖長袍之局部，情節⑧「陳翠娥拜會舅母」
　　ⓒ Courtesy of The Field Museum, Cat. No. 235024, Photographer Yuhang Li

8　《珍珠塔》紋寬袖長袍之局部，情節⑤「方子文與陳翠娥和畢繡金成婚」
　　ⓒ Courtesy of The Field Museum, Cat. No. 235024, Photographer Yuhang Li

6　《孝義真跡珍珠塔》，收入《續修四庫全書》（上海：上海古籍出版社，1999-2002，據中國藝術研究院戲曲研究所藏清道光二十九年維揚三槐堂刻本影印），冊1745，頁433-745，求卦情節見頁440。

右一匹元祐元年十二月十六日左騏驥院收于闐國
進到鳳頭驄八歲五尺四寸

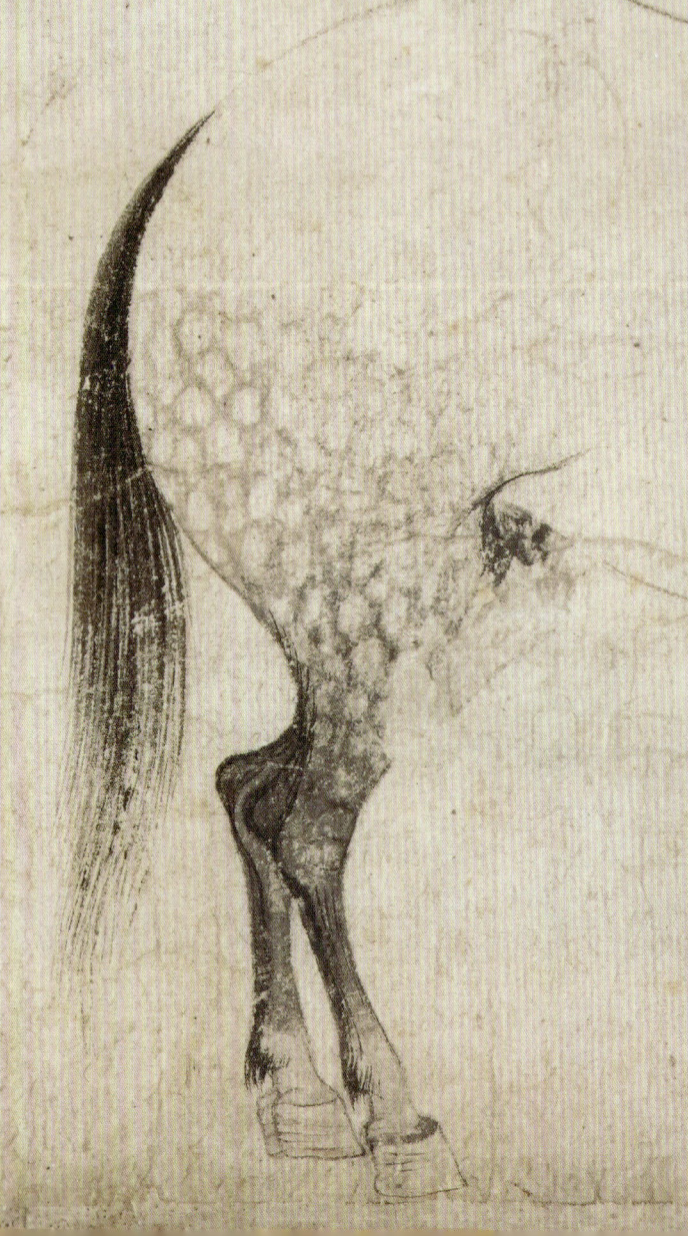

83

初次親眼看見這件作品時，我的雙手顫抖，瞬間渾身出汗。在當時，檯面上活躍的美術史研究者之中，從未有人親眼目睹過此作的真面目。我雖然已接觸過不計其數的作品，但在處理這件畫作的時候卻感到空前緊張。人人夢寐以求、想看卻看不到的作品就在眼前。對我而言，心中這股激動之情非比尋常。自從中川忠順（1873-1928）在北京親見此畫，並於《國華》380、381號（1922年）撰文論述，不久之後，《五馬圖》便從世間銷聲匿跡，雖然此後這件作品仍不時出現於美術史論著中，但卻未再有關於這件作品的專論。由於珂羅版手卷複製品的圖片段落順序錯置，引起人們臆測裝裱已經過改動，然而所幸僅是杞人憂天。當我看見這幅畫作維持著1920年代傳到日本時的原貌，這才鬆了口氣。（圖1）

　　接著打動我的就是畫技表現的精湛，那是超乎想像的驚喜。長久以來，這幅畫作在世人的認知裡一直就只是黑白色調的珂羅版圖片，無法確知設色狀況為何。但當真正仔細觀察作品時，可以發現作品畫在一種叫做澄心堂紙的特殊載體

上,潔白而光潤的桑皮紙,乃是將楮樹的細密纖維敲打至表面光滑而成。李公麟不只運用其擅長的墨線白描,細膩的墨筆還與色彩並用,設色表現和技法顯現出令人驚嘆無比的技巧。中川雖然也在論文中提及色彩,但我必須誠實地說當初並沒有想太多。後世確立的文人白描畫家印象,與本畫卷所示的李公麟形象之間,有著明顯的落差,這件作品的現世因此勢必促使學界要對當時文人圈中的李公麟印象進行大幅修正。

　　至於清乾隆皇帝（1711-1799；1735-1796 在位）在跋中提及,第五段的馬是後來補上的,不同的用筆的確相當容易確認,但事情也並非如此單純。除了第五段的馬,還另有四段馬匹和人物,無論設色或水墨,兩者的關係並非一成不變,其實相當複雜。那意味著作品現況已與李公麟彼時不同,之所以形成現在作品狀況的過程是極為複雜的。

1　北宋　李公麟　《五馬圖》　卷　紙本淡彩　26.9 × 204.5 公分　東京國立博物館藏

為了描述清楚，我在心中將這些細微的差異加以放大，並且進行了多次的確認工作。

　　鳳頭驄（五馬之一）（圖2）的馬身斑紋，以水墨混合些微淡彩繪製，而人物肉身則採設色肖像畫法，衣紋線僅以水墨白描繪成，人物與馬匹則各別可見水墨與設色的要素。相較之下，馬匹的輪廓施以中間墨調的墨線，人物肉身輪廓線為濃墨，衣紋線為淡墨。

錦膊驄（五馬之二）（圖3）後人補筆的墨線明顯，人物與馬匹均可見染有淡彩。馬匹的輪廓施以中墨線，人物的肉身線條用濃墨，衣紋線為淡墨，這一段與鳳頭驄該段的表現相同。但從馬背部到馬尾毛的輪廓線相連未斷，其濃墨線的色調和其他墨色格格不入，可見事後補筆。

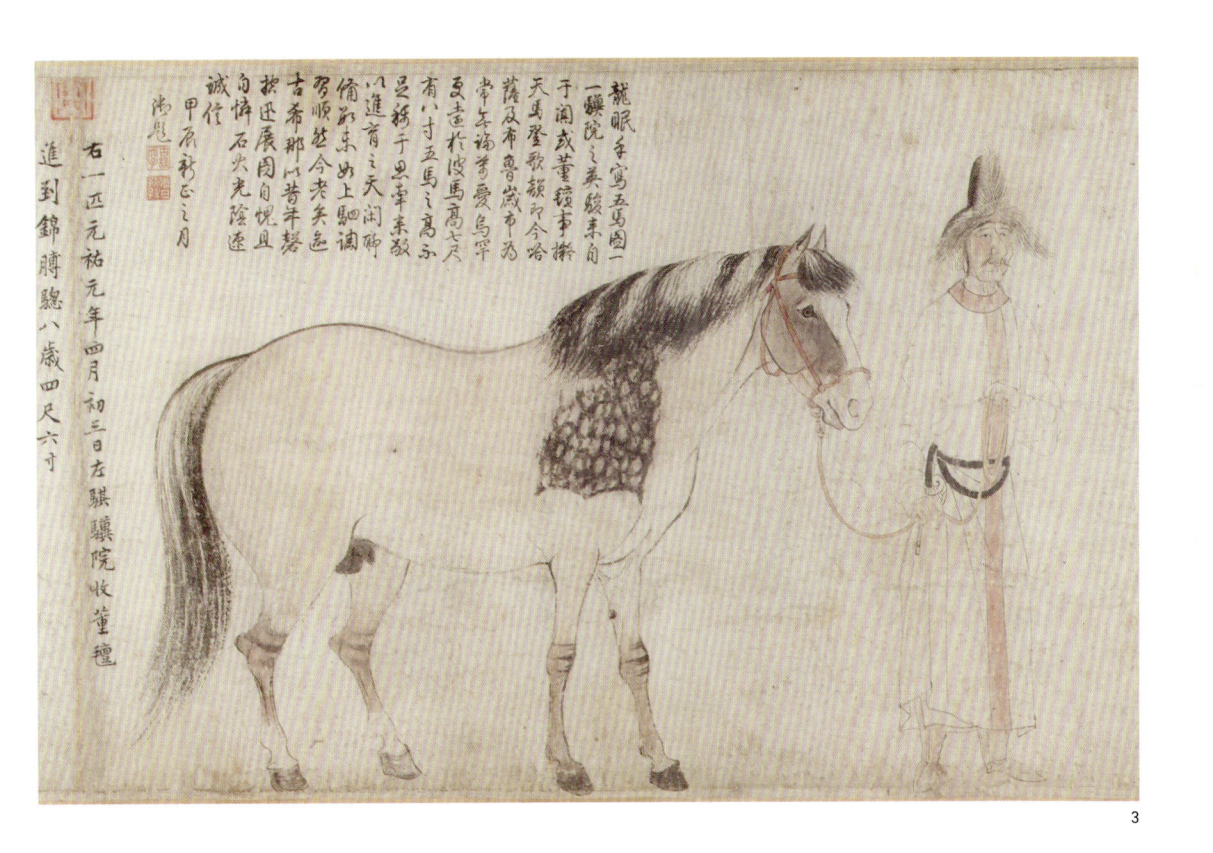

2　北宋　李公麟　《五馬圖》之「鳳頭驄」　卷　紙本淡彩　26.9 × 204.5 公分　東京國立博物館藏
3　北宋　李公麟　《五馬圖》之「錦膊驄」　卷　紙本淡彩　26.9 × 204.5 公分　東京國立博物館藏

好頭赤（五馬之三）（圖4）則是在馬匹身上設色，人物以白描表現，形成了對比。馬匹的輪廓線清晰，近似於設色鉤勒畫法，人物肉身線條施以中墨，衣紋線與馬匹的輪廓線則同樣都以濃墨來描繪。

　　照夜白（五馬之四）（圖5）的馬匹和人物，有意識地使用白描畫的傳統，但牽繩塗上朱色，為畫中世界帶入了色彩，馬匹的輪廓線與人物的肉身線為略淡的墨色，衣紋則以濃墨勾勒。

　　滿川花（五馬之五）（圖6）無論馬匹的輪廓線、人物的肉身與衣紋線條畫法都很接近，突顯出對白描畫傳統的重視，這個表現本身與元代抒情性的白描畫和平面化的畫馬表現相通。這匹馬的輪廓線上有著其他四馬未見的滲墨，表示紙張的材質和其他段落不同。此外，如同在第二幅錦膊驄所見到的，此畫的馬背到馬尾毛的輪廓線條相連，因此第五幅畫的真正作者，應該就是第二幅畫的補筆者。

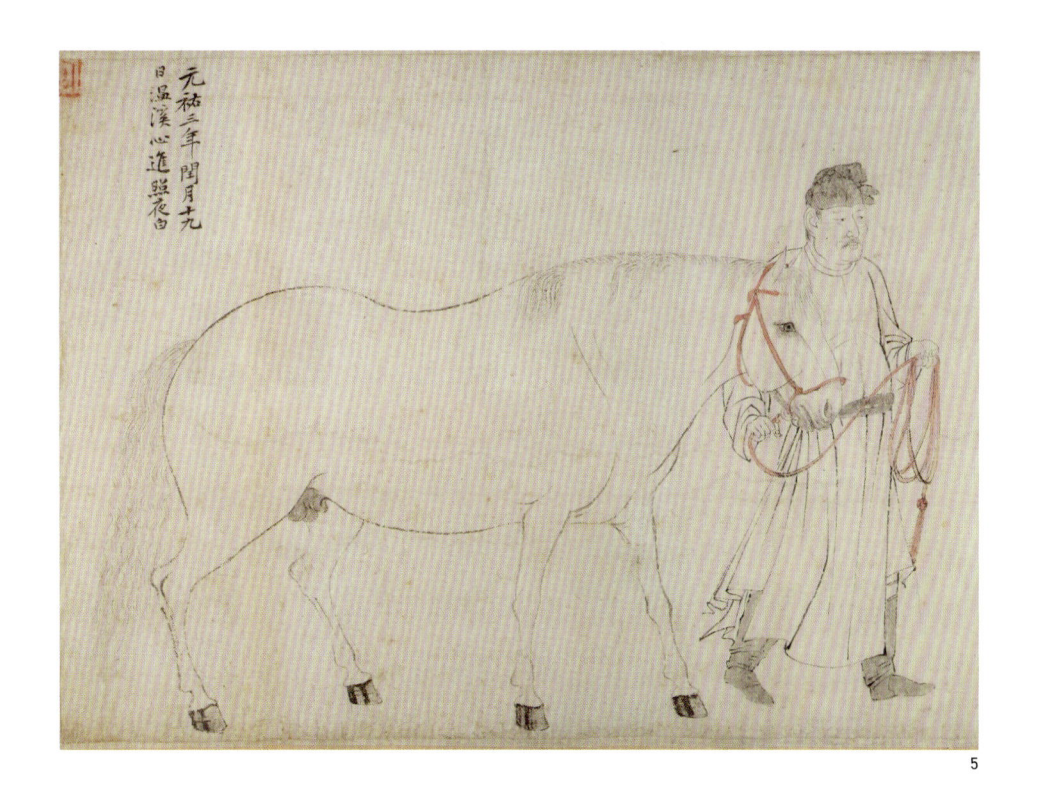

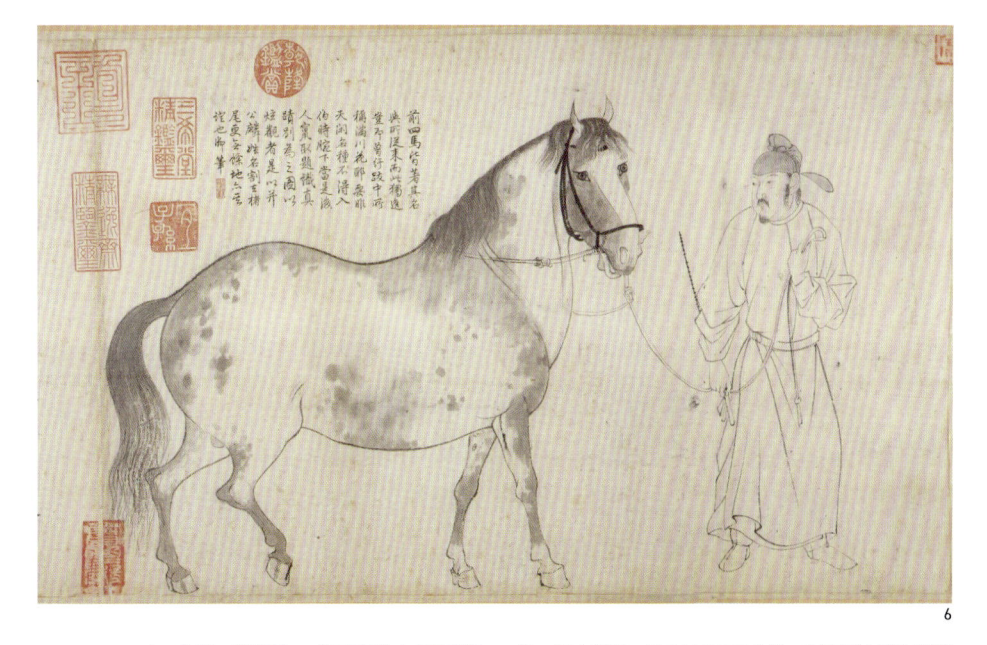

4　北宋　李公麟　《五馬圖》之「好頭赤」　卷　紙本淡彩　26.9 × 204.5 公分　東京國立博物館藏
5　北宋　李公麟　《五馬圖》之「照夜白」　卷　紙本淡彩　26.9 × 204.5 公分　東京國立博物館藏
6　北宋　李公麟　《五馬圖》之「滿川花」　卷　紙本淡彩　26.9 × 204.5 公分　東京國立博物館藏

見 ● 李公麟《五馬圖》●

各幅圖上有馬名的題款和卷後的跋文雖被認為出自黃庭堅之手，但仔細觀察，似乎只有跋才是黃氏早期書風，而畫中題款處的書跡明顯出自不同人。第一幅鳳頭驄與第二幅錦膊驄題款應為同一人所書，但第三幅好頭赤則是由他人模仿，第四幅照夜白題款雖有黃庭堅的風格，但較接近其晚年書風；將這些書法風格複雜的差異，再與前述畫風上的差異併觀考量的話，不得不設想《五馬圖》的成畫過程更加複雜。

在東亞繪畫史上的歷史定位

毋庸置疑，對日本而言，渡日的中國繪畫長期以來為日本畫壇帶來極大刺激。因此，要理解日本繪畫史，就非得理解中國繪畫史不可。

說到渡日的中國繪畫，首先便會想到室町時代的足利將軍家的收藏「東山御物」。足利將軍收藏以南宋繪畫為主，其中有許多被指定為國寶或重要文化財。畫中濕潤的空氣感、變幻的光影與日本人的感性契合，也成為此後日本人憧憬的中國繪畫代表意象。在那之後，中國繪畫也斷斷續續地傳入日本，然而依據傳入的時間，室町時代（1336-1573）之前的作品被稱為「古渡」，江戶時代（1603-1868）的作品被稱為「中渡」，而近代的作品則稱為「新渡」。在近代，特別是清朝滅亡前後，為了將中國流出的文人畫傑作留在亞洲，日本的藏家大量收購了從中國攜出的作品。實際上，南宋李氏的《瀟湘臥遊圖》（東京國立博物館藏）、元代龔開（1221-1307？）的《駿骨圖》（大阪市立美術館藏）、鄭思肖（1241-1318）的《墨蘭圖》（大阪市立美術館藏）、明代沈周（1427-1509）的《九段錦》（京都國立博物館藏）、清代石濤（1642-1707）的《黃山圖》（京都泉屋博古館藏），和八大山人（1626？-1705？）的《安晚帖》（京都泉屋博古館藏）等，諸多在中國繪畫史通論著作裡必定會引用圖版的傑作，就是在這個時期傳到日本。

近年由於中國繪畫市場價位狂飆，許多在此時期傳入日本，而後下落不明的中國繪畫名作相繼出現。《五馬圖》就是很好的一例，不僅如此，2018年還出現了北宋蘇軾傳稱作品中最接近真跡的《木石圖》（私人藏），經過香港佳士得拍賣後回到了中國本土。

李公麟的《五馬圖》和蘇軾的《木石圖》過去都只以珂羅版圖片示人，但由於這兩幅畫再次出現，勢將大大改變人們對中國早期文人畫既有的印象。《五馬圖》的歷史定位，首在繼承唐代以來畫馬的傳統。如（傳）唐代韓幹的《照夜白》（紐約大都會藝術博物館藏）這樣勻整的線描，並在白描畫法中融入設色畫的表現，便是

《五馬圖》承繼的傳統。更進一步而言，運用濃與淡的墨線疊加描繪出馬匹的立體感及細節，這種技法顯現了作者對再現性的追求；而乾擦的筆痕線條同時表現出動態感與畫家本人操作技術的存在感，顯現的則是對表現性的追求；兼具這兩種手法的作品前所未見。前者追求再現的手法與畫中使用的設色畫法，應是來自為求逼真重現現實對象的肖像畫法，顯示了《五馬圖》為馬「寫貌」的特性。另外，後者追求表現性的手法則與當時的文人畫意識關係密切，令人聯想到（傳）蘇軾《木石圖》、喬仲常《後赤壁賦圖》（納爾遜美術館藏）等作品的表現。如此一來，《五馬圖》在北宋繪畫史上兼具高度再現性與高度表現性的重要地位，迫使我們必須重新思考與理解北宋繪畫史。

　　北宋時代的文人畫，與元代以後文人畫的「風格」相異，從《五馬圖》所呈現的再現主義與一般對《木石圖》所理解的表現主義之間，可以看到很大的表現跨度。此後，中國繪畫史，特別是北宋繪畫史的論著，自不待言，當要以《五馬圖》和《木石圖》為前提，並也將它們納入討論內容，進行論述。

　　又，對日本繪畫史而言，《五馬圖》的再次出現，也具有重大的意義。例如，鎌倉時期（傳）藤原信實所作的《隨身庭騎繪卷》（東京大倉集古館藏），被認為是當時畫壇新趨勢象徵的「似繪」代表作。在這件繪卷中，有九組馬匹與人物，用筆流暢不拘小節，但賦彩的部分其實又和《五馬圖》相通。當然，當時日本繪師應該不太可能直接親眼見到《五馬圖》，若比較兩者，再現性亦高下立見，宏觀看來，《隨身庭騎繪卷》依循了某一種「型」進行創作，極有可能便是見過宋代類似的作品後繪製而成。

　　那麼，這個繪卷就有必要再次從東亞的觀點重新定位。《五馬圖》再次出現，將重新改寫不僅中國、也包括日本在內的東亞繪畫史論述。

汝窯與金繕 09

謝明良

北宋汝窯青瓷舟形洗

從目前的資料看來，可確認施作年代的陶瓷金繕實例，最早見於18世紀中期或之前業已補修的大維德基金會舊藏北宋汝窯舟形洗。不過，眾人咸感好奇的是中國是否存在日本茶湯世界般賞鑑陶瓷的金繕痕跡？

北宋　汝窯舟形洗　高2.9公分　長10.1　寬14.5公分　11世紀後期至12世紀初　大維德中國藝術基金會舊藏寄存大英博物館（Percival David Foundation of Chinese Art, British Museum）

　　汝窯窯址在今河南省寶豐縣清涼寺。寶豐縣之前為龍興縣，隸屬汝州，至徽宗宣和二年（1120）改稱寶豐。

　　關於汝窯的性質，也就是其是否即北宋官窯？抑或只是民間窯場進獻的貢瓷？迄今未有定論。但也有些周邊訊息可供參考。如南宋陸游《老學庵筆記》談到脫穎而出的汝窯是北宋宮廷喜愛的器用；同為南宋人的周煇《清波雜志》另提到：由官方參與主導的汝窯瓷，需經朝廷挑揀之後方許民間販售。結合傳世汝窯的外觀特徵，可以想見汝窯溫潤如玉的青色釉應該是北宋內廷成員賞鑑的重點之一，而整體施滿釉只留下器底幾處芝麻般細小支釘痕，或可說是不欲陶瓷暴露無釉的澀胎而予裹釉支燒，正是北宋宮廷品味的反映。南宋官窯常見施滿釉以支釘支燒的青瓷製品，很可能也和北宋宮廷賞玩青釉並追求不露胎的滿釉效果有關。

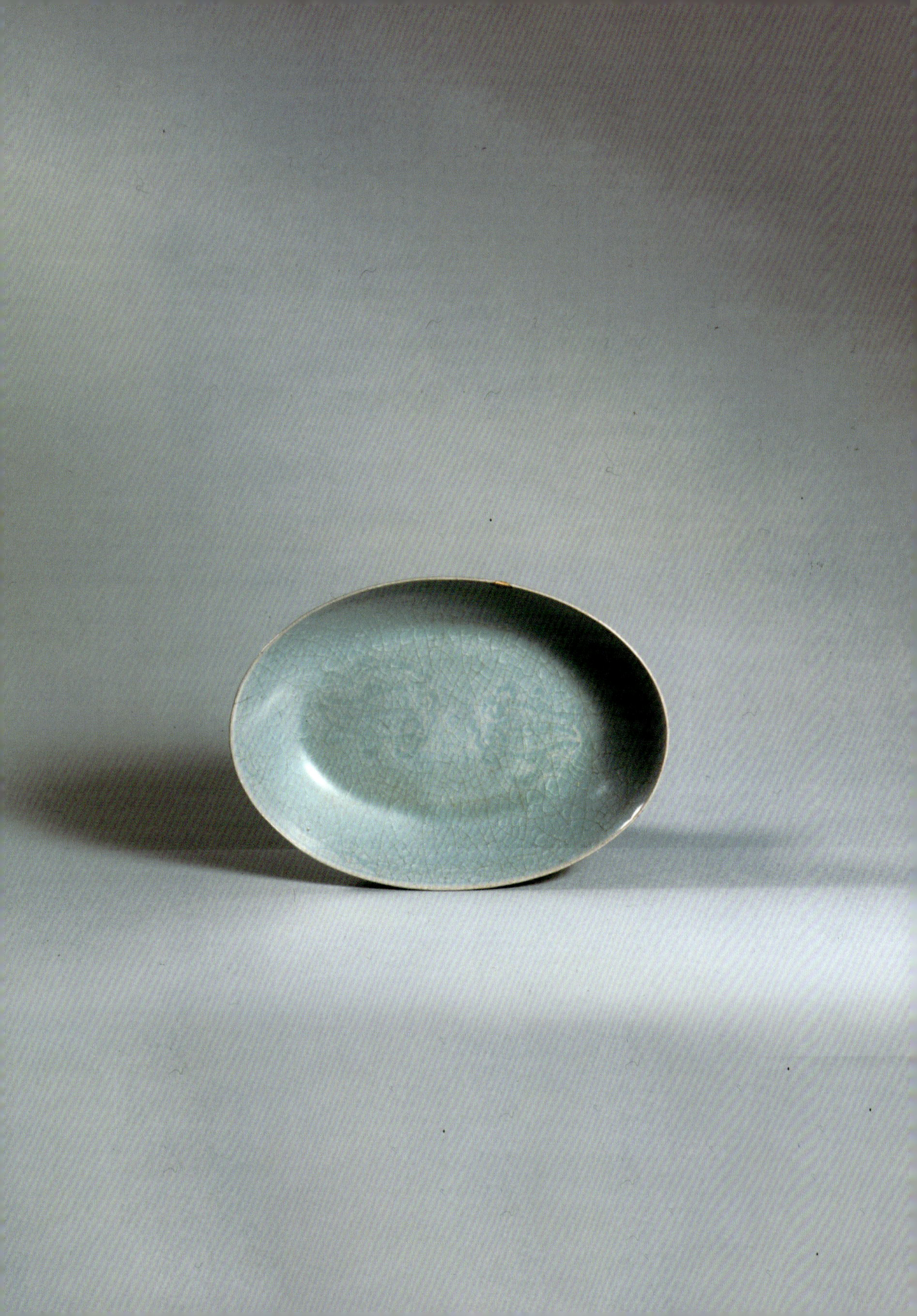

大維德基金會舊藏施加金補的汝窯青瓷舟形洗

　　汝窯的燒造時間大約是在11世紀後期至12世紀初的北宋晚期，而前引撰成於紹熙三年（1192）《清波雜志》已有汝窯「近尤難得」之嘆；南宋周密《武林舊事》也抄錄了一份臣僚張俊在紹興年間（1131-1162）進獻高宗趙構的禮品清單，當中包括了十多件汝窯酒瓶、洗、盂子等製品。傳世實物中，如臺灣國立故宮博物院藏汝窯青瓷圓盤，底鐫刻「奉華」二字，關於其意涵，乾隆皇帝在他御詩〈題汝窯奉華盤〉（乾隆四十三年，1778年）業已指出「奉華」乃是南宋高宗劉貴妃居處。這種帶南宋宮殿銘記的汝窯標本於杭州皇城遺址採集標本中偶可見到，經正式考古發掘的恭聖仁烈皇后宅遺址也出土了汝窯青瓷梅瓶殘片。[1] 總之，在1980年代寶豐清涼寺遺址發掘之前，在宋代被視為名品，之後又被明代人列入所謂五大名窯之一的汝窯存世數量不過百件，並且多屬清宮舊藏，藏品主要見於臺灣和中國兩個故宮。檔案顯示，以下擬討論的大維德中國藝術基金會（Percival David Foundation of Chinese Art）舊藏現由大英博物館保管的汝窯舟形洗（主圖），有可能是大維德爵士（Sir Percival David, 1892-1964）在1920年代，購自清宮內務府為調度資金而抵押給鹽業銀行的清宮傳世古瓷之一。[2] 另可一提的是，清宮傳世的汝窯舟形洗實有數件，而大維德基金會就收藏了兩件（編號PDF A60和PDF 70），臺灣國立故宮博物院庋藏有一件（故瓷17849），後者曾於1935年赴英國倫敦參展，當時定名為「宋汝窯卵青橢圓洗」。[3] 本文所擬討論的是大維德爵士藏品當中的一件（編號PDF 76）汝窯舟形洗。

　　乾隆皇帝曾經幾次揀選清宮名瓷授意畫師繪製圖冊。故宮的學者已經指出成於乾隆二十一年至二十二年（1756至1757年）的《燔功彰色》（臺灣國立故宮博物院藏）所收錄「宋汝窯舟形筆洗」（圖2），應即主圖所示大維德舟形洗的圖繪。[4] 事實確是如此，除了造型雷同之外，我們從清代畫師寫實描繪之舟形洗口沿一處金繕痕跡，逕與大維德藏品的外形和金繕補修做一觀察（圖1），即可得出相同的結論。其次，圖冊舟形洗圖繪下方另有乾隆皇帝題識，指出：該洗「高一寸」（3.2公分）、「深八分」（2.56公分）、「口縱三寸二分」（10.24公分）、「橫四寸六分」（14.72公分），「青色冰紋」（青釉帶開片），其和大維德藏舟形洗高2.9公分、寬14.5公分、深10.1公分雖略有出入，但仍在容許的誤差範圍之內。賞鑑陶瓷幾乎不放過任何細節的乾隆皇帝另觀察到筆洗「中有如意暗花二，底微坳有三釘」。對照大維德藏舟形洗可知，所謂「如意暗花」其實是內底所飾兩條頭部相對鯰魚的雙眼，而微坳有三釘

指的正是洗底所見內凹呈圓形小鏡面，亦即坳底周邊的三只芝麻狀支釘痕，其造型、釉色或外底造型特徵以及支釘數均和大維德藏品一致。寶豐清涼寺汝窯遺址也出土了類似標本，[5] 所見此類橢圓洗均以模製成形。附帶一提，大維德基金會舊藏的另一件口沿有磕傷補修痕（非金繕）但器式略小的汝窯舟形洗（PDF A60）很可能即乾隆皇帝授意編繪的另一冊陶瓷譜錄《埏埴流光》所收「宋汝窯舟形筆洗」。[6]

1　北宋　汝窯舟形洗局部　高 2.9 公分　長 10.1　寬 14.5 公分　11 世紀後期至 12 世紀初　大維德中國藝術基金會舊藏寄存大英博物館

1　文物出版社，《南宋恭聖仁烈皇后宅遺址》（北京：文物出版社，2008）。

2　傅壹強，〈溥儀出宮前夕宮廷文物的抵押與流失〉，《黑龍江史志》，15 期（2013），頁 41-42、頁 44。

3　倫敦中國藝術國際展覽會籌備委員會編，《參加倫敦中國藝術國際展覽會出品圖說第二冊 瓷器》（上海：商務印書館，1936）。

4　余佩瑾，〈品鑑之趣：十八世紀的陶瓷譜冊及其相關的問題〉，《故宮學術季刊》，22 卷 2 期（2004.12），頁 133-166、頁 203；余佩瑾，《得佳趣：乾隆皇帝的陶瓷品味》（臺北：國立故宮博物院，2012）。

5　河南省文物考古研究所，《寶豐清涼寺汝窯》（鄭州：大象出版社，2008）。

6　謝明良，〈關於汝窯青瓷舟形杯〉，《故宮文物月刊》，463 號（2021.10），頁 56-69。

托邊部位加飾蒔繪和金彩的做法,則是陶瓷結合蒔繪裝飾亦即陶瓷倣蒔繪漆器的有趣案例。

然而有關日本何時開始在陶瓷漆接痕跡之上施加金彩一事卻極難實證。這也就是說,儘管日本有為數極夥的桃山時代(1568-1603)所燒造之施加金繕的陶瓷傳世至今,卻因非考古出土標本,所以儘管作品歷代相傳、流傳有緒,仍難確認其確實的補修年代。著名之例如畠山記念館藏本阿彌光悅(1558-1637)製「雪峰」銘赤樂茶碗,碗身數道交錯但未穿透的窯裂縫隙即填以漆,並於漆上施金粉,問題是此一金繕是否確實出自光悅之手?學界對此意見不一,而無論何者,均難實證。就傳世實例而言,16世紀朝鮮王朝燒造所謂井戶茶碗是常見施加金繕的製品,由於現存《茶會記》所載錄井戶碗是初見於天正六年(1578)堺之藪內宗和茶會,因此做為茶道具使用的井戶碗金繕工藝應該很難上溯天正年(1573-1593)之前。其次,《宗湛日記》天正二十年(1592)雖載錄「金ノ井戶茶碗」(五月二十八日條),然而從該記事前後文可輕易得知該「金ノ井戶」,實為同年宗湛將之運往名護屋黃金茶室與豐臣秀吉(1537-1598)舉行茶會時所使用的金質茶碗,所以是和「金ノ蓋置」、「金ノ茶杓」等金器同組的金茶碗而與陶瓷修理金繕無涉。

分別收藏於美秀美術館(Miho Museum)和根津美術館施加金繕的井戶茶碗,是日本國指定重要美術品。前者從箱書墨書和貼紙內容得知,原是金森宗和(1584-1657)收藏品,後者內箱蓋面有小堀遠州(1579-1647)「三芳野」銘金粉字形,是茶人松平不昧(1751-1818)舊物,但茶碗上的金繕到底施做於何時卻已不可考。五島美術館藏「八文字屋」銘之帶金繕的井戶碗也是流傳有緒的名品,其自安永九年(1780)京都商家八文字屋收藏以來,歷經河井家→三井家→八文字屋→鴻池家→五島慶太而至今日五島美術館,然而縱使傳承如此明確,仍然難以判明茶碗金繕是出自那位藏家的授意?另一方面,由於伏見屋宗理編成於1908年至1909年的《名物茶碗圖會》曾明確提及「玉鏡」銘朝鮮王朝茶碗口沿金繕,從而可知,遲至20世紀初期,日本區域茶人仍然保留著對於金繕的鑑賞。

從目前的資料看來,可確認施作年代的陶瓷金繕實例,最早見於前引18世紀中期或之前業已補修的大維德基金會舊藏北宋汝窯舟形洗(圖1)。不過,眾人咸感好奇的是中國是否存在日本茶湯世界般賞鑑陶瓷的金繕痕跡?關於這點,中國區域不僅可見18世紀中期陶瓷金繕傳世實例,劉體仁(1617-1676)《七頌堂識小錄》記載了以金補修的陶瓷酒杯,即:「浮月杯,陶杯也。口微缺,以金錮之,酒滿則一月晶浮酒面」。姑且不論該酒杯是否確如劉氏所言,乃是「先朝中州王邸

物」？此一記事已然表明,中國至遲在 17 世紀已經存在以金補瓷的技藝,更重要的是當時也已賞鑑了金補處如月般的景色。日本區域的金繕賞鑑風情是否和中國區域文人的陶瓷鑑賞美學有關?值得今後繼續追蹤。

10 荊浩的藝術

Richard M. Barnhart —— 班宗華

荊浩《鍾離訪道圖》

畫的保存情況使我們難以辨明他的戎服究竟如何卸下，但有一個重要細節仍相當清晰。鍾離權為畫作右隅軍士中立於最前方者，他仍半著戎服，但腳上不著靴子，而是仙人的雲底花卉紋飾鞋。這顯示，在遙遙聳立的仙山間，這一刻他在前方看見的是自己的未來。

傳五代　荊浩　《鍾離訪道圖》之局部　9世紀末至10世紀　軸　絹本設色　147.0 × 74.8公分　弗利爾美術館藏

前言

荊浩（9世紀晚期至10世紀初期）在中國山水畫的歷史地位，與他論繪畫藝術的著名存世論著《筆法記》的關係，似乎不下於與他任何實際畫作的關係，因為他的作品向來罕見。[1] 到了18世紀，乾隆皇帝龐大的宮廷收藏中，僅有三幅畫作著錄於荊浩名下。[2] 儘管如此，查爾斯‧朗‧弗利爾（Charles Lang Freer）仍然在1909至1918年之間，購藏了多達六幅傳為荊浩的畫作。[3] 不論在弗利爾購買這些畫作時，當時知道這些作品的人是如何看待它們的，到了1960年代中期，這些作品都已經被認定為晚於明代，而且也沒有任何一幅被認真地看作是藝術品。[4] 自那時以來，六幅畫作中似乎只有一幅所受評價發生重大改變：即《鍾離訪道圖》，這幅畫如今是弗利爾－沙可樂（Freer-Sackler）的收藏中重要的宋元時期作品，定年為金朝或元朝，即13至14世紀期間（圖1）。[5] 事實上，它是專家認為能代表荊浩遺風的僅存三幅存世畫作之一。

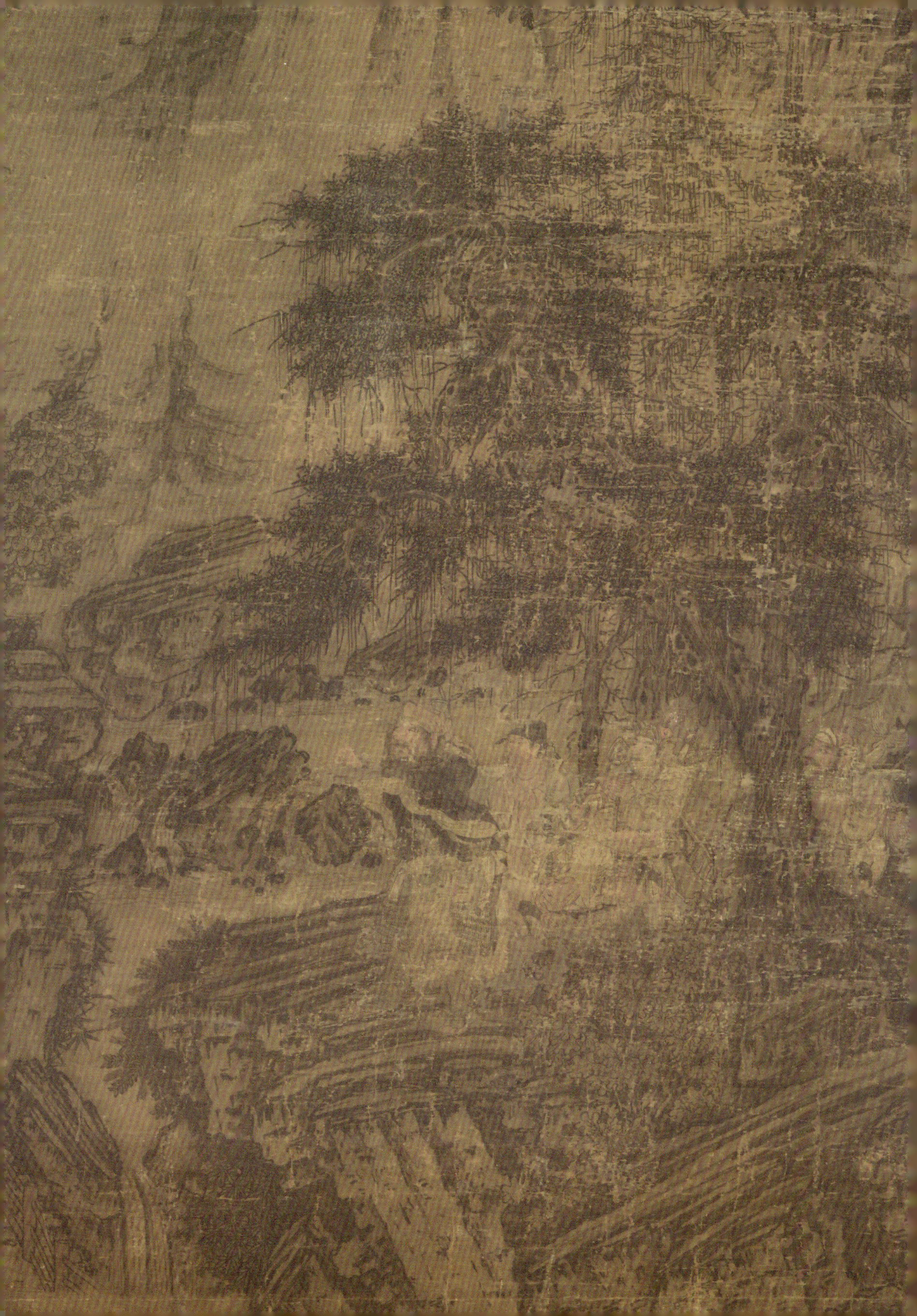

1　傳五代　荊浩　《鍾離訪道圖》　9世紀末至10世紀　軸　絹本設色　147.0 × 74.8 公分　弗利爾美術館藏

《匡廬圖》

　　這三幅畫作中最為人知的是《匡廬圖》(圖2)。這也是三幅畫當中，來歷記載得最詳盡的一幅。這幅畫自元代以來，幾乎未曾中斷地從政府和私人收藏中流傳下來，從這幅名作上的鈐印與題記和相關文字紀錄就可以知道其流傳史。單從收藏紀錄這點來看，《匡廬圖》是唯一可以認真考慮，有可能與荊浩同時期或年代相近的作品。[6]

　　這幅畫最突出的特徵，也許是那不斷重複、緊密層疊的峻直窄峰，分布遼闊的一座座石塔參天而立，形成寧靜而次序井然的和諧感。由河流與鄰近土堤形成的地表平面，使得沿著近景很容易就能望見細節繁複的畫作內部結構，其中有小徑、建築、飛瀑與漸次高聳的岩峰。這個地表平面本身幾乎是獨一無二的：這是一片被清楚勾勒、堅實而連續的表面，從我們彷彿飛鳥俯瞰所見最近處的樹木與岩石，一路延伸到最遠處可見的山峰底部，最終消失在雲霧中。

　　《匡廬圖》很可能是所有宋代山水畫中，構圖最為精細而繁複的一幅，可說是張擇端《清明上河圖》的山水畫版本。傅申曾指出臺北故宮所藏兩幅未署名的山水畫與《匡廬圖》關聯甚深，兩者顯見是仿作風格、構圖皆與《匡廬圖》極為相似的佚失作品，更為《匡廬圖》的歷史地位增添重量與實質意義。[7] 臺北故宮在近年的出版品中，不僅將《匡廬圖》定年在北宋晚年，並主張《匡廬圖》可能與荊浩的時代和畫風沒有直接關聯，反倒是反映了在荊浩的時代過去兩百年後，於李唐活躍於宋徽宗畫院的期間，荊浩的藝術又重新受到了關注。[8]

1　《筆法記》由宗像清彥翻譯為英文並詳加註解，參見 Kiyohiko Munakata, *Ching Hao's Pi-fa-chi: A Note on the Art of Brush* (Ascona: Artibus Asiae Publishers, 1974).

2　這個總數係根據清宮收藏目錄《石渠寶笈》而來。

3　這些作品在弗利爾–沙可樂美術館（Freer Gallery of Art and Sackler Gallery）網站上的登錄編號為 F1909.168、F1998.3、F1909.235 和 F1918.37，索引名稱為 Jing Hao（荊浩），此名稱下還列有兩件作品。

4　舉例而言，高居翰（James Cahill）在其著作中即已提及前一則註釋中的第一幅及第三幅畫作，兩幅都定年為明代，參見 James Cahill, *An Index of Early Chinese Painters and Paintings* (California: Floating World Editions, 1980).

5　參見美術館官方網站 "Song and Yuan Dynasty Painting and Calligraphy" (https:// asia.si.edu)

6　對這幅畫作最完整的討論見國立故宮博物院，《大觀：北宋書畫特展》（臺北：國立故宮博物院，1997），編號 12，頁 87-95。

7　參見 Fu Shen, "Two Anonymous Sung Dynasty Paintings and the Lu Shan Landscape: The Problem of Their Stylistic Origins: Part 1," *The National Palace Museum Bulletin*, vol. II, no. 6 (1968): 1-16.

8　參見《大觀：北宋書畫特展》（同註釋 6），尤見陳韻如在頁 94 的結語。

像《匡廬圖》那樣運用穩健的手法,高密度而連續地界定畫面上的空間,於18世紀回歸到了清宮,不過,在少數展現同樣手筆的畫作例子當中,有一幅與《匡廬圖》來自大約相同的時期,即是好看的《雪溪漁父圖》,傳為許道寧所作,同樣藏在臺北故宮(圖3)。[9] 在這幅畫中,寬闊平坦的冰封河流,以及對內在連結細密而有系統的勾勒,加上傳統構圖元素的整體安排,都與我們在《匡廬圖》中所見如此相似,使我想將兩幅畫視為孿生作品,當然不是一模一樣,但源自同樣的父母,出生時間前後只相隔幾分鐘。

2

《雪山行旅圖》

同樣著名也經常出版的一幅畫是《雪山行旅圖》，現藏於納爾遜－阿特金斯美術館(圖4)。[10] 相對於保存較好的《匡廬圖》，這幅納爾遜－阿特金斯美術館的立軸據說是從墓中出土的，發現時情況很差。顏料、絹面與墨筆線條的大量缺損，加上復原的嘗試，留下的是傷痕累累而形貌毀壞的殘骸，但依然可看出是描繪層巒疊嶂的古老畫作，與真實性無可置疑的唐代圖像材料風格連結緊密。大約

2　傳五代　荊浩　《匡廬圖》　軸　絹本水墨　185.8 × 106.8 公分　國立故宮博物院藏

3　傳宋　許道寧　《雪溪漁父圖》　軸　絹本水墨　169.0 × 110.0 公分　國立故宮博物院藏

4　傳五代　荊浩　《雪山行旅圖》　軸　絹本水墨及白色與朱紅顏料　183.3 × 75.5 公分　納爾遜－阿特金斯美術館藏

9　參見 National Palace Museum ed., *Chinese Art Treasures : a Selected Group of Objects from the Chinese National Palace Museum and the Chinese National Central Museum, Taichung, Taiwan* (Geneva : Skira, 1961). 亦見國立故宮博物院，《故宮書畫圖錄》（臺北：國立故宮博物院，1989），卷1，頁 189-190。

10　參見 Wai-kam Ho et.al., *Eight Dynasties of Chinese Painting: The Collections of the Nelson Gallery-Atkins Museum, Kansas City, and The Cleveland Museum of Art* (Cleveland: The Cleveland Museum of Art and Indiana University Press, 1981), no. 9, 12-13, 史克門（Laurence Sickman）的評述與書目。

二十五個小小的彩繪人物走在從畫面右下起始的路徑上，越過畫面下中處的一道橋，再沿著蜿蜒路徑上行進入群山，往左方越過另外一道橋後離開畫面。[11] 這片山脈以其驚人地不和諧的韻律為其特點，與《匡廬圖》中層層疊疊的筆直山峰形成強烈對比。露出的岩石先往左急降，接著又往右突斜，最後在峰頂形成龐大、壓迫性的懸垂石塊，看起來彷彿整片山即將塌陷砸落在自己身上。有些垂直山體頂端的扁平表面看起來實在突兀，一度讓人以為這種扞格感是某個不知名的修復者見解有誤而造成的。

納爾遜－阿特金斯美術館所藏的荊浩畫作，看來像是描繪重重峻嶺的巨幅山水開先河之作，沒有前例可仿照。畫作技法介於正倉院所藏華麗的唐代漆畫山水和最早的水墨山水畫（如趙幹的《江行初雪》）之間。[12] 相對於岩石和山巒，畫中的樹木和灌叢皆生動鮮明，行走在山徑上的許多微小人物和動物亦然。當然，岩石與山巒形態各異而動態十足，有著活潑的形狀與律動，但整體欠缺和諧而混亂，原本絹面受損後的變形或空白處更凸顯了這樣的效果。

喬迅對這幅重要作品的檢視與分析，對於從廣泛歷史意義上確立其真實性大有貢獻，喬迅將這幅畫作的年代定於荊浩在世時或離世後不久，確定這幅作品與從《筆法記》和其他來源（例如存世的某些唐代與五代早期繪畫）所知的荊浩藝術風格之間有緊密的關係。[13] 最重要的是，喬迅的詳細描述，加上他與納爾遜－阿特金斯美術館提供的許多細部照片，幫助我們更能清楚看到並了解這個重要作品。

《鍾離訪道圖》

《匡廬圖》與《雪山行旅圖》都經常刊印，有不同學者以長文論述，但現存能代表荊浩藝術風格的第三幅畫作，卻自1920、30年代之後就很少被討論（圖1）。[14] 弗利爾美術館現在將這幅畫的紀年定為金朝或元朝，即13至14世紀，但這幅畫在西方藝術史學者間乏人問津，也少有出版品討論。

乍看之下，這幅傷損嚴重且暗化的古老畫作表面似乎布滿岩石，角度銳利分明的岩層和柱狀岩石從絹面的下緣一路延伸到距離上緣一、兩吋之處。舉目所及，數以百計的松樹生長在岩架與石縫中，從近景中的大群樹木，到遠方石柱上方濃密微型的森林與灌木叢。一根多面的單一岩柱強而有力地拔地而起，貫穿畫面的構圖中心，與十來座陰影覆蓋、似乎無限延伸橫越到遙遠天邊之外的山峰相連。在中央岩塊的右方，遙遠山峰的高處有一座瀑布，從岩間逐級流下，最後強勁地直直落下，在絹面最底處逸出畫面。

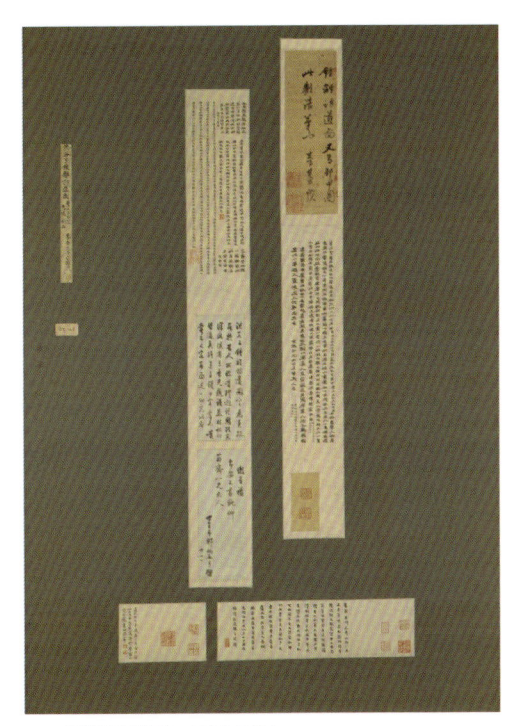

5 《鍾離訪道圖》之底板背面
畫作題記，為查爾斯・朗・弗利爾購藏時裝裱於畫作四周。如今黏貼於立軸重新裝裱後之底板背面。董其昌鑑定為真跡之題字位於右上。

在最後一道水瀑左方有一悉心修築的棧道，一路蜿蜒入山，水瀑右方樹群中的一片平地上站著四名男子，專注地望向前方。在他們後方更右處站著第五人，是一名士兵，拉著一隻精神抖擻、黑白相間的駿馬。一行武人身上的衣服和繡章點綴著深淺不一的紅、綠、藍色，顏料剝落和絹面破損使得他們如今已褪色並且部分殘缺。一行人的目光沿陡峭上行的路徑望向另外兩名男子，他們彷如探子，遠在前方帶路。右方那人轉身回顧後方一行人，手指前方，背對觀者的另一人繼續前行。更遠處有個尊貴莊嚴的人物，高大有鬍鬚，身著華美粉紅與白色長袍，沿著陡峭山徑上行，身旁伴著一隻老虎。只有仙人能祥和地走在老虎身邊。更遠處還有一人，但看不分明，似乎正穿過一片小松林，朝著一座寺院或廟宇走去。

雖然畫作的許多部分已褪色缺損，但這幅畫描繪的主題從描述中便直接地浮現出來：是在呈現對成仙求道的追尋。這幅畫作如今平裱於底板上，但弗利爾最初購藏時是一立軸，畫心的四周布滿鑑藏家的題字。所有題字如今都裱於底板背面，最早一則為董其昌（1555-1636）所題，指此畫為荊浩筆，並提及畫作又名《卸甲圖》，指鍾離權從將領化身為求道者，最終成仙之事（圖5）。畫的保存情況使我們難以辨明他的戎服究竟如何卸下，但有一個重要細節仍相當清晰。鍾離權（右隅軍士中立於最前方者，身上還半穿著戎服）腳上穿的不是靴子，而是仙人的雲底花鞋（cloud-soled floral shoes）（圖6）。這顯示其所描繪的是，在此不朽的仙山掘地而起，聳入雲霄之際，他所看到等在自己前方的未來，就在此刻一瞥而過。

11 喬迅的近期研究是迄今對這幅畫作最詳盡的描述與分析，參見 Jonathan Hay, "'Travellers in Snow-Covered Mountains': A Reassessment," *Orientations*, 39(2008. 11/12): 85-91.

12 正倉院的材料與唐代山水畫的其他相關證據參見 Michael Sullivan, *Chinese Landscape Painting in the Sui and Tang Dynasties* (Berkeley: University of California, 1980). 趙幹的手卷完整收錄於《故宮書畫圖錄》，卷15，頁153-160。

13 見註釋11。

14 舉例而言，參見 Osvald Sirén, *A History of Early Chinese Painting* (London: The Medici Society, 1933), vol. I., pl. 89.

6　傳五代　荊浩　《鍾離訪道圖》之局部　9世紀末至10世紀　軸　絹本設色　147.0 × 74.8 公分　弗利爾美術館藏

　　我們這裡描述的九個人物，與那匹精神抖擻的駿馬，加上和緩而行的老虎，原本是用色彩豐富而戲劇化的方式描繪，如今已在周圍世界濃密的樹木、灌叢、岩石與絕壁間褪色磨損了。近景中搶眼的樹木群，細看下是三棵樹，上面都披覆著濃密的藤蔓。最大的是一棵古老的常綠樹，可能是柏樹，[15] 有濃密針葉，彎曲向上分為兩根粗如樹幹的分枝，幾乎像另成兩棵樹。樹幹與巨大的樹枝上布滿平行線條，還有疤痕似的節孔。這棵龐然巨樹後方靠左處有一棵比較小的落葉樹，樹葉與柏樹的濃密暗色針葉參差相雜。第三棵樹在最後方，可能是針葉已經掉光的落葉松，但更可能是一株已枯死的常綠樹。根據郭若虛所言，師從荊浩的關仝喜歡在活樹之間描繪枯死的樹木，在對追尋長生不死象徵性的召喚中，出現明顯讓人聯想到死亡之物，是非常合宜的。[16]

在這個近景之外，還有數百棵其他常綠樹和灌木生長在岩石與峭壁上，而即使是在遠處的微小細節，也仍然延續著懸垂藤蔓與枯死樹枝的主題。在較近處的峭壁上，出現各種各類葉子的形狀，有些像竹葉，其他如蕨類，還有一些像橡樹、梧桐或楓樹的葉子。這些生命形式在整個構圖中一再出現，創造出一種生命力勃發的印象。

　　岩石和峭壁在看似無限的空間中跌宕起伏的動態，散發出更強勁的圖像力量。柱狀構造往往到了頂端最高點集結成水平地層，彷彿岩柱頂端被切下後平放。這個主題從下緣近景中的巨岩戲劇化的展開，以逐漸縮小的比例一路往上往後延伸，進入空間的深處。整體印象是一片無止無盡的岩石與樹木的地貌，堆疊成峭壁，再聚集成為山脈。

　　用來定義石頭表面像大斧劈皴的筆法，事實上是由許多水平與垂直筆畫以多種的方式交疊形成。畫中完全不見後來董源、巨然和米友仁風格的「苔點」或漬染。也找不到任何單獨一條俐落、精妙的輪廓勾線，這種輪廓線在所有跟可信的李成與郭熙有關的畫作中隨處可見，並且明顯是在被認定為荊浩主要追隨者關仝有關的作品中首創的。[17] 一如許多唐代畫作，這位畫家的技法無法被簡單描述或辨識。與著錄明確的金朝山水畫之成熟案例相比，《鍾離訪道圖》中的技巧顯得素樸，帶著嘗試意味和初探性質。[18] 我無法在任何金朝或元朝畫作與《鍾離訪道圖》之間，辨識出任何相似處。

比較與結論

　　《匡廬圖》有別於另外兩幅曾被歸為荊浩作品之處，在於它呈現的地貌像遼闊的舞臺場景，或是繪畫精美而富縱深的背景布景：觀覽這幅畫作讓我感覺像在觀賞一齣歌劇，也讓我思忖起繪畫與金朝當時正開始風行的新戲曲表演之間可能的互動。對畫作近景中的微小人物以及觀畫的我們而言，高大的樹木與遼闊的山脈非常遙遠，雖然整片遠景都經過精心布局與細緻描繪。相對的，在《鍾離訪道圖》與《雪山行旅圖》這兩幅作品中，整片濃密景色與其中的人物都離身為觀賞

15　對柏樹的詳細討論見 Kiyohiko Munakata, *Ching Hao's Pi-fa-chi: A Note on the Art of Brush*, note 47, p. 39.

16　參見 A. C. Soper, *Kuo Jo-Hsü's Experiences in Painting (T'u-hua chien-wen chih)* (Washington, D. C.: American Council of Learned Societies, 1951), 19.

17　這是臺北故宮所藏關仝《秋山晚翠圖》的明顯特點；參見 Yang Xin et al, *Three Thousand Years of Chinese Painting* (Beijing:Yale University Press, 1997), pl. 86.

18　例如武元直《赤壁圖》，見 National Palace Museum ed, *Chinese Art Treasures*, no. 46.

者的我們比較近；在某種意義上，我們都已經置身於這些山中，開始與畫中人物一起愈爬愈高，越走越深入山中。《匡廬圖》的精細結構包含清楚勾勒的路徑，優雅的建築物，和流瀉而下的山澗，但是除了近景中的少數人物，裡面沒有人，也鮮少動態。靜止、密集的岩石山鋒，沉默地矗立在我們面前。

在弗利爾美術館的《鍾離訪道圖》與納爾遜美術館的《雪山行旅圖》這兩幅畫作中，個別樹木、灌叢與簇集的枝葉扮演重要角色。喬迅針對《雪山行旅圖》指出，「作為一幅風景畫，這幅畫並不屬於山水畫類別，而更應稱之為『山樹畫』，這也提醒我們，荊浩的《筆法記》與其說是關於岩石和山脈，更是關於樹木。」[19]《筆法記》記述年輕畫家受教於山中偶遇的大師，焦點在如何畫松，最後更以年輕畫家的《古松贊》為結尾。真要說，《鍾離訪道圖》對樹木與枝葉和岩石間的互動，投以更徹底而多樣的關注。我不知道在中國繪畫中，還有哪一幅畫對樹木的描繪，能比得上鍾離權一行人佇立於下的那群樹，得到畫家更悉心的研究和有系統的表現。如果像荊浩這樣的畫家真以《筆法記》中所描述的方式作畫，成果可能會神似《鍾離訪道圖》。

我很訝異《鍾離訪道圖》和《雪山行旅圖》之間有這麼多共通點，因為至少從表面看來它們大異其趣。兩個作品中的山都因為人物與動物而充滿生氣。他們從畫面的一邊移動到另外一邊，從下方移動到上方。人物的規模尺度雖然不同，但兩者都可能讓我們想起 8 至 9 世紀間敦煌壁畫和畫幡中習見的常規和比例，或是經典的早期山水畫中所見，如臺北故宮的《明皇幸蜀圖》和現存於北京故宮的展子虔《遊春圖》。[20] 這些著名畫作創作時，山水畫這一類別尚處於早期階段，而《雪山行旅圖》和《鍾離訪道圖》在也許於 10 世紀初完成時，山水畫仍在快速演變。對我而言，不難想像這兩個作品在同一時期（介於唐宋之間）完成，並反映同一個畫家的風格。

我在本文一開始即指出，荊浩的畫作似乎連他在世時都僅有非常少數能保存下來，有鑑於此，至今居然仍有三幅傳為荊浩所作的畫作傳世，不啻為一個小小奇蹟。荊浩死後兩百年，米芾在傳為宋初四川畫家勾龍爽的畫作上，發現隱藏的荊浩落款，顯示即使在當時，也已經沒有人真正地對兩位畫家的風格有多少了解。[21] 我在本文中主張《鍾離訪道圖》很可能是荊浩的時代與其風格的作品，但事實是，在董其昌認定其為荊浩真跡的 17 世紀，和這幅畫在大約公元 900 年的可能創作年代之間，相隔了七百年，而這段期間沒有任何著錄有助於確立這幅畫更早的收藏紀錄。

事實上,我在本文中討論的所有畫作的紀年都只是理論,因此也可能會改變。任何人若想嘗試為 10 世紀中國繪畫寫下確定的歷史,都會遭遇這個令人卻步的現實問題,即任何與當時畫家直接相關的紀錄或文件皆付之闕如,而他們的作品幾乎都已永遠消失。在公元 1100 年時,對先前繪畫的普遍無知和爭論就已存在,從那時起,改變和佚失的東西又更多了。儘管如此,我依然期待,透過對畫作本身更進一步的仔細觀察,我們能夠了解更多。

19　Jonathan Hay, " Travellers in Snow-Covered Mountains : A Reassessment," 90.

20　畫作照片均見 Michael Sullivan, *Chinese Landscape Painting in the Sui and Tang Dynasties*.

21　米芾,《畫史》,引用於陳高華,《宋遼金畫家史料》(北京:文物出版社,1984),頁 70。

II 散發了千年的春天氣韻

Takenami Haruka ── 竹浪遠

郭熙《早春圖》

實際觀看《早春圖》時，首先令人目不轉睛的，或許是畫面中呈現的寬闊感吧。畫面上的近景是巨岩和生長其上的雙松，接著是畫面中軸線附近猶如積雨雲般呈現 S 型隆起的主山，山體右側延伸至遠處的深邃山谷，左側則是綿延至遠山，一望無際的平原。這些由多種遠近眺望視角組合而成的廣大空間，就在眼前展開。

北宋　郭熙　《早春圖》之局部　1072 年　軸　絹本淺設色　158.3 × 108.1 公分　國立故宮博物院藏

　　郭熙（活躍於 11 世紀後半）所畫的《早春圖》（圖1），被視為北宋山水畫藝術高峰的傳世巨作而享譽盛名。郭熙，字淳夫，河陽溫縣（今河南省）人，私淑北宋初期的李成（919-967），擅長山水畫。老年時被北宋後期推行新法改革的宋神宗（1048-1085，1067-1085 在位）召進宮中，創作了許多宮廷的壁畫，因此成為當時山水畫的泰斗。郭熙的畫風以李成一派的雲頭皴及蟹爪樹為特徵，二人以李郭並稱，奠定了華北系山水畫風的主要形式，為元代李郭派等後世的畫家帶來重大的影響。

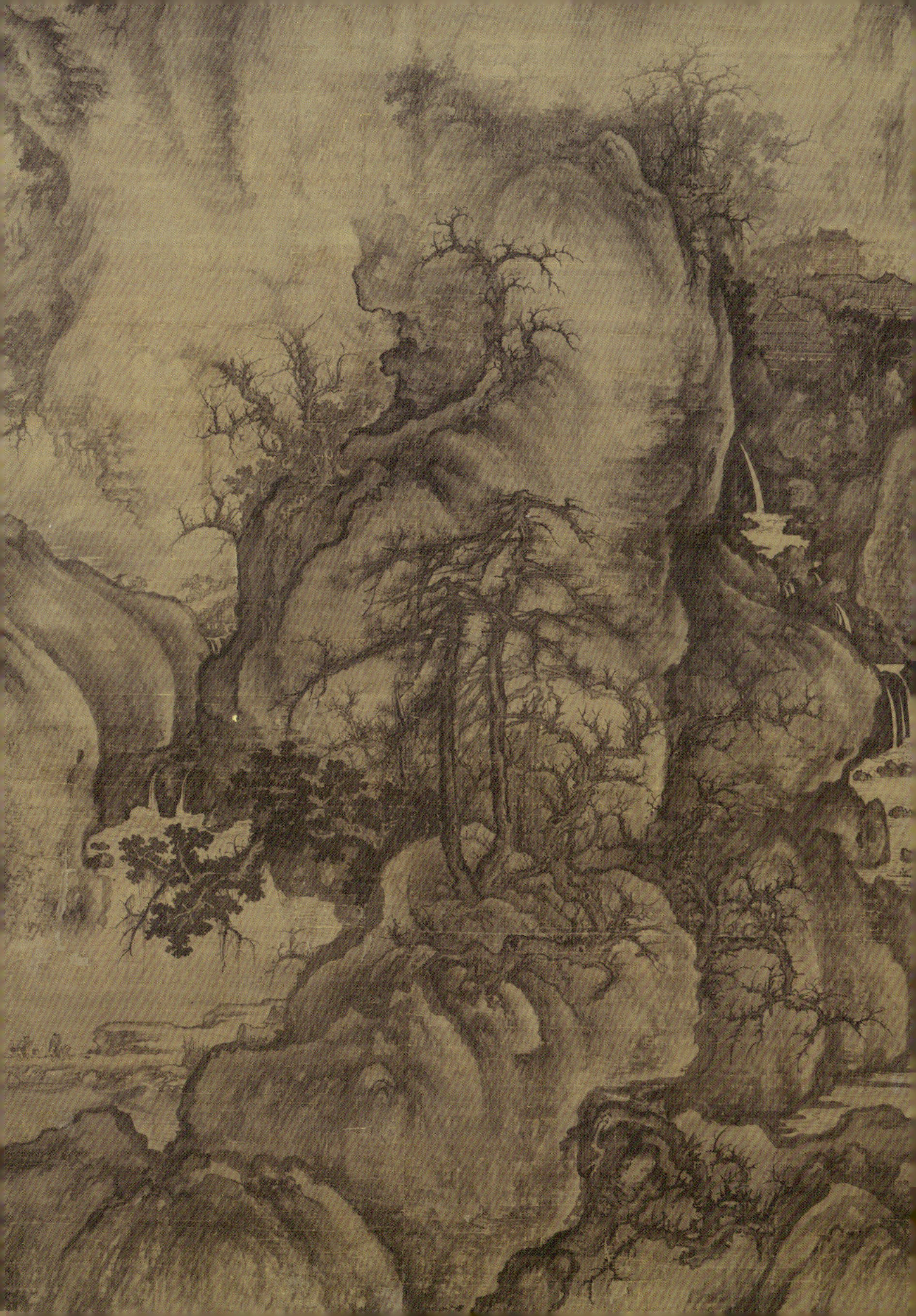

樹繞吹葉深
湘凍橫閣仙
居家上層不
藉物題閒戲
倚玉山甲兄
氣如茶
己卯季月
瀞挺

《早春圖》是大幅絹本水墨淡彩作品，高 158.3 公分，寬 108.1 公分。如同畫面左側畫家自題的「早春」落款，這幅作品主要以水墨描繪了初春的山川景色。從濃墨到淡墨，在微妙精巧、層次多變的墨色中表現山巒或是空氣感。畫中也細膩地描繪了旅途中的士大夫一行人、戴著斗笠的行腳僧、還有捕魚歸來的漁夫和他們的妻子等這些人們的日常活動。從卓越的描繪手法來看，這可能是郭熙僅存於世的真跡，至今也已累積了大量的研究。[1] 我個人從學生時期，就被這雄偉的畫面與如真似幻的描繪所吸引。《早春圖》展出時，屢屢前往故宮參訪，更無數次反覆欣賞了與原作等大的複製畫。當我成為研究者之後，也發表過相關的論文。[2] 話雖如此，這一幅畫作仍然隱藏著諸多秘密與魅力。

　　實際觀看《早春圖》時，首先令人目不轉睛的，或許是畫面中呈現的寬闊感吧。畫面上的近景是巨岩和生長其上的雙松，接著是畫面中軸線附近猶如積雨雲般呈現 S 型隆起的主山，山體右側延伸至遠處的深邃山谷，左側則是綿延至遠山，一望無際的平原。這些由多種遠近眺望視角組合而成的廣大空間，就在眼前展開。

　　這種空間表現，在郭熙談及自己畫山水的要訣《林泉高致》〈山水訓〉中有言：

> 山有三遠：自山下而仰山巔謂之高遠；自山前而窺山後謂之深遠；自近山而望遠山謂之平遠。

這三遠，也可以在本圖中找到各自符合「高遠」、「深遠」、「平遠」之處。其中平遠的構圖為先前提及的李成所擅，高遠則為北宋中期范寬所長，而《早春圖》則被定位為北宋山水畫之集大成。郭熙尚有幾幅值得參照的傳稱之作，但現今並無足以匹敵《早春圖》構思與品質的畫作存世，因而本作堪稱是代表了郭熙畫業中的精髓這樣孤高的存在。

---

[1] 有關於《早春圖》與郭熙的研究為數眾多，本文特別參考下列著作：曾布川寬，〈郭熙と早春圖〉，《東洋史研究》，35 卷 4 期（1977），頁 61-86；鈴木敬，〈《林泉高致集》の「画記」と郭熙について〉，《美術史》，109 号（1980），頁 1-11；小川裕充，〈郭熙筆早春圖〉，《國華》，1035 號（1980.7），頁 14-19；陳韻如，〈郭熙早春圖〉，收入林柏亭主編，《大觀：北宋書畫特展》（臺北：國立故宮博物院，2006），頁 75-77；Foong Ping, *The Efficacious Landscape: On the Authorities of Painting at the Northern Song Court* (Cambridge, Mass. ; London : Harvard University Asia Center, 2015)；塚本麿充，〈郭熙山水の成立とその意味〉、〈明・清時代における李成と郭熙〉，收入氏著，《北宋絵画史の成立》（東京：中央公論美術出版，2016）。

[2] 竹浪遠，〈北宋における李成の評価とその文人画家像形成について—子孫・鑑賞者・李郭系画家との関わりから—〉，《古文化研究》（黒川古文化研究所），9 号（2010.3），頁 45-76，後収入拙著，《唐宋山水画研究》（東京：中央公論美術出版，2015）。

2　佚名　「文清」印《山水圖》　15世紀中期至後期　日本私人藏
引自《朝鮮の絵画と工芸》（奈良：大和文華館，2016），頁2

在此背景下，畫面構成與《早春圖》類似的「文清」印的《山水圖》（圖2），在近年逐漸為人所知。此畫中形似積雨雲的山岳、樹木的形狀與配置、三遠的整合等，一方面與《早春圖》共同點甚多，另一方面，由研究者指出畫中岩石的形狀及皴法，是流行於朝鮮王朝時代李郭派山水畫的特徵看來，可能是朝鮮前期（15世紀）如任職宮廷畫員的畫家安堅等高手，以當時流傳的郭熙的真跡（抑或是精密的摹本）為依據所描繪的摹寫作品。[3] 兩者相比較後明顯具有親近性，其範本或許可以假定為神宗時期賜給前來朝貢的高麗使者兩幅郭熙畫作其中之一的《秋景》圖。[4] 元代李郭派的唐棣筆《倣郭熙秋山行旅圖》（國立故宮博物院藏）儘管較之於「文清」印《山水圖》已然經過數階段的變質，但在類似的畫面組成方式上，還是可以認為是源自於郭熙的作品。基於這些作品的存在，我們可以判定《早春圖》是郭熙體現自身山水理論的作品，並且在他創作的歷程中也絕非是孤立的個案，而是可以定位為郭熙慣用的相同構圖的作品當中，現今仍存於世的珍貴畫作。

郭熙一直到90歲高齡都不曾停筆，想必也接連不斷地創作出如同《早春圖》般，具有高超空間表現的作品，而這也可由其子郭思所撰寫的作畫紀錄（《林泉高致》中的〈畫記〉）得知。但「文清」印《山水圖》的出現可說是給了世人更具體知悉郭熙創作樣態的重大線索。只不過，當我在展場面對這幅「文清」印《山水圖》而感到亢奮的同時，心裡也有個疑問。《早春圖》與「文清」印《山水圖》都是運用三遠組成非常複雜的構圖，不過基本上主山都聳立在正中間，左右配置的分別是平遠或深遠的空間處理，這點沒有太大的變化。這也表示這種構圖是郭熙山水畫作的格套。一再重複類似的畫面構成，對郭熙來說究竟有何意義？

---

[3]　有關「文清」印《山水圖》則是參考以下文獻：植松瑞希，〈解説「山水圖」〉，收入《朝鮮の絵画と工芸》（奈良：大和文華館，2016），頁2；板倉聖哲，〈朝鮮王朝前期・「文清」印「山水圖」〉，《國華》，1456号（2017.2），頁38-43；板倉聖哲，〈高麗、朝鮮王朝前期的山水畫與宮廷收藏〉，《國立臺灣大學美術史研究集刊》，第44期（2018.3），頁35-82。

[4]　板倉聖哲，〈高麗、朝鮮王朝前期的山水畫與宮廷收藏〉，頁45。

《早春圖》的畫面構成如果配合《林泉高致》中的〈畫訣〉一起閱讀，就得以令人理解：

> 山水先理會大山，名為主峰。主峰已定，方作以次，近者、遠者、小者、大者，以其一境主之於此，故曰主峰，如君臣上下也。

畫山水時，首先定下主峰的位置，然後再逐次佈置上周邊的眾山。這就是郭熙所述及的君臣之喻。

以松樹為中心的近景還配置了樹石，也吻合《林泉高致》〈畫訣〉中的以下記述：

> 林石先理會一大松，名為宗老。宗老已定，方作以次，雜窠、小卉、女蘿、碎石，以其一山表之於此，故曰宗老，如君子小人也。

在畫林石時，先在中心以巨松定位，然後逐次安排雜樹或低矮的草叢，樹枝下垂著的松蘿和岩石的位置。松樹彷彿是一族的君長，和畫面裡其他母題的關係，則猶如君子和小人。

有關於這些山岳和樹石的配置和其相關性的記述，不只適用於《早春圖》上，有人認為這幅畫也表達了在神宗治下任官的郭熙，表現出了以皇帝為中心的儒家世界觀，是具有稱頌神宗意涵的「官畫」，我也贊同這個見解。

我認為「官畫」的性質也可以從當時士大夫該具有的教養，儒家的脈絡裡得到更深入的理解。四書之一的《中庸》，本是《禮記》的其中一篇，到了宋代特別受到重視，其中載有內容如下：

> 誠者非自成己而已也，所以成物也（中略）。故至誠無息（中略）。悠遠則博厚，博厚則高明（中略）。天地之道，博也、厚也、高也、明也、悠也、久也（中略）。大哉聖人之道！洋洋乎發育萬物，峻極于天（中略）。故曰，「苟不至德，至道不凝焉」。

依照中庸的說法，聖人之德被喻為具有孕育萬物天地造化之功，既博、厚、高、明、遠、久。這個意象和主要以三遠構成的《早春圖》畫面可以說幾乎一致。平

遠依空間之開放而得其寬闊；深遠則是往遠方的層峰深入開展而得其厚實；高遠則是往主山的上方延伸而得其高聳。可以被理解為，《早春圖》象徵著廣大無邊的天下，因皇帝的至德而得以太平。

　　郭熙的支持者有眾多文人官僚，例如富弼、吳充等人；其子郭思，也是超越群倫的進士及第者。以當時士大夫的教養基礎，他們支持的神宗德治的理想，恰恰體現在了整合三遠法於《早春圖》的畫面之中。

　　郭熙在《林泉高致》〈山水訓〉中寫道：「今齊魯之士，惟摹營丘（李成），關陝之士，惟摹范寬」論及不囿於一家之學，應該開拓眼界多所接觸。《早春圖》中畫風的整合，並非只是單純的折衷，而是為了作為皇帝治理下大中華世界的縮圖，所創作出的山水畫。

　　《早春圖》中自近景中央的岩石上，到畫面中段左右兩端的山丘上，以及呈菱形結構的主山山腰，皆有松樹的配置。雖然可能令人覺得冗贅，但不難理解這種有意識的配置，目的在於透過極具理想性、與精緻的建構來讚頌皇帝的理想治世。《早春圖》的構圖、母題的安排與內容，在讚揚致力革新、年輕英睿的神宗之德的同時，也呈現理想政治得以遂行，可說是神宗時期的表徵（icon）；而這也是郭熙一再反覆創作類似作品的最大理由吧。高麗在入貢之際得到郭熙的畫作，應該是既象徵著神宗的德治，同時也作為新時代山水畫的規範而賜下的。就這層面來說，「文清」印《山水圖》和《早春圖》酷似也就極為理所當然，也更加深「文清」印《山水圖》的底本，是得自於北宋的賞賜品的可能性。

　　在郭熙以宮廷畫家身分活躍的時期內創作出許多佳作，《早春圖》屬於比較早期的畫作，時間是熙寧五年（1072），也是讚揚神宗的基本構圖的確立時期。若推定高麗國獲賜《秋景》圖在熙寧七年（1074），那麼《秋景》圖也可能是和《早春圖》成對的作品。就這點而言，「文清」印《山水圖》裡枝繁葉茂的樹叢裡，同時也零星可見蟹爪樹的枯枝，作為秋景來理解並不矛盾。並且，如果《早春圖》和「文清」印《山水圖》圖版放在一起比較的話，在《早春圖》中，前景連接後景處的主山山腰附近，巧妙地以餘白與淡墨描繪成煙霞環繞來處理。與此相對，在「文清」印《山水圖》當中，我們會發現主山的山腳到山頂則描繪地非常清晰、明確。《林泉高致》〈山水訓〉中便提到依山水的四季，大氣、煙霞的形態各有不同，其說明如下：

> 真山水之雲氣四時不同：春融怡，夏蓊鬱，秋疏薄，冬黯淡（中略）。真山水之煙嵐四時不同：春山澹冶而如笑，夏山蒼翠而如滴，秋山明淨而如粧，冬山慘淡而如睡。

相對於春天令人感到雲霧朦朧與淡雅清明的「融怡」、「澹冶」，與被評為「疏薄」、「明淨」的秋天，對比「文清」印《山水圖》中比《早春圖》描繪地較為清晰的主山，則更加強了其底本為賞賜高麗的《秋景》的可能性。

以上，本文雖已將《早春圖》的圖像及郭熙創作的情況，與參考作品相較，並以儒家文本為基礎進行考察，最後我想再一次回顧這幅作品。

我在展間實際見到《早春圖》時所感受到的是，像雲朵般往上攀升的主山所引起的大地的胎動，透過精緻的水墨蘊生出如蒸氣般春天的大氣氛圍與傾注的陽光。感受到萬物開始蓬勃活躍的徵兆，人們的動作也顯得輕快。在眼前的已不再是一幅掛軸或繪畫，而是彷彿可以讓人置身其中光景的一個空間。

「臥遊」是來自劉宋時代宗炳的典故，此後這個概念在山水畫的發展脈絡中綿遠流傳。在《林泉高致》的〈山水訓〉中論及世人們愛好山水的理由也能追溯至此傳統的背景。郭熙深知真正優秀的山水畫必須再現出超越侷限於物質性畫面的光景才行，而他即是少數能達到此一境界的罕見畫家。

數年前當我在觀展時，還有更令人印象深刻的經驗。故宮展廳中央的大型展示櫃裡除了《早春圖》之外，旁邊還展示著南宋畫家所臨摹的五代畫家筆下的山水畫。那件作品早已褪為褐色，顯得古色蒼然。而歷經歲月更久的《早春圖》，至今畫面上卻依然春意勃發，充滿生氣。這幅畫從完成至今散發出春天的氣韻已近千年之久，今後應該也會繼續地讓觀賞者感受到永恆的春日氣息。若是有緣到故宮一訪「真景」，也請各位心懷此想，細細品味與鑑賞。

眼力的境界　12

余佩瑾

北宋汝窯青瓷水仙盆

回到1935年，那是一個才正要開始認識汝窯的年代。一股想要揭開謎團的風潮，造就了大維德爵士經典文章的誕生。那麼，他依憑的關鍵材料是什麼呢？說穿了，正是一首首刻在瓷器底部的御製詩。當時參展的十件汝窯，總共六件刻有御製詩。其中一件青瓷紙槌瓶甚至被評為東亞陶瓷首選。

北宋　汝窯青瓷無紋水仙盆　高6.9公分　長23公分　寬16.4公分　國立故宮博物院藏

　　眼力指看東西的能力，境界意味你是不是看得懂東西，有沒有那種運氣看到很多東西，持續精進眼力。2002年筆者因為有機會參加國立故宮博物院《乾隆皇帝的文化大業》策展工作，從此認識了乾隆皇帝（1711-1799）這個人，了解到故宮收藏的許多文物，原來都可以和他連上關係。加上18世紀離現在比較近，感覺沒那麼疏遠；所以不知不覺中，養成凡事以乾隆皇帝及其周邊論述作為研究起點的習慣，這當中也包含對宋瓷的探索。

　　這種倒敘回溯往事的方式（或者也有人以為是從皇帝視角出發的腐敗方法），非常有趣地展現在大維德爵士（Sir Percival David, 1892-1964）〈論汝窯〉一文中。1935年英國倫敦伯靈頓府皇家藝術學院（Berlington House Royal Academy of Arts）舉辦中國藝術國際展覽會，為此，中英雙方的策展成員聯手挑出十件汝窯瓷器參展。汝窯是什麼呢？

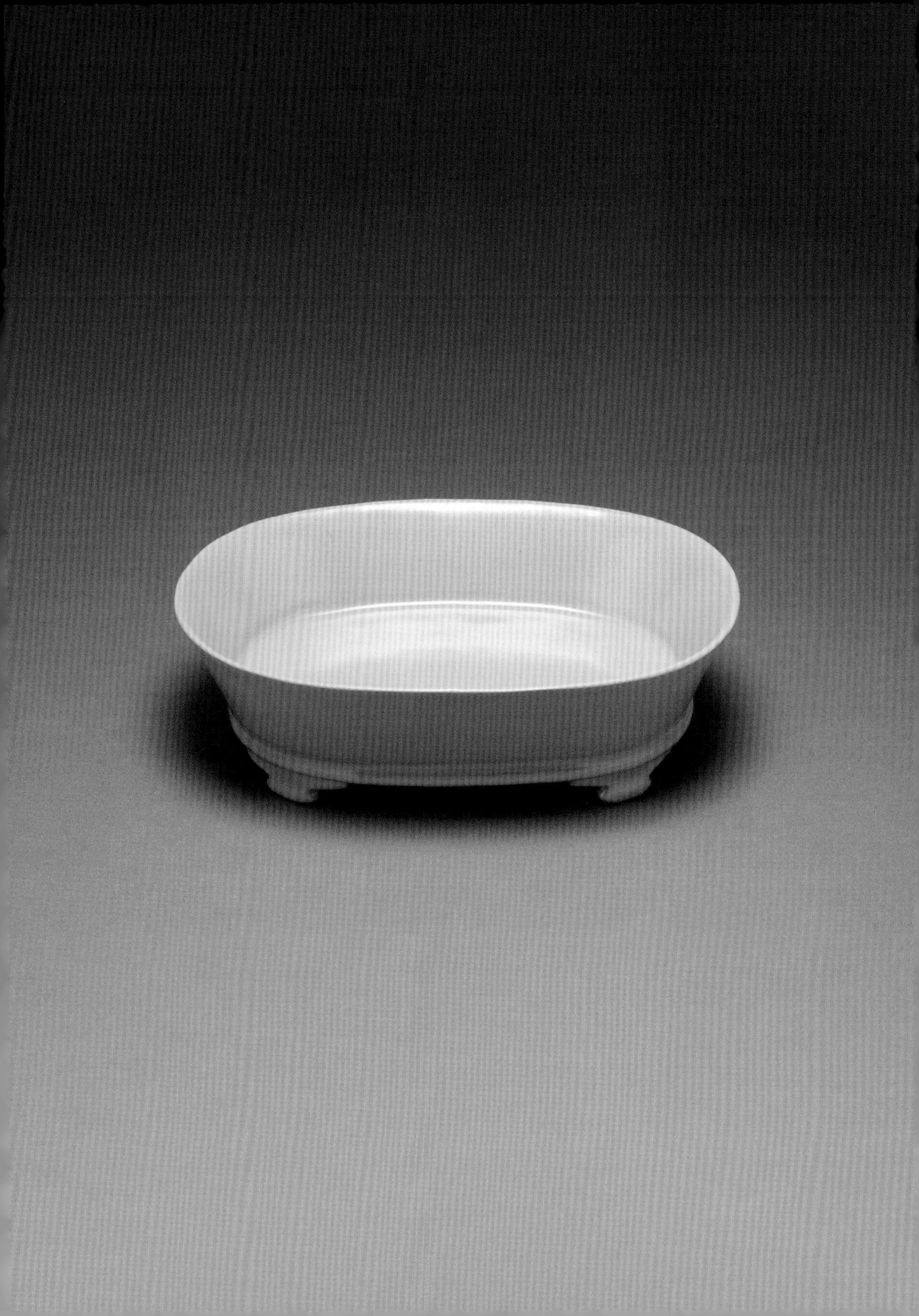

現代人只要滑動手機，隨便都查詢得到相關和不相關的資訊，特別是故宮為了落實友善服務方針，非常慷慨地提供許多圖片，讓任何人輕易地能從網站上下載。但是，回到1935年，那是一個才正要開始認識汝窯的年代。一股想要揭開謎團的風潮，造就了大維德爵士經典文章的誕生。[1]那麼，他依憑的關鍵材料是什麼呢？說穿了，正是一首首刻在瓷器底部的御製詩。當時參展的十件汝窯，總共六件刻有御製詩。其中一件青瓷紙槌瓶甚至被評為東亞陶瓷首選。由此可知，大維德爵士是在乾隆皇帝的眼力基礎之上，持續再辨識出其他的汝窯。

相對於此，今天的博物館員在充滿瑣事的日常中，究竟還擁有什麼樣的優勢，能在前人的視點之上，繼續開拓嶄新的議題呢？這個答案絕對是肯定的，只要我們能夠坦然地面對自己的藏品。故宮擁有五件水仙盆，其中四件製作於11世紀末到12世紀初，一件是18世紀的仿品。前面那四件經歷過北宋，一個距離現在已經將近千年的古代窯火所淬鍊出來的獨特釉色與造型，即使到現在，依然難以完全複製再現。這些水仙盆，他們首度一字排開跟觀眾見面的時刻，是2006年故宮的「大觀」展。十年之後，他們得到一個出國的機會，在2016年，一起飛到日本大阪市立東洋陶磁美術館登臺演出。[2]

出發前，大家不約而同地把焦點放在「無紋水仙盆」上，因為這件水仙盆真的和其他水仙盆都不相同，全器沒有一絲紋路。讓大家感到驚訝的是，追查文本，還真的可以發現看似有關的紀錄。曹昭的《格古要論》首版刊行於1388年，1459年重新增補再版。其中一段話這樣說「汝窯器出汝州，宋時燒者，淡青色，有蟹爪紋者真，無紋者尤好」，無論作者是以何種汝窯器作為釉色質感的評斷標準，在他的眼中，沒有紋路特優的評語，讓不同世代的策展成員都忍不住想要上手觀摩，仔細琢磨無紋的魅力所在。當年大維德爵士籌備倫敦藝展時如此，跨入21世紀之後的臺日雙方策展成員也一樣。

為了解決製作工藝上的問題，大家於是相約一天，面對兩件無紋水仙盆，進行一場幸福的討論（主圖、圖1）。其中一件是宋朝製作，另外一件是清朝仿品。儘管考古工作人員在結案報告中，已經指出窯址出土的標本，存在一類無紋品相者。[3]但是，如果18世紀的仿燒技術能夠做到無紋的效果，那麼宋朝製作和清仿的最大區別在哪裡呢？經過實物檢視和意見交流之後，截至目前為止，取得的共識如下：首先，仿品底足無釉處，露出較為灰白的胎色，其實和它外底六枚支釘在黑彩籠罩下，猶見顯白的底色密切相關。也就是說，我們目前看到的形如黑點的支燒痕，應該是陶工刻意塗上黑彩的結果。最重要的，仿品顯白的胎色和真

正宋朝汝窯帶淺土黃色的器胎完全不同。其次，當我們同時並置兩品時，也可以觀察出仿品的胎體厚過宋朝製品，尤其是，宋朝汝窯釉層中隱含著些許層次的變化，絕非仿品所能類比。再者，當我們把水仙盆翻過來，比較器底的四個雲頭型足，從細節處，不難發現仿品四足造型均一而規整，真品卻保留手作的修坯痕，因此使得銜接器足的長條形泥片，不僅稜邊銳利，整體厚度也有高低的差異（圖2）。

　　故宮總共收藏四件汝窯水仙盆，尺寸分成大小兩種。大者一件，口徑約26.4公分。小者三件，口徑約23公分。很多人會問，水仙盆之所以叫做水仙盆，真的是為了插作水仙花而生產的嗎？以今天的視角來想問題，很難說這種器形不能種水仙，特別是每到過年時節，花市中充滿著器形相似的水仙盆。但是，一封13世紀的家書（宋杜良臣《致中一哥新恩中除賢弟尺牘》），信中隱藏在書法筆意線條之下的砑花圖案，卻透露出，最接近水仙盆問世的年代裡，人們把水仙花插在青瓷琮式瓶，藉著較為高瘦的瓶形，展現水仙自然搖曳的風姿。顯然，水仙盆最初或如周密（1232-1298）《雲煙過眼錄》（1296）所言，不過是古董店曾經展售，吸引眾人目光的「喎盆」（口不正的瓷盆）。那麼，為什麼故宮的品名卡要標示出「水仙盆」呢？簡單來說，這是繼承前人的做法。1925年原本只供皇帝居住的紫禁城，經過相關委員會的討論後，最終決議轉型成為北平故宮博物院。當時的博物館員想用新時代的視角為文物重新命名，一份創刊於1929年的《故宮週刊》，在1933年出版的第291期報導中，圖文並茂地展示無紋水仙盆為「宋汝窯水仙盆」。從此，水仙盆開始成為水仙盆，展開從過去到現在的旅程。

　　如果比照大維德爵士辨識汝窯的辦法，也許讀者想問，乾隆皇帝鑑識過水仙盆嗎？他對水仙盆的理解，可以提供我們甚麼樣的資訊呢？同樣以御製詩為基準來看，乾隆皇帝是看過水仙盆的。因為故宮收藏的五件水仙盆中，有四件底部刻有御製詩，其中三件，又刻著同一首詩。三件中的兩件，分別為無紋水仙盆和尺寸較大者。由於尺寸較大者於詩文之後，備註有「乾隆辛巳孟春御題」的款識，因此我們可以藉由這個紀年款，瞭解乾隆皇帝於乾隆二十六年（1761）鑑識過尺寸較大的水仙盆。

1　Sir Percival David, "A Commentary on Ju Ware," *Transactions of the Oriental Ceramic Society*, vol. 14 (1936.7): 18-69.

2　大阪市立東洋陶磁美術館編輯，《臺北國立故宮博物院北宋汝窯青磁水仙盆》（大阪：大阪市立東洋陶磁美術館，2016）。

3　河南省文物考古研究所，〈寶豐清涼寺汝窯址2000年發掘簡報〉，《文物》，2001年11期，頁4-22。

這首同時出現在三件水仙盆上的御製詩，題名作「猧食盆」，收進御製詩集的時間和刻在較大尺寸器底的落款時間相同。並且，詩集的題名之下，乾隆皇帝還自加說明「實宋修內司窯器也，俗或謂之太真猧食盆，戲題」。根據這個說法，得知他以為猧食盆製作於宋朝，是宋朝的官窯器。可是經不起旁人的慫恿，讓他以半信半疑的口吻，寫下「官窯莫辨宋還唐」。到底是宋朝製作，還是唐朝古董？畢竟8世紀唐明皇與楊貴妃的故事，對18世紀人來說，也是一種歷史傳奇。所以乾隆皇帝選擇了「龍腦香薰蜀錦裾，華清無事飼康居」，藉著深宮禁苑女主人養寵物打發時間的描述，為我們勾勒出寵物跟著主人衣角，滿屋穿梭的景象。這段記事，非常清楚地反映出，乾隆皇帝把水仙盆看成是「猧食盆」。

可是文物研究，必然需要爬梳其他的相關材料，才有可能找到最接近史實的面向。進一步著眼於御製詩，如同前面講過的，除了刻著同一首詩的三件水仙盆之外，另一件雖然是清仿品，但是器底卻也刻著另一首「題官窯盆」。詩後落款為「乾隆戊戌仲夏御題」。這個線索提示我們，時間到了乾隆四十三年（1778），乾隆皇帝一方面藉著詩句「謂猧食盆誠謔語」，來修正他之前把水仙盆當做猧食盆的草率決定。另一方面也告訴我們，這個時候水仙盆已經改名叫官窯盆了。那麼循著官窯盆的軌跡，我們在乾隆三十八年（1773）的另一首「詠官窯盆」詩中，又可以發現一些蛛絲馬跡，「官窯原出宋，貓食卻稱唐」，一改先前模稜兩可的態度，這時，乾隆皇帝非常肯定地在詩句下標註「俗稱此器為唐宮貓食盆，然人內今已有三個，識為宋官窯製也」，就他所知，清宮總共收納三件器形一樣的瓷盆（此處所指，應該正是刻著同一首詩的三件水仙盆），在他看來，這些都是宋朝官窯器，雖然大家習慣把它們當作唐宮貓食盆來看待。順此脈絡，又跑出一個「貓食盆」問題。也就是說，儘管現代學者已經考證出「猧」字指哈叭狗，[4]但對乾隆皇帝來說，不知道是不想細作分類，還是搞不清楚狀況，總之，流露在御製詩中的狀況，就是「猧食盆」等同於「貓食盆」。

行文至此，大家一定很想知道，排除乾隆皇帝的識別眼力之外，現代博物館員還能做什麼呢？事實上，只要有耐心，通過相關的紀錄和檔案，我們另外還可以梳理出文物的流傳經過。也就是，依照清室善後委員會盤點各宮殿文物的《故宮物品點查報告》，首先可以追溯出無紋水仙盆成為博物館藏品之前，它其實是和一組文物共同陳設於紫禁城的養心殿。其次，對照近年來公佈的《養心

4　蔡鴻生，〈哈巴狗源流〉，《中外交流史事考述》（鄭州：大象出版社，2007），頁163-171。

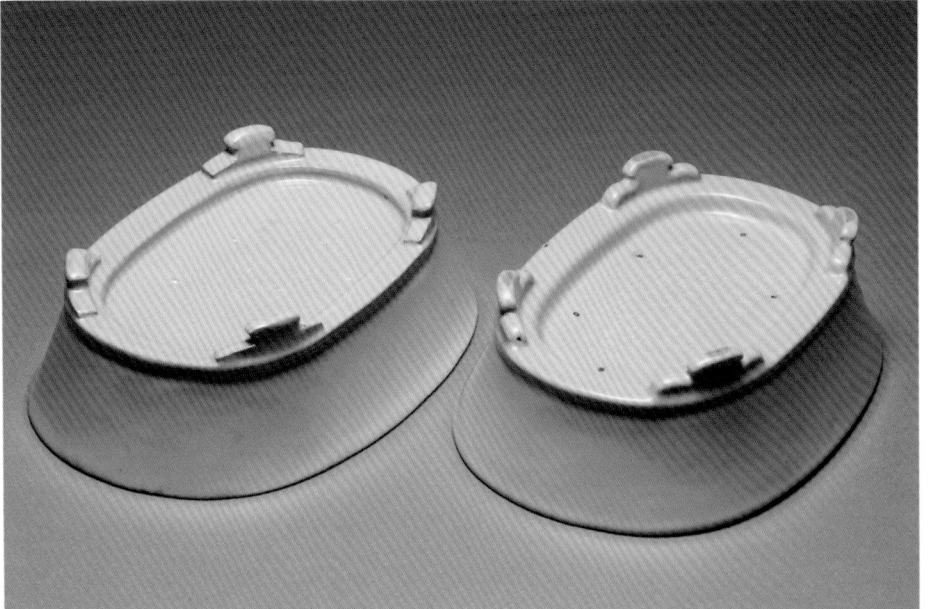

1　清　仿汝釉青瓷水仙盆　高 6.0 公分　口徑 23.0 公分　國立故宮博物院藏
2　北宋汝窯青瓷無紋水仙盆（左）與清仿汝釉青瓷水仙盆（右）之器底

殿東暖閣博古格陳設》檔案，又可精準地復原出這組件數總計為 125 件的組合，至遲於嘉慶七年（1802），貯放的地點是養心殿的東暖閣。不僅如此，它們甚至還擁有一個「博古格」的名字。特別從清宮管事人員標記於品名之下的盤點紀錄，發現無紋水仙盆除了登記為「官窯盆」之外，也描述了當時的文物狀況：「口缺釉，紫檀木描金座，抽屜內御筆書畫合璧一冊，上刻詩」。這個內容，不僅可以印證目前所見無紋水仙盆隨附附件及其包裝樣態，同時也間接回應了前述的討論，至遲於乾隆三十八年左右，清宮已使用官窯盆來指稱水仙盆。但是，「口缺釉」，是什麼狀況呢？這三個字非常意外地指出無紋水仙盆或不如想像中完美。據此，我們反覆檢視物件後，最終也在口沿處找到那一個小小的缺釉點，從此確認了過去鮮少留意過的細節。

以此為基礎，仍然可以再以「博古格」作為關鍵詞，追溯出《造辦處各作成做活計清檔》的相關記事。乾隆十年（1745）五月初一日那天，「七品首領薩木哈來說，太監胡世傑交汝釉貓食盆一件（隨茜紅牙座、一面玻璃楠木匣子），（傳）旨將貓食盆另配一紫檀木座，落矮些，足子下深些，座內安抽屜」，記事中，皇帝想為一件「汝釉貓食盆」製作木座，經過三個月，到了八月，「於八月十一日，七品首領薩木哈將汝釉貓食盆一件，配得紫檀木鉤金座，座內安得抽屜，盛磁青紙摺，隨一面玻璃楠木匣持進安在博古格內」，一個全新的木座製作完成了，於是管事人員必須將物件重新送回博古格貯存。博古格收納有貓食盆的記事，讓我們聯想到前述 19 世紀初一組名為博古格的陳設，其中那件官窯盆難道就是這件貓食盆嗎？如果是的話，那麼，目前所見無紋水仙盆的木座，當可回推出製作於乾隆十年。

正因清宮管事人員提出「汝釉貓食盆」時，為了防止物件錯置和誤認的狀況出現，所以非常仔細地標示，這件貓食盆「隨茜紅牙座」，而且是裝置在「一面玻璃楠木匣子」裡，透過這樣的註記，又讓我們留意到乾隆三年（1738）時，也有一件「汝釉貓食盆」被提出來。那件貓食盆也是「隨象牙茜紅座」，收納在「楠木瓖玻璃匣一件」中。因此，透過兩件物件的包裝形式的比對，我們甚至合理懷疑乾隆三年和乾隆十年提出來的貓食盆，根本即為同一件文物。如果真如此，那麼完全可以回溯出，乾隆三年時，皇帝曾經看過無紋水仙盆，當他看到盛裝物件的「玻璃有破處」時，隨即要求「另換玻璃」為之重新包裝。此時管事人員為了慎重起見，特別為即將移動位置的貓食盆標注隨附「象牙座，內安磁青紙摺子，籤子寫博古格小字，寫雍正己酉集成」（1729）。這則訊息非常有趣地又開啟另一

個故事面。也就是說,無論博古格的組合或汝釉貓食盆的集成,原來都是來自乾隆朝以前的狀態,一語道出,乾隆眼力之外,還有更早的流傳脈絡,等著我們持續探索。

一幅宋畫，與適合觀看它的光

13

Tsukamoto Maromitsu──塚本麿充

李迪《雪中歸牧圖》

矢代年輕時曾陪同原三溪一起造訪鈍翁茶室，在「茶室中沉靜的光線」裡邂逅了《雪中歸牧圖》，之後他形容那種感動就是「被包覆在冷冽薄幕之中，萬物彼此之間彷彿變得更加親密，營造出了畫中渾然的小天地」。戰後，矢代擔任大和文華館的館長，負責館藏收購，首先他就購入了《雪中歸牧圖》。

南宋　李迪　《雪中歸牧圖》右幅及金襴錦織裝裱　軸　絹本淡彩　24.2×23.8 公分
大和文華館藏

一　展示的問題──光與裱裝的關係

　　作品的「存在」有很多種形態──書籍和插圖、複製品、流言或傳說，從博物館親見到網路瀏覽──不必然只限於作品的物質性（material）。我初次邂逅李迪的《雪中歸牧圖》，便是在祖父家中所藏的《世界美術全集》的封面圖片上。祖父是住在日本福井縣地方的漆藝家，花了大把銀子從市區（金澤）的書店買來足以炫耀的大全集套書三十本，供奉在昏暗的書架上，想開啟書架的玻璃門時，還得先把手洗乾淨才成（圖1）。當時我對這幅畫並沒有特別的印象，直到念了大學，在小川裕充老師的中國繪畫史課堂的幻燈片上，才再次與《雪中歸牧圖》重逢（圖2）。老師說：「眼前右幅是李迪的真跡，左幅則是後人的摹寫。看不出這兩者差異的人，沒有資格做美術史研究。」這麼說來，我得到做美術史研究的「資格」也不過就是幾年前的事。

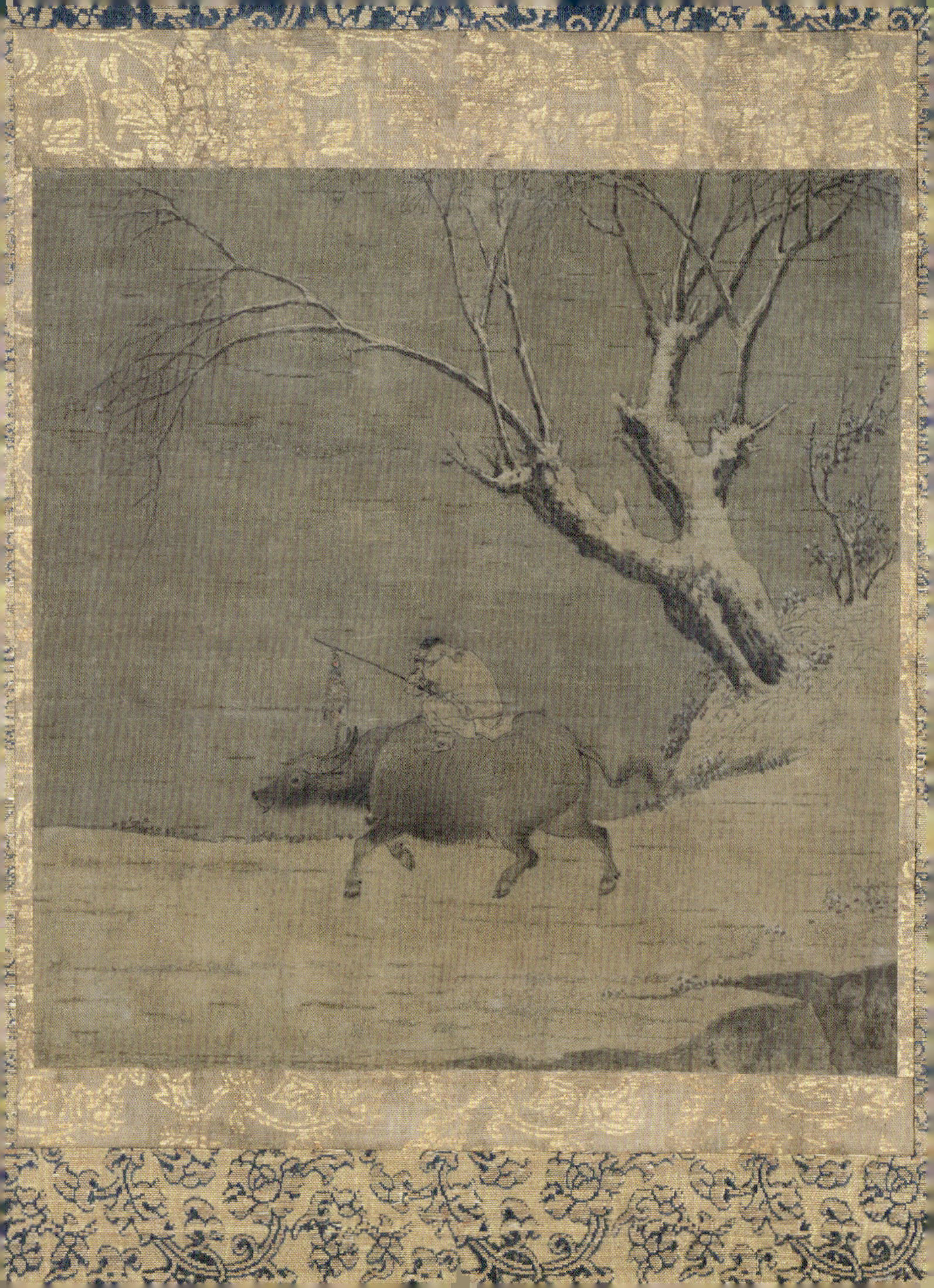

1　《世界美術全集 16 宋‧元》封面（東京：角川書店，1965）
2　南宋　李迪　《雪中歸牧圖》　對幅 12 世紀　軸　絹本淡彩　24.2×23.8 公分　大和文華館藏

　　2005 年我結束在中國、臺灣的留學生活回到日本，擔任大和文華館（奈良）的學藝員。日本的博物館經常由學藝員自己動手更換展品，頭一回換展的那一天，我特別整裝，調整呼吸，滿懷興奮地進入展示櫃，前輩告訴我：「這是你學藝員生涯頭一次上手持拿作品，那麼就來收捲一件名品吧」，然後帶著我走到趙令穰的《秋塘圖》前。我頭一次拿起防畫起皺用的木筒狀畫杆，屏息靠近畫作，慢慢地將作品捲起，這才首次感受到宋絹特有的蓬鬆氣息，這就是我人生第一次碰觸到的「宋畫」。接著，在前輩從旁看顧下，我收捲了《雪中歸牧圖》，這時候我才領會到老師所說的左右兩幅筆法的差異。想到前人們是在沒有玻璃櫃的隔閡下，親眼感受這一幅作品然後寫下論文，覺得他們真是「享盡好處」。

　　李迪的《雪中歸牧圖》用的是紺地寶相華唐草紋的金襴錦織裝裱（圖3）。在中國的時候作品當然是以冊頁的型態呈現，但來到日本之後改成軸裝，也改成日式裱裝，若以日本的價值觀來說，這是對最頂級的唐繪所採行的裱裝方式。美術史一向重視原作者的創作初衷和中國社會的脈絡，也以作品原貌為尊，後世所做的各種改變反視之為惡，在現代的文化財保護價值觀念下，幾乎很少會出版帶有裝裱的圖像。然而對於今日站在作品前的我們而言，重要的應該是去理解作品為何會以這樣的「型態」流傳至今的意義，也就是理解作品的整體性。[1]

1　板倉聖哲，〈「東山表具」をめぐる小考〉，《日本の表裝と修理》（東京：勉誠出版，2020），頁 92-100。

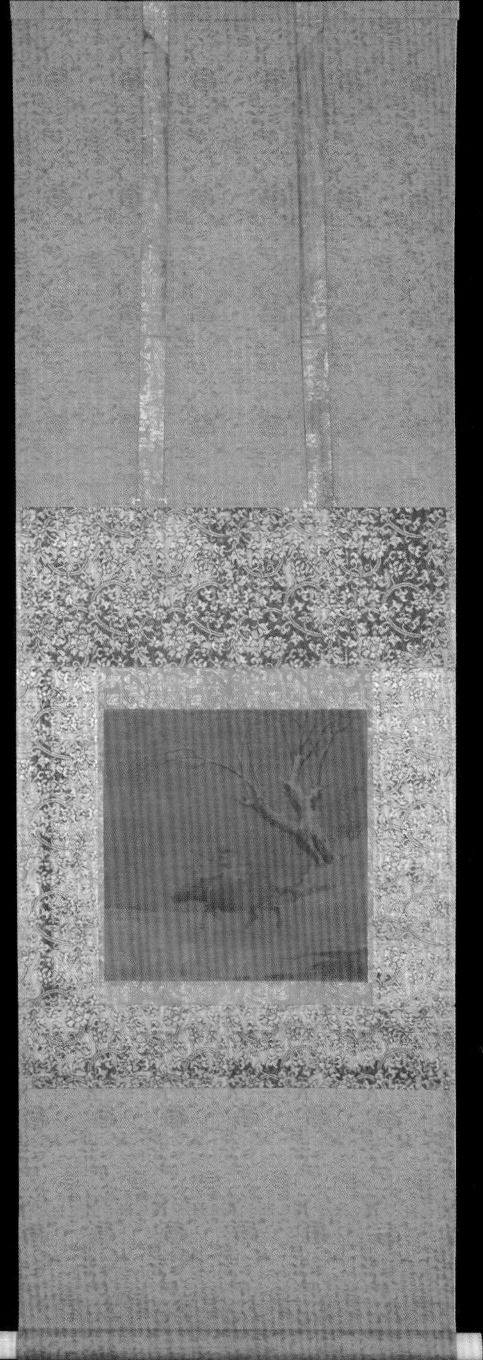

我在 2008 年一月策展「宋元與高麗―東洋古典美的誕生―」時,得到了這一層體會。當時的我以為只要展出名作,自然就會有很多人前來參觀。但是如果沒有好好地構想闡述展覽概念,又沒有投入有效的宣傳,觀眾是不會來看展的(果然,來館參觀人數非常少,也是我學藝員生涯中的企劃展覽大敗筆之一)。就在展期中段,奈良下起了大雪。大和文華館的展間中央是栽有竹子的庭園,這是第一代館長矢代幸雄(1890-1975)秉持著「想將東方美術放入自然的畫框裡欣賞」的理念,以「約莫只隔著一扇障子」的光作為鑑賞作品最佳的自然光來呈現鑑賞的空間。傍晚走過展廳時,竹之庭園裡積雪,反射黃昏的幽暗微光,映照整個展間。《雪中歸牧圖》的裱布上輝映著點點晶亮的光芒,巧妙地吸引了觀眾目光進入畫裡雪景的靜寂世界。人工照明固然可以全年調整出均質的理想光線,但自然光卻會不斷地變化。作品既隨著創作時間的推移慢慢有變,觀眾自己的眼睛也在變化。或許鑑賞《雪中歸牧圖》的理想環境,就是這一瞬間的光暈,在一天、甚至一年裡都難以存在幾個小時的光線。我因此瞭解了近代以前的繪畫及其裱裝,與在《美術全集》或是鏡頭下為作品打足光源、毫無陰影地「看遍」整體,是完全不同的觀看思維。

　　2010 年我異動工作至東京國立博物館,同年九月起上海博物館舉辦「千年丹青」特展,我便搭機隨行護送借展的《雪中歸牧圖》及日本收藏的三十八件國寶、重要文化財中國繪畫名品前往上海。博物館三樓的展間暫時封閉,我們進到展示櫃裡「懸掛」出《雪中歸牧圖》。《雪中歸牧圖》是中國南宋 12 世紀後期的作品,恐怕這是自其成畫以來,相隔約九百年後「回歸」中國故里,但在南宋之時,《雪中歸牧圖》恐怕不是為了「懸掛」起來欣賞而繪製的作品,也並非是為了在美術館的光線中觀賞而作如此裱裝。當我走出令畫作與觀眾之間相隔六十公分距離的展示櫃時,心裡想的是,我們應該要思考,如何在現代社會中欣賞宋畫,又該如何來展示宋畫。

二　左幅的問題――繪畫技法與再構成

　　李迪的《雪中歸牧圖》需要討論的問題非常多。其中畫工精緻,描繪技巧佳的「騎牛幅」(右幅)長期受到主要關注,但反之更重要的是,我們該怎麼理解描繪方式上有些微差異的「牽牛幅」(左幅)呢?對於左幅圖上所見難以理解的表現「差異」,已有多種看法:畫作的創作者或許是李迪本人,或許是與李迪同時代的畫坊所為,可能是在稍後的南宋,也或是在元代或明代……這是一個重要的中國繪畫史的物質性問題,也就是探討「宋畫」的範圍為何、研究者對「宋畫」斷代

所訂下的尺度（measure）為何。與右幅「騎牛幅」表現最近似的是弗利爾美術館藏的《歸牧圖》(圖4)，像是凍僵的柳枝還有整體的構圖，持雉雞的姿勢，以及從牛鼻垂下的牽繩表現手法都與大和文華館藏的右幅「騎牛幅」有共通之處。重要的還有，《歸牧圖》乍看雖很接近大和文華館藏右幅「騎牛幅」的構圖，但牛身姿勢呈現出些微的俯瞰視角，反而轉用了左幅「牽牛幅」上略顯俯視的牛身畫法。[2] 這表示《歸牧圖》的作者，對大和文華館藏本的兩隻（或更多隻）牛的繪畫造形已非常熟悉，如若一般認為《歸牧圖》是 14 世紀左右製作的作品的話，那麼大和文華館藏左幅「牽牛幅」的成畫時間，便應該至少早於 14 世紀。

南宋時期完成的宮廷繪畫樣式及其技術，由 1276 年被蒙古帝國攻陷後的杭州當地畫坊所繼承，從現在依然留有多數和南宋繪畫相同圖樣的作品來看[3]，許多南宋樣式的繪畫應該都是元、明時期以杭州為中心的畫坊所製作的作品。而現在所謂的「宋畫」作品中，也有相當大的數量出自明初以前的杭州畫坊。如此看來，所謂「宋畫」，不僅僅是畫家為皇帝創作的一次性作品，還有很多摹本與畫稿粉本

4
南宋　佚名　《歸牧圖》
冊頁　絹本設色　23.5 × 25.1 公分　弗利爾美術館藏

2　Richard Edwards, *Li Ti* (Freer Gallery of Art Occasional Papers Vol 3, no.3) (Washington, D.C.: Smithsonian Institution, 1967). 另可參見板倉聖哲，〈館藏品研究 李迪「雪中帰牧図」騎牛幅〉，《大和文華》，1997 年 97 號，頁 30-44。

3　藤田伸也，〈南宋絵画の同図樣作品について〉，《大和文華》，1991 年 86 號，頁 10-20。

在民間畫坊裡不斷被複寫,因此應該要將「宋畫」視為一種以形式記憶來傳承的總體觀念。《雪中歸牧圖》左右兩幅的表現差異,傳達出的意義則是,南宋末期到元代在江南社會流通的牛圖很多,有恰巧被選上的兩件牛圖,其中的一件「牽牛幅」,就在他人經手之間,被加上了標誌著南宋院體畫(風)代表畫家「李迪」的落款,然後和另一件被湊成對幅傳到了日本。

明孝宗弘治時期在北京官修的一部本草百科事典《本草品彙精要》(圖5,1505年)中,畫有一頭稍呈斜向俯瞰視角、後大腿根部有圓心發散狀細毛的水牛。這幅牛圖是由明代宮廷畫家王世昌周邊的宮廷畫家所繪製[4],然而「水牛」本有各種描繪的可能性,但在這裡卻有意無意地利用了南宋繪畫的型態來描繪,或許正是由於來自祖先與師承的粉本、或親手摹寫記憶下的印象,已經積累在明代宮廷畫家學畫過程之故(此時大和文華館藏本業已渡日,不在中國了)。

如此對繪畫作品的樣式分析,揭示了未被文字史料記載的人們技術的傳承、集團記憶的具體情況。更值得玩味的,還有畫絹的使用。一般要將繪畫裱成掛軸時,絹的經線要與收捲的方向平行,才不易產生橫向的皺痕。但是根據筆者調查的「宋畫」冊頁中,幾乎所有的畫面上縱向的絲線是織絹本來的緯線,也就是將絹「橫著用」的意思(圖6)。[5] 也許在當時宮廷相關畫家們之間口耳相傳,裁切宮廷配給的整匹絹布作畫使用時,必須要將絹轉成橫向使用。

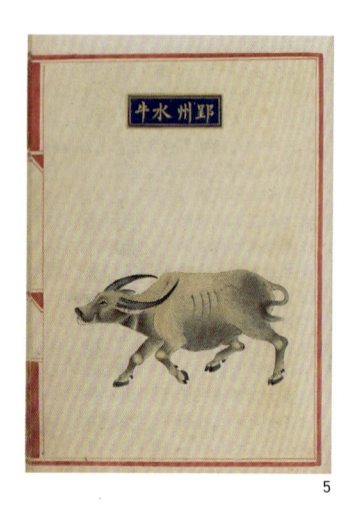

5

6

5　明　王世昌等　《本草品彙精要》之〈鄆州水牛〉　弘治18年(1505)　武田科學振興財團杏雨書屋藏
6　李迪《雪中歸牧圖》右幅騎牛幅畫絹

這或許與作畫時將絹固定在木框上,並在絹背面上色等賦彩程序有關。筆者雖還未看過足以為這個理由佐證的文獻,不過那個時代的畫家之手以及技法的記憶,仍這樣鮮明地保留在物質的部分中。然而在日本,卻無視畫絹本身的縱橫方向將畫重製成掛軸,也許是為了要鑑賞具有唐物價值的繪畫作品,做成掛軸的話,更適合在會所或茶室的床之間創造出空間性。

三　空間性的問題——由禪、茶、道具發展出的「美術」

中國文化中牛的圖像,結合了隱逸的寓意而有所發展。牛不為任何外物所羈,施施而行的姿態,常在詩文中被歌詠為超脫社會或宮廷束縛,獲得自由的精神象徵,而禪宗則聯繫了「十牛圖」的主題加以繪畫化。實際上畫家的初衷究竟在不在「禪」,迄今仍不得而知[6],但這幅畫的鑑賞者將真實的自己投射在描繪的牛身上,圖像因而被理解為嚮往自由,這一事實倒是無庸置疑。

《雪中歸牧圖》首度出現在文獻上的紀錄,是在室町幕府第九代將軍足利義尚(1465-1489)時,此畫賞賜給近侍後藤祐乘(1440-1512),作品已經被重新組裝成對幅了(松屋久重(1567-1652),《南都土門本名物集》)。[7] 若以禪宗的「十牛圖」傳統來看,以牛與人的關係來比喻真實的自我,那麼相較於被繩子牽著的牛(第五「牧牛」),人牛一體的狀態(第六「騎牛歸家」)更能表現出自由的境界。鑑賞者在觀看成為掛軸的這兩幅畫時,由左幅看往右幅,將自我投射到畫中,體驗精神深化的同時,作品也因此被「再配置」。例如梁楷的《出山釋迦圖》和一起被配成套的左右兩幅《雪景山水圖》(東京國立博物館藏)藉由搭配釋迦與雪景的精妙比喻,表現出了悟道前深受苦惱,隨後達到靜寂的境界。作品因為這樣組合而創發出新意,或讓意義更加明確化,可說是一種再創作。這個手法究竟出自何人,如今仍無法確知,也許在中國就已曾如此搭配,也可能是所謂的同朋眾——服侍室町將軍、精通禪宗的文化顧問所「創作」。然而,《雪中歸牧圖》因為兩幅畫的搭配獲得了鑑賞的空間性,同時具有禪意,是為了鑑賞而設計成組的作品。

4　拙稿,〈《《本草品彙精要》》と明代宮廷画院〉,《杏雨》,2016 年 19 號,頁 87-132。

5　拙稿,〈館藏宋畫の絹とその表現効果について〉,《大和文華館の宋画の世界》(奈良:大和文華館,2010)。此外,左右的畫絹在組成上雖然有所不同,但不太可能來自完全不同的時代或地區,未來也有必要收集和比較更多的畫絹樣本。

6　有關本圖主題有一說是出自《孟子》梁惠王下「觳觫雉兔」。見鄭文倩,〈李迪《雪中歸牧圖》主題之再商榷〉,收入上海博物館編,《千年丹青:細讀中日藏唐宋元繪畫珍品》(北京:北京大學出版社,2010),頁 245-256。

7　松屋久重,《南都土門本名物集》,收入千宗室編,《茶道古典全集》(京都:淡交社,1956),卷 13,頁 50。

《雪中歸牧圖》曾經由明治以後的實業家及知名茶人益田孝（鈍翁，1848-1938）收藏，而率先以近代美術史的語彙來描述這件作品的，應該是當時擔任東京美術學校西洋美術講師的矢代幸雄。矢代年輕時曾陪同原三溪一起造訪鈍翁茶室，在「茶室中沉靜的光線」裡邂逅了《雪中歸牧圖》，之後他形容那種感動就是「被包覆在冷冽薄暮之中，萬物彼此之間彷彿變得更加親密，營造出了畫中渾然的小天地」。[9] 戰後，矢代擔任大和文華館的館長，負責館藏收購，首先他就購入了《雪中歸牧圖》。矢代不喜歡以傳統的禪宗或畫論的脈絡來解釋東方繪畫，他嘗試以生動而普遍性的「美術」價值重新評估。矢代描述（鑑賞）《雪中歸牧圖》足以匹敵義大利文藝復興時期之作（矢代本人的研究專長是波堤切利），其價值核心既不是已成為標誌足利將軍家收藏的裱裝，亦非禪的意境，而是美術本身具有的普遍性自然描寫。就這樣，「宋畫」在近代美術史中，得到了新的美術作品記述。

　　現在，當我們面對「物」（object）的時候，該用什麼樣的詞語表達才好呢？走入美術館、或是打開箱子、解開包裝，過眼許許多多的附屬文件或是題跋時，還有作品上不同的打光、茶室的香氣、自然的聲音或是個人回憶，這些都會對我們的感知有很大的影響。截至目前的美術史，理想上就像在比較相近圖版一樣，也在均質的環境中面對作品，以美術史的角度做出「正確」的判斷；但是從《雪中歸牧圖》長久的歷史來看，我們很清楚那一種近代美術體驗的理想，終歸只是理想而已。作品會隨人變化，鑑賞的角度也會跟著變化。一個事實可能有多重的解釋，它們經過累積而形成歷史敘事；不僅作品當初製作時的初衷，還要還原多層次的鑑賞歷史，也有必要了解作品本身的整體性。「物」在中國、日本、韓國，還有在歐美移動時，都會產生新的鑑賞觀，而人們則積極地創造新的價值。也可以這麼說，開啟中國繪畫鑑賞的多樣性，就是在為作品講述豐富的故事（narrative）。

9　矢代幸雄，〈李迪筆雪中帰牧図〉，《歐美抄：東洋美術の諸相》（東京：鹿島研究所出版会，1970；1951 初版）。

真蹟，複製品，物的靈光

14

劉宇珍

《神州國光集》

初次與指導教授會談後，我們一起上圖書館，他要給我個人化的導覽。走上三樓，在一僻靜處的書架高層，他取下一本 A3 大小的厚書，是民國初年的出版品，裡頭文字佔比極小，全是些用照相複製技術印製的中國文物圖片；書、畫、金石拓片之類的，印在薄薄的宣紙上。他說，光是這一本，就值一部博士論文。

民國　《神州國光集》　1908 年創刊　31×23 公分　大維德中國藝術基金會舊藏

大維德基金會圖書室那套原版的《神州國光集》，是我進行博士研究後一連串的驚喜之一。

我於 2005 年赴倫敦大學亞非學院（School of Oriental and African Studies, London，簡稱 SOAS）修習博士學位，受業於柯律格教授，探討 20 世紀初年中國境內對「美術」的雜然認知。SOAS 成立於 1916 年，原為培養英國在殖民地的經略人才，於亞、非各地語言、歷史、政經等研究領域，皆有卓越的成績。1930 年更在大維德爵士的資助下，創設全英第一個中國藝術史教席。大維德爵士是 20 世紀西方最重要的中國藝術收藏家之一，尤長於陶瓷領域。全世界僅存的不到百件的北宋汝窯珍品，便有 11 件在他手中。其所收藏的一對「元至正十一年款青花雲龍紋象耳瓶」，

右　《神州國光集》每年皆請不同人士為封面書額，如馳譽海上的名書畫家吳昌碩（1844-1927）與何維樸（1844-1925，何紹基之孫）等。庚戌年（1910）的題字者黃賓虹（1865-1955）與編輯鄧實關係尤密，黃氏 1909 年書畫潤例（價目表）即由鄧實代訂。

神州國光集 第一集
戊申二月
國粹保存會精印

神州國光集 第七集
己酉二月第一號
上海神州國光社審定精印

神州國光集 第十三集
庚戌二月第一號
上海神州國光社審定精印

神州國光集 第十九集
何維樸題
辛亥二月第一號
上海神州國光社審定精印

為傳世最著名的紀年元青花，極具代表性，人稱「大維德瓶」（The David Vases）。他在1952年將其中國藝術與圖書收藏，全數捐贈給SOAS。這座難能可貴的中國陶瓷博物館，便是大家口中的PDF（大維德基金會）——一棟喬治時代的四層樓建物，就在離校區不遠的戈登廣場（53 Gordon Square）。一樓以上為陶瓷陳列室、研討室；圖書部分則在地下室，裡頭的書籍已整合到SOAS的圖書目錄中。

　　SOAS圖書館讓人有回到20世紀初年的錯覺。這倒不是因其建築有何堂皇之處，而是她總能讓我在書架叢林的暗巷裡，與20世紀初年發行的書籍不期而遇。在學期尚未開始時，曾獨自在圖書館沒目的地亂轉，被地下室裡一整排活動書櫃擋住去路。沿著前人拉出的走道深入，竟與《國粹學報》巧遇。這是一部提倡國粹保存的刊物，1905年由鄧實（1877-1951）、黃節（1873-1935）在上海創辦，分「政、史、學、文」四篇，每月出刊一次；1907年後還新增「美術篇」，刊載私家收藏的文物。後來才知道，它算是《神州國光集》的「母刊物」。目前常見版本，是將單行本各篇拆開，依單元歸類再重裝的本子。但SOAS這部不同，直接將單行本合訂，留有無法納入各單元的公告、啟事與廣告。這等於在物質層面上保存了當時讀者可能經歷的翻閱體驗，無論就視覺、觸覺、或時間推移上而言。依著發刊時序與原始編排一頁頁翻動，看他們大談「保種、愛國、存學」，雖不免覺得迂闊傻氣，我竟也被打動了。

　　初次與指導教授會談後，我們一起上圖書館，他要給我個人化的導覽。走上三樓，在一僻靜處的書架高層，他取下一本A3大小的厚書，是民國初年的出版品，裡頭文字佔比極小，全是些用照相複製技術印製的中國文物圖片；書、畫、金石拓片之類的，印在薄薄的宣紙上。他說，光是這一本，就值一部博士論文。

　　這是我第一次見到20世紀初年的珂羅版（collotype）印刷品；而這出版品便是《神州國光集》的「後身」——《神州大觀錄》。SOAS的《神州大觀錄》原屬於溥儀的英籍教師莊士敦（Sir Reginald Johnston, 1874-1938），貼有其「樂淨山齋」藏書票。他自1931年起於SOAS任教，1935年將其圖書捐贈學校。今日所見的精裝封面，實是圖書館將多本單行本合訂而成的裝束。雖然並不完整，但足以讓人摸索相關的出版事業。SOAS之成立，是大英帝國殖民雄心的縮影，其收藏的圖書也反映了帝國內東方學學者（或薩伊德所言東方主義學者）的知識觸角。幾天之後，我在PDF圖書室發現大維德爵士所藏全套《神州國光集》，也算是意料中的驚喜了。

　　PDF的圖書室雖在地下樓層，卻相當舒適。樓梯沿著地下一樓的落地窗轉下，光線灑落，毫無潮濕陰暗之感。朝著形如肯德基爺爺的警衛Mark問好後，

便可信步推門進入圖書室。先是一張公用的大書桌，後頭是一排排書架，右側則是工作人員的小辦公室。PDF 除了館長以外，似乎只有一位工作人員，恰好是臺灣同鄉——美麗的 Rebecca。我初見《神州國光集》，欣喜若狂，躲在書架邊偷偷拍照，被 Rebecca 發現了。問明來意後，知道我是 SOAS 博士生，來自臺灣，圖書室又只有我一位讀者，便睜一隻眼閉一隻眼地默許我拍照。

《神州國光集》是個類似文物影像集的定期刊物，約 A4 大小，由《國粹學報》主編鄧實創刊於 1908 年。每兩個月發行一次，一集登出約 32 件文物不等，直到民國成立（1912）後改名《神州大觀錄》為止，共出了 21 期。文字撰述雖少，卻刊出流轉於私人之手的碑帖、書、畫、古琴、陶俑等文物，不僅較內府收藏之公開為早，更有未見於今日博物館收藏者；其作為圖像資料的價值，早為藝術史家所關注。然而《神州國光集》同時也是前所未見的出版型態。它一方面藉著定期發刊，宣揚「美術即國粹」、「保存美術即保存國光」之理；一方面則向讀者廣徵圖片，尋求大眾的參與。它甚至將這些以照相技術複製的文物圖像，視為新型態的「摹本」，賦予其保存「美術」的重責大任。

「美術」一詞，其實是經由日本漢字轉譯的外來語，1880 年代始見於中文著作。雖然意指歐洲所謂的「Art」概念，直至 20 世紀初，時人對其範疇、內容與價值取向等，仍一知半解。當時著名的古文翻譯家林紓（1852-1924）便曾說：「歐人之論美術者，木匠也，畫工也，刻石也，古文家也。余始聞而駭然，謂古人如韓柳歐王，奈何與泥水匠同科？……此四者不相附麗而西人合而一之，斯亦奇矣」（林紓，《春覺齋論畫》）。歐洲文化以詩、音樂、建築、雕塑、繪畫等門類為「Art」之核心，然自中國原有的價值體系來理解，竟是如此唐突滑稽。

不管「美術」的內容為何，將其視為一國民族精神之所繫，在當時卻有高度的共鳴。此觀念遠可溯至黑格爾，近則見於日本 19 世紀末的國粹運動。在清末迭受外侮，文物大量佚失海外的情況下，物之命運，幾等同於國之命運，甚而引發「物亡則國亡」的危機感。《國粹學報》之增設「美術篇」，便是這個思維下的產物；「美術篇」再推而廣之，遂有了《神州國光集》的誕生。「美術」既為中國本無之概念，則《神州國光集》選取什麼文物作為中國的「美術」，便反映了既有之賞鑑文化轉譯為「美術」的過程。

而《神州國光集》之視照相複製品為「摹本」，更讓攝影這 1839 年才問世的新技術，於此際與中國既有的摹本鑑藏傳統嫁接。「摹本」之作，原為了保存大師名作的筆蹤墨痕；而在原跡杳然無存的情況下，好的摹本，更可視如真蹟。《神州

國光集》的廣告文案便充滿這類修辭，不僅稱其文物圖像「下真跡一等」，更推崇其所用紙張、油墨等俱皆精良；如其玻璃版所用的「玉版紙」，「質堅而細潔，色古而滑澤」，用來印銅版的「蠟光紙」，則「地厚如錢而光如鏡」，故能「筆路分明而精神不失」。這些言辭都反映了以筆墨為尚的鑑賞傳統，以及此傳統中對作品之筆、墨、紙、絹等物質層面品相的關懷。可謂不僅在複製「美術」，更在複製整套的賞鑑文化了。如此積極肯定新興的照像複製技術，比之歐洲在攝影術初應用到藝術複製領域時的排拒現象，真有天壤之別。

然而，《神州國光集》裡對印刷技術如夢囈語般地描述，卻深深困擾著我。它明白告訴讀者，這集子是「用日本最新電氣銅版法、玻璃版法精攝縮印」，而後者的成本約為前者三倍之多。但什麼是電氣銅版法、什麼是玻璃版法，其成品是什麼樣子，又該如何分辨？

此間的電氣銅版法，指的是一般稱為「半色調」（halftone process）的銅版印刷技術。它整合了攝影術，將影像分析成大大小小、疏密不一的點狀灰階，以傳達影像調性的濃淡淺深。而玻璃版即是珂羅版，因以厚片玻璃製版而得名；製版時將底片放在塗了感光明膠的玻璃版上曝光，再利用油水相斥的原理印刷。曝光過程中，因光線透入之多寡，使明膠硬化的程度有別。透光多者較硬，吸水少而吸油墨多，故印出之色濃，反之則色淡，是以能不假網點而印出濃淡淺深，較網目銅版效果更佳。

關於印刷技術的文字描述，不難徵引；然即使爛熟於心，仍不識廬山真面。玻璃版雖享有盛名，當時學界對其樣貌猶一知半解，甚至有學者誤以為《國粹學報》所刊登的美術照片（只是用網目銅版印製），皆以玻璃版印刷，其研究成果還發表於國際知名期刊，可見當年資訊之混淆。而《神州國光集》謂其所製之網目銅版「極密而細，極明而顯清朗悅目，可與玻璃版相並」，則身為讀者，究竟能不能用肉眼分辨其間差別？如果不能，為何在得悉坊間有以石印、銅版印刷品假冒玻璃版溢價出售時，《神州國光集》還教導讀者：「要之石印則墨色無有深淺濃淡之分，銅版能分深淺濃淡矣，而終覺有網紋可尋」？如果在 20 世紀初的讀者能因此學會分辨，則 21 世紀的我應該也能學會才對。然在毫無基準品的狀態下，又該如何確知我的判斷為是呢？

為了這個問題，我呆坐良久，游移在「好像看懂了」與「有看沒有懂」之間。無計可施之餘，信手翻閱，忽覺紙質有異；難道這便是玉版紙與蠟光紙的不同？如能有效分辨這兩種紙質，是否即可確知何者為銅版、何者為玻璃版？

1　19 世紀的歐洲印刷手冊認為珂羅版最好選用經抗水處理的紙張，效果較佳。然《神州國光集》後卻採用宣紙，甚至絹、綾等吸水性高的傳統書畫材質印製，足見其欲複製整套鑑藏文化的企圖，亦因此發展出與歐洲有別的技術取向。此〈王石谷仿巨然蕭翼賺蘭亭圖〉（第 19 集），即是印在絹上。（作者攝影）

這觸覺上的感知，真成了解鎖的關鍵。由觸覺而視覺，我學會分辨銅版與玻璃版。由於《神州國光集》視玻璃版較石印、銅版為高，故其以為較重要的作品，皆以玻璃版印製。而裡頭以玻璃版印製「畫」的比例，遠遠高於「書（法）」和其他門類；據此更可推論，當既有之鑑藏文化轉換為「美術」之時，「畫」也凌駕於「書」，成為中國「美術」的主導門類。此價值觀更藉由複製技術與用紙的分殊，在瀏覽翻閱的過程中傳達給讀者，甚而形塑其價值體系。照相複製品不只讓人想見原跡，也媒介了藝術價值。

這些作夢也想不到的論點，全因意識到複製品物質層面的媒介性而紛至沓來。過去面對摹本／複製品，往往只專注於如何藉之揣摩原跡風神。真蹟獨一無二、無可取代，是以具有班雅明所謂的「靈光」（aura）；而複製品的意義，總是在他方。少有人意識到翻閱圖錄時，見到黑白圖版就快快翻過、看到彩圖或細部圖就放慢速度的心理活動；此即複製品之媒介力量。唯有嚴肅地視之如真蹟，擁抱其形式與物質層面的一切，方得感知複製品自身的媒介力，及其之於觀者的種種作用。

當初若是對著數位化的期刊影像進行研究，恐難有此發現。雖說即便看了、摸了，若匆促慌張，未特別著意於感受的流動，應也是枉然。然若無緣與實物接觸，又何感受之有？此與實品接觸的感官衝擊，不知熱衷於數位人文的當道是否能理解；世上又有多少因觸覺而來的解鎖契機，喪失在只能瀏覽數位影像的限制中。而《神州國光集》若是放在管制森嚴的善本書室、須帶著手套翻閱，或許也無能令人感受其間紙質的差別。這是2005年的SOAS圖書館讓我念念不忘的原因。英國東方學學者所收藏的20世紀圖書，時仍不滿百年，圖書館對之毫不設防，就這麼等閒地四散於館內各角落，也給了我摩挲撫觸的良機。

2007年秋天，指導教授接下了牛津大學藝術史教席，我也因此離開SOAS。不久即聽說SOAS因財務困難，無力負擔PDF營運，遂將其收藏寄存於大英博物館，成了今日大英博物館的中國陶瓷陳列室（Room 95）。不知自何時起，《國粹學報》也移到校外書庫去，要想在圖書館與它不期而遇，再無可能。而《神州國光集》呢？PDF關閉後，有好一陣子下落不明；現在SOAS圖書目錄上，竟只剩下10期。大維德爵士若地下有知，會不會有所託非人之慨？

我不該難過的；史語所傅斯年圖書館就有一部完整的《神州國光集》。只可惜，這終究不是當年在PDF地下室，引領我見證照相複製品靈光的那一套啊。

15 記憶中的觸動

Michele Matteini ── 米凱

金農《人物山水圖冊》

金農在那天看到了什麼？如今他透過這幅畫作讓我們看到什麼？不意外的，觸動金農的究竟是什麼不得而知；愈是抗拒這幅畫表面的折射力量、和它的循環流動性，就愈難了解它。

清　金農　《人物山水圖冊》第 11 開　1759 年　冊　紙本設色　24.3×30.7 公分　北京故宮博物院藏

看不見的事物，你能相信多少？
　　──亞歷山大・奇（Alexander Chee）

只要把歷過的事情細細記著
　　──《紅樓夢》第 116 回

　　有些畫作顯示了藝術家對其所描繪對象努力涉入的長期工作。這些畫作引發一種理解的模式，其隨著時間緩慢地開展，揭露出藝術家將世界化為一幅圖像的心智的與實體的複雜轉化過程。這也是通常當我們決定寫什麼，或教學生去做什麼時，開始進行的方式。然而其他有些畫作，則是來自一次偶遇、幾乎是對世界漫不經心的一瞥。這些作品拒絕太費力聚焦的投入，而是要人以開闊和全景的

昔年曾見

金若芬丁晚年自號也

方式觀覽，並不企圖揭露任何仍被掩蓋的事物，而是關心已經顯露於表面的東西。[1] 這種臣服於一件藝術品的形式，會讓我們在試圖解讀隱藏的真相時，看見些甚麼，是若非如此臣服於藝術品便可能會忽略的？我們又如何發展出一種描述的模式，不會「拖慢」（slow down）這件藝術品，而是能按著這幅藝術品的步調、布局和範圍來描述它？[2]

　　金農的畫是出了名的暗藏玄機，有部分是因為這些畫似乎系統地拆解文人畫的許多常規，使得我們習於採取的觀看與寫作方式不足以應對。金農到暮年才認真對繪畫產生興趣，在他作為書法家、詩人，與通曉藝術與古董的專家之漫長生涯來到了尾聲的時候。[3] 他勤於作畫好幾年，心中想的對象是一幫和他一樣雅好博學沉思的同好。他常以意見強烈的長篇題記完結畫面，畫作本身則帶領觀者進入一趟趟令人讚嘆的藝術史之旅。他所創造的圖像令人耳目一新，筆法粗野而不加修飾。與當時其他畫家一樣，金農尋求以不那麼規定成文的方式與觀者互動，以及一種遼闊而容或特異的繪畫觀念，迴避文人必須得體有禮的限制性規範。他重新以圖像（the pictorial）為繪畫中心，意思是，他視繪畫為一種帶有特定程序與機制的實踐，在各式各樣的古代材料與其周圍身處的世界中，尋求一種獨特的圖像想像之根源，且以其最大的自由度重新發明之。通常，這會發生在兩者重疊處，就像這件來自他作於 1759 年之大師級冊頁中的一開，在這幅畫作中，作畫（image-making）被搬演成一個第一手的相遇，或更好的說法是，對此第一手相遇的回想，並且是以對過往畫作的知識為濾鏡。[4]

　　高 24.3 公分，寬 30.7 公分，這幅冊頁有著常見的布局：右上角是畫家題記，繪畫環繞於周圍。觀者目光先受四個斗大的字吸引，「昔年曾見」，隨後是簡短的落款（「金老丁晚年自號也」），最後是畫家鈐印（金老丁）。金農所見是一幕安靜的戶外景色。由欄杆圍起的觀景臺探出於山谷之上，遠處可見山陵輪廓。一棵斜樹框住了一個人物，看來是名女子，抱膝坐在石頭上，眼光凝視某處。淺淡的色彩與幾不可見的墨筆線條，相對於厚重黏稠的字跡似乎消散無形：金農要我們先聽到他的聲音再細覽景色。但是他去散步的那一天，究竟見到了什麼？而此看似平淡無奇的一刻究竟有何特別之處，在這麼久以後又重新浮現在畫家腦海中？

　　圖像空間建立在連續的平面上，分為三個接連的帶狀區，與樹形成的對角軸相交（樹是傾斜的以配合圖像空間），將構圖的重心推至畫面的一角。這些是 13 世紀小幅山水畫的常見範式，由於這類作品在 18 世紀中葉重獲關注，金農自不會陌生。傳馬遠的一幅冊頁圖呈現相似布局（圖1），主題沿著從畫作下緣延伸至雲

1　傳南宋　馬遠　《松蔭玩月》　冊　絹本水墨設色　25.4 × 25.4 公分　大都會藝術博物館藏

霧中消失點的對角線分布。此畫同樣有一人物位於稍微偏離畫面中心的位置，而從嶙峋岩石中拔起的樹木壯觀曲折，是人物身形與比例的兩倍大，為這片凝定冥想的環境注入了勃發的能量。這個世界如韓莊（John Hay）所說的受制於「視線的特定性」（specification of sight），描繪的是特定主體於特定時間所經驗的世界。[5] 不對稱性、烘染氛圍手法的大量使用和一致的比例關係，傳達出沉浸於「真實」景色、乃至於其圖像再現中的感覺。在這件傳馬遠的較早圖像上，強烈的聚焦手法牽涉到一種知覺上奇特的緩慢感，但是在金農重拾其基本範式時卻消融於無形。不對稱不再賦予空間動勢，而是使其壓縮緊貼繪畫表面。運筆像是切分音，充滿不可預期的加速和放緩。渲染處不規則的邊緣有種緊繃感，線條反而沒有，而是變形為拖著墨筆所畫出的細弱游絲。觀者目光不落於特定一處，而是循環式的移動掃視一切，抹除了傳統的前景與背景、中心與邊緣、主題與背景的區分。金農並未提供觀看這片景色的單一視點；視覺的繞射取代聚焦，成為畫家與世界發生關係的偏好模式。[6]

對於將中國繪畫當作扁平二維的「世界之窗」刊印的習慣，我們必須一貫保持警覺。所有傳統的形制都是乘載圖像的物件，具有特定的物質性，會影響觀者與它的實際接觸。這幅冊頁圖中心的摺痕顯示它原本是折起的，黏貼在較硬的襯底上，再與其他開畫作一起裝裱為手風琴般的樣式。觀者首先會看到畫作的右側：三條線從下緣伸出，角度

1　文學研究中近年對描述（description）的討論，見由 Sharon Marcus 與 Stephen Best 在 *Representation* 期刊所主編的專號 "How We Read Now," *Representation*, Vol. 108, No. 1, Fall 2009。對此論辯的重新檢視，見 Rita Felski, *The Limits of Critiques* (Chicago: The University of Chicago Press, 2015), 50-56。

2　這一點由 Darby English 在克拉克藝術中心（Clark Art Institute）的線上廣播節目「In the Foreground: Conversations on Art & Writing」中提出，見 "How to Look with Soft Eyes: Darby English on Description as Method," *In the Foreground: Conversations on Art & Writing*, season 2, Feb. 9, 2021, https://www.clarkart.edu/Research-Academic/Podcast/Season-2/Darby-English．

3　金農年表與簡介見張郁明，《盛世畫佛：金農傳》（上海：上海人民出版社，2001）。

4　完整冊頁見王之海編，《金農》（天津：天津人民美術出版社，1996），卷 2，頁 156-167。

5　John Hay, "Changing Landscape in Southern Sung," in *Ajia ni okeru sansui hyōgen nit suite: Kokusai Kōryū Bijutsushi Kenkyūkai Dainikai Shinpojūmu* (Kyōto: Kokusai Kōryū Bijutsu Kenkyūkai, 1984), 76-81.

6　關於繞射（diffraction）的概念，見 Leo Steinberg, "Contemporary Art and the Plight of Its Public," in *Other Criteria: Confrontations with Twentieth-Century Art* (Chicago: The University of Chicago Press, 1972), 3-16; Yve-Alain Bois, "On Matisse: The Blinding," *October* 68 (Spring 1994): 61-121.

稍有不同，但彼此間距離相當。位於中間高度的第四條線強調出橫向動態並與樹幹交會，暗示著畫面左半還有更多東西呈現。「完整」構圖因而只會在觀者打開頁面後出現：平行的線條延展直至其全貌，而至此為止隱而未見的人物才揭露出來，完成了題記中描述的活動。這個形制的實體特性因而使畫家得以重訪自己過去的行為，提醒我們一幅風景永遠不會只是一個被觀察的客體，而是由人類存在而活化的環境。同時，在觀畫期間，觀者取代了畫家的位置並複製了他的行動：進入這一幕風景，了解其構成元素，且決定將注意力放在哪裡。視線沒有被圖像化，如 13 世紀的原型一樣嵌入於畫作的濃密肌理中，而是透過對形制的操縱而使之演成（enacted）。

然而，僅僅強調斷裂與開放性（open-endedness），會有把金農當石濤的風險；金農極為仰慕石濤，但是從未仿效他激進的斷離（disjunction）風格。這幅冊頁作品同樣顯現出，在前述那些表面上的不穩定性之下，金農的畫作構圖仍維持了一個超凡的構圖一致性。他並未徹底揚棄在不同主題間建立連結的可能，並主要透過色彩的複調使用（畫中用色節制，但每個顏色都以濃、淡各出現兩次）或視覺類比來達成，比如「見」一字的「腳」即指向畫中人物抬起的腳。主題分布在整個畫作表面，焦點分散，但是圖像擁有穩定的界線，所有繪畫與書寫元素都位於其內。金農獨特的畫面組織，他對主題彷如斷奏般的拆解和正面的取向（frontal orientation），從圖像上呼應了他書法結構的原則。他的字包圍在重複的長方形矩陣內，間距不一致但也不是隨機的，而筆畫以緩慢連續的姿態畫出，凸顯了互補與重複性。正如這些字由只在末梢處互相覆蓋的濃粗線條堆疊建構而成，不同圖像元素互觸的邊緣亦將畫中的不同部分縫綴在一起。金農的書法在清朝享有盛名，其風格取材自非傳統的來源，包括古老的碑碣石刻。與其他涉足繪畫的書法家一樣，金農對於書畫之間源遠流長的相互依存關係非常敏感，也經常寫及他在自己畫作筆意中註記的金石氣。[7] 然而，隨著藝術家開始檢視不以筆墨為範的文字，所謂「書法性」（calligraphic）的意義在 18 世紀產生了深遠改變。若說行書與草書簡省的形式與那幅 13 世紀畫作共享了通過中間色調（mid-tones）的魔力而帶來的聚焦力量與整合的視覺性（synthetic visuality），那麼，古老字體的重新發現則揭露了形狀而非線條、設計而非韻律、緩慢而非動感所具有的創作潛力——這些特色很容易在本文討論的畫作中見到。

金農在那天看到了什麼？如今他透過這幅畫作讓我們看到什麼？不意外的，觸動金農的究竟是什麼不得而知；愈是抗拒這幅畫表面的折射力量、和它的循環

流動性，就愈難了解它。也許是那片天然的安靜空間，看來實在太像他仰慕的小幅畫作，促使他思考觀察與創作的相互依存關係。不過，若說風景的圖繪範式，至少就其傳統格套而言，創造出一種感知上的連續體，讓畫中風景和觀賞者能夠形成如同鏡像般的互相指認的關係，金農則是帶著不同的意圖重訪這個連續體。事實上，這幅畫並不真的是描摹第一手經驗，而是對此經驗的回想，而畫中呈現的不是那片風景，而是透過記憶重構的圖像。金農也透過作為題記中所述行為行動者的他自己，與正在畫上落款的身分（persona）間絕妙的交纏，來隱約指涉這樣的錯位：後者是他在暮年時自號的金老丁，因而更接近這幅畫的創作時間，而不是畫中重述事件的時間。在任何回想記憶的行為中，回想者都必須體認自己同時是進行追憶的主體，也是被追憶的客體，因此金農在他的虛構圖像中，扮演起主角與觀察者的雙重角色，這幅畫因而成為對過去事件的記述，也是在當下成功重拾這個事件的紀錄。藉由迴避描繪的準確性，與打破穩定的時間序，金農呈現的不是視覺（sight）的效果，而是打開視覺，將之視為一個隨著時間演化的過程，在其中，還沒看到的與已經看到的同樣有意義，但已經看到的並不總是帶來理解。

又或許，觸動金農的是畫裡的那個人物，她位於畫作邊緣的位置與在畫面上被框起來的方式，會讓人有此推想。與畫家一樣，她獨自在自然中短暫歇息。銳利的頭部輪廓隨著她為了配合抬起的腿扭轉身體而變得柔和，這個姿勢不太尋常，背離了對女性的呈現中少數可被接受的合宜姿態。[8] 她的衣服垂墜到地面，下擺延伸了岩石的下緣，兩者融合為一。觀者的眼神隨著描繪她長衫的交錯線條移動時，會看到她抱膝的雙手握著的白色衣料上有一小條皺褶，似乎表示兩隻腿都是抬起的，讓這個人物成為不可能存在的三腳生物。顯然，我們無從確認這是不是金農想要達到的效果，但是，正是這種視覺上無解的模稜兩可，是畫家在路過時匆匆斜視一瞥所會產生的。我們大可以想像，這種感知上的閃爍，和有缺陷的記憶所具有的情感召喚力量，點燃了像金農這樣一個藝術家的想像，而他用以衡量自身繪畫才能的，正是這種將世界拆解再重新組合的能力，像個字謎遊戲（anagram）一樣。

---

7 王其和校注，《冬心畫譜》（濟南：山東畫報出版社，2010），頁 13。

8 此人物的姿態與 18 世紀晚期著名的柳如是肖像《河東夫人像》有相似處，該畫現藏於哈佛美術館（Harvard Art Museum）（1968.40）。關於此肖像的討論，見 Robert Maeda, "The Portrait of a Woman of the Late Ming-Early Ch'ing Period: Madame Ho-tung," *Archives of Asian Art* 27 (1973-1974): 46-52.

16 從「半人」到「非人」

賴毓芝

乾隆朝《獸譜》中的「開明獸」

有著變異虎身的《獸譜》版開明獸，看起來就像踞坐在一個位於平地的山洞前，且前景沒有任何阻礙物，這是一個觀者可以進入的世界。換言之，這是一個變異的異獸出現在觀者活動之現世中的圖像，因此，其不僅是守護天門的異獸，更是以其變異表徵天命、現身於世之祥瑞。

清　《獸譜》之〈開明獸〉　1761年　冊　絹本設色　40.2×42.6公分　北京故宮博物院藏

此左文右圖的對開冊頁，畫面材質為絹本設色，兩邊畫心各是高40.2公分，寬42.6公分，近乎成一個正方形，為乾隆朝宮廷所製作《獸譜》中第六冊的第六開。《獸譜》為乾隆十五年（1750）奉敕所做，乾隆二十六年（1761）冬竣事，共有六冊，描繪一百八十種乾隆皇帝治下的各種獸類。[1] 畫中焦點為一隻有著九個頭的怪獸，其側身橫擋在一個有著鱗峋石壁的山洞外。此獸伏坐於地，前胸挺直，身體朝右，其巨大豐厚的獸足相交於胸前，配合全身起伏的肌肉、飛揚眉毛及皺著額頭的嚴肅表情，顯然是威武地橫踞於洞口前，呈鎮守之狀。其全身

---

[1] 關於《獸譜》研究，見賴毓芝，〈清宮對歐洲自然史圖像的再製：以乾隆朝《獸譜》為例〉，《中央研究院近代史研究所集刊》，80期（2013.6），頁1-75。

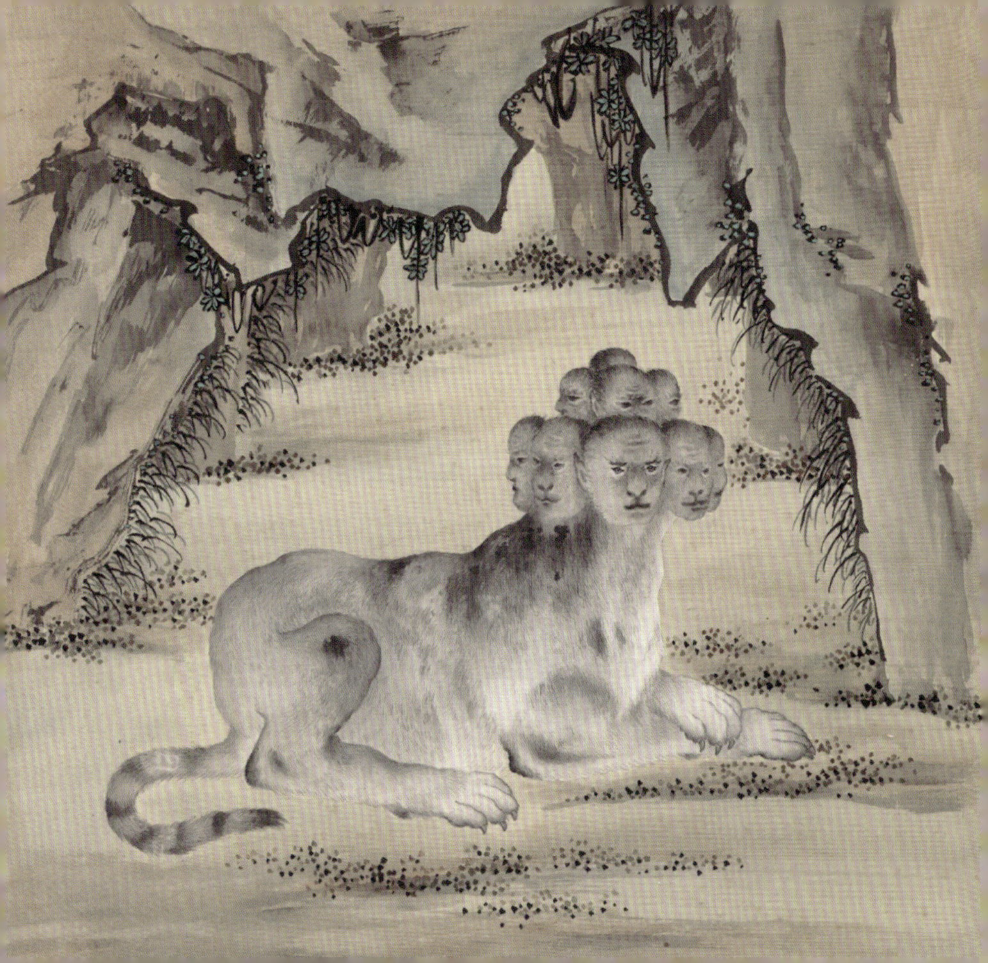

（包括頭部）覆滿短毛，毛色整體呈灰色，但是仔細看，尾部有一圈圈明顯的花紋，胸前與足背似帶有白毛，頸部下方、背部、後腳、胸前則是有不規則的墨斑，看來很可能帶有淡斑。相較於背景以粗細變化明顯的線條與具有透明感的水墨暈染來表現山石，畫家以不顯筆跡的方式來表現肌肉起伏的光影與毛皮柔軟的感覺，呈現的是對於「面」的模塑與相對而言較為不透明感質面的掌握。此有九頭之怪獸據現代知識判斷應是不存在的生物，然而畫家仔細交代此九個頭如何接到右邊受光的短脖子，接著很自然地過渡到有著長爪、厚掌、與讓人想到貓科動物長尾巴的結實身體，尤其畫家以統一皮毛覆蓋獸體全身，讓其從頭到身、到四肢、到尾部有一個統整而合理的結構與模塑，在視覺上幾乎完全可以想像其在現實中存在與活動的樣子。

對應此圖，冊頁的左半部是滿漢兩體的圖說，漢文的圖說，寫著：

開明獸，身類虎而九首，皆人面。《海內西經》稱崑崙之墟，方八百里，高萬仞，百神之所在，面有九門，門有開明獸守之，皆東嚮立。
郭璞云：「天獸也。」

圖說清楚地說道此獸為《山海經》之〈海內西經〉所載開明獸，其有著老虎的身體與人面九頭，住在「崑崙之墟」。此崑崙山，有八百里之廣，且高萬仞，為眾神之居所，其面有九個門，而鎮守此神仙居所之九門入口正是其主要的任務。

《山海經》的內容與《獸譜》圖說都清楚地指出開明獸所駐紮之「崑崙之墟」位於「高萬仞」的高山之上。在圖像上，不管是明清各種民間版本的《山海經》配圖、或是雍正朝宮廷所完成的《古今圖書集成》，都可以看到畫家多將開明獸描繪於高山或高台上，守衛在一有著嶙峋怪石的洞口前。（圖1）令人困惑的是，《獸譜》中的開明獸雖然也蹲踞在洞口前，但其畫面的前景直接開向觀者，此開明獸似乎與觀者處於同一個地平，因此完全沒有高山之感，反而像是觀者世界的延伸。除此之外，相較於之前圖繪為了回應文本的虎身人面的描繪，圖像通常會著意描繪出身體斑斕的虎紋與乾淨人面的對比，此《獸譜》中的開明獸正如前述，身上幾乎僅有幾處幾近消失的斑紋，其面部覆蓋與身上相同的短毛，更重要的是鼻子扁塌，人中突起連接嘴唇，配合上兩側尖利狀的耳朵，與其說是人面，還不如更像《獸譜》中對於猿猴類生物之描繪。

令人興味的是，《獸譜》的後幅有臣工題跋，其提到：

《獸譜》倣《鳥譜》為之，名目形相，蓋本諸《古今圖書集成》，而設色則余省、張為邦奉勅摹寫者也。圖左方清漢說文，臣等承旨繕譯……回部向化，底貢而圖天驥之材，繪事所垂，悉皆徵實，豈郭璞《山海經注》務探隱怪、西京上林獸簿之徒誇羅致所能彷彿哉……

此跋文清楚地說明這套作品是以《古今圖書集成》為基礎，再請宮廷畫家余省、張為邦模寫設色而成，且特別強調其「繪事所垂，悉皆徵實」，不是中國傳統典籍，如郭璞《山海經注》、或是《西京上林賦》之「務探隱怪」或「徒誇羅致」，所能相提並論的。令人不解的是，如果《獸譜》是模寫《古今圖書集成》之圖像而來，則此《獸譜》之「開明獸」為何做上述的改動？開明獸不但從聳天之高山回到平地之狀，且身上沒有了明顯的虎斑，甚至九頭人面也長滿毛髮，而呈近乎「非人」之猿猴狀，此難道就是其跋文所提的更為「徵實」的表現嗎？其所謂的「徵實」究竟所指為何？此「徵實」就是畫風之「寫實」嗎？

1　〈開明獸圖〉
　　出自《古今圖書集成》禽蟲典異獸部　卷124
　　頁42下

學者多認為「寫實」多少涉及文化制約的面向，哲學家尼爾森‧古德曼（Nelson Goodman）即主張「realism（寫實主義）」事實上跟有恆常與獨立標準的「相似（resemblance）」是沒有關係的，而是文化所制約下的一種習慣（a matter of habit），[2]因此每個文化可以有不同的「寫實」標準。如此徹底的文化相對主義似乎弭平了具有再現性特徵的繪畫與不具再現性特徵繪畫的差別，因而也有學者持相對的意見，例如，瑪格麗特‧A‧哈根（Margaret A. Hagen）即不同意這樣的看法，而認為寫實性的畫作之所以具有再現的能力，在於其視覺上所能提供的訊息幾乎可以等同其所再現之現實所能提供之訊息。[3]換句話說，「寫實」不是一個風格的問題，而是訊息量的問題。從這個角度來說，《獸譜》的開明獸比起《古今圖書集成》或之前其他線描為主的開明獸描繪的確提供了更多關於毛色、質感、體積、身體結構等現實上我們需要了解與建構此生物之訊息，因此，其確實「看起來」比較有現實感。

如果這就是其跋文所謂的「徵實」，那麼我們更加好奇，此具有現實感的描繪為何要改寫之前的圖像傳統？且此改寫似乎也有違文本的描述？我們要知道現實感很大的部分是建築在觀者曾有的經驗上，例如，《古今圖書集成》或之前版畫之開明獸強調乾淨無瑕的人面與斑紋虎身的組合，如此拼接式的組合，在經驗上很難想像或複製其具體上究竟是如何銜接在一起？在什麼地方斷裂？什麼地方開始沒有毛髮？《獸譜》的畫家將全體一致覆蓋上毛髮，雖然犧牲了「人」性，卻給了整個生物一種較為一致的「獸」性，觀者很容易在經驗上從貓、狗、虎等熟悉的生物來想像其物理結構。如果這樣的說明有可能部分解釋九頭人面為何如猿猴狀長滿毛髮（圖2、圖3），但仍舊無法解釋其軀幹部分為何放棄了老虎最重要的斑紋特徵呢？難道是清宮畫家有再現現實的能力，卻沒有現實的知識？不知道老虎具體之外型？此幾乎是不可能的事情。獵虎為清宮秋天木蘭圍獵中的重頭戲之一，不但康熙本人即宣稱擄獲過一百三十五隻老虎，現存還有《弘曆刺虎圖》。（圖4）條紋狀花斑作為老虎的重要特徵之一，畫家即使沒有親眼看過，在清宮的脈絡中，也是一個約定俗成的視覺格套，而畫家在開明獸的尾部也著意保留了此特徵，這些歧異之處益發顯得畫家是有意創造出一個虎身的「變異」，類似的變異就像是老虎的白子在明代被普遍視為是表徵皇帝仁政之祥瑞騶虞，永樂、宣德時期即有多次騶虞現身的報導。除此之外，我們可以看到《古今圖書集成》中的開明獸，其不僅被放置在一個高山上，且畫面的前景左下有一巨石，其所在的高山是觀者所無法進入的另外一個世界。相較於此，有著變異虎身的《獸譜》版開明獸，看起來就

像踞坐在一個位於平地的山洞前,且前景沒有任何阻礙物,這是一個觀者可以進入的世界。換言之,這是一個變異的異獸出現在觀者活動之現世中的圖像,因此,其不僅是守護天門的異獸,更是以其變異表徵天命、現身於世之祥瑞。[4]

2　清　《獸譜》之〈猴〉
1761 年　冊　絹本設色
40.2 × 42.6 公分　北京故宮博物院藏

3　《獸譜》之〈開明獸〉與〈猴〉面部比較

2　Nelson Goodman, *Languages of Art: An Approach to a Theory of Symbols* (Indianapolis/Cambridge: Hackett Publishing Company, 1976), 38-39.

3　Margaret A. Hagen, *Varieties of Realism: Geometries of Representational Art* (Cambridge/New York/London, New Rochelle, Melbourne/Sydney: Cambridge University Press, 1986), 8.

4　中國傳統的祥瑞是指自然界出現的變異,而這些變異的出現被當作上天給予帝王統治與德行之評價,關於哪些現象可以稱之為祥瑞?南宋周密在《齊東野語》卷六〈祥瑞〉中言:「世所謂祥瑞者,麟、鳳、龜、龍、騶虞、白雀、醴泉、甘露、朱草、靈芝、連理之木、合穎之禾皆是也。然夷考所出之時,多在危亂之世」。這些代表祥瑞的變異種類眾多,但前提是必須是罕見,但卻又真實存在,因此祥瑞之真偽判定常為傳統中國政治之核心議題之一。進一步研究可見 Martin J. Powers, *Art and Political Expression in Early China* (New Haven: Yale University, 1991), 尤其是 chapter 8, 9。

164

165

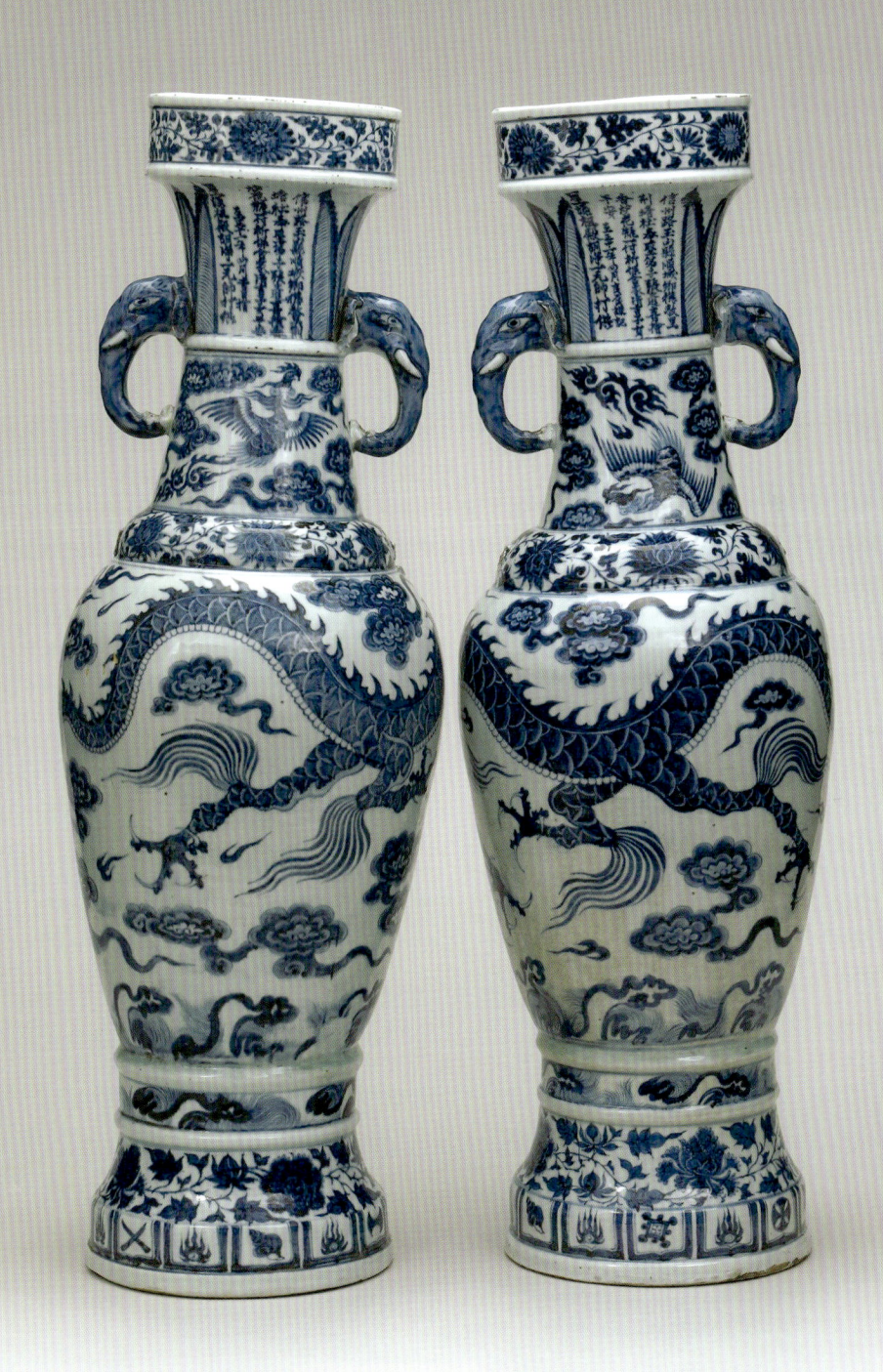

17 全世界最著名的青花瓷

施靜菲

大維德瓶

1995 年至 2001 年在牛津修讀博士課程時期，不時會搭乘 Oxford Tube 客運到倫敦看博物館、找資料，而我最常造訪的地方，除了大英博物館外，就是離它不遠的高登廣場 10 號。……外觀看起來像一棟住宅，裡面卻展示著一千多件中國陶瓷，其中，除了珍貴的宋、明清官窯瓷器外，還有一對舉世聞名的 14 世紀青花瓷大瓶（暱稱「大維德瓶」）。

元　青花象耳大瓶（對瓶）之瓶頸有蕉葉紋面與銘文面　1351 年款　高 63.6 公分、63.8 公分　大維德中國藝術基金會舊藏寄存大英博物館

　　中國是瓷器的原鄉，也是世界上最主要的跨國貿易陶瓷供應地，在 17 到 18 世紀間，單一荷蘭東印度公司，就運載了數千萬件中國瓷器到歐洲。我們可以想像，目前在世界上留存有多少中國古代陶瓷文化遺產，但你可知道，哪一件是最著名的中國陶瓷作品？

　　當我還在牛津大學修讀博士期間（1995-2001），不時會搭巴士到倫敦逛博物館、找資料，而我最常造訪的地方，除了大英博物館外，就是離它不遠的高登廣場（Gordon Square）10 號（圖1）。外觀看起來像一棟住宅，裡面卻展示著一千多件中國陶瓷，其中，除了珍貴的宋、明清官窯瓷器外，還有一對舉世聞名的 14 世紀青花瓷大瓶（主圖）。器頸上的青花銘文自訴了製作年代（1351），20 世紀 50 年代西方學者以其作為標準器，進行系統性的風格形式分析，辨識出中國古代陶瓷史中所謂的「元青花」品類，讓世人理解世界青花相關陶瓷產業的重要根源，它們也因此成為中國陶瓷中標誌性的作品。

這對世界最廣為人知的青花瓷收藏於大維德中國藝術基金會，該基金會所在地的這棟建築物，是所有中國陶瓷史研究者共同擁有的重要回憶。自1950年代開始到2007年關閉的數十年間，它接待過無數的中國陶瓷史學者與愛好者，而也因為太過專業，雖然聞名於全世界的中國藝術史學界及收藏界，但出了此圈子並不廣為人識，除了在有課程（倫敦大學亞非學院）的日子外，每日上門的訪客極為有限。1997年我曾搬到倫敦一年，就住在距其走路5分鐘距離的恩德斯利花園（Endsleigh Gardens）邊上，所以每隔幾天就會去一次。1997年也正好在倫敦研究訪問的已故陶瓷考古專家龜井明德教授幾乎每天造訪，我們遇到時，常開玩笑說，龜井教授像是天天包場。此對大瓶是我博論課題中最主要的研究對象之一，在安靜的展廳中經常能看上一整天，與它們朝夕相處，累的時候就直接坐在展廳的地毯上繼續端詳，享受我自己的陶瓷包場。現在想想，是多麼奢侈的經驗啊！

「大維德瓶」的英國履歷

此對青花瓷大瓶在英國最早的收藏紀錄是1927年，原屬收藏家艾爾芬司頓（Hon M. W. Elphinstone, 1871-1957）所有。因為作品本身帶有清楚的年款，讓當時大英博物館的東方文物部部長霍布森（R. L. Hobson）察覺到其重要性，於1929年首度介紹給世人。[1] 之後它們輾轉由大維德爵士收藏，後來被暱稱為「David Vases」，即「大維德瓶」。

在距今一百年前清末民初動亂時期，中國文物從清宮及各地鐵路興建工程中大量外流，大維德爵士也在當時到訪過中國（圖2），透過各種管道輾轉將許多

1　大維德中國藝術基金會展廳原址
　　高登廣場（Gordon Square）10號
　　作者攝影

2　大維德爵士
　　取自 S. H. Hansford, "Obituary: Sir Percival David," *Bulletin of the School of Oriental and African Studies* (University of London), Vol. 28, No. 2 (1965): 472

1　R. L. Hobson, "Blue and White before the Ming Dynasty: A Pair of Dated Yuan Vases," *Old Furniture*, vol.6, no.20 (1929): 3-8.

3　大英博物館 Room 95　大維德中國藝術基金會展廳

精美的瓷器帶回英國，後來在倫敦成立聞名全球的大維德中國藝術基金會；該收藏可以說是兩岸故宮之外、最重要的中國陶瓷收藏之一。大維德爵士於 1950 年將其典藏捐贈給倫敦大學亞非學院（SOAS），1952 年起在位於高登廣場 10 號的展廳公開展示，直到 2007 年展廳對外關閉。其近 1700 件典藏品後來全部永久寄存大英博物館展示，展廳於 2009 年開幕（圖3）。該基金會官窯瓷器收藏的主體來自清宮（傳說是慈禧太后）抵押給鹽業銀行的抵押品（50 件，1927 年收購），這些官窯品級的精品，也被稱為「具中國品味」的高品質陶瓷收藏，[2] 數量雖遠不及兩岸故宮，但品質卻不相上下。此外，該收藏中很大比例的藏品都帶有銘款，大維德爵士似乎偏好收藏有紀年銘款的作品。[3] 大維德爵士個人對中國傳統鑑賞學的興趣，也是支持、研究其收藏的重要力量，他在當時（1930 年代）針對許多陶瓷重要議題進行考據，例如〈論汝窯〉、〈影青瓷〉等文，也譯注有明初曹昭的文物鑑賞專著《格古要論》。[4]

　　放到更大的歷史脈絡來看，20 世紀前期英國的漢學／東方研究氣氛，一方面想跳脫原來外銷藝術角度、異國風的「東方瓷器」（幾乎等同清代瓷器），希冀建構一套與中國一致的鑑賞標準；[5] 另一方面，亟欲將中國文物提升到具備文化價值的收藏品。[6] 主導 1935 至 1936 年倫敦中國藝術展覽的大維德爵士，論及籌畫該展的重要目標之一，就在傳達中國文物具有文化遺產的普世價值。[7] 因此，大維德中國藝術基金會的成立及「大維德瓶」的收藏，也應當在這樣的脈絡下理解。

大維德基金會的館長梅德麗（Margaret Medley, 1918-2000）在其著作中，曾補充提供「大維德瓶」在英國的收藏經過。它們的收藏編號分別是 B613、B614，其中一件（B614）直接來自艾爾芬司頓的讓售；另外一件（B613）則是艾爾芬司頓轉手給羅塞爾（Charles Russell），後來 1935 年大維德爵士在倫敦蘇富比拍賣會上以 360 英鎊購得，在 1935 至 1936 年倫敦中國藝術國際展覽中展出。[8] 在大維德爵士的手中，不平凡的兩件作品再度重逢為成對花瓶，被妥善保存至今。

回首來時路：江西婺源靈順廟星源祖殿供器

　　除了收藏背景之外，銘文內容更是受矚目的焦點，除了有明確的紀年外，也對了解製作脈絡、作為供器的用途等問題提供重要訊息。瓶頸部上的青花銘文，謄錄如下：

> 館藏編號 B613：
> 信州路玉山縣順城鄉德教里荊塘社奉聖弟子張文進，喜捨香炉花瓶一付，祈保合家清吉、子女平安。至正十一年四月吉日捨，星源祖殿胡淨一元帥打供。

2　Stacey Pierson, *Collectors, Collections and Museums: The Field of Chinese Ceramics in Britain, 1560-1960*(Bern, Peterlang, 2007), 133-140.

3　Lady David, "Introduction by Lady David," in Rosemary Scott ed.,*The Percival David Foundation of Chinese Art: A Guide to the Collection* (London, The Percival David Foundation, 1989), 9-26. Pierson 則進一步認為這些銘款大多數是官窯款識，可作為支持這些作品屬於皇家的「證據」，顯示大維德收藏的主要目標在模仿中國的宮廷收藏，不同於其他收藏家的個人認同，見 Stacey Pierson, *Collectors, Collections and Museums*, 139-140.

4　Sir Percival David, *Chinese Connoisseurship: the Ko Ku Yao Lun (the Essential Criteria of Antiquities)*(London: Faber, 1971) ; S.H. Hansford, "Obituary: Sir Percival David," *Bulletin of the School of Oriental and African Studies, University of London,* 28(1965): 472-475.

5　Stacey Pierson, *Collectors, Collections and Museums*, 89-94; 140-147.

6　根據學者的分析，18 世紀晚期以來英國對中國人的負面印象，或許也與歐洲從近代早期或更早就將物質文化或技術（尤其陶瓷產業）連結到對中國文明的印象密切相關。見 Anne Gerritsen and Stephen McDowall, "Material Culture and the Other: European Encounters with Chinese Porcelain, ca. 1650-1800," *Journal of World History*, vol. 23, no.1(2012): 87-113.

7　大維德爵士：「……我希望也相信它（這個展覽）將展現中國文化的真實精神，帶著它（中國文化）的理想主義、神秘主義之從容面貌，啟發我們」。參見 Sir Percival David, "The Chinese Exhibition," *Revue des Arts Asiatiques*, tome IX, numero IV(December 1935): 178. 另參見蕭智尹，〈西方視角下的東方藝術：從杜倫大學東方博物館看二戰後英國東方學的發展〉,《史物論壇》, 第 27 期 (2021.12), 頁 14-19. 有關大維德爵士對促進英國漢學研究及中國藝術史學科的貢獻，請參見 Stacey Pierson,"From Market and Exhibition to University," in Vimalin Rujivacharakul ed., *Collecting China: The World and a History of Collecting* (Newark, DE: University of Delaware Press, 2011) , 130-137.

8　Margaret Medley, *The Chinese Potter: A Practical History of Chinese Ceramics* (London: Phaidon, 1976). R. H. Hobson, Bernard Rackham and William King, *Chinese Ceramics in Private Collections* (London: Halton & T. Smith Ltd,1931). 大維德基金會收藏中約有 200 件來自艾爾芬斯頓，包括 150 件單色釉瓷及大維德瓶。https://www.britishmuseum.org/collection/term/BIOG123124（2021/11/12 檢索）

館藏編號 B614：

信州路玉山縣順城鄉德教里荊塘社奉聖弟子張文進，喜捨香爐花瓶一付，祈保合家清吉、子女平安。至正十一年四月良辰謹記，星源祖殿胡淨一元帥打供。

兩件的銘文大致相同，僅細節稍有出入。多年來我們多從字面上解讀，「至正十一年（1351）江西信州路玉山縣順城鄉德教里荊塘社的道教信徒張文進，訂製一套香爐花瓶，供奉星源祖殿胡淨一元帥」。然近年來，得力於中國地方志的重刊出版以及網路資源（E-research）的應用，有關「大維德瓶」製作、使用的原始脈絡有了突破性的發展。

黃薇、黃清華的具體考察確認了供奉地「星源祖殿」道觀，就是江西婺源縣的靈順廟（又名五顯廟）。[9] 林業強在此基礎之上，據歷代地方志材料推測，至正大瓶極可能一直被供奉在婺源縣，直到二十世紀初被人帶到北京，再輾轉運到英國。[10] 雖然詳細過程仍不甚明朗，但他對於過去傳說吳賚熙將原被供奉在北京智化寺的這對大瓶盜賣至英國之說法，認為是訛誤傳說，應當修正。

銘文中的「香爐花瓶一付」提供了當時的製作及使用脈絡，一件香爐與兩件花瓶作為成套的供器，在元代相當流行，我過去也在研究中揭示，當時江西鄰近地區訂製特定陪葬品或成套供器的情況，並推論景德鎮青花瓷瓶爐供器為金屬器及青瓷、鐵繪供器外的新選擇。[11] 近來考古新發現與相關研究進一步確認，二瓶一爐供器的使用在 12 世紀晚期成形，而成套（材質、裝飾）的組合在元代發展成熟，儒、釋、道、民間信仰、宗祠家廟等脈絡中皆可見使用；而儒學（大多用銅）以外脈絡，包括用於江西婺源靈順廟的「大維德瓶」，多半選擇鄰近產地的產品。[12]

青花瓷研究史上的關鍵標準器

兩件「大維德瓶」器形一致，不論尺寸（高約 63.6 公分，從古代陶瓷的角度，算是大器）、器形或繁複的裝飾都相當突出。從尖銳的折角、口沿到足底數道突出的脊線和象耳銜環（環已殘破不存），都可看出它們與中國青銅器的密切關係。宋元時期青銅器或仿銅黑陶器有近似的器形，但完全類似的造型在此前少見，在之後的明清時青花瓷則有所延續。大瓶全器由上到下分層裝飾繁複的青花紋飾，就像是一本「元青花」紋飾手冊，由上到下計有纏枝菊花紋、蕉葉紋、鳳凰穿花紋、纏

枝蓮紋、雲龍紋、波濤紋、纏枝牡丹紋，到近足底的變形蓮瓣紋。兩件作品的裝飾亦幾乎一模一樣，僅少數細節有所差異，例如龍紋一張口、一閉口；鳳凰穿花紋一件是兩隻鳳凰皆往上飛、一件則是一上一下；足底變形蓮瓣中的雜寶排列亦不完全相同。

　　西方對15世紀（明代）青花瓷的認識，得力於像大維德爵士及布蘭克斯頓（A. D. Brankston）這類到過中國的西方學者或收藏家的介紹，如前所述，他們致力於學習中國的鑑賞傳統。然而，當時人們對於元代的青花瓷還是懵懂無知。艾爾斯（John Ayers）在其1950年代的文章〈早期中國青花〉（"Early Chinese blue-and-white"）開頭中便提到，將元青花誤植為明代陶瓷的趨勢，在博物館的展覽品名卡、或是一些特展中都經常可見。大多數的相關作品被籠統地定為13至14世紀，不然就是「宋元」或是「明代」。例如哈尼（William Bowyer Honey）在1945年出版的著作《中國及遠東地區陶瓷藝術》（The Ceramic Art of China and Other Countries of the Far East）中，則將元青花定為15世紀，與其他明代早期作品同列。東亞的情況也類似，久志卓真1943年著的《支那明初陶磁圖鑑》一書中，好幾件日本收藏的元青花被定為明代早期。迦納爵士（Sir Harry Garner）在《東方青花》（Oriental blue and white）一書前言則指出，大維德瓶在1929年被霍布森介紹給世人時，由於是孤例，大多數人都持保留的態度，並未被普遍接受是14世紀中期的作品，也曾經被懷疑是贗品。藉由與大維德瓶的風格比對，艾爾斯、迦納等學者才逐漸辨識出一群早於明代的青花瓷（元青花）。

　　然而，一直要等到美國弗利爾美術館的約翰・亞歷山大・波普（John Alexander Pope）1952年及1956年兩部里程碑式著作的出現，以大維德瓶裝飾風格作為依據的元青花樣式才堅實確立（圖4）。他從「大維德瓶」的裝飾、製作方式所顯現的外觀特徵，歸納出特屬於14世紀中期青花瓷的風格（日本學者稱為「至正樣式」）。接著以此為基礎，對土耳其托布卡匹

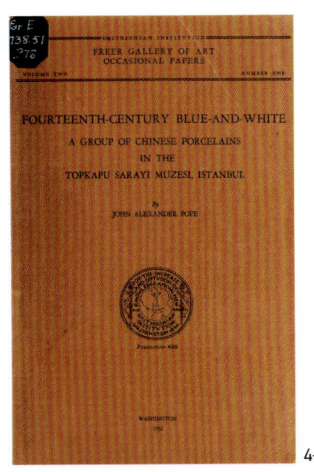

4-1　John A. Pope, *Fourteenth-century Blue-and-White: A Group of Chinese Porcelains in the Topkapu Saray Museum, Istanbul* (Washington: Freer Gallery of Art, 1952)

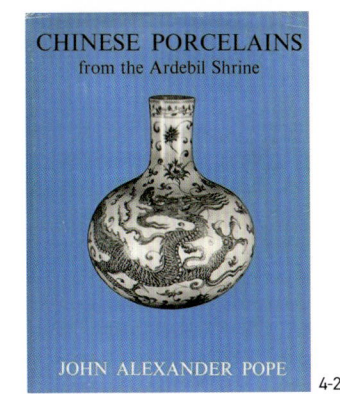

4-2　John A. Pope, *Chinese Porcelain from the Ardebil Shrine* (Washington: Freer Gallery of Art, 1956)

博物館（Topkapi Saray Museum）以及伊朗阿岱比爾神廟（Ardebil Shrine）兩大收藏的眾多青花瓷進行分析，排比出 14 世紀中、14 世紀末到 15 世紀青花風格演變的具體研究，將數十件確認為元青花的作品介紹給世人。至此，這對大瓶才從紀年孤例變成有許多可靠夥伴的關鍵之作，其裝飾風格及製作特徵，成為判斷其他作品產地和時代的重要標準。同時，世界青花瓷產業與文化的最早階段，因為成群、不同脈絡作品的出現，才有深入研究的可能。波普亦盡力爬梳中國古文獻，佐以當時零星的考古證據，探究歷史及貿易路線等背景，該研究也成為學習陶瓷史風格分析的必讀經典，而「大維德瓶」也因此奠立其無法撼動的重要地位。

這對原為中國地方寺廟訂製的青花瓷供器，在 20 世紀前期中國的歷史背景與英國東方研究氛圍的轉變下，遊歷到英國落腳，而就如其暱稱「大維德瓶」所顯示的，收藏家大維德爵士慷慨捐贈典藏予教育單位，要求公開展示、開放研究，在早期青花瓷尚且不為人週知且中國考古工作亦未全面展開的情況下，透過學者的研究分析，帶有明確紀年、豐富裝飾的「大維德瓶」，作為青花瓷研究史上重要的標準器為世人廣知，成為中國陶瓷史上最著名的作品。而龜井教授在全面整理中國考古新發現的材料後，提出「至正樣式」在明代早期延續的看法，也讓以「大維德瓶」為代表的元青花風格研究，邁入下一個新階段。就在這一連串的因緣際會下，「大維德瓶」現今陳列在大英博物館 Room 95 設計新穎、寬敞舒適的大維德典藏（Percival David Collection）展廳中，你隨時可造訪親見這對珍貴、著名的青花大瓶。

9　黃清華、黃薇，〈至正十一年銘青花雲龍瓶考〉，《文物》，2010 年 4 期，頁 64-76。

10　Peter Y. K. Lam, "The David Vases Revisited: Annotation Notes of the Dedicatory Inscriptions," *Orientations*, vol.40, no.7 (2009): 70-77.

11　施靜菲，〈元代景德鎮青花瓷在國內市場中的角色和性質〉，《國立臺灣大學美術史研究集刊》，第 8 期（2000.3），頁 154-155。

12　謝璿，〈元代釋奠祭器研究——以湖南瀏陽文靖書院祭器為中心〉（臺北：國立臺灣大學藝術史研究所碩士論文，2019），頁 50。

18 我的老友來自西元 1351 年

James Neville Spencer —— 史彬士

大維德瓶

元代在中國陶瓷器歷史上是關鍵的轉變期。陶瓷產業在這時從如宋朝時一樣有多重中心且分布廣泛，轉變為高度集中於景德鎮。主因之一是當地使用中東進口的鈷料，發展出在白瓷畫上青藍圖案再經上釉燒製的釉下彩瓷器。釉下彩紋樣有一大實際好處，即受到高溫燒製的透明釉所保護，不受磨損與傷害。中國透過這個文物類型影響了世界，尤其是越南、韓國、日本與歐洲。

元　青花象耳大瓶之局部　1351 年款　高 63.6 公分、63.8 公分　大維德中國藝術基金會舊藏寄存大英博物館

　　在我的專業生涯中，包括 1969 年起先後在倫敦和香港於國際拍賣行（佳士得）工作、1989 年後在臺灣鴻禧美術館任職，最為有趣而富挑戰性的一面就是為各種中國的老文物鑑定年代，尤其是陶瓷器。為景德鎮瓷器定年是我的主要工作之一。在明清兩代的大部分時期，御製瓷器經常會署上年款，這些年款為其他瓷器定年提供了珍貴指引。然而，元代並沒有在瓷器上署年款的作法。

　　元代在中國陶瓷史上是關鍵的轉變期。就在此時，陶瓷產業由宋朝時的多重中心且廣泛分布，轉變為高度集中於景德鎮。主因之一是當地使用中東進口的鈷料，發展出在白瓷上繪飾青藍圖案、再加上透明釉燒製的釉下彩青花瓷器。釉下彩紋樣有一大實際好處，即受到高溫燒製的透明釉所保護，不受磨損與傷害。中國透過這個文物類型影響了世界，尤其是越南、韓國、日本與歐洲。

　　就我認為，青花瓷風行全球的另一個原因是其美感魅力。我想，藍色與白色的清晰對比在任何媒材上都很吸引人，但是藍色在一層透明釉之下多了一種深度感，像在清澈的水面下。

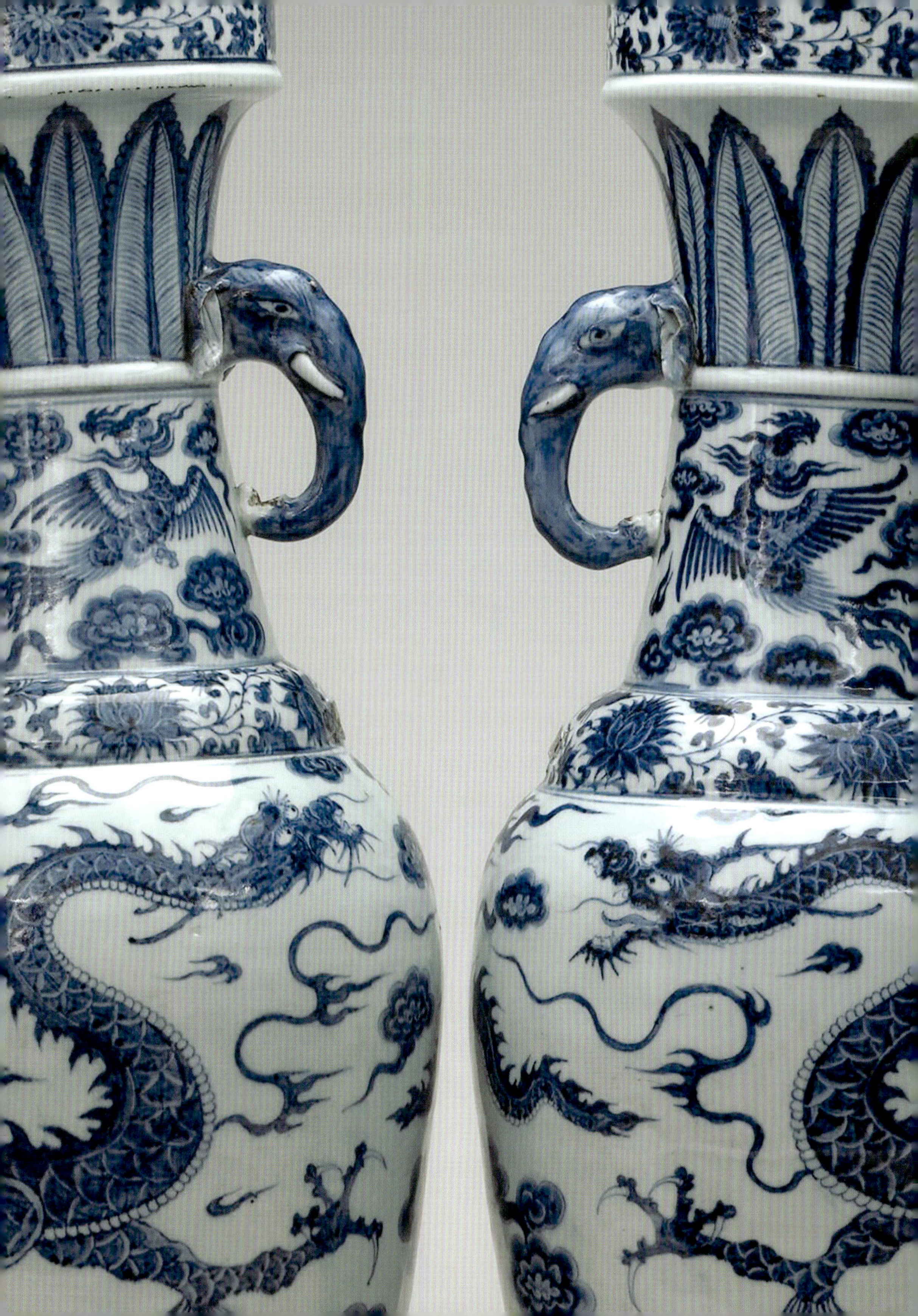

「大維德瓶」

我選擇以大維德瓶為主題有四個原因。

一、首要原因是其題記中提到的年代,「至正十一年」(1351),加上九層紋飾包含的豐富多樣資訊,有助於我們了解當時的風格,並為相關的其他元代瓷器進行鑑別與定年。為方便讀者了解,我提到的其他元代瓷器皆可見於 2012 年上海博物館展覽圖錄《幽藍神采:元代青花瓷器特集》(上海:上海書畫出版社,2012;後文皆以 SH 代稱)。

二、這對大瓶體現了元代青花瓷紋飾的美感特質。

三、臺灣國立故宮博物院的宋、明、清瓷器收藏完整,但明顯缺乏元代瓷器。

四、我視這對花瓶為「老朋友」,因為大約四十年前我在倫敦佳士得服務時,我們應邀為大維德基金會藏品進行保險鑑價,包括這對花瓶在內,我因而得以接觸它們,細細審視。我為這對花瓶估算的保險價值遠比截至當時任何中國瓷器的拍賣價都高。如果今天要我為它們鑑價,還得把那個數字再乘上三十到五十倍。

文物描述

這對大瓶編號為 B613 和 B614,高約 63.6 公分,上面繪製的紋飾分為九層,從上至下分別為:

第一層:纏枝菊花,花呈橢圓形,葉片多缺口。

第二層:層層疊疊的上仰蕉葉,一側紋飾因長文題記而中斷。

第三層:雲端鳳凰。

第四層:纏枝蓮花,朝上與朝下的花朵交錯排列。

第五層:四爪雲龍。B613 瓶的龍朝右移動,B614 的朝左。

第六層:波濤浪頭朝右的大浪。

第七層:相似的波濤紋,但較呈水平狀,浪頭同樣拍向右方,上下各有一條白色凸稜。

第八層:纏枝牡丹。

第九層:倒垂蓮瓣,蓮瓣紋內繪有雜寶圖案。

耳:頸部兩側各有一環狀把手,為象首造型並彩繪成藍色,僅有短短的象牙與眼白保留原本的白色。

款識：兩個大瓶上有相似款識（並非一模一樣），其中一則如下：

B614

信州路。玉山縣。順城鄉。德教里。荊塘社。奉聖弟子。張文進。喜捨。香炉。花瓶。一付。祈保。合家清吉。子女平安。至正十一年。四月。良辰。謹記。星源。祖殿。胡淨一元帥。打供。

B613

款識大致相同，僅此句例外：至正十一年。四月。吉日舍。

款識中提到的人物仍未能完全確認，但就本文而言最重要的一點是沒有疑義的年代：「至正十一年」（1351）。對於鑑識其他元代瓷器，大維德瓶上最有幫助的兩個紋飾主題是牡丹（第八層）與海浪（第六、七層），因此以下先就此進行討論。

牡丹（第八層）

牡丹是元代大型瓷器中最常見的花卉紋樣。它是輔助紋飾，可見於湖南省博物館藏繪畫技巧高超的魚紋盤（SH73）弧壁，以及同樣繪製精美的大阪市立東洋陶瓷美術館魚紋罐（SH6）肩部。它也作為雙孔雀主紋飾的地紋，可見於大英博物館藏的青花罐（SH4），以及伊朗國家博物館（National Museum of Iran）藏扁方壺的一側，牡丹從岩石中長出，用以填滿孔雀周圍的空間（SH31）。

不同於多數其他花卉，牡丹也作為大型元代瓷器的主要紋飾，如伊朗國家博物館藏的青花罐（SH32），上海博物館內也有三個例子，包括一件青花罐（SH7）和兩件梅瓶（SH11與12）。土耳其伊斯坦堡的托布卡匹皇宮博物館有一葫蘆式大瓶（SH30）以牡丹為唯一紋飾主題，從器足至口沿通體覆蓋。

大維德瓶上的牡丹紋飾只限於一小部分，在足部上方形成一條寬帶狀圖案（第八層），但據此辨識元代牡丹紋的特徵已綽綽有餘。綻放的牡丹以一朵俯視、一朵側視的圖案交替出現。綻放的花朵之間，上下皆有較小的含苞花朵。最重要的是葉片末梢極為尖銳，看似可以刺出血來。這些元代牡丹紋的典型特徵也見於上述所有青花瓷例子，並且最完整的牡丹紋出現在托布卡匹皇宮藏的葫蘆瓶上（SH30）。明代早期瓷器常見的牡丹葉也有尖尖的末梢，但不那麼尖刺，形成的整體印象因而柔和許多，臺北國立故宮博物院中有許多這樣的例子；尖刺的葉片並不限於元代的牡丹紋。菊花（第一層）與蓮花（第四層）也常有尖刺葉子，但元代風格在牡丹紋上最明顯可見，因而我在此處特別強調牡丹紋。

波濤紋（第六、第七層）

　　元代瓷器紋飾最一眼可見而獨樹一格的特點，也許是波濤紋的風格。這些浪頭強烈奔放，不像明代典型的波紋較為和緩起伏。雖然只是輔助紋飾，但是波濤紋很常見，因而對於鑑別瓷器並定年為元代非常實用。波濤圖案經常出現在青花罐的短頸上，例如日本出光美術館的人物紋罐（SH3）、英國劍橋菲茨威廉博物館（Fitzwilliam Museum）的鴛鴦紋罐（SH5）和其他許多青花罐器上。上海博物館圖錄中的所有青花罐與直立器皿，以及青花瓷普遍而言的波濤紋皆向右翻捲，大維德瓶亦如此。

　　在青花大盤上，波濤往往是最外圍的圖案，靠近口沿，例如在大英博物館的花卉紋盤（SH23）或湖南省博物館的魚紋盤（SH73）可見，這些大盤上的浪頭向左。然而，與在大維德瓶上一樣，波濤紋可以在同一器物上使用兩次，如大阪市立東洋陶瓷美術館的花卉紋盤（SH26）以及伊朗國家博物館的鳳紋盤（SH38）。這兩個大盤口沿上的浪頭也都朝向左方，但內緣的帶狀波濤紋則朝右方翻捲。這創造了一種朝相反方向快速移動的感覺，與兩層裝飾中的波濤都一致朝右方移動的大維德瓶形成對比。

雜寶（第九層）

　　明清兩代瓷器上典型的寶物圖案是八寶紋，八個紋樣特定而有別。元代所見則是這系列定型八寶紋樣的前身，寶物造型較為隨機，稱為雜寶，也是定年的重要線索。大維德瓶上每隔一寶物就有一個火珠，火珠如此顯著並間隔著寶物出現的風格，也經常可見於其他元代瓷器，包括前文提到的魚紋罐（SH6）、鳳紋盤（SH38），和聖彼得堡冬宮博物館（State Hermitage Museum）的青花蒙古包（SH18）。

龍紋（第五層）

　　大維德瓶上的龍紋風格迥異於明清兩代官窯風格，兩條龍皆有四爪，身體相對細窄，頸部至靠近頭部時變得更細，整體形成 S 形或倒 S 形。兩條龍都在快速移動中，因此頭部都高於尾巴尖端。龍頭上有類似鹿角的犄角，凸眼，眉毛與下巴有尖刺。在 B614 大瓶上的龍頭繪製較為生動，嘴巴大開，舌頭吐出，鼻分三葉。在各種風格的中國龍紋中，即使光以元代龍紋而論，龍看起來是如蛇形一般的，大維德瓶的兩條龍尤其像蛇。在上海博物館的展覽中，多數龍紋都屬元代

風格的變體，鼻部較長，如波士頓美術館（Museum of Fine Arts, Boston）的一件青花罐（SH47），以及日本出光美術館的扁方壺（SH48），我認為它們代表了元代較常見的龍紋風格。雖然伊朗國家博物館一件青花盤（SH35）上有隻三爪龍的頭部與大維德瓶上的極為相似，但整體而言，相較於其他紋樣，我認為大維德瓶的龍紋在為元代瓷器定年上幫助較少，因為它們太特殊了。然而，我認為這對龍展現了元代瓷器裝飾的極致。對我而言，這兩條龍雖然騰雲駕霧，卻好似在水中竄升的水蛇。

大維德瓶的歷史

裴西瓦樂・大維德爵士從兩個不同收藏來源買到這兩個花瓶，讓它們重新成對，並且在 1935 至 1936 年的倫敦中國藝術國際展覽會展出 B613 大瓶（展品編號 1476）。這對大瓶與大維德爵士的其餘收藏，如今常年展示於倫敦大英博物館。

大致而言，直到進入二十世紀，因為缺少紀年，也少有款識，學者對元代最早的景德鎮青花瓷特性仍缺乏瞭解，而大維德瓶正為這段時期的風格提供了關鍵資訊。1950 年代，約翰・亞歷山大・波普在審視伊朗的中國瓷器時，發現其中有些與大維德瓶的風格極為相似，這才察覺到它們必然源自同一時期。如前所述，2012 年上海展覽中幾件來自伊朗的展品，與大維德瓶有許多近似之處。我認為，直徑 57.5 公分的那個大盤（SH38）在風格上與大維德瓶尤其相似，並有四種相當的紋飾：牡丹、菊花、鳳凰與海浪。這個大盤與此時期的其他青花盤，都有釉下彩的藍色伊斯蘭文字題記，而這個大盤的題記位於口沿底下，這表明了穆斯林在刺激中國青花瓷早期發展中所擔任的角色。

結論

大維德瓶所顯示的是，當它們在至正十一年（公元 1351 年）製造出來時，景德鎮的青花瓷已臻成熟且品質精緻，為中國國內市場而定製。中國青花瓷對全世界的陶瓷器產生重大影響，因此能看到並了解其發展的最早階段，是格外有意思的事情，1351 年的大維德瓶讓我們得以做到這點。在我看來，它們比那個時期任何其他作品都更能展現元代青花瓷紋飾的風格與特徵。同時，它們也闡明了元代青花瓷紋飾獨樹一格的美學特質。

一，不只是一

19

Jeffrey Moser —— 孟絜予

13世紀鈞窯碗

視覺描述讀來令人愉悅，因為它召喚出共享經驗的同情共感，以及一個人對事物尚未成形的感受被另一個人清晰闡述的愉悅快感。翻譯中的藝術最讓人愉快的一點是它強化了這些感受，捕捉到我們擴展感知中的未知特質，並將我們的共鳴延伸到那些以我們不熟悉的方式來界定他們和我們共同感知事物的人士。在故宮博物院工作時和在那之後多年，我在每一篇我所翻譯的視覺描述中，在不同意義上，經驗過這些感覺。這樣的愉悅變得如此令人習以為常，以至於我不再明確意識到愉悅感。但是，偶而我還是會強烈感受到翻譯的快感。其中一次牽涉到一個13世紀的小瓷碗。

元　鈞窯天藍碗　高 10.7 公分　口徑 23.1 公分　足徑 6.7 公分　國立故宮博物院藏

我是在翻譯中發現中國藝術的。或者該說，我是透過翻譯發現它的——透過嘗試用英文表達中文藝術詞彙的經驗。一開始在國立故宮博物院擔任翻譯時，我已學了一年中文，但口語能力還是幾乎全無。我沒有受過關於翻譯這門技藝的正式訓練，也欠缺真正的譯者和口譯員對於將文本轉變為另一個語言的不同途徑的知識。我有的只是一本折角愈來愈多的遠東漢英辭典、任何母語人士對當代英文還算過得去的知識，以及美國人那種默默的自負，覺得自己可以克服任何挑戰。我會受雇的唯一原因是這份工作的薪水實在太低，沒有真正的譯者申請。

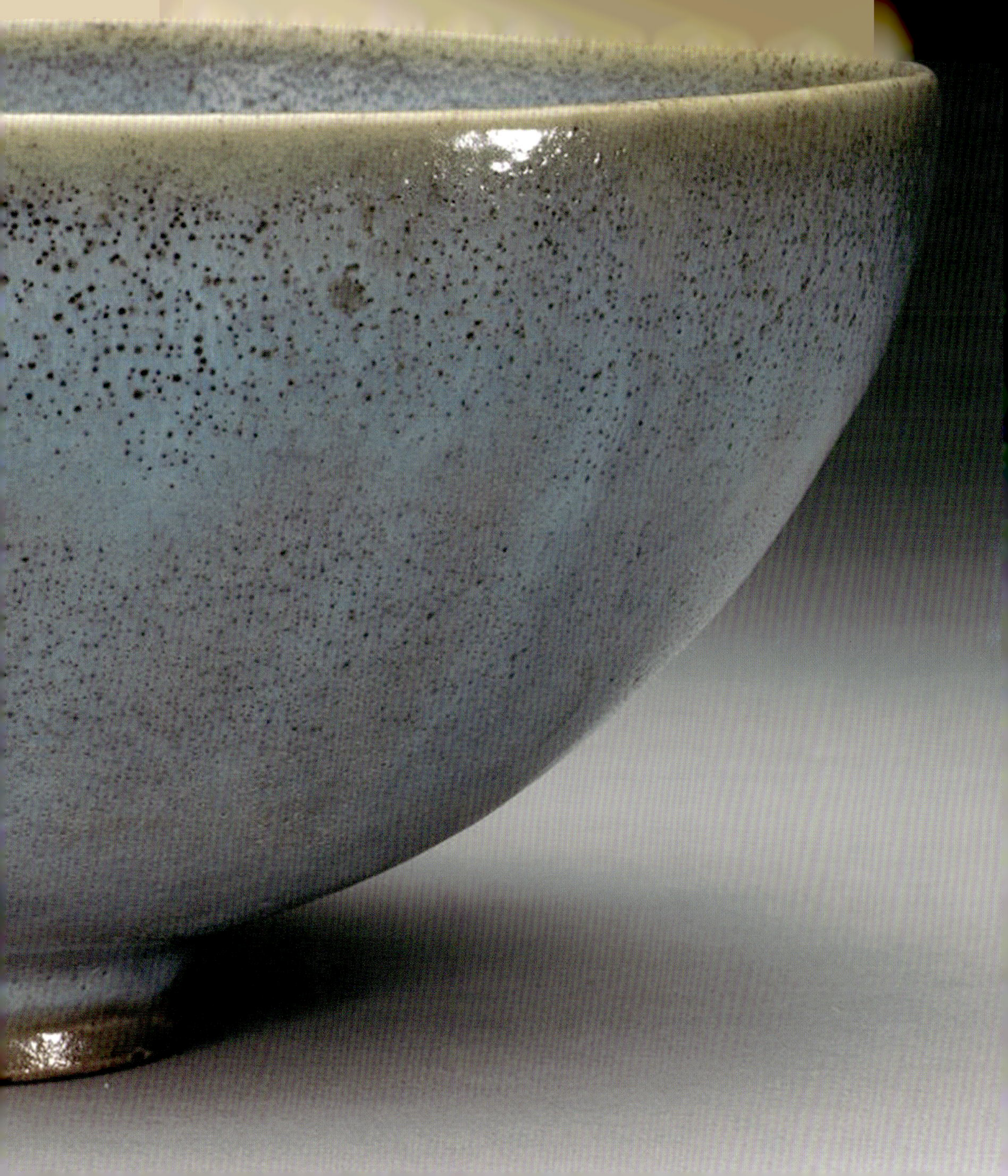

不意外的，我起初的翻譯慘不忍睹。幾年下來慢慢有了改善，我得知了同義字字典的價值，也理解到增進我的英文知識，和在每分每寸上增加我的中文理解，是同等的重要。我的閱讀量增加了，我的博物館同事和大學朋友也幫了大忙。

我也得益於被交付給我翻譯的文章的兩個特點。首先，它絕對不是文學。至少，寫的人不覺得是文學，更重要的是，將文章交給我翻譯的部門負責人與行政人員也不這麼認為。我被賦予的任務是傳達訊息，並且以英文母語人士能夠接受的方式完成。這給了我空間，得以在我覺得有必要的時候重組段落和改寫句子，以傳達我認為文中蘊含的意義。

第二——這也講到了本文要旨——我在寫的是關於藝術的文字。當然，藝術相關的許多寫作方式從本質而言並不比其他主題的寫作容易翻譯。多數藝術史學者所寫的，那些關於藝術家及其生平，以及塑造他們和該作品時代的論文與專書，翻譯起來的難度就像任何學術論文。但是有一種寫作比較容易翻譯，那就是將藝術品本身置於文本中心的寫作——策展人用來將觀者目光吸引到某件展品特質的詳細描述，以及藝評家與藝術史學者用來將這些描述轉變成具有批判性的判斷與歷史論敘之視覺分析。在這些情況中，譯者有自己獨立接觸文本所描繪物品的機會，也可以透過這樣接觸去判斷作者每一個用字遣詞所努力想描述的是什麼。

所有視覺描述在實際上都有兩個對話者：寫下文字的人，和回應這些文字的物品，它可能拒絕作者的一些用語，又為另外一些背書。物品的形式舞過一片與作者腦中其他形式有所聯想的境域，以及作者沿襲自他的語言、教育和社群，用來描述那些形式的語彙。從事視覺描述作品的翻譯，就是與這兩個孿生對話者的對話——透過文本的薄紗看見物品，同時透過自己與物品的接觸體會文本。

視覺描述讀來令人愉悅，因為它召喚出共享經驗的同情共感，以及一個人對事物尚未成形的感受被另一個人清晰闡述的愉悅快感。翻譯中的藝術最讓人愉快的一點是它強化了這些感受，捕捉到我們擴展感知中的未知特質，並將我們的共鳴延伸到那些以我們不熟悉的方式來界定他們和我們共同感知事物的人士。在故宮博物院工作時和在那之後多年，我在每一篇我所翻譯的視覺描述中，在不同意義上，經驗過這些感覺。這樣的愉悅變得如此令人習以為常，以至於我不再明確意識到愉悅感。但是，偶而我還是會強烈感受到翻譯的快感。其中一次牽涉到一個13世紀的小瓷碗。

這個小碗的特徵，尤其是富光澤的厚釉，使人一眼就能認出它是鈞瓷。它的形狀是鈞窯形制中最最常見的，但是製作得格外優雅：陡壁以穩定的弧度內曲，收在小而穩固的圈足。如同其他鈞窯製品，這個瓷碗裡外都上了一層細緻地多層次色彩變化的釉彩，其顏色與質地都難以簡單描述。這種釉彩在中文裡稱為天藍，這一詞彙捕捉了此釉色特質的諸多面向，但是對於在乎用字是否能擊中一個令人回味印象的作者，將其直譯為「天空藍」（sky blue）容或有些乏味而帶著分類學的意味。「淺天青色」（pale azure）聽起來比較順耳，但也只能暗示其釉彩的複雜性。

　　釉料中瀰漫著細小的氣泡，而氣泡本身又被愈來愈小的氣泡包覆著，直到氣泡小到消失在它們所折射的色調當中，這樣的釉，就像是在沙漠深處的夜晚，滿天繁星的反轉。 不是黑暗中的光點，而是無盡的由色調所形成的地貌（topography of tone）。氣泡中的氣泡中的氣泡，層層的氣泡強化了泡沫最密集處的色調。在燒製過程中的高溫階段，重力牽引熔融的釉層，沿著小碗的側邊流下，既使得最接近圈足處的區域色調變深，而又使得碗口的釉層變薄，成為幾乎完全透明，露出下方瓷土溫暖的土黃色。

　　在土黃色的碗口與天藍色的碗體這兩個極端之間有一片狹窄的漸層區域，我在故宮為英語遊客導覽時，經常將它描述為像是海水從沙灘退去，在淺處清澈但愈往深處去愈藍。訪客似乎都很喜歡這個「淺灘處的沙子」的隱喻，這是我從別人那裡偷學來的，遺憾的是我已記不起那人的名字。不過，就像「天藍」與「淺天青色」一樣，其能表達的也有限。因為這些氣泡不是海洋的氣泡，不是浪花和水沫，而是碳化而滾燙、像是金星上曾有的海洋中的腐蝕性化學物質，如今在鑄型冷卻後固定於玻璃質中。碗口的漸層則是元素的色彩與其實體之間的交相輝映——暖的胎土位於上方光亮的水層底下，下方是一片天青色的火山氣體。

　　當我有機會用一套新的語彙思考這個器物時，我已經在博物館工作並且在導覽中介紹這個小碗一段時間了。當時，器物處剛完成佈置故宮著名的鈞瓷收藏特展。除了特展圖錄，他們也編製了一片光碟，裡面包括對約莫一百件藏品的簡短描述，外加介紹其生產製造與相關歷史的短文，以及一系列動畫遊戲和一些2002年左右作為文化遺產新穎運用方式的數位特色。我被交付將光碟內容翻譯為英文的工作。

　　這些視覺描述是頗為公式化的，一旦我確定如何翻譯一些固定用語後——比如斂圓口，當時我頗呆板地翻譯為「內翻的器口」（inward-turning lip），但現在的我

會以較為說明性的方式譯為「碗口在接近邊緣處幾乎難以察覺地收窄」（the mouth of the bowl narrows almost imperceptibly as it approaches the rim）──翻譯工作便進展得很快。短文也同樣直接，且重覆我從學業上與其他翻譯工作得來的關於鈞瓷類型、窯址考古，以及鈞釉化學的相同基礎知識。

但是翻譯進展到那只13世紀的小碗時──清單上109件器物中編號68──我遇上了麻煩。多數描述文字都沒問題：「斂圓口」，知道。「天青色釉」，搞定。「矮圈足」，沒問題。但接著我碰上了以前沒碰過的用語：外弧壁局部沾染土漬。前面的「外弧壁局部……」我懂。但是「沾染土漬」是什麼意思？字典告訴我沾染是「擴散」或「染色」之意，而土漬大約是「泥土的污跡」。然而，沾染指液態，而泥土是固態的。要如何用泥土去沾染什麼？說「弄髒」也許可以，或是「包覆」（encrust），但怎麼能說「沾染」？此外，那只小碗看起來一點都不髒。相反的，它的釉色通體富光澤而滑順。土在哪裡？

博物館的同事很快讓我知道問題在哪裡。他們解釋，問題在於我不夠熟悉水墨畫的語彙，以及這套語彙如何影響中國鑑賞家談論一般藝術的方式。我試圖根據自己對釉彩的了解從字面理解這個用語。我應該做的是援用水墨的美學，用隱喻的方式去解讀。

這個用語要描述的是碗外壁因為釉層薄而色淺，露出底下土胎的區域。這些土色區域的邊緣擴散到周圍隨著釉層變厚而成為藍色的地方。這樣的效果接近一滴可溶的顏料在水彩畫中擴散暈開的效果，儘管真正的現象比較接近把色彩浸出（leaching away of color）。因此，在一層薄而如水的覆蓋層之下隱約透出土胎，被比擬為幾滴土褐色顏料在一池藍色中溶解開來。以這類轉化的語彙去思考──將一個媒材的減少，想像為另一媒材的注入──是一個人若想掌握筆墨藝術（書畫）浸染中國美學鑑賞語言的方式，所必須採取的第一步。將一個瓷器形容為「被點滴的泥土所沾染」，就是將之視為一幅水墨畫。

每當我們面對一個物件，而其特質挑戰我們語言極限的時候，我們會想到哈格伯格（G. L. Hagberg）所說的「不可言說性的原則」（doctrine of unsayability）：感覺到「美學上所見與所言之間不可穿透的障礙」。[1] 美學作為前提的概念正是傾向將藝術的價值定位於那種拒絕被分類與簡化合併的特質，而這卻是語言所必須要強加於上的。

1　G. L. Hagberg, *Art as Language: Wittgenstein, Meaning, and Aesthetic Theory* (Ithaca, NY: Cornell University Press, 1995), 8.

見 ◉ 13世紀鈞窯碗 ◉

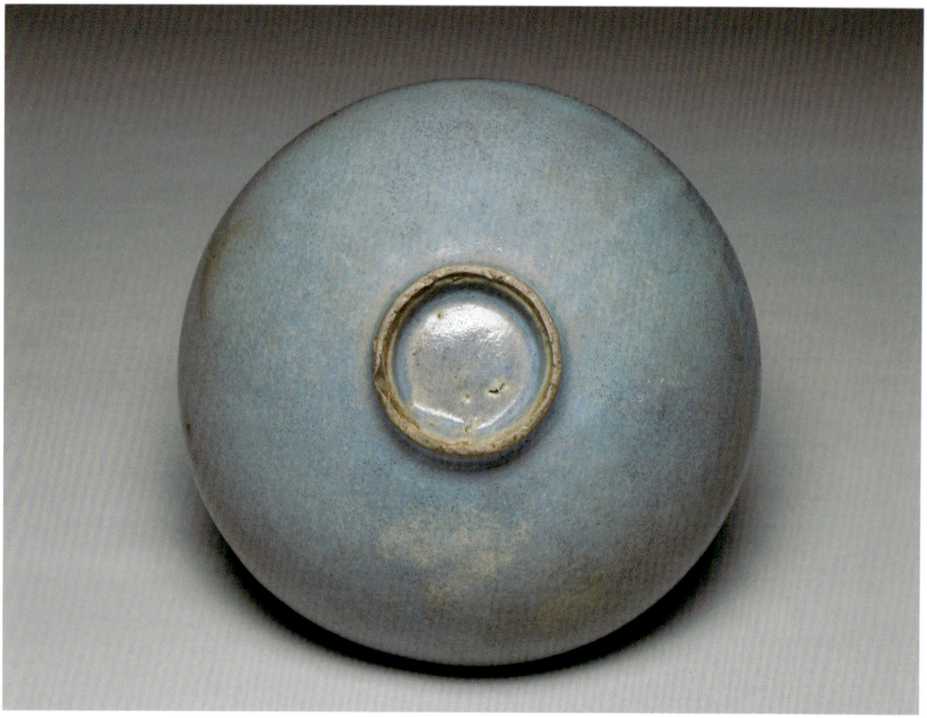

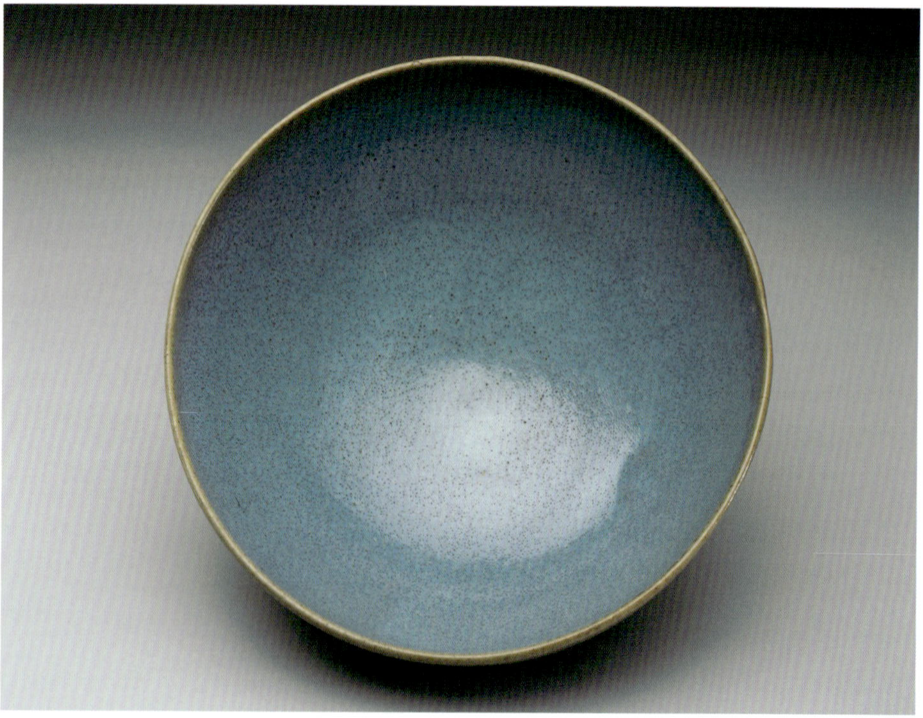

在重視這些特質所建立的鑑賞典範上,對一名視覺藝術作品鑑賞者所作的情感要求,與對一名外國文學翻譯者所作的情感要求是類似的:不論他們在自己的語言中找到哪個字彙去描述他們所看到或讀到的東西,不可避免地都會顯得不足。每個譯者掙扎地尋找方式表達那些根本沒有對應的詞彙,而且並非巧合地,這些詞彙通常就是那些清楚地呈現這件作品即是文學的詞彙。視覺藝術作品也許不像外國文學作品,但它與文學擁有同樣的能力,使人察覺到自己語言的侷限。

但是當一個挑戰既是視覺欣賞也是文學翻譯時,這些限制就不再那麼令人覺得有限制性。若不是負責翻譯瓷碗的描述文字,我永遠不會想到把它與一幅水墨畫相比。以這樣的方式看這個碗,給了我可以用來描述它的另一個隱喻:先是星星,然後是海,如今是筆墨。但是這也讓我察覺到亨利・福西永(Henri Focillon)著名的說法「造型的生命」(la vie des forms),其於藝術作品之中與之間開展:這是一種能夠讓隱喻的表達方式足以令人信服,而存在於不同物品之色彩與形狀間的關聯。[2] 透過這些方式觀看,讓描述那只碗的工作變得更豐富而充實,也賦予我所知道的語言更多力量。像浸出(leaching)與流出(bleeding)這樣的語詞,本身用以描述水墨在紙上效果之比喻,如今似乎也適用於瓷器了。

這一切都源自一個簡單的事實,那就是這個碗不只是碗,而是不同形式的連結點,將我們對它的感知與我們對其他物品的經驗連結在一起,它也是一個觸媒,引發永無止盡的言語表述(verbalization)。完美的描述永遠都將可望而不可及,但是追求的過程幫助我們針對所見之物表達出更多我們所看到的,也分享他人的感知。翻譯中的藝術提醒我們,我們並不孤單,我們在一起,在物品裡、也透過物品,彼此交會。它提醒我們這個根本而令人安心的事實:一個,永遠不只是一個。

2　Henri Focillon, *The Life of Forms in Art*, trans. Charles B. Hogan and Georg Kubler (1934; New York: Zone Books, 1992).

20 最會說故事的一幅畫

林麗江

顧愷之《女史箴圖》

現在幾乎可以說，這是我看過最會說故事的一幅中國畫，各種層次的訊息蘊含其中。也因為帶著學生慢慢看畫，收穫很多。隨著次次細看，次次驚艷且拍案叫絕。

晉　顧愷之　《女史箴圖》之局部　卷　絹本設色　24.8×348.2 公分　大英博物館藏

　　1990 年左右，就讀碩班時初次看到《女史箴圖》(圖1)，其實不太能領略當中的奧妙。此畫歸於晉顧愷之（345-406）名下，是根據晉張華於公元 292 年所作〈女史箴〉一文繪製的長卷，[1] 可能為 5 到 7 世紀間的摹本，目前藏在大英博物館。畫卷上女子們都臉帶長方，長得很像，當時圖版又不清楚，只是因為大家都說好，所以是好的吧？後來圖版越出越好，這些有著婀娜身形的宮中女子似乎越來越好看，我也漸漸領略出畫家想要傳達的特殊意涵。現在幾乎可以說，這是我看過最會說故事的一幅中國畫，各種層次的訊息蘊含其中。也因為帶著學生慢慢看畫，收穫很多。隨著次次細看，次次驚艷且拍案叫絕。

---

[1] （晉）張華，〈女史箴〉，收於（梁）蕭統編，（唐）李善注，《昭明文選》（清胡克家重刊宋淳熙年間尤袤所刻李善注本），卷 56；線上文本可參考《維基文庫》：https://zh.m.wikisource.org/zh-hant/%E5%A5%B3%E5%8F%B2%E7%AE%B4 （2021/7/18 檢索）；作品圖版請參見大英博物館線上資料庫：https://www.britishmuseum.org/collection/object/A_1903-0408-0-1 （2022/8/14 檢索）。

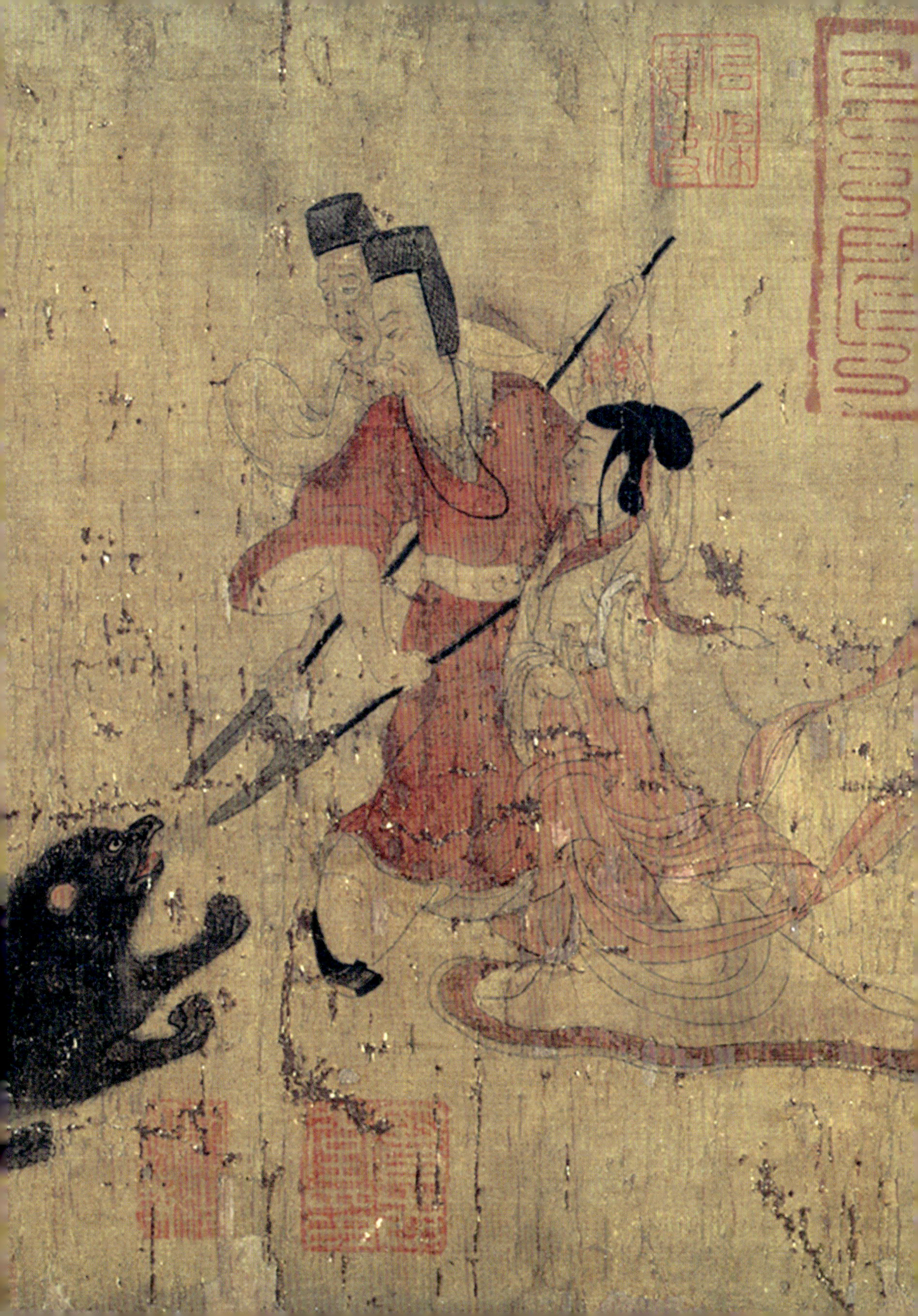

物 ◉ 最會說故事的一幅畫 ◉

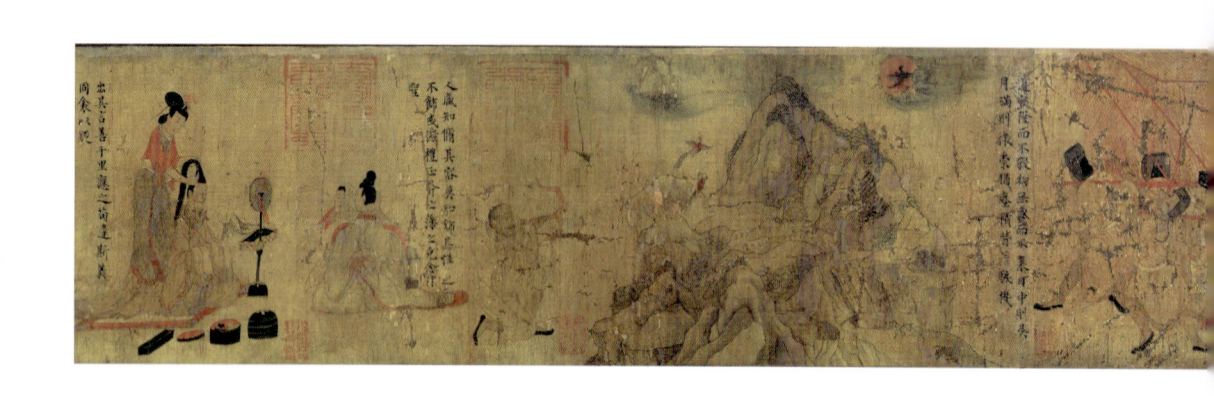

1　晉　顧愷之　《女史箴圖》　卷　絹本設色　24.8×348.2公分　大英博物館藏

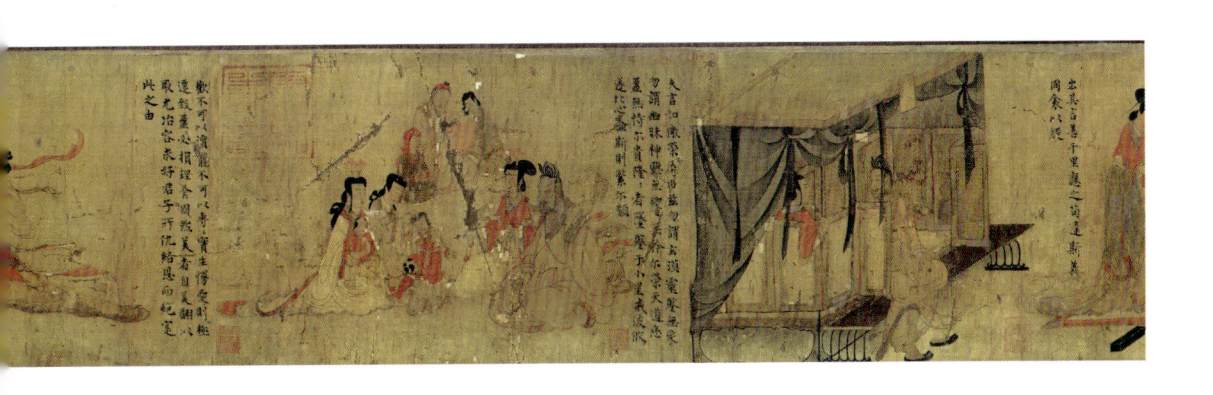

稍早之前，《女史箴圖》的重要性有很大一部份在於畫上有著山水，是傳世中國畫上最早描繪山水的例證（圖2）。然而，為什麼畫家要在一卷人物故事畫上擺上一座山呢？這座山配上兩旁的日月，畫出了文本所提及的物象，也表現出日月如梭時光快速移轉的意涵。山與日月的並列，既是地理的變遷，也是時間的推移。更值得注意的是，古原宏伸老師很早就指出，山的右邊都是歷史婦女典範，山的左方則是現實中宮女們的境況。[2] 張華〈女史箴〉的文本，確實在前段列舉了值得仿效的典範，之後則敘述女子該遵守的規範。這應是畫家透析文本後，再藉由組構文本所提及的物象，創造出山與日月來區隔歷史典範與現世境況，是相當巧妙的安排。

山前的女子典範，目前只剩下馮媛擋熊跟班姬辭輦兩景。一開始的馮媛擋熊（圖3），主要有兩組人物，一組是坐著的漢元帝以及兩位想要向外逃離的嬪妃，另一組則是兩個持槍的侍衛以及馮婕妤，三人擋住熊以護衛皇帝。漢元帝似乎面無表情，然而他結於下巴的冠纓卻向兩旁翹起，手中持劍作勢欲動，衣袖向上翻飛，充分表現出震驚而氣勢上騰的狀態。擋熊的兩名侍衛，各自有不同的表情，紅衣侍衛揚眉抿嘴、表情堅毅；半躲在後的白衣侍衛，卻是雙眉緊皺面容愁苦，衣袖飛起顯示出震驚、想退卻又不得不持槍護衛的樣貌。兩人恰好演繹出面對猛獸的不同反應，十分傳神。馮婕妤手中無任何持護自身的器具，卻挺身而出，以肉身相擋，面無表情的她，或許心中也有些許害怕？旁邊兩名侍衛的反應，彷彿是馮婕妤心情的具體映現，但是勇敢顯然戰勝恐懼，馮媛擋熊的事例成了千古佳話。在此，畫家透過翻飛的衣袖甚至是揚起的冠纓，來表現人物震動的情緒，這種作法在東漢的畫像石（圖4）便可見到，是一種固有的圖繪語彙；同時，下階層的人物有明顯的表情，而在上位者臉部並不表現出過多的情緒，反而是藉由身體的姿勢、動作或身上衣物的狀態來表現內心的風景。

4　東漢　沂南漢墓中室北壁東側畫像之局部
　　取自中國畫像石全集編輯委員會編，《中國畫像石全集1 山東畫像石》（山東：山東美術出版社，2000），頁162，圖版213

2　晉　顧愷之　《女史箴圖》之「道罔隆而不殺」局部　卷　絹本設色　24.8 × 348.2 公分　大英博物館藏
3　晉　顧愷之　《女史箴圖》之「馮媛擋熊」局部　卷　絹本設色　24.8 × 348.2 公分　大英博物館藏

2　古原宏伸,〈女史箴圖卷〉,《國華》,99 期(1967.12),後收於《中國畫卷の研究》(東京:中央公論美術出版社,2005),頁 65-128;Shane McCausland, trans., ed., *The Admonitions of the Instructress to the Court Ladies picture-scroll by Hironobu Kohara* (London: School of Oriental and African Studies, 2000)。謹以此篇文章紀念古原宏伸老師。

見 ● 顧愷之《女史箴圖》 ●　　　　　　　　　　　　　　　　　　　193

班婕有辭割歡同輦夫豈不懷陽諫蠹遠

漢成帝

漢成帝班婕妤者班況妣也成帝初即位選入後宮始為少使蛾而大幸為婕妤居增城舍有男數月失之成帝遊於後庭嘗欲與婕妤同輦載婕妤

漢成中班婕妤

194　物 ● 最會說故事的一幅畫 ●

畫卷第二景班姬辭輦的故事（圖5）則是班姬告誡漢成帝，聖君應該要親近大臣，而不要親近女色，因此拒絕跟漢成帝一起坐上輦子。上課的時候，我往往忍不住問學生，那麼跟漢成帝一起坐上輦子的是誰呢？由於年代久遠，畫幅不是如此清晰，學生們會有各種猜測，有的猜是另一位妃子，有的就會認為是某一位大臣。等到把影像放大到可以看到這位人物的帽纓時，大家才會恍然明白這是名男子。漢成帝在班姬的堅持之下，跟大臣坐上了輦子，然而畫家卻故意畫出漢成帝回頭望著班姬，留戀不去，並沒有真的親近他身旁的大臣。如果跟司馬金龍墓出土的同一主題的屏風漆畫作對照，更可以見出畫家在此另有隱藏的涵義。漆畫屏風的班姬辭輦一景（圖6），漢成帝獨自端坐在輦上，雖然也回頭留戀的望著班姬，但是抬輦諸人仍然是行列整齊。對照之下，《女史箴圖》裡的輦夫們行列混亂，或抬或撐的扛著輦子，有的輦夫甚至是苦苦掙扎的樣貌。畫家這樣圖繪抬輦眾人，似乎顯示出漢成帝的御下無方；輦夫們痛苦的神情，更暗示著漢成帝治下的百姓生活困頓。在漢畫像石上，也有桀騎在女子身上的圖像（圖7）。在班姬辭輦這一景，畫家使用了此類描繪昏君的圖像傳統，暗示在上位者的無道，使得原來主要是歌頌女子賢德的故事，更進一步映襯出帝王的昏庸。

5　晉　顧愷之　《女史箴圖》之「班姬辭輦」局部　卷　絹本設色　24.8 × 348.2 公分　大英博物館藏
6　北魏　漆畫屏風之「班姬辭輦」局部　約 80.0 × 20.0 公分　司馬金龍墓出土　山西省大同市博物館藏
7　東漢　武梁祠畫西壁畫像之局部　左為夏桀　取自中國畫像石全集編輯委員會編，《中國畫像石全集1 山東畫像石》，頁29，圖版49

夫言如微榮辱由茲勿謂玄漠靈鑒無象勿謂幽昧神聽無響無矜尔榮天道惡盈無恃尔貴隆者鑒于小星戒彼攸遂比心螽斯則繁尔類

10

　　在山之後，依照女史箴的文本，都是對於女子該如何修養自身的勸誡。然而畫家卻能夠從一連串的告誡中，挑出某些意象，做成一系列有意義的圖繪。若是單只看到圖像，山後的數景根本是宮中女子生活的寫照，我認為可以分別視之為入宮梳妝、得寵侍寢、位極尊榮、愛極則遷、反身自省、女史司箴等景。入宮梳妝一景（圖8）是對應著「人咸知修其容，莫知飾其性」等句，畫面上宮中女子正忙著梳妝打扮，盼望美麗的妝容可以獲得帝王的寵愛。得寵侍寢一景（圖9）對應著「出其言善千里應之，苟違斯義，同衾以疑」的文句，原本是一種譬喻，然而畫家卻藉此意象，將場景設在寢宮之中。帝王坐在床邊望著嬪妃，後者背靠著矮屏右臂往後開張搭掛屏上，很是囂張的模樣。而帝王的雙肩微皺，右腳似乎正要穿上鞋或者是要脫下鞋的當刻。上課的時候，學生對於到底皇帝是要穿鞋還是要脫鞋，也眾說紛紜。然而細觀帝王的左小腿還被壓坐在屁股之下，應是他正要下床來的當刻。看起來似乎是獲得帝王寵愛的妃子正在鬧脾氣，弄得帝王也不高興，所以轉身要離開。畫家畫出了「同衾以疑」，然而更是畫出了妃子侍寢，正是得寵的時刻，甚至可以對著帝王擺出不遜的姿態。

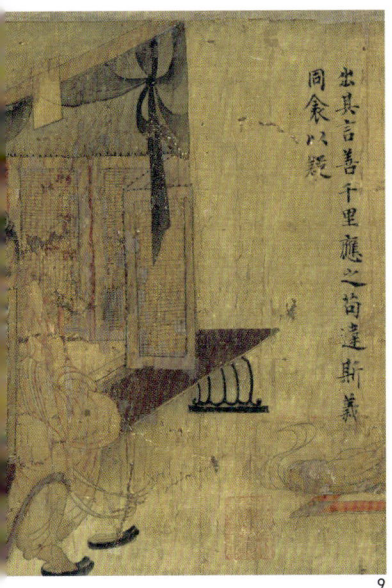

8　晉　顧愷之　《女史箴圖》之「人咸知修其容」局部　卷　絹本設色　24.8 × 348.2 公分　大英博物館藏
9　晉　顧愷之　《女史箴圖》之「出其言善千里應之」局部　卷　絹本設色　24.8 × 348.2 公分　大英博物館藏
10　晉　顧愷之　《女史箴圖》之「比心螽斯則繁爾類」局部　卷　絹本設色　24.8 × 348.2 公分　大英博物館藏

　　再來的一景（圖10），似乎是全家和樂融融的樣貌。旁邊題寫對應的文本相當長，再度申明做人言行要小心，神靈都在看著這一切，不過圖繪的重點似乎在於後面的四句：「鑒於小星，戒彼攸遂。比心螽斯，則繁爾類。」強調不要專擅帝王的愛，而且要像螽斯一樣，多生子女。此景，人物被分成兩列，上面一列中間一位長者，正在讀卷軸，他的右手邊是位較為年長的婦人（？）雙手合什，他的左手邊則是一位年輕的女子，手中還拿著卷軸。多年來，我一直沒辦法真正的解讀這群人物代表著什麼，特別是年長的兩人服裝相當特殊，並不是常見的漢人服飾，或許是某些神職人員？留待高明解惑。

　　即使無從確定上面三人的角色，下面這一群帝王后妃群像則充滿戲劇張力。畫面的右方是皇帝與皇后，畫面左方則是兩位嬪妃跟他們的三個小孩。學生們都會認為這是和樂的全家福，然而，請他們細看後，卻觀察到當中的暗潮洶湧。兩位嬪妃各自照應著小孩，最左方被抱在懷中的小孩，眉頭向下並不是很開心。不過最不開心的或許是中間的大孩子，皺著眉摸著頭，他的母親也輕撫著他，似乎是頭受了傷。而且這位小孩的左手張開，指向皇后手中所拿一件類似項鍊的紅色

物件，想向前拿取。而最左方在母親懷中的小孩，手上就拿著一件白色圓形物件。整件事看起來，可能是皇后先前拿出了那個白色的物件，兩個小孩為了搶東西，而相互有些拉扯，使得大孩子頭部受傷，畫面描繪的是爭吵事件稍稍平息的時刻。然而皇后又拿出另一件紅色的物事，剛剛沒有搶奪成功的小孩，一面跟母親撒嬌，一面還伸手想拿取，可是前方還有一個小小孩在地上爬行，也轉頭望著那個紅色的圓形物件，恐怕下一場爭吵又將開始。皇后看來像是沒有子嗣，嬪妃們倒是有不少的小孩。小孩之間有爭吵，也可以想像嬪妃之間一定有許多紛爭，沒有子嗣的皇后，藉由賞賜物件引起爭端，以便鞏固自身的地位。成為皇后，或者是成為有子嗣的嬪妃，是宮中女子能夠到達的最頂端，不過即使已是位極尊榮，后妃們仍不免有許多煩惱。乍看之下的全家福的群像，其實隱含著各種爭奪與陷害（甄嬛傳？）。

然後就到了寵愛翻轉的時刻（圖11），此段文本極力說明「驩不可以黷，寵不可以專。專實生慢，愛極則遷」的道理，圖像上帝王正在拒絕曾備受寵愛的嬪妃，一如往常的，兩人臉上並無太多的表情，但是肢體語言卻很清楚顯示兩人的心情，左方的帝王舉起雙手要嬪妃別再靠近，一邊作勢離去，嬪妃趨前要接近帝王，同時右手撫著自己的胸口，似乎質疑帝王為何不瞭解她的真心。之前被專寵的妃子，可以肆意的對待君王，此刻或許因為太過嬌縱，或許因為帝王有了新歡，終於失去了寵愛，到了「愛極則遷」的境況。

山後緊接著的這幾景，即便讓不懂文本的女子觀賞，也能辨識出這就是宮中女子可能會有的遭遇。剛入宮時仔細的妝扮自己，以求獲得君王的寵幸；得到寵幸之後，或許得以升遷成貴妃，甚至登上后座；更好的是，生有子嗣來鞏固自身的地位。不過，世事多變，一旦失去帝王的寵愛，一切便成空。所以作為宮中女子除了要獲取帝王之愛以外，應該還要能夠修養自身，這就是下一景（圖12）「反身自省」的要義，如果能時時靜恭自思，就能獲取最後的榮耀。即便是讀不懂文本的嬪妃，也看得懂圖上所描繪的宮中女子可能的境遇，那能夠不知所警惕呢？然後，就來到最後的一景（圖13），從畫面左方走進來的兩位女子，就像是剛剛入宮的天真又帶著種種企望的女人，面前的宮中女官正執筆寫下這篇文章，提醒著她們要好好的修身，才能常保富貴。

畫卷是以圖文並列的方式呈現，因此觀畫者能清楚知道畫家畫的是那些文本，圖文可以相互的映照。就文本的安排來說，張華其實在許多地方都叨叨絮絮的一再重複，是畫家用盡巧思，採擷文本當中所提及的物像，將之編綴成有意義

11　晉　顧愷之　《女史箴圖》之「歡不可以瀆」局部　卷　絹本設色　24.8 × 348.2 公分　大英博物館藏

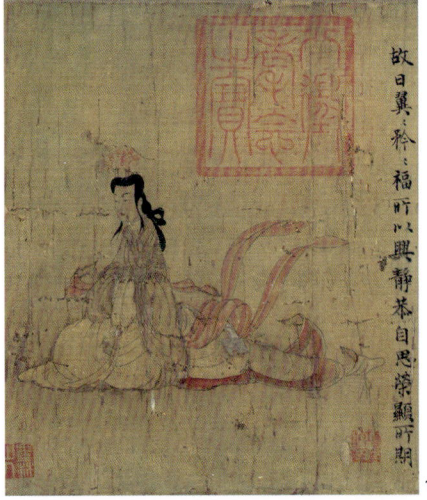

12　晉　顧愷之　《女史箴圖》之「翼翼矜矜」局部　卷　絹本設色　24.8 × 348.2 公分　大英博物館藏

13　晉　顧愷之　《女史箴圖》之「女史司箴」局部　卷　絹本設色　24.8 × 348.2 公分　大英博物館藏

見 ● 顧愷之《女史箴圖》 ●

的圖像。特別是山後的女子境遇，單是圖像就可以有另一層敘事在進行，使得不識字的宮女都有可能連結到自身境況，而對畫意有所共感。圖卷畫出宮中女子可能會有的際遇，特別是達到頂峰後，便是地位下降的開始，怎能不警惕呢？在圖文相合之外，圖與圖間也獨自串連成有意義的敘事序列，述說著另一個更加動人心魄的故事。

　　更不要忘記前面所提到的「班姬辭輦」故事的表現方式，畫家透過圖像安排，對於文本中的歷史人物，進行了另一層次的評論。雖然〈女史箴〉的原意是要規範教育女子，但是畫家在原有的規誡之上，還透過圖像傳達原初文本之外的訊息，幽微地譴責了漢成帝的昏庸與荒淫。這也是《女史箴圖》最引人入勝的地方，整幅畫卷圖與文表面上相合，實際上圖繪本身卻又傳達多重的訊息：不但圖與圖之間串連構築出新的意涵，也在原有圖文之外，以圖像另外進行評論，等於是有多軌的敘事在同時進行。觀畫者則依著自身的修為，讀取圖文所構築出來的一重或是多重的訊息。也因為如此巧妙，即便沒有確切的證據說《女史箴圖》是顧愷之的創作，但是種種巧思、多軌進行的敘事，都讓人不得不相信這應該是畫史上以「遷想妙得」聞名的顧愷之的傑作吧？

21 興風作浪的浪漫

盧慧紋

懷素《自敘帖》

在〈懷素草書歌〉的眾敘事者，也就是觀賞者的眼中，懷素能在草書中「興風作浪」、幻化出種種物象的能力，恐怕是當時人的普遍認知與期待。這些都是 8 世紀時佛道盛行，社會瀰漫濃厚宗教氛圍下的產物。

唐　懷素　《自敘帖》之局部　777 年　卷　紙本墨書　31.5×1529.5 公分　國立故宮博物院藏

　　在西元 8 世紀左右的中國盛唐時期，出現了一種新形態的草書，以快速連綿的字體、看似不受法度羈絆，且充滿隨機性與表演性的特質著稱。這種草書由張旭開其端，懷素與高閑等人繼之，追隨者極眾，後人普遍以「狂草」稱之。狂草自始即與醉酒及顛狂行徑連結在一起，後世視之為中國書法藝術的「情感」或「浪漫」美學代表。它不但是中國書史上最重要的表現形式之一，也由於形式及審美上與西方的抽象表現主義繪畫有相通之處，而廣受今人喜愛。

　　史載狂草名家的驚駭行徑早已不復得見，唐代真跡存世者亦寥寥無幾，草書名品卻以摹本、臨本、仿本或刻本的形式廣為流傳。今傳世名聲最大、影響最廣的狂草作品堪稱唐僧懷素的草書《自敘帖》長卷，現藏國立故宮博物院（圖1）。這件作品不僅累積了極為豐富的學術研究成果，也是最受一般大眾歡迎、文創商品

露之忽也如
電之擊也然

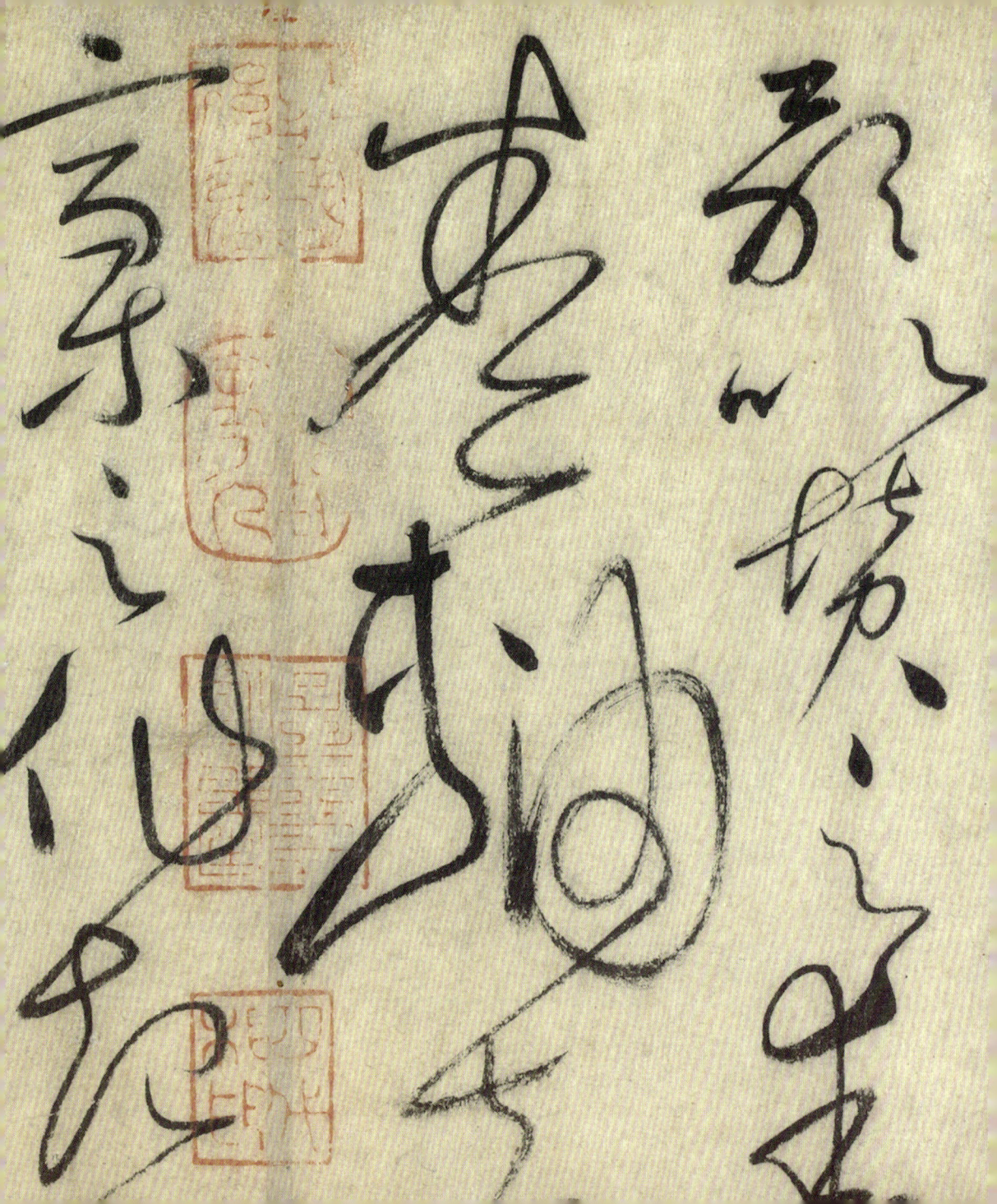

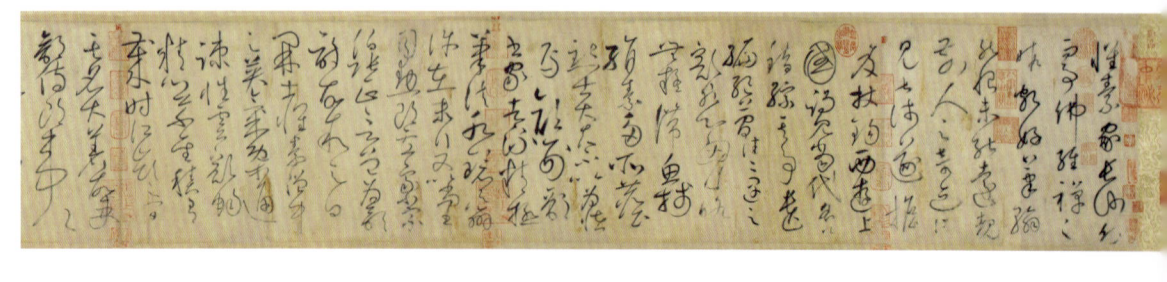

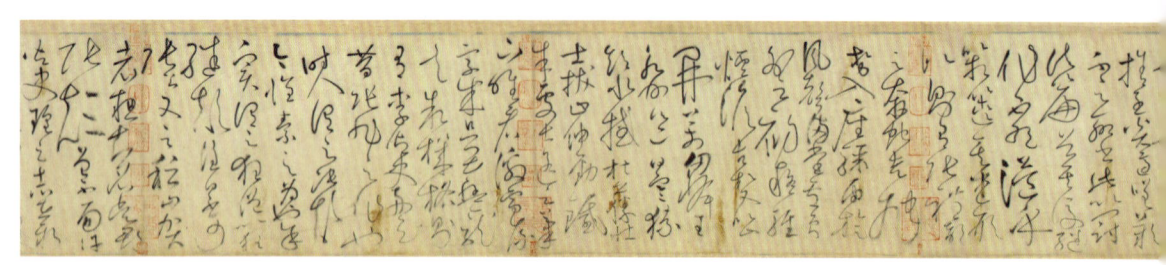

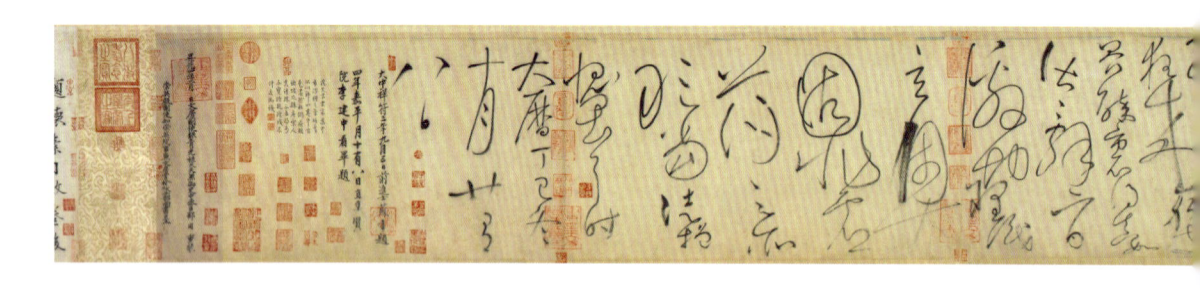

最多的中國古代法書之一。今天臺北故宮的入口大廳上方有玻璃採光罩，上頭的圖案正是採自《自敘帖》的段落。《自敘帖》也出現在玲瑯滿目的博物館商品上，除了全卷複製品，還有僅擷取局部段落、以閃閃金裝框裱起來的家飾，而領帶、絲巾、資料夾、抱枕套、提袋等物品上更不乏《自敘帖》綿延纏繞的線條。

《自敘帖》的本幅部分共書有126行，702字，以15紙接成，全長超過7.5公尺，堪稱鉅作。其用筆細勁，草勢連綿不斷，行筆間並充滿速遲、燥潤及輕重等變化。全卷節奏緩起漸快，愈書愈放，愈書愈大，卷末20餘行尤其揮灑自如，甚至一行僅書兩三個大字，如「戴公」、「激切」、「玄奧」等段落字大如斗，精彩

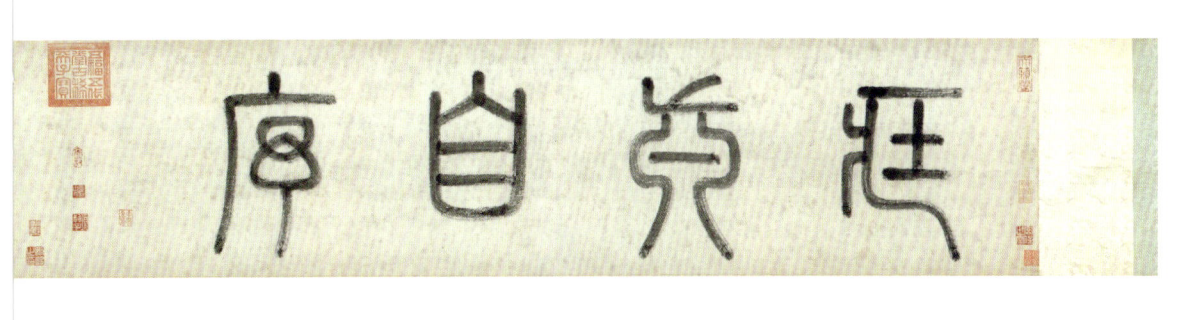

1　唐　懷素　《自敘帖》　777年　卷　紙本墨書　31.5×1529.5公分　國立故宮博物院藏

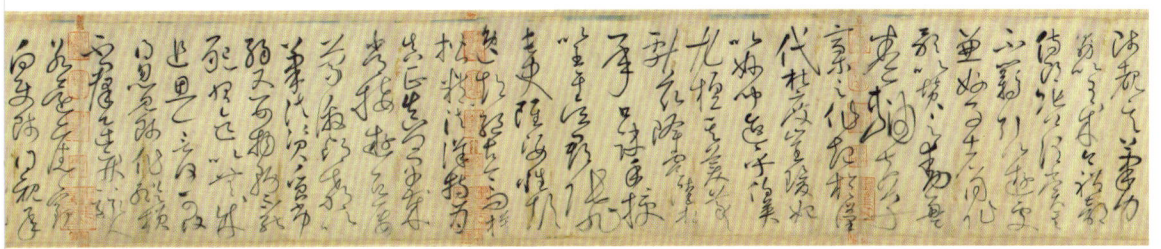

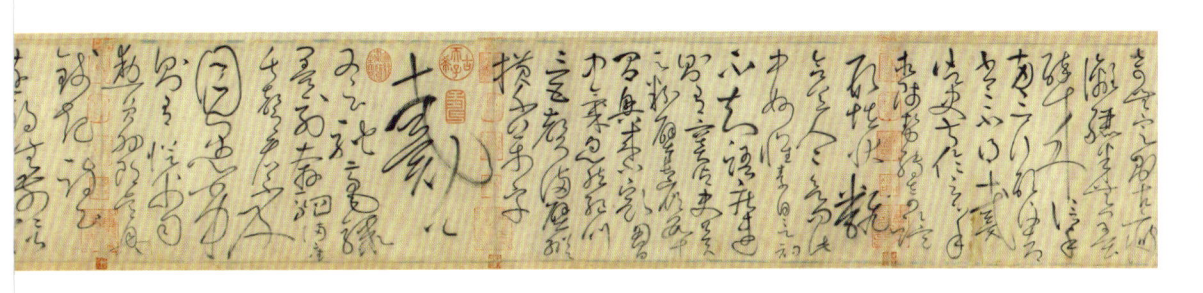

無比。「戴」字行筆疾速處有絲絲飛白，連續彎環轉折處又穩定流暢；一燥一潤、一重頓一輕盈、一酣暢一優雅之間，自在轉換，若無滯礙。而在氣勢淋漓的「戴」字下方，緊接著小小的「公」字，猶如時而激昂時而呢喃的吟唱(圖2)。

　　懷素出身湖南長沙，幼時家貧，刻苦習書，二十餘歲時即以恣意揮灑的草書聞名當地，而後赴長安遊歷，以其驚人的即席表演結交當代名公。《自敘帖》即是懷素自述出身、經歷與交遊的重要文獻，卷中將近一半篇幅節錄眾人觀其作書有感而撰之〈懷素上人草書歌〉，描述他在眾人圍觀下激情揮毫的景況，為8世紀的書法表演現場留下了難得的紀錄。

於盛唐的密教）中的書符、呪法是否有關？抑或是道教、禪宗、密教與其他民俗儀式的結合體？在〈懷素草書歌〉的眾敘事者，也就是觀賞者的眼中，懷素能在草書中「興風作浪」、幻化出種種物象的能力，恐怕是當時人的普遍認知與期待。這些都是 8 世紀時佛道盛行，社會瀰漫濃厚宗教氛圍下的產物。

今天我們無緣目睹唐人詩歌中所描述的懷素驚人表演，而這些主要書寫在粉壁、屏風等建築形式上的草書亦完全不存。如「滿壁縱橫千萬字」、「龍蛇迸落空壁飛」、「揮毫倏忽千萬字，有時一字兩字長丈二」、「一行數字大如斗」等句所描述的忽大忽小、忽密忽鬆的形式變化，具體為何種樣貌也難以確知，但或許當代書家董陽孜（1942-）的大尺幅聯屏作品有異曲同工之效。我記得有回我站在董陽孜〈山雨欲來風滿樓〉這件高 180 公分、寬達 776 公分的巨大作品前，恣肆翻飛的線條與墨點將我環繞，我彷彿確實被風雨灑滿一身。

《自敘帖》的筆畫表現如此精彩，純粹欣賞其線條與墨色的形式之美實無不可；對一般不熟悉草字的人而言，《自敘帖》的字跡猶如抽象畫，將之任意切斷、重組或倒裝，似乎也不造成任何困擾。某年我在上海參加研討會，進入投宿的旅館房間，一抬眼就看到牆上一幅框裱的書法，居然是截頭去尾、掐上斷下的《自敘帖》殘卷。我也曾經在臺北的一家韓國館子中，看到毛玻璃隔板上裝飾著一段段斷裂的弧線，一個個不明所以的環圈，仔細看才發現是已經支離破碎、難見原型的《自敘帖》局部。

《自敘帖》所描述的景象可謂動人心魄，但是事實上，若以文本的內容來理解《自敘帖》這件長卷的書法風格，很容易錯失重點。卷中書法用筆迅捷，筆勢連綿，然字形結構可謂謹守草法，且筆筆中鋒，線條穩定圓轉，是心手兩應、精準操控的結果，並非狂叫走筆、馳毫驟墨可以寫就的。《自敘帖》的本幅部分超過 7.5 公尺長，卷後還有 6 公尺餘的歷代題跋，連同卷前引首、隔水等裝裱，全卷長度超過 15 公尺。根據卷上的收藏印鑑與題記，這件作品自北宋初年至今流傳有緒，斑斑可考。它也是中國書法史上累積了最多學術研究成果的作品之一。

據記載，懷素的《自敘帖》自北宋以下即有多本流傳，今存世仍有為數眾多的複本。故宮所藏長卷上有數處加筆或再描的痕跡，但許多地方又非常自然，學界因此一直以來非常關心故宮卷是否為懷素真跡？或是摹本或臨本？書成於何時？題跋是否後人移配？傳世刻本與本卷的關係為何？等問題。啟功、傅申及眾多書畫鑑定前輩都針對此問題發表過研究，陸續發現的存世各種《自敘帖》以數十計，而直至今日仍有學者持續進行討論。

2018至2019年初，我帶15位研究生策劃了一個研究展，將學者們論辯比較過的十餘種《自敘帖》集合展出，包括16世紀前半文徵明（1470-1555）父子主持摹刻上石的著名刻本《水鏡堂本》數本、18世紀摹刻的《綠天庵本》、19世紀初摹刻的《契蘭堂本》、19世紀摹刻的《蓮池書院本》，再加上臺北故宮收藏的懷素《自敘帖》墨跡卷，以及今僅存珂羅版影印複製品但下落不明的《流日半卷本》等，來講述懷素《自敘帖》在歷史上被反覆複製、摹寫、摹刻的故事。

　　在展覽策劃及進行過程中，我們反覆觀看、討論這件經典作品，又有一些新的體會。我讓學生每人臨《自敘帖》全本，目標是做到逼近原作，並要他們記錄所用紙筆、所花時間及覺得最困難的部分，有不少有意思的發現，例如懷素有一些獨特的用筆習慣、圈繞方向，我們藉此討論了懷素可能的執筆、用筆方法；許多的飛白處看似快速、一次完成，但其實加幾筆描一描可以矇騙過關，不容易被發現。而臨全本（216行、702字）所花最短時間是2個半小時（是一位平時沒在寫書法的學生，只大致掌握形象，不照顧用筆細節），最長時間是10小時（這位學生本身是功力頗深的書法家，對細節十分講究），而大部分人都要花4小時以上。《自敘帖》這樣的長卷不僅內容需事先安排規劃，下筆書寫也需分段完成。誠然全卷可見節奏緩起漸快，卷中段以後愈書愈放，然絕非倚靠靈感驅使的即興之作，若是過分強調其筆畫表現的隨機性與不可控，則有誤導之嫌。

　　臺北故宮本與幾個其他本子的字跡幾乎完全一致，若將它們套疊，可看出不論是字體的大小安排，還是筆畫的彎環曲折、粗細頓挫，都亦步亦趨、如影隨形。然而彼此間還是有微妙的差別。在臺北故宮本中可清楚看到，每行的第一字墨色飽滿，漸寫漸乾，寫完行末最後一字，重新蘸墨舔筆，再寫次行。眼睛跟隨著筆跡由上往下行，能看到書寫者流暢的筆端動作，跟著他一行行往後，似乎還能感受到他換行之間規律的呼吸換氣。在其他本中則節奏不同，有些甚至看不出規則的蘸墨頻率。從這樣的細節中，能在極為相似的表相下，辨別出熟練度不同、習慣不同的書寫者，所謂見書如見人，著實令人驚嘆。

　　《自敘帖》看似無拘無束，與抽象表現主義的畫作似乎差別不大，事實上卻是嚴謹的書寫規範（筆順、草法）、習慣（上到下、右到左）、工具（毛筆、墨、紙）與風格傳統下的產物。所謂「法度」看似不存在，卻其實無所不在。「法度」看似拘束，卻是興風作浪的浪漫藉以依存的基礎。從這個例子，我們或許還能叩問，中國藝術的「法度」與「創新」之間究竟是什麼樣的關係呢？

熱蘭遮城裡的歐洲瓷

22

王淑津

熱蘭遮城遺址出土青花瓷片

它只有拇指般大小，從斷面看胎色偏黃，胎質鬆軟，一上手觸摸即知胎土不似中、日製品的堅硬，而是歐洲回應17世紀的中國風熱潮，積極模仿，發展自身陶瓷產業過程中發明的低溫軟性瓷土的觸感⋯⋯

歐洲青花銅版轉印瓷片　19世紀　殘寬1.9公分　殘長1.7公分　熱蘭遮城遺址出土標本
臺南市文化資產管理處藏

一枚不起眼的青花瓷片，混雜在一堆零散的歐洲銅版轉印瓷，和俗稱「印判手」的日本近代印花青花瓷裡，讓我腦中回想起文獻紀錄兩百年前「廢而不居，颱風飄搖，連年地震，終至傾圮」的安平古堡。破敗的遺跡，曾是17世紀初荷蘭人雄壯的熱蘭遮城（Fort Zeelandia）。一串問題跟著浮現：它看似是19世紀的歐洲碎瓷吧？什麼力量載著它遠渡重洋？又怎麼出現在這片久已傾頹的廢城？

一　考古熱蘭遮

2003至2005年，當時的我是國立臺灣大學藝術史研究所的陶瓷史博士生。因緣際會，有幸參與了「王城（熱蘭遮城遺址）試掘計畫」。[1] 這個提案要用歷史考古學的方法來探問17世紀的臺灣史。（圖1）那次經驗，就成為我個人追索臺灣青花瓷故事的起點。

1　劉益昌、李德河、傅朝卿、謝明良，《第一級古蹟臺灣城殘蹟（原熱蘭遮城）城址初步研究計畫期末報告書》(2003)、《王城試掘研究計畫（二）及影像紀錄期末報告書》(2005)。該計劃由臺南市政府文化局委託，成大研究發展基金會執行。

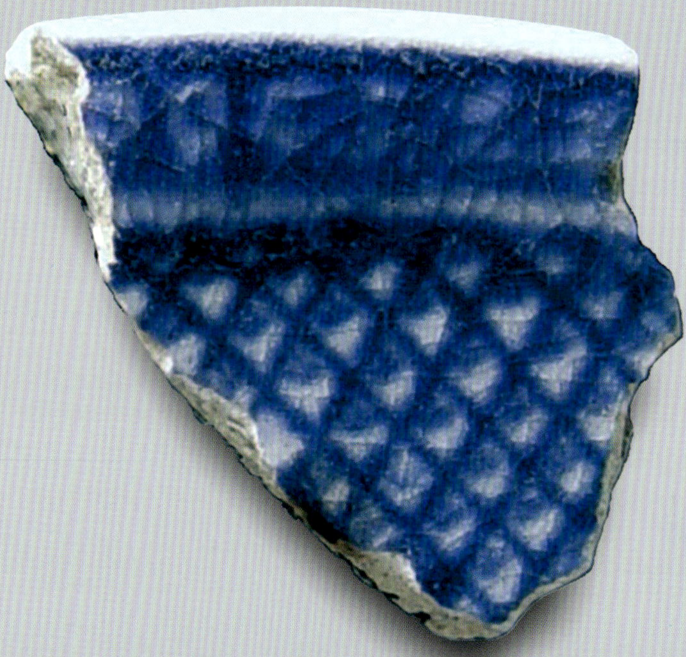

1　2004年熱蘭遮城遺址考古發掘現場，可見建築遺構與地層的疊壓關係（黃智偉拍攝）

　　熱蘭遮城（Fort Zeelandia）在臺灣西南沿海「一鯤鯓」海岸，是荷蘭人在臺建造最古老的城堡。1624年始建時稱為奧倫治城（Fort Orange），1627年改為荷蘭一個行省名稱──熱蘭遮城。1644年大致竣工。（圖2）從開始興建到20世紀，歷經不同政權的多次整修、改建、廢棄、再利用，原本規模龐大的古堡已面目大改，如今僅在地表殘存數段城牆與半圓形的磚牆結構。

　　緣此，這次發掘與19世紀中葉美國駐廈門領事李仙德（Le Gendre, 1830-1899）的業餘「考古」（圖3），[2] 或日本時代以來零星的考古調查，都不可同日而語。一方面，團隊有1990年代以來累積的荷蘭時代臺灣史料為後盾。另一方面，結合考古學、建築學、土木學，我們觀察層位與城垣遺構的疊壓關係，觀察伴隨出土「物」的空間分布與組合網絡，嘗試理解城址不同時代的空間使用，以提供文字史料不及的空間與物質文化實證。特別是以17世紀的地層結構為經，以歷史文獻、古地圖的築城史為緯，勾勒熱蘭遮舊城的城廓空間。[3]

　　在這其中，我負責協助製作出土陶瓷遺物的分類、編年，將其共伴組合，與澎湖風櫃尾、日本平戶與長崎出島、印尼萬丹等荷蘭商館的出土資料相比對，探討荷蘭東印度公司、鄭氏海商集團的陶瓷貿易網絡。正如謝明良教授的研究綜述指出：出土物為17世紀中國陶瓷傳銷歐洲及歐洲陶瓷傳入亞洲的路徑，提供了

2 〈大員熱蘭遮城與市鎮圖〉 1670年 紙本 銅版畫 37.3 × 32公分 國立臺灣歷史博物館藏
("La ville et le château de Zélandia dans l'ile de Tayovan,"in *Olfert Dapper, Gedenkwaerdig Bedryf der Nederlandsche Oost-Indische Maetschappye, op de Kuste en het Keizerrijk van Taising of Sina* [Amsterdam: Jacob van Meurs, 1670])

3 19世紀中葉,李仙得等人於熱蘭遮城合影
取自費德廉、蘇約翰編著,羅效德、費德廉譯,《李仙得臺灣紀行》(臺南:國立臺灣歷史博物館,2013)

新的出土地。遺物以中國陶瓷為主軸,也包括來自日本、荷蘭、德國的陶瓷組合,是考古資料印證以臺灣為據點的東亞貿易交流的絕佳例證。[4]

考古計畫啟動的近因,是安平區域的道路建設與市鎮規劃難以避免的文資危機,但其更大的結構成因,與當時臺灣的社會氛圍有關。剛邁入21世紀的臺灣,正重新尋找自身在世界舞臺的定位。曹永和教授〈十七世紀作為東亞轉運站的臺灣〉(1998),[5] 開啟了海洋史研究的新觀點。17世紀的臺灣,位居當時世界兩大航線交會處,是荷蘭東印度公司和鄭氏家族往來日本、東南亞的轉運站。一時之間,17世紀彷彿臺灣史的一頁榮光。當時的氛圍,有意無意忽略了臺灣並非主動,而是身不由己才捲入全球化體系的網絡。四百年前的歐亞古人,透過海洋進行互動,造成了臺灣社會文化的巨變。

---

2 李仙得於1860年代後期與1870年代初期三次來臺調查。熱蘭遮城遺跡巨大磚石建築吸引他的興趣,得到許可後,僱用苦力們帶著十字鎬挖掘側邊城牆,得到些許細碎的粗陶片。穿越磚牆這種挖法與近代考古學由上往下垂直發掘的系統性方法有所不同。劉益昌,〈熱蘭遮城發掘簡史〉,《熱蘭遮城考古試掘計畫通訊月刊》,3期(2003.9),頁9-10。

3 劉益昌、鍾國風、王淑津、顏廷仔,〈熱蘭遮城遺址所見十七世紀地層遺構的時空關係〉,《田野考古》,14卷1/2期(2011.6),頁55-86。

4 謝明良,〈記熱蘭遮城遺址出土的十七世紀歐洲和日本陶瓷〉,《國立臺灣大學美術史研究集刊》,第18期(2005.3),頁209-232。

5 曹永和,〈十七世紀作為東亞轉運站的臺灣〉,《臺灣風物》,48卷3期(1998.9),頁91-116。

距今兩年後的 2024 年，就是熱蘭遮建城四百周年了。不久前，荷蘭國家博物館（Rijksmuseum）宣布不再使用「黃金時代」（Golden Age）一詞，來形容荷蘭在世界史上舉足輕重的 17 世紀。此刻的臺灣，關於 17 世紀的歷史認識與詮釋，也開始深入剖析其間的幽微、曖昧。

　　當年的我，一心埋頭找尋 16 至 17 世紀荷蘭東印度公司來東亞商貿，並攜回歐洲的商品之──中國陶瓷。特別是曾為荷蘭、西班牙商船戰爭掠奪的標的物，那些裝飾風格鮮明的景德鎮窯青花。據信，卡拉克瓷（Kraak Porcelain）的俗稱，源自葡萄牙語（caraack）「大舶」。這類深受歐洲人珍愛的青花經常入畫，是 17 世紀靜物畫的要角。

　　這裡還有鬱金香紋（一名荷蘭花）的卡拉克樣式青花瓷大盤等，印證荷蘭學者沃爾克（T. Volker）的名著《瓷器和荷蘭東印度公司》（*Porcelain and the Dutch East India Company*）的考證：1630 年代後期，臺灣首次輸入的所謂新品精瓷，實是西人向景德鎮特別訂製的樣式。此外，17 世紀 60 至 80 年代清國海禁時期，由鄭氏家族轉運，崛起搶奪市場的日本有田瓷窯青花，也不出所料出現在熱蘭遮城址。

　　整理考古陶瓷遺物，有拼圖遊戲一樣的趣味。面對五光十色的吉光片羽，調動既有的知識庫，縫合以復原完形整器，甚或面對完全無知的對象，盤整遺址性質、遺物組合所透露的線索，想像可能的答案。

　　而整片陶瓷遺物群中，最吸引我注意的，就是那枚小小的青花瓷片。

二　青花瓷片的身世

　　它只有拇指般大小，從斷面看胎色偏黃，胎質鬆軟，一上手觸摸即知胎土不似中、日製品的堅硬，而是歐洲回應 17 世紀的中國風（Chinoiserie）熱潮，積極模仿，發展自身陶瓷產業過程中發明的低溫軟性瓷土的觸感。

　　殘件在整器的所處部位顯然在邊緣。根據弧度、厚度與口緣形制，應為盤形器。其外側無紋，內面才有鈷料裝飾的青花紋樣。僅存的邊飾有兩層，外圍一道極細的圈珠紋，中部間隔一圈白地弦紋，再往裡作斜網交織，內施圓點，形似魚鱗的菱格紋。邊線的暈染疊影，有印刷效果，沒有中國青花彩繪那種濃淡粗細筆觸的手繪變化。這樣的技術風格，令我不禁聯繫到過往參訪所見；日本商館出島、新加坡福康寧公園等考古遺址，都出土過同類型的 19 世紀歐洲青花柳葉圖紋銅版轉印瓷盤的邊飾。（圖 4、圖 5）一瞬間，我想自己找到了這片青花瓷來自何處的答案！

4

5

4　英國青花銅版轉印柳葉紋盤（R.A.Kidston & Co, Scotland）　19世紀上半葉　直徑26公分　私人收藏
　　取自愛知県陶磁資料館学芸課編，《阿蘭陀焼：憧れのプリントウェア：海を渡ったヨーロッパ陶磁》（瀬戶：愛知県陶磁資料館，2011），頁25，圖20

5　左　歐洲青花銅版轉印瓷片　19世紀　殘寬1.9 cm　殘長1.7cm
　　　　熱蘭遮城遺址出土標本　臺南市文化資產管理處藏
　　右　歐洲青花銅版轉印瓷片　19世紀　東帝汶出土（趙金勇提供）

見 ● 熱蘭遮城遺址出土青花瓷片 ●　　　215

瓷片復原的帶狀邊飾，應是在菱格地紋之上，配以抽象化的幾何設計、如意雜寶等中國風圖案。與此類邊飾配對的主紋飾，幾乎都是由規整的搖曳柳樹、樓閣亭臺、輕舟流水、拱橋人物、比翼鳥構組而成的圖式。這枚殘片的原貌，極可能就是所謂的柳葉圖紋樣式（Willow Pattern）。整體色調以鈷料表現，與乳白色的軟質瓷胎相呼應，形成特有的裝飾性。

這枚青花瓷片的網紋印製邊線顯示，其所採用的銅版轉印瓷器技術，迥異於陶瓷坯體器表以毛筆沾釉料手繪的線條感。所謂銅版轉印，是將設計圖樣刻於銅版（copper plate），將銅版塗上釉料，以特殊薄紙（tissue paper）壓印，再將薄紙貼印於瓷器表面，送去窯燒。1751年，英國初現這項技術，經一番改良後，成功用於陶瓷彩飾。青花柳葉圖紋樣式（Blue Willow），正是早期銅版轉印瓷的經典款式之一。其圖式，或可溯源至1780-90年代湯瑪士・特納（Thomas Turner, 1749-1809）與湯瑪士・明頓（Thomas Minton, 1765-1836）的草創。[6] 各窯場設計者相繼模仿，遂形成標準款式（standard Willow Pattern）。當時的歐洲陶瓷市場正風行中國青花，英國瓷窯紛紛仿造。銅版轉印瓷器技藝，能快速複印相同圖案於器表，降低技術門檻而工業化量產。這讓英國斯塔福德郡（Staffordshire）、斯波德（Spode）等窯場，蓬勃發展。蘇格蘭、愛爾蘭、荷蘭、法國等地的窯場，相繼跟進。圖樣定調後，種種變化繼續發展。

柳葉圖紋樣式，是18世紀晚期至20世紀英國陶瓷歷久彌新的流行圖樣之一。它可能源自18世紀銷往歐洲的中國青花貿易瓷當中，普見的樓閣山水紋飾。但在拼組、創造圖案組合的過程裡，英國瓷商將搖曳柳葉、比翼雙鳥、拱橋三人、亭臺樓閣等元素，拼接了一個虛構的東方愛情故事。創生的故事形諸於文字，目前最早見於1849的英國《家庭之友》雜誌，作者不詳。節錄如下：美麗多情的中國富家千金（一說是公主）孔瑟，她愛上了家中的窮會計昌。孔父為此大怒，將昌以高籬曲牆拘禁，並將女兒許配給門當戶對的武將。婚期訂於楊柳開花時節，婚禮前夜，昌夜攜孔瑟私奔。孔父獲報追趕到柳邊拱橋上，兩人已遠走高飛。武將心有未甘，多年後找到兩人下落，並縱火相逼，兩人拒絕就範，雙雙殞命。上天垂憫兩人情堅，令其化作愛情鳥，天涯比翼。[7] 這個文本，被後繼的創作者發揮在戲劇等多種其他藝術形式之上。套用現在流行的話語，這實是一款兩百年前英國的中國風「文創」！

1858至60年清廷簽訂天津、北京條約，安平、淡水、打狗、基隆港開放通商，英、德等外國商行陸續成立，安平再度出現西洋物件的蹤跡。這件歐洲瓷片，與

其他歐洲轉印瓷餐具、德國礦泉水瓶、荷蘭琴酒瓶、英國碳酸飲料玻璃瓶，隨著旅臺的西洋人進入安平區域，輾轉被堆棄於城址。這樣的組合在作為通商口岸的地區出土並非孤立，也見於北部淡水、八里一帶。

熱蘭遮城考古發掘的地層世界，憑藉豐富的遺構與遺物，講述了城堡自身獨特的社會生命史。遺物組合則補充了貿易航線上流動卻未必見於文獻與檔案記載的物質內容。

三　小瓷片的大視界

眾所周知，14 世紀以來白地藍花的意象風靡世界，從亞洲推向歐洲的青花瓷，各地學習、模仿的浪潮此起彼落。但在這枚來自兩百年前時空的青花瓷片上，我們看見的是 19 世紀風行的柳葉圖紋樣式風格，展現出從西方吹向東方的翻轉作用力。十八世紀發跡自英國的新形態青花裝飾技術，挾其量產的價格優勢，佔領大片歐美市場，19 世紀更隨西洋帝國勢力回流東亞。港口遺址、西人居址乃至於當地上層社會消費圈，處處可見柳葉圖紋盤的蹤跡。日本許多江戶時期遺跡，包括西人與日人居址，常見銅版轉印瓷盤、煙斗等西方物品共伴出土。當時傾巢而來的新帝國主義西化風潮裡，歐洲陶瓷如同洋式傢具、洋式建築，對於東亞在地人們而言，是時髦生活品味或新世界的象徵。

除了陶瓷物質由西而東的流動之外，也引發了製陶技術的反轉流動：向歐洲學習。明治維新後，日本積極輸入西洋文明，推動近代化以脫亞入歐。各項學習的西方技術中，就包括銅版轉印陶瓷技術，及柳葉圖紋樣式的追摹複製。[8] 日本於 1880 年間大量製造包含柳葉圖紋的銅版轉印陶瓷器，並且銷往美洲。有意思的是，除了銅版轉印，日本也積極運用當時新興流行的石版印刷，發展石版轉印製陶技術，翻製柳葉紋盤。（圖6）

簡言之，柳葉圖紋樣式，是印刷術跨界於陶瓷的應用，堪稱工藝史上跨材質製作技術的經典案例之一。該案例最有趣之處，尤在於紋飾延續長達兩百年多年的超穩定性。甚至當代生活，無論東西方，還時可見其形影。除了浪漫淒美的愛情傳奇，召喚消費大眾不斷生出共鳴之外，更重要的是大量複製的轉印技術轉移，令生產成本愈發低廉，易於行銷至社會各階層，同時亦促成風格的快速流動。

天津、北京條約的簽訂，使臺灣開放通商港口，被納入世界市場體系。19 世紀的臺灣所面臨的歷史處境，再次來到中國、日本與西洋三方勢力競逐的交叉

路口,彷彿 17 世紀的歷史重演。流動的物品,總透露著極不尋常的訊息。熱蘭遮城遺址出土的 19 世紀歐洲銅版轉印瓷盤,或者日本仿製歐洲的製品,顯示了曾扮演 17 世紀國際貿易轉運站的臺灣,在經歷清帝國兩百年的封鎖沉寂之後,再次被迫加入並活躍於世界貿易網絡。而在數百年時間之流裡經歷盛衰的安平熱蘭遮城遺址,也見證了世界青花瓷文化的流動如何通過自己一度傾頹殘破的身體,映照出新的世界局勢。

6　明治　日本青花石版轉印柳葉圖紋盤　19 世紀末至 20 世紀初　口徑 28 公分　高 5 公分　私人收藏

6　Leslie Bockol, *Willow Ware: Ceramics in the Chinese Tradition : With Price Guide* (Atglen: Schiffer Pub Ltd, 1995).

7　東田雅博,《柳模樣の世界史》(東京:大修館書店,2008),頁 33-40。

8　岡泰正,〈ウィロウ・パターンの起源と変様について—18 世紀輸出陶磁史の一視点—〉,《神戶市立物館研究紀要》,第 1 號(1984),頁 25-45。

出版人的紙上劇場 23

馬孟晶

閔齊伋刊本《西廂記》

版畫的創作者是誰？向來不是容易回答的問題。因為要經過繪、刻、印等流程，像這樣技術複雜者，顯然必須多人合作，但他們又少見留名。背後的書坊主人雖未必實際操作，卻往往是規畫統合整體意念及風格的關鍵人物。

明　《西廂記》第 11 幅〈乘夜逾牆〉之局部　1640 年閔齊伋刊本　彩色套印版畫　33.0×25.0 公分　德國科隆東亞美術館藏（Museum für Ostasiatische Kunst Köln）

一

我一直還記得在德國科隆東亞美術館施黛莉（Adele Schlombs）館長陪同下，屏氣凝神等待開箱閔齊伋刊本《西廂記》時的瞬間緊張。因為這雖是可以大量複製的版畫，眼前卻是目前所知世界唯一的孤本。根據《西廂記》文本所作的圖像包括女主角崔鶯鶯肖像與二十張對照於二十折內容的版畫，但並無伴隨的刊刻文本。文本雖可能是後來佚失，但也有圖像獨立存在的可能，這在《西廂記》的各種明刊本中也是僅有的孤例。

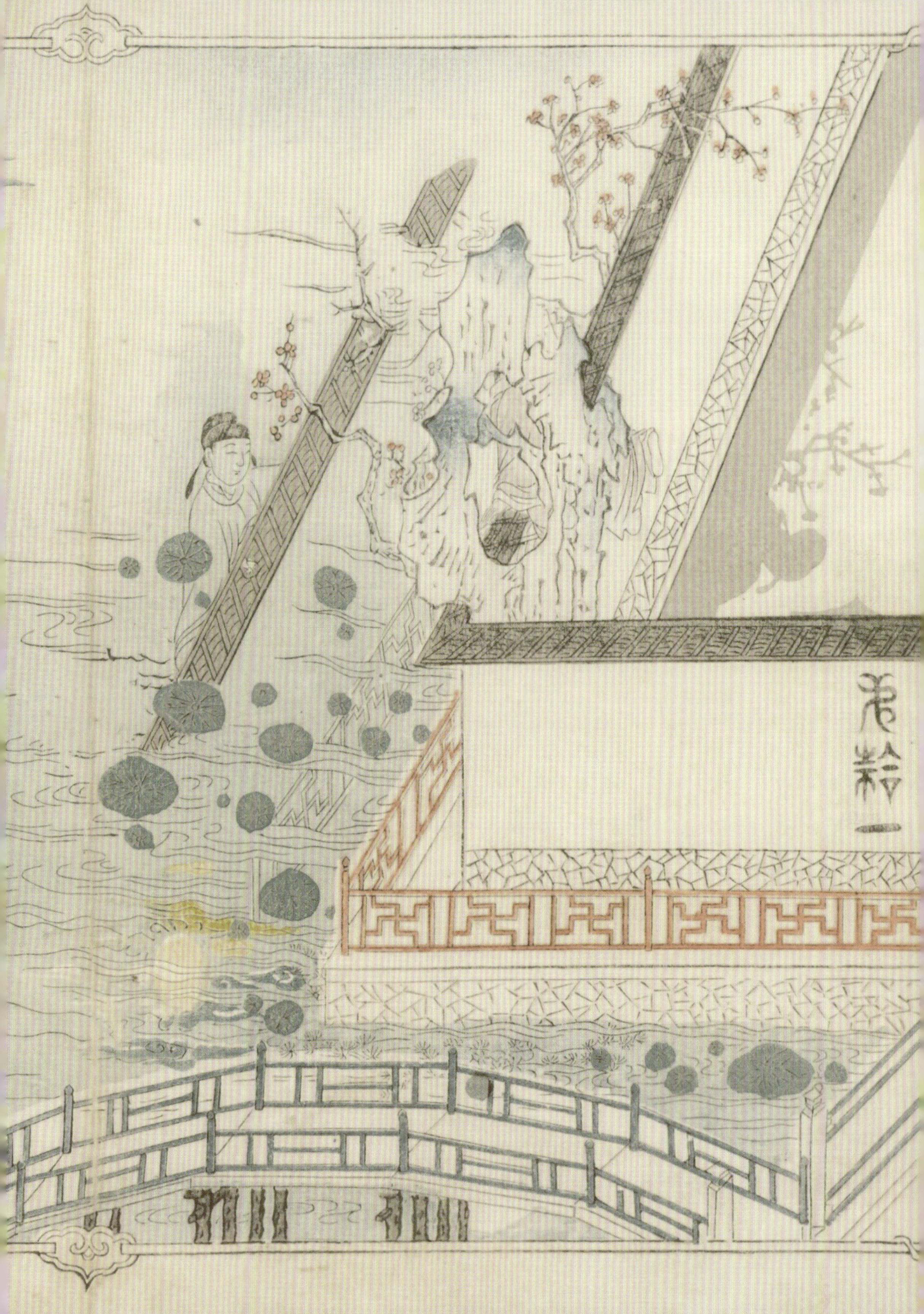

1　明　《西廂記》第 11 幅〈乘夜逾牆〉　1640 年閔齊伋刊本
彩色套印版畫　33.0 × 25.0 公分　德國科隆東亞美術館藏

物

　　即使複製品已接近原貌,千里迢迢來親驗本尊仍有其必要。這套版畫的尺寸接近同時期的書籍,全頁大的圖像如今被分幅裝裱,每頁中間有明顯摺痕,但無版心中斷,原先應是採取蝴蝶裝,亦即各頁向內摺,並於摺疊處外端黏合,翻閱時如同蝴蝶展翅般。(圖1)雖無法確定當初出版時的形式,如果比較同時期典型的《西廂記》刊本(圖2),因其圖像完整而未被板框分割,確實少見。像這樣攤平典藏後更宛如冊頁。

2
明　《西廂記》第11幅
〈乘夜逾牆〉　1610年
起鳳館刊本　木刻版畫
中國國家圖書館藏

　　更讓人驚豔的,則是在精細堅韌紙張上,用餖版套印技術,呈現出習見之墨色以外的朱、藍、綠、黃等多種色彩,主要表現於塊面,部分也有漸層暈染的效果。這是從萬曆年間開始發展出來的複雜技術,此時已臻成熟,但絕少出現於戲曲出版品中。容易單幅獨立欣賞的形式、與特別精緻講究的套印技術,似乎有以版畫模擬繪畫的用意,模糊了書籍與繪畫的界線,也彰顯出版者強調圖像視覺效果的企圖心。

人

　　版畫的創作者是誰?向來不是容易回答的問題。因為要經過繪、刻、印等流程,像這樣技術複雜者,顯然必須多人合作,但他們又少見留名。背後的書坊主人雖未必實際操作,卻往往是規畫統合整體意念及風格的關鍵人物。這個版本並

未留下繪刻者的痕跡，但第一幅題有「寓五筆授」，寓五即是閔齊伋，第十五幅則有「庚辰秋日」紀年，雖無法判斷他參與的程度，應是由他主導，於1640年出版。

閔齊伋是晚明吳興最重要的出版人之一，家族刊刻過多種朱墨兩色、甚至朱墨藍三色的刊本。跨足多色套印版畫，可謂精益求精，彰顯出晚明刻印技術發展的輝煌成就。此本纖巧的人物和著重畫意的山水描繪，與其他晚明吳興刊本版畫的風格若合符節，歸於閔氏刊本應無疑問。更重要的是，閔齊伋對於《西廂記》相關內容顯然極感興趣，另外也刊印了純文本而無附圖的《會真六幻》，收錄多種與《西廂記》故事相關、以不同體製所寫成的古今文本，其中也包括他對於諸本《西廂記》的想法和詮釋。此本殫精竭慮而成的圖像，或可視為在此充分理解的基礎之上所發展出來的力作。

戲

此刊本圖像的主題無疑是《西廂記》的故事，而且如果比對《會真六幻》的各種版本，從二十幅內容來看，應是對應於在明代刊印最多的王實甫根據元雜劇體製所作的版本。王本西廂描寫張君瑞與崔鶯鶯的才子佳人故事，推出後備受歡迎，不斷被演出、改編、出版，雜劇此一劇種於入明後雖較少在舞臺上演出，但在各種西廂文本出版中，王實甫所作的劇本卻穩坐最受青睞版本的寶座，可說是案頭讀物的性質取代了舞臺劇本的本質。

將閔齊伋刊本《西廂記》圖像與王實甫文本相對照，所描繪的都是該折故事的核心情節，即使沒有人物敘事的場景，也會暗示文本中的關鍵事件，主要仍以人物活動為圖像的中心，也忠實維持敘事性的元素。但相較於晚明多數西廂刊本或照抄前樣，或沿用格套、只在部分細節處調整的風氣，閔本構圖雖有少數與前例相關，卻幾乎都是嶄新的構思。

作為戲曲插圖，閔本《西廂記》的人物未必表現出舞臺人物的動作，但第十九折卻環繞戲臺而設計圖像。此折描寫張生已取得功名，鄭恆卻想搶娶鶯鶯，誣其變心，但被紅娘所斥責。這在其他版本中是不受重視的過場情節，插圖多平淡無奇。閔本卻以多彩的懸絲傀儡戲臺為背景，臺側貼出戲碼（即折目）為「詭謀求配」，舞臺上只見紅娘與鄭恆正在兩位演員的操弄下對話互動，張生、鶯鶯、惠明等已下場的戲偶則被懸掛在旁。（圖3）內容從北雜劇轉為他種舞臺演出，讀者如我們般化身觀眾，而且能同時看到臺前與幕後，既提醒戲劇的本質，又出人意表。

3
明 《西廂記》第19幅〈詭謀求配〉1640年閔齊伋刊本 彩色套印版畫 33.0×25.0公分 德國科隆東亞美術館藏

圖

　　戲曲與畫譜的插圖，原本就堪稱是晚明版畫最具創造性的類別。閔本《西廂記》最獨特的巧思，便是將敘事性的人物圖像框圍於各種截然不同的「邊框」中，增添或提供意外的視角，戲臺也可算是其中一種。但最典型的「設框取景」作法，是將描繪故事的人物圖像放入平面繪畫形式（如手卷、扇面、掛軸、屏風）中，或立體器物（如瓷缸、銅器、走馬燈）之上，插圖便宛如是繪畫或裝飾的題材。各幅在說明情節之餘，也突顯成為各類圖像載體的外框，彼此相互輝映。

　　如第八折〈琴心挑引〉講述鶯鶯聽張生彈琴，芳心暗許。圖中可見庭園裡的鶯鶯倚欄傾聽、笑意滿盈，紅娘在湖石後偷窺，我們則可看到圓窗後燃燭撫琴的張生。圖像四周環繞著布滿水生植物的花欄，模擬箋紙樣式，插圖因此也可被視為繪於花箋之上的圖畫。（圖4）有意思的是框中有框，我們可以透過圖中的圓窗進一步去觀賞室內空間，反過來說也是以圓形外廓框出內部景象。誠如約寫成於1631年的造園理論《園冶》所強調的，「剎宇隱環窗，彷彿片圖小李」，亦即藉由窗幅借景，如同名家畫境的體現。此外，圖中的太湖石也是園林中普遍設置的元素，除了欣賞姿態之美，透過其孔穴也能將觀者所見之景切割成大小不一的小畫面，亦是穿透性的觀看經驗。

影

　　漫步於園林空間的體驗對明代人當不陌生，但身處現代的我，卻是某次在博物館的角落，偶然經過模擬古代園林圓形月門的過渡時，看見相鄰畫廊中的畫作，才頓有所悟。像這樣鼓勵觀者從外部透過各式邊框與間隙向內去細觀，突顯出對於「觀看」本身的重視，正是此本圖像的重要特色。第十折〈粧臺窺簡〉（圖5）描繪張生託紅娘送信給鶯鶯傳情，紅娘將信放在粧臺上，但在屏風後偷窺她的反應。由於屏風阻擋，我們只能瞥見鶯鶯的裙角；她讀信時的表情則是透過大圓鏡反射的影像來獲知。因此我們第一眼注意到的鶯鶯只是鏡中虛構之象。全圖中心橫亙的屏風上又有幅框中之畫，縱然擋住主角，卻提供觀者另一可資觀賞的對象。而且觀者很容易將自己認同於躲在屏風後、背對我們的紅娘，彷彿偷窺著懷春少女的心情。鶯鶯與紅娘的觀看動作本是主題，觀者的視線卻也透過重重引導，而得以進入圖中布置的複雜世界。

　　營造觀看之實像與虛像間的張力，在第十一折〈乘夜逾牆〉（圖1）更為突出。此折中張生在半夜依約翻牆來見鶯鶯，但鶯鶯臨場矜持變卦，斥退張生。花框內的景像乍看頗忠實於文本所描述的「一個潛身在曲檻邊，一個背立在湖山下」，而且構圖元素也跟習見的傳統版本相符，（圖2）但身處曲檻邊、正待翻牆而過的張生究竟在何處？畫面中心的他最清晰，細看竟是水中倒影。右側花枝邊的張生，則明顯是月光照在地上的陰影。仔細搜尋，才發現真正的他被擋在湖石之後，從孔穴後方露出一隅。由於玄虛幻影和湖石的阻隔，我們無法馬上洞悉全圖究竟，必須來回仔細推敲，才能弄清楚張生所在位置，以及為何出現三次。真假張生並呈，如果放在全圖的邊框中，盡成虛構，是真是幻，實難斷言。此圖中的張生形象，可說已將中國傳統對於「影」的各種理解──光影、鏡影、與圖影──都包羅其中，表現出對於視覺現象的高度好奇與追求。而多重真／幻空間的分隔處，往往便是圍出影像的邊框。

幻

　　〈逾垣〉圖中的明月和浮雲也有真實與投影的雙重影像，一在天上，一在水中。類似的題材與處理方式亦曾出現於陳洪綬的畫作中，而且他也曾於前一年（1639）在杭州為張深之刊本《西廂記》繪製精彩獨特的插圖，時空相近的兩者顯示出重疊的興趣。

4
明 《西廂記》第8幅〈琴心挑引〉
1640年閔齊伋刊本
彩色套印版畫 33.0×25.0公分 德國科隆東亞美術館藏

5
明 《西廂記》第10幅〈粧臺窺簡〉
1640年閔齊伋刊本
彩色套印版畫 33.0×25.0公分 德國科隆東亞美術館藏

見 ◉ 閔齊伋刊本《西廂記》 ◉

擴大一點來看，游移於影與實、幻與真的邊界，彷彿隨時可以輕易跨越，不但出現於視覺藝術中，也是晚明戲曲小說裡熱衷開發與表現的主題。如影響力深遠的湯顯祖所撰《牡丹亭》（完成於 1598 年）中，杜麗娘因夢中見理想情人柳夢梅，相思抑鬱而亡，死前以鏡中的形象留下自畫像。日後夢梅拾得此畫，真情相感，麗娘還魂，得以成就姻緣。故事中轉折關鍵所在的夢境、鏡影、畫像，皆是幻景；但虛幻之影卻能扭轉現實，突顯出情之重要。類似的情節在明清之際的戲曲小說中常被模仿或諧擬，蔚為風尚。《西廂記》雖早已是經典，當代的文學與藝術風潮也可能反過來影響圖像創作詮釋的手法，我們或許不能忽略同時代的思潮。

由於閔齊伋將彙集古今《西廂記》文本的合集命名為《會真六幻》出版，顯然也對此概念深感興趣，成為插圖設計核心理念之一也不令人意外。有學者進一步認為，閔齊伋刊本圖像很可能就是《會真六幻》中提及卻缺佚的圖像。[1]

玩

閔齊伋本最大的特色，是營造視覺的豐富性與畫面的巧趣，但並不需要知道太多文史典故便可欣賞，觀畫時解謎的樂趣幾乎都只須透過視覺上的推敲便可達成，不追求知識性的深度。但這些在今天看來仍獨具創意的巧思，未必總能獲得好評。像晚明文人謝肇淛便曾於《五雜俎》中抱怨吳興刊本急於出版獲利，頻見錯誤；市面上像《西廂記》、《琵琶記》這樣並非嚴肅的書籍，出版者反而窮盡心力，「以天巧人工，徒為傳奇耳目之玩，亦可惜也。」

傳統文人對出版界似乎本末倒置的批評，其實恰可反映出市場的實況。從現存數量來看，王本《西廂記》絕對是晚明出版界最受歡迎的戲曲文本，持續出版後競爭激烈，附加的插圖也是必爭之地，因而促生多元變貌。綜觀閔本插圖的設計取向，並非追求深掘文字精義，而是突出對於觀看經驗的自覺，使讀者在探索圖文搭配時，得以逐步發現曲折詮釋的巧趣，又能直觀彩色套印美麗的點綴淋漓。因此閔齊伋刊本《西廂記》或可說是將晚明出版品著重「耳目之玩」的特色發揮得最為極致的代表性之作。而且此一看似貼近今日趣味的出奇作品，無論從視覺文化、出版文化、或文學史發展的角度都有跡可循，是不折不扣的晚明文化產物。

1　范景中，〈套印本和閔刻本及其《會真圖》〉，收入王榮國、王筱雯、王清原編，《明代閔凌刻套印本圖錄》（揚州：廣陵書社，2006），頁 285。

24 時空中的「畫眼」

Hui-shu Lee ── 李慧漱

馬遠《華燈侍宴圖》

……在寓意著至尊皇權的主體堂屋正中開間，有兩列纖緻的侍立人物，分別是三位著官服官帽立於外側的男子，與三位著紅色長衫立於內側的女子。……有鑑於點景人物在宋畫中的點題作用，無可置疑地，這組人物應該就是畫家精心佈置的畫眼，他們是解讀作品的鑰匙，蘊藏著作品的核心意涵。

南宋　馬遠　《華燈侍宴圖》之局部　軸　絹本設色　111.9×53.5 公分　國立故宮博物院藏

馬遠《華燈侍宴圖》，著錄作《宋人華燈侍宴圖》。以略微俯瞰的視角，寫山坳開五楹堂屋宮廷一隅景物，籠罩在迷離的夜色與霧氣之中。畫面正上方有七言律詩大字詩題，畫作無款，然上方詩塘與下方裱綾上，分別有 1783 年乾隆皇帝（1735-1796 在位）與 1796 年詞臣董誥（1740-1818）的長篇御識，記清宮收藏原委，並依據另一有款本論斷此幅同出於南宋宮廷畫家馬遠（約活動於 1190-1230）。[1]（圖1）畫作年代久遠，墨色沒入絹地，細微處，必得心眼並用，方得一窺究竟。全幅水墨氤氳、詩韻盎然，景物精緻雅麗，纖細人物，精警扼要。屋後松竹、遠山

1　馬遠活動年代，據其存世作品，多集中於寧宗朝（1168-1124）並延續至理宗朝（1205-1264）。原籍河中（今山西永濟附近）。出於佛畫世家，曾祖父馬賁、祖父馬興祖、伯父馬公顯、父馬世榮、兄馬逵、子馬麟皆為宮廷應詔畫家。世系著錄見陳高華，《宋遼金畫家史料》（北京：文物出版社，1984），頁 727-737。馬遠傳，Richard Edwards, "Ma Yüan," in Herbert Franke, ed. *Sung Biographies: Painters* (Wiesbaden: Franz Steiner, 1976), 109-115.

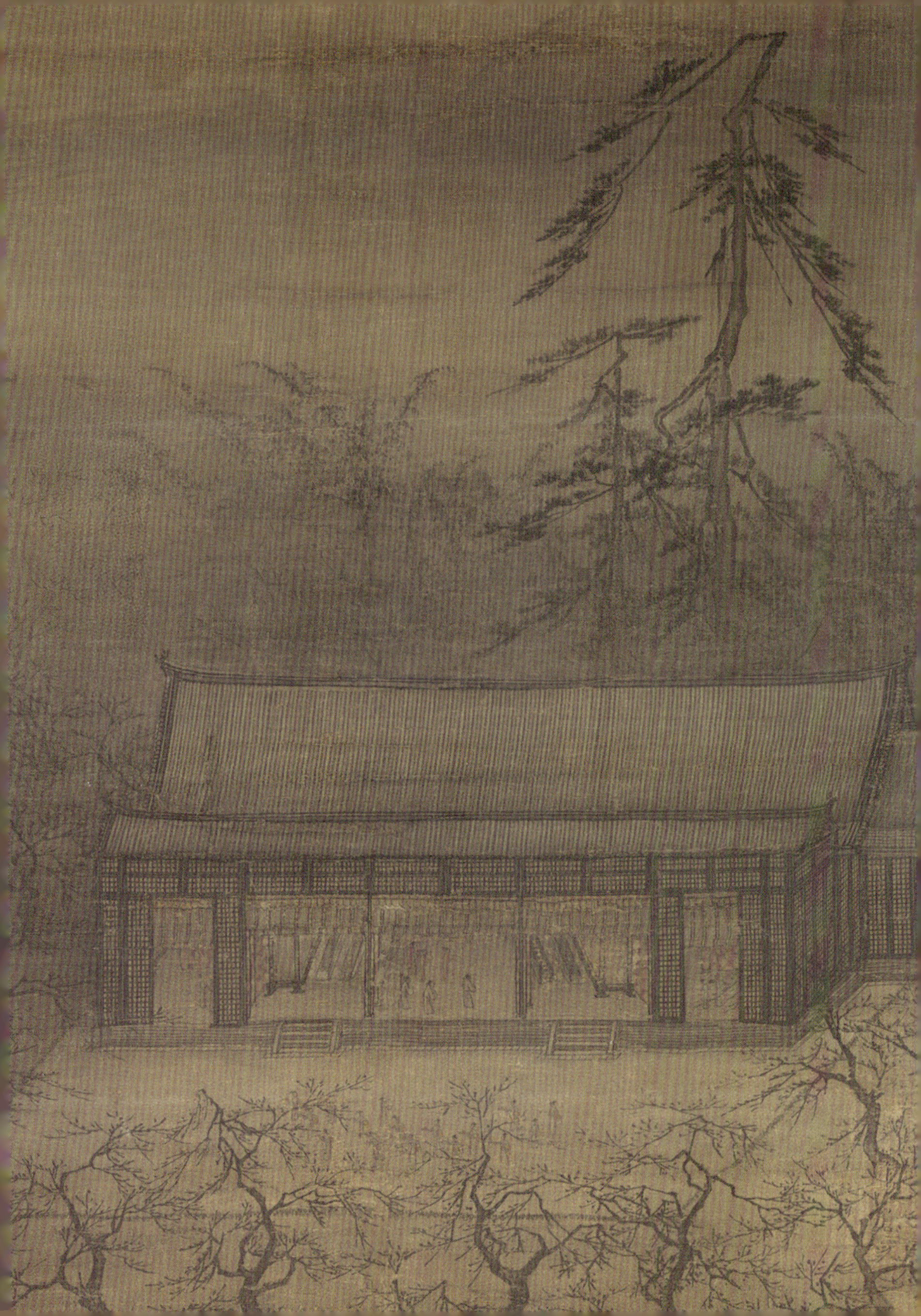

1 南宋 馬遠 《華燈侍宴圖》
軸 絹本設色 111.9 × 53.5
公分 國立故宮博物院藏

為屏，屋前梅叢環伺，庭中十六名宮人，作 V 字形陣，面向堂屋演樂。燈火通明的屋宇內，簾幕深垂，條案、屏幛井然。正中開間有六名前傾作揖侍立人物，又左右側間各有二名侍女。虛實相間的邊角構圖，上虛下實，景物全部安置于下方。主體堂屋，正面朝向，而向左略作 15 度許傾斜，與相連的側屋，形成一個深遠的小空間，適切地迎進枝椏棲斜、搖曳生姿的前景梅樹，且巧妙地引領觀者由畫面右下方，順勢進入墀間堂屋場景。（圖1）畫境由近而遠，漸漸隱沒於竹林霧色之中。惟見堂屋後聳立的雙松和幾抹山影，淩虛而上，迎向堂皇浮現于畫面正上方的偌大字詩題。（圖2）

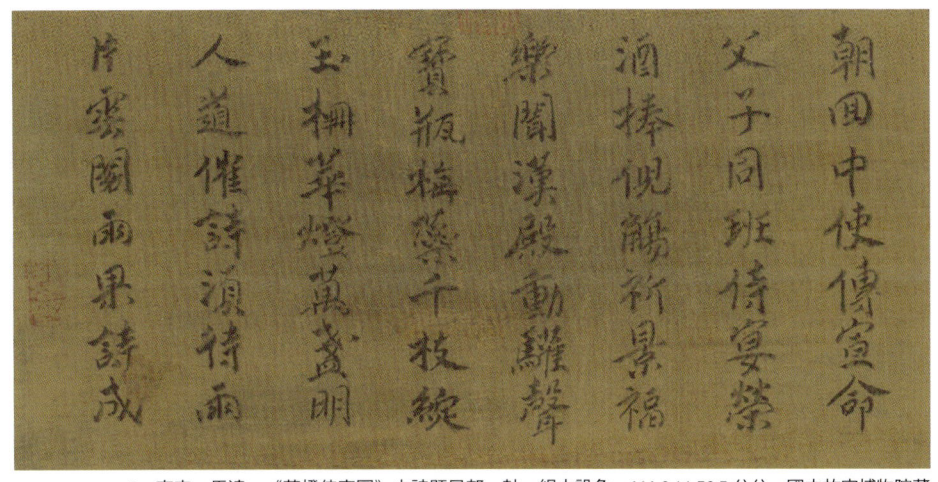

2　南宋　馬遠　《華燈侍宴圖》之詩題局部　軸　絹本設色　111.9 × 53.5 公分　國立故宮博物院藏

　　無款《華燈侍宴圖》與有馬遠款的一幅，同為清宮舊藏，並錄于《石渠寶笈》。[2] 乾隆君臣考證此畫原籤作《宋人華燈侍宴圖》，已先入內府。（圖1）緣由後進有「臣馬遠」款的同名一軸（圖3），一圖兩本，因記此延津之合美事。[3] 乾隆與董誥御識，內容如出一轍，應是詞臣代擬。鑒于畫景題句、軒檻人物、筆墨絹素等皆相近，因此「兩相印證」而歸結同出于馬遠。並推論此幅之所以無款，乃是「款經裁去」。[4] 入清宮前，不見于其他更早的著錄。[5]

2　（清）張照、梁詩正，《秘殿珠林・石渠寶笈初編》（臺北：國立故宮博物院景印本，1971），卷 12，頁 1151-1152；國立故宮博物院編，《故宮書畫圖錄》（臺北：國立故宮博物院，1965），冊 2，頁 163-164。

3　事實上，此作至少一圖三本，另有一紙本仿作，構圖似無款本，然筆墨不殆，明顯偽作。

4　見畫幅上下乾隆與董誥的御識。

5　詩題後雖有一古印，然漫漶不可識。江兆申指出「為明初期之收藏印」。江兆申，〈楊妹子〉，《雙谿讀畫隨筆》（臺北：國立故宮博物院，1977），頁 22。梁清標（1620-1692）二藏印與乾隆等清宮印記見前引《故宮書畫圖錄》。

3 南宋　馬遠（款）　《華燈侍宴圖》
軸　絹本設色　125.6 × 46.7 公分
國立故宮博物院藏

乾隆君臣的御識中，鑒別套路儼然齊全，然則粗疏與侷限。所謂兩本同出宋院本一說，完全枉顧實物畫跡在筆墨、章法與風格上的顯著差異。較之無款《華燈侍宴圖》本幅，後進有款一幅，除了畫面拉長成狹長尺幅，構圖上也大異其趣。遠山處增添了恣意點綴的苔點、山巒、松林、與屋脊。堆疊的景物，填塞了遠景。這種狹長條幅形式與平面化構圖，加上稚弱生硬的筆墨，不但顯示有款一幅為後人的抄襲仿作，更透露出仿作的時代痕跡，應在明朝中晚期紙上雲煙風尚與習氣形成之後。而《宋人華燈侍宴圖》畫作，縱然無款，在風格與筆墨上，則明顯地出於馬遠。畫中微妙的水墨渲染，迷離內蘊的飽滿空間，虛實相生的邊角構圖；前景跳越虛空的中景，直抵極簡而富暗示性空間的遠景，凡此，皆為馬遠的典型作派。又誠如諳筆墨、精鑒別的江兆申先生指出，畫中顫筆畫松梅樹幹與枝椏的作法，與傳世有款馬遠標桿作品《雪灘雙鷺》、《曉雪山行》中渾穆的枯枝筆法一致。又畫竹先釘頭起筆墨勾，再用汁綠色渲染；畫山先用墨勾勒，再螺青漬染；畫梅用胭脂點花等等，皆是馬遠標誌性的筆墨與畫法。[6]然而鑒別確立此作歸屬馬遠之外，如何深度地讀解畫作、重建製作的情境與核心內涵，則得回歸到作品本身，亦即藝術史的視覺文本。

聚焦分析《華燈侍宴圖》的構圖，可見全圖環繞著山坳間的主堂屋及屋內的人物場景來精心佈列。綻放的梅叢在屋前、屋側，松竹、遠山在屋後；棲斜搖曳的枝椏，一匝環伺，作山呼狀，彷彿朝向堂屋喝彩作揖。畫家匠心獨運的小、大、明暗對比手法，將屋前墀間演樂的宮人以及堂屋內人物，刻意地壓縮成纖毫小人，以突顯主體大堂屋的凜然氣勢；同時營造明暗對比的氛圍，來烘托夜幕下燈火通明的華屋場景。精警寫實的主體建築，五楹開間，屋前的兩座階梯、兩側開間門扇，以及屋內人物，皆呈對稱佈局。條理井然，森然有序。作二，三，三，二分佈的人物，性別、尊卑分明。左右側閒各有侍女二名，謹微的侍立于簾屏後。正中開間的六名貴賓，男在外，女在內，分立成兩列，他們與所盤踞的中央開間形成全幅構圖的核心。屋前墀間寬敞明亮的偌大庭院，再次烘托主體建築與主題人物場景，巧妙且精確無比地引領觀者視野凝聚于此。（圖4）

這般精密建構的主題人物與場景，究竟想表達什麼呢？又是否蘊藏著什麼特殊的意涵呢？依循著詩畫互證的理路，畫面正上方醒目的詩題，率先提供了關鍵訊息。起首一聯「朝回中使傳宣命，父子同班侍宴榮」直接點題，堂皇地宣示

6　江兆申，〈楊妹子〉，頁 10-11。

「承恩侍宴」的主題;而第二、三聯則寫皇家夜宴的時節與場景。一如畫面所呈現的景致,是時梅蕊綻放,殿內條案上各色器皿羅列,雖不見杯觥交儔景象,然而主題在正開間,屈身前傾舉觴祝酒的六位男女嘉賓,顯現無遺狀。而樂聞漢殿與華燈萬盞的聲色光景,則了然含蘊于墀間持樂器演奏的宮人樂陣與水墨暈染的朦朧夜色之中。末聯「人道催詩須待雨,片雲閣雨果詩成。」除了頌揚皇恩霈然如雨露的隱喻,更雙關地點出承恩侍宴的壓軸戲是夜雨中的一場詩酒會。

　　這種寫景紀事的詩題,文字應是出於當時服役宮廷的御前應制,屬於應詔之作。詩題無款,然而堂皇居中的主位,顯然是宋代帝后御題書畫的傳承作風。江兆申曾就其結體用筆與存世南宋帝后書跡論證並歸結「是楊妹子代筆的寧宗御題」。[7] 楊妹子即寧宗楊皇后(1162-1233)。史載楊后「頗涉書史,知古今,性復機警。」她雅善宮詞、書藝,多有作品傳世,而且「書似寧宗」,往往代筆寧宗。后妃代筆是宋代皇室書藝上的一種特殊而普遍的現象,筆者他處曾作系統性的探討。[8] 考量馬遠為寧宗朝最受榮寵的宮廷畫家,存世馬遠畫作,多見楊后詩題,可見兩人詩畫合作由來有自。楊后的個人願想,抒發於詩文與書題,往往巧藉馬遠精湛超邁的畫藝傳達。無論她個人私密性的自我呈顯,或公共與政治性的表達與運作,經由書畫載體,精警生動地譜繪出她不凡的人生。[9] 然而,雅擅書畫題識的楊后,為何不直書畫上?而要迂迴地假借寧宗發聲,代筆寧宗以其書風作題,楊后真正的契機究竟為何?

　　細審全幅視覺建構上的核心場景,在寓意著至尊皇權的主體堂屋正中開間,有兩列纖緻的侍立人物,分別是三位著官服官帽立於外側的男子,與三位著紅色長衫立於內側的女子。他們對稱地呈一位在前,兩位隨後,同時朝向著深隱於簾後的貴人曲躬舉觴作揖。人物尺寸雖刻意壓縮以突顯堂屋的雍容;然對稱的排列與男女衣著色彩的視覺性對比,使得人物性別與長幼次序,清晰可辨。有鑒於點景人物在宋畫中的點題作用[10],無可置疑地,這組人物應該就是畫家精心佈置的畫眼,他們是解讀作品的鑰匙,蘊藏著作品的核心意涵。

7　江兆申,〈楊妹子〉,頁11、頁22。

8　依據紀年1216年《為坤寧生辰書》的寧宗標竿性書跡,與楊皇后的存世作品,就風格、性別發聲與歷史情境,區分兩者的親筆、代筆問題,進而確立楊皇后為《華燈侍宴圖》書題與製作的推手人物。又后妃代筆,寓政治權術於宮廷藝術製作的才德與權術論述,參閱拙文 "The Emperor's Lady Ghostwriters in Song-Dynasty China," *Artibus Asiae*, 64/1 (2004): 61-101.

9　參閱拙著 *Empresses, Art, and Agency in Song Dynasty China* (Seattle: University Washington Press, 2010),第四章。

10　宋畫畫眼的精湛解析見 Richard Barnhart, "Figures in Landscape," *Archives of Asian Art* 42 (1989): 62-70.

4　南宋　馬遠　《華燈侍宴圖》之局部　軸　絹本設色　111.9 × 53.5 公分　國立故宮博物院藏

見 ● 馬遠《華燈侍宴圖》●

乾隆君臣題識中,論一圖兩本之事,曾就詩中提及的「父子」,作一父一子解。意指當時同受榮寵的宮廷畫家馬遠、馬麟父子。中文名詞無單複數之別,此種附會的詮釋,訛沿流傳至今。然而,對照畫中的人物來查證,一父一子之說便不攻自破。因為,畫中不但清清楚楚地描繪了內外分列為兩行的三男三女,而且每行各作一在前、二隨後的次序侍立,因此他們應該是三對夫婦,而且是一父二子與其各自的配偶。[11] 考量畫作背後楊后的主導角色,推想這三位精心準確佈置的畫眼人物,其人選,非楊后外家楊次山(1139-1219)與楊谷、楊石父子莫屬。楊后出身微寒,受知于高宗吳后(1115-1197),長于宮中,憑藉才藝與政治手腕登上后位。然而「既貴,恥其家微——密遣內璫求同宗,遂得楊次山。」時人所載楊后認祖歸宗的出身神話,多影射其個人的謀略與主導性。[12] 在宮中的強力後盾高宗吳后仙逝之後,她尋求攀比門風清貴的會稽同鄉楊次山為外家,除了提升自己的社會文化身份,更重要的是搭建朝廷上的政治盟友。事實證明,楊氏父子的確在寧、理兩朝的宮廷政治上起了關鍵作用。「儀狀魁偉」的楊次山不但出於顯赫的武將世家,是宋王室歷來擇后的理想門第,且「好學能文」,而愈加見識於雅善詩書的楊后。升官晉爵之外,楊氏父子之榮遇更屢屢見證于楊后親自題識賞賜的書畫。[13] 其中最為著稱的莫過於馬遠《水圖》十二開。每開除了楊后的詩題與其壬申1222紀年的私印之外,有「賜大兩府」小字款題,明示受畫者為其長侄楊谷,可見皇恩寵遇在1219年楊次山過世之後,仍蔭及下一代。因之,楊后代筆寧宗御題的《華燈侍宴圖》,主場景中的畫眼人物,非楊次山及其二子楊谷、楊石莫屬。[14]

　　辨析楊氏父子為畫眼人物與楊后的推手身分,不但突顯出《華燈侍宴圖》在宋畫中的經典範例,更揭示出南宋皇家藝術鮮為人知的一個傳承模式,亦即藝術製作成為體現皇家榮遇外戚的重要載體。這個傳承可以回溯到楊后的人生榜樣高宗吳皇后。其弟吳益(1124-1171)與侄吳琚等,因文才書藝出眾,見知於高宗,屢屢奉召出入禁中「伴話」或「侍宴」。在酒觴樂聲歡慶的「侍宴」場合中,君臣同樂的至高點,往往是即興賦詩填詞。[15] 易言之,對於雅善藝文的南宋帝后,皇家讌集,儼然就是文人的「詩會」或「雅集」。吳氏子侄寵遇高、孝與光宗三朝所樹立的典範,正是楊后師法前代而主導《華燈侍宴圖》製作的契機。依此演繹,我們或可進一步重建此畫製作的確切時空場景。考量寧宗朝楊氏一門權勢之消長,可推斷時間上的跨度應在楊次山晉爵封王的1210年,至去世的1219年之間。1207年韓侂冑(1152-1207)開禧北伐事敗,楊后趁機剪除頭號政敵,總攬朝政,楊次

山因之屢屢加官晉爵，終于1210年六月晉封永陽郡王。[16] 楊后志在榮顯外家，因權用宮廷「侍宴」傳承，遣中使，傳詔楊氏父子三人，入宮承恩侍宴。畫中松竹梅的歲寒景致，加上楊后曾賦「元宵時雨賞宮梅」詩句；推測最可能的時間點為楊次山封王之後一年，亦即1211年的元宵時節。禁中常例，雨中賞梅，往往張五色玉柵燈並伶官奏樂。[17] 楊后假借寧宗的帝王公眾形象與威名，私下「代筆」詩題，隱諱地宣揚外家，以合后妃之德；然而末聯伏筆以詩會作結，藉之彰顯楊氏兄妹的文才。至若精心刻畫的侍宴主場景，窈然于山坳開的五楹堂屋，其坐落處則完全符合南宋皇城禁御鳳凰山區的地貌，或即是當時禁御內苑知名的賞梅勝地「後苑」。苑中不但有梅花千樹的梅崗亭、冰花亭；而且由徑後苑便是重簷複屋楊后垂簾的慈明殿。因之，燈火通明的主體堂屋或即意指楊后的慈明殿，而殿內簾幕深垂隱身其中的貴人，則非慈明殿主人楊后莫屬。[18] 雖然真人實相隱而不見，她強而有力的存在，經由居中主位的文字與圖像：代筆寧宗的書題與象徵皇權核心的五楹堂屋，上下輝映，而展現無遺。

《華燈侍宴圖》，在楊后主導下，馬遠以精湛的筆墨與巧思刻劃出特定時空、場景與畫眼人物，共同體現了寓意深刻的宮廷政治、時代文化與性別意涵。藉由「侍宴」主題，以及女性上善若水的婉轉表達，楊后的個人願想與凜然威權，一如她的代筆與垂簾，隱微地託寓于詩、書、畫的載體，展現出南宋宮廷藝術與女性文化臻于化境的精微表達而幾於道。

---

11 比較有款以及紙本仿本的軒楹人物，兩者在正中央皆畫蛇添足地增添了一人。這種妄意更動，顯示作偽者對於原作內涵與寓意不明就裡，再次印證點景人物在宋畫中的關鍵畫眼地位。

12 周密《齊東野語》與葉紹翁《四朝聞見錄》，參見拙著 "The Domain of Empress Yang: Art, Gender, and Politics at the Late Southern Song Court" (Ph.D. dissertation, Yale University, 1994), 247-256.

13 文獻與傳世畫上所見「上兄永陽郡王」或「大兩府」，分別指稱楊次山與長子楊谷，參見啟功，〈談南宋院畫上題字的楊妹子〉，收入氏著，《啟功叢稿》（北京：中華書局，1981），頁296-299。

14 楊后以水喻己，並教化子侄的論述，參閱拙著 Empresses, Art, and Agency in Song Dynasty China, 209-218.

15 伴話、侍宴、並賦詩，見（宋-元）周密，《武林舊事》，收入《東京夢華錄外四種》（臺北：大立出版社，1970），卷7，頁467、頁469。

16 時間排序參見（清）畢沅《續資治通鑑》（北京：中華書局，1957），卷159，頁4296。又彼時宮廷政治，參閱拙著 Empresses, Art, and Agency in Song Dynasty China, 209-218.

17 見（宋-元）周密，《武林舊事》，卷2，頁368-69，元夕條。

18 慈明殿又名繹己堂直通後苑，見（宋-元）陳隨應，〈南渡行宮記〉，收入（元）陶宗儀，《南村輟耕錄》（臺北：木鐸出版社，1982），卷18，頁223-224。

25 巨大的明豔

Ying-chen Peng ── 彭盈真

大雅齋藕荷地粉彩花鳥紋大魚缸

這件瓷器給觀者的第一印象就是其巨大的體量，與一般印象中精巧細緻的官窯瓷器有所出入。雖然有元代龍泉窯青瓷和明代官窯的青花大龍缸的前例可循，但清代官窯，尤其是皇帝的特別訂製瓷中，相當罕見。

清　慈禧太后監製　大雅齋藕荷地粉彩花鳥紋大魚缸　1874-1876 年　高 55 公分　口徑 69 公分　足徑 38.8 公分　北京故宮博物院藏

　　大雅齋瓷器在中國陶瓷史上頗為獨特。它們是慈禧太后（1835-1908）訂製瓷器中最知名、工藝水平最精湛的一套御窯瓷器，早在民國初年就有品質精粗不一的仿品流傳海內外。[1] 更有甚者，其設計與燒造過程皆有豐富文獻佐證，故也是研究晚清官窯發展的重要材料。近年來隨著清宮藝術史研究的勃興，晚清官窯也進入大眾眼簾，以大雅齋為主題的展覽所在多有，造型、尺寸、釉色各異的瓷器在博物館陳列室與展覽圖錄中爭輝，令人目眩神迷。然而，當觀者靜心細觀時，每一件瓷器，都訴說著它獨一無二的身世。本文以大雅齋瓷器中體量最大、最具

1　許之衡著，葉喆民譯注，《飲流齋說瓷譯注》（北京：紫禁城出版社，2005），頁 181。

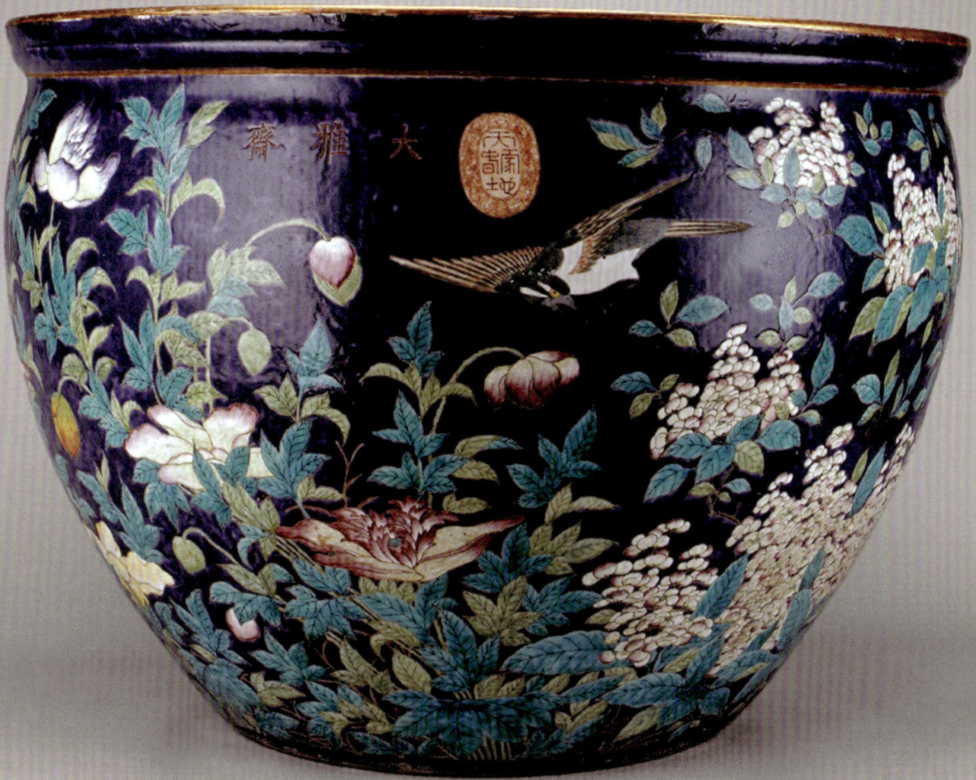

大雅齋

標誌性的藕荷地粉彩花鳥紋大魚缸為例，透過風格分析、文獻爬梳、以及性別研究理論解讀這件作品，檢視藝術史與器物學研究的各種可能性。[2]

這件大雅齋藕荷地粉彩花鳥紋大魚缸，在中文學術界第一本集結大雅齋瓷器研究的展覽圖錄《官樣御瓷——故宮博物院藏清代御製官樣與官窯瓷器》的說明文如下：

【清光緒】高 55 釐米　　口徑 69 釐米　　底徑 38.8 釐米
平沿，口微外侈，口以下漸斂，圈足微內凹，砂底無釉。口沿白地粉彩上以黑彩繪回紋裝飾，口沿下有紅彩「大雅齋」楷書款與「天地一家春」橢圓形篆書圖書章。外壁藕荷地繪花鳥紋，花紋有的含苞待放，有的怒放盛開，雀鳥在空中回首鳴叫，海棠花叢叢開放。紋飾豐富，色彩淡雅。口沿飾金彩，紋飾多以墨彩勾邊。[3]

說明文講究言簡意賅，書寫者必須從龐大的信息中擷取他／她認為最重要的條目，引導觀眾的視線。這短短的篇幅還肩負提起觀眾興味，追索其他問題的任務。上文確實直接或間接地點出大雅齋瓷器的四大特點：巨、艷、吉、絕。

巨

這件瓷器給觀者的第一印象就是其巨大的體量，與一般印象中精巧細緻的官窯瓷器有所出入。雖然有元代龍泉窯青瓷和明代官窯的青花大龍缸的前例可循，但清代官窯，尤其是皇帝的特別訂製瓷中，相當罕見。這麼大的粉彩魚缸，是怎麼做成的？從文獻得知，同治十二年（1873）皇帝親政後，提議局部重修遭到英法聯軍摧毀的圓明園以供兩太后頤養天年，慈禧太后借力使力，在原萬春園敷春堂址大興土木，建造其居所天地一家春宮殿。[4] 她不但主導建築物的外觀與內裝設計，還特別為這個宮殿訂製一套瓷器，即大雅齋瓷器，共三十一種圖案，計數千件。慈禧太后在同治皇帝頒令重建園子三個月後即命造辦處設計隨用的瓷器，所有設計稿，即小樣，現皆保存在北京故宮博物院，畫稿上還有標籤記載該圖樣應用的器型和件數。本作品屬三號「球梅花」，共燒魚缸三種尺寸，本件最大，另還有數百件餐具、花器和生活用品。細查大雅齋的紋飾，囊括四季花卉，顯然注重生活品質的慈禧太后打算隨時令變換日常用器，甚至魚缸。由於方從太平天國戰火重生的官窯缺乏技術熟練的窯工和燒造大型瓷器的窯爐，江西巡撫劉坤一必

須上書請求延期交付，最後是徵用景德鎮民間的大型窯爐，於光緒元年（1875）和二年（1876）分批把大雅齋瓷器解運赴京。[5] 但此時宮內人事已非，圓明園工程於同治十三年（1874）七月因弊案停工，同治皇帝隔年死於天花。遲來的大雅齋瓷器無所歸依，日後散置在慈禧太后的各個居所。

艷

觀者對這件大魚缸的第二個印象是其釉色。這種豔麗的發色是如何達成的？低溫烘烤，可以肉眼觀測發色的粉彩工藝在清代集大成，故清代官窯以色彩之豐富著稱，但是大雅齋瓷器上豔麗的地色，尤其是這種藍紫，似是晚清新色。雖然「藕荷色」在清宮文獻中隨處可見，但18世紀康雍乾三朝的器物與服飾上，是偏紅的紫紅色，而大魚缸的紫藍色，更接近人造染料苯胺紫（Mauveine），由英國科學家威廉・鉑金（William Henry Perkin, 1838-1907）於1856年發明，並快速進入中國紡織業，最早在1873年蘇州出品維也納世博會的織品清單中，就有對應Mauve的「玫瑰色」織品，且清宮舊藏中確實有件光緒朝的「藕荷色刺繡百蝶紋大襟馬褂」，顯示清宮對這個新顏色並不陌生。[6] 誠然更進一步化驗深紫釉成分有助於釐清這個釉色配方的來源，但大雅齋瓷器和晚清宮廷服飾間確實有千絲萬縷的關聯，下文將繼續延伸討論。

吉

大魚缸明豔的深紫色釉上，滿繪花鳥紋飾，但具體是什麼花卉、那種雀鳥？說明文沒有完全解答。仔細觀察可知有盛開的白繡球和紅、紫、黃三色月季，翱翔其上的是一雙喜鵲，都是充滿吉祥寓意的母題。相較於繡球的夏季花期，月季則是四季綻放，故有「萬代長春」的吉祥寓意。而喜鵲代表的吉兆，自不待言。夏季盛開的繡球花俗名八仙花，花型豔麗多彩，受到慈禧太后喜愛，是晚清時期特

2　關於大雅齋瓷器與慈禧太后的研究，參見拙文，〈慈禧太后（1835-1908）之大雅齋瓷器研究〉，收入賴毓芝、高彥頤、阮圓編，《看見與碰觸性別：近現代中國藝術史新視野》（臺北：石頭出版股份有限公司，2020），頁88-113。

3　故宮博物院編，《官樣御瓷：故宮博物院藏清代御製官樣與官窯瓷器》（北京：紫禁城出版社，2007），頁201。

4　Ying-chen Peng, "A Palace of Her Own: Empress Dowager Cixi (1835-1908) and the Reconstruction of the Wanchun Yuan," *Nan Nü*, 14:1 (2012): 47-74.

5　張小銳，〈清宮瓷器畫樣的興衰〉，收入《官樣御瓷》，頁44。

6　何進豐、趙豐、劉劍、吳子嬰，〈中國近代進口染料史研究之一——進口染料的傳入〉，《絲綢》，56卷10期（2019），頁111。

別突出的花卉母題,頻繁出現在她的衣裝和用器上。大雅齋瓷器和晚清宮廷服飾的關係,除了視覺上（顏色與紋樣）的連結,也有文獻佐證。慈禧下令製作大雅齋小樣的造辦處檔案是這麼記載的:

(同治十二年十二月十八日)長春宮太監劉得印傳旨,著造辦處做各式大小花瓶紙樣八件、各式元花盆紙樣七件、再燙合牌長方花盆樣五件,各式合牌胎水仙盆樣三件,俱四面滿畫各色花卉代翎毛草蟲,要細要好,趕緊成做,欽此。(繡活處)[7]

慈禧太后自同治十年（1871）後獨居長春宮,故可知太監是替她傳話。承旨的則是造辦處下的繡活處,顧名思義是負責宮內小規模織繡的作坊。此安排異於由如意館畫畫人提供畫稿的慣例,慈禧太后日後訂製其他瓷器時,皆由繡活處承辦設計。因此,大雅齋魚缸的紋飾完全符合清宮藝術「圖必有意,意必吉祥」的原則,但在母題的選擇上,又體現訂製者獨特的愛好。

絕

這件大魚缸最獨特之處,在其口沿下的紅彩「大雅齋」楷書款與「天地一家春」橢圓形篆書圖書章。乍看之下,瑰麗的花鳥紋飾、書法和印章,似乎延續清代瓷器把器表轉換為繪畫的一種,甚至嘗試詩書畫印合一的裝飾傳統。然而仔細推敲文字,大雅齋和天地一家春都是慈禧太后寢宮名,和裝飾紋樣無關,反倒成為一類特殊的清宮堂銘款瓷器。所謂堂銘款瓷器,是指器底或壁上有特定宮殿名的訂製瓷,可追溯到康熙朝,但有清一代除了道光帝曾為孝全成皇后（咸豐帝生母）在圓明園內寢宮特別訂製湛靜齋瓷器,其他都是帝王為自己的宮殿製瓷。[8]大雅齋瓷器不但是清代,甚至是中國官窯史上第一個宮廷女性為自己的宮殿訂製的瓷器。慈禧太后時年四十,雖然名義上已不理政,實際上依舊握有莫大實權,她對天地一家春宮殿的建造非常用心,急於在這個新居所營造前所未見、專屬於她的空間,連妝點其間的瓷器也要做成自名器。「大雅齋」與「天地一家春」更是她與咸豐皇帝的具體連結:咸豐帝曾頒賜大雅齋匾額給時為蘭貴人的慈禧太后,而天地一家春則是她在圓明園的原寢宮。[9]從她的品味來判讀這個審美選擇,提供另一種詮釋。如同大多數清代後宮佳麗,慈禧太后好勝勤學,常令宮內御醫、有私塾背景的太監為她講學,甚至利用抽查同治或光緒皇帝學習的機會,向帝師請教。

但這畢竟不比皇帝接受的系統化文人教育，因此，其品味偏好直白易懂的大眾文化。延伸到她的訂製瓷器上，就可說明為什麼雍正、乾隆官窯瓷器常見之詩意盎然的詞句，被簡化為宮殿名稱，似乎慈禧太后追求的是形式而非內容的美感。此外，慈禧太后的大部分訂製瓷，包括大雅齋瓷器，都是花鳥紋飾，完全沒有清代官窯常見的山水圖案。我們無法得知她對山水畫的看法，但是這個文人藝術中最顯赫的畫科在太后心中顯然是不如繽紛的花鳥畫的。

慈禧太后與她的時代早就是過去式，大雅齋魚缸從光緒元年自景德鎮官窯出廠就無定處可去，最終險些被隱沒在歷史的洪流中，但是當藝術史家探偵其風格、製作、來歷後，這樣一件看似尋常的瓷器，其實這麼有戲。你家也有塵封在櫥櫃、置物箱裡，隨時可以送上回收車的老東西嗎？他們也許同樣承載引人入勝的故事，等待你的考掘。

7　《內務府造辦處各做成作活計清檔》（臺北：國立故宮博物院圖書館藏《內務府造辦處各做成作活計清檔》微縮影本），微捲影印本頁號 41-116-588。

8　趙聰月，〈嬛嬛後宮，御用佳瓷──晚清后妃御用堂銘款瓷器〉，《紫禁城》，2013 年 3 期，頁 84-85。

9　周蘇琴，〈「大雅齋」匾的所在地點及其使用探析〉，《故宮博物院院刊》，2008 年 2 期，頁 56-58。

寫實的多重途徑

26

Sarah E. Fraser —— 胡素馨

張大千《番女掣厖圖》

張大千在都市（成都）情境中憑著記憶畫出藏族女子，這讓人要問，《番女掣厖圖》畫得像不像，若果，這樣的「相像」（resemblance）如何透過圖像認定？我們或許還可以問，這幅畫如何增進我們對 20 世紀中期繪畫的了解，因為它也展現出與媚俗紀念品的近似性。

民國　張大千　《番女掣厖圖》　1945 年 1 至 2 月間　軸　紙本設色　109×75 公分　郭有守捐贈　賽努奇博物館藏（Musée Cernuschi © RMN）

張大千（1899-1983）在中國西北描摹敦煌壁畫的那些年間，受到當地物質文化吸引，完成了幾幅描繪當代主題的作品。本文關注焦點為其中名為《番女掣厖圖》（紀年為 1945 年 1 月）的畫作（圖1）。[1] 這幅作品所展現的民族誌風格，引發關於模仿（或「寫實」）的重要問題。張大千對畫中女性的描繪帶著刻板印象與田野風情。兩名女性抱著一隻幼犬，另有一隻繫著狗鍊的大犬，整幅畫不著背景，沒

1　Sarah E. Fraser, "Mimesis," "Notes from the Field," *Art Bulletin* (June 2013) v. XCV, n. 2: 200-201. 後收入 "Ethnographic Mimesis: A Collaboration between Zhang Daqian and Tibetan Painters, 1941-43," in *Field Notes on the Work of Art,* ed. Karen Lang (London: Intellect, 2017), 213-218.

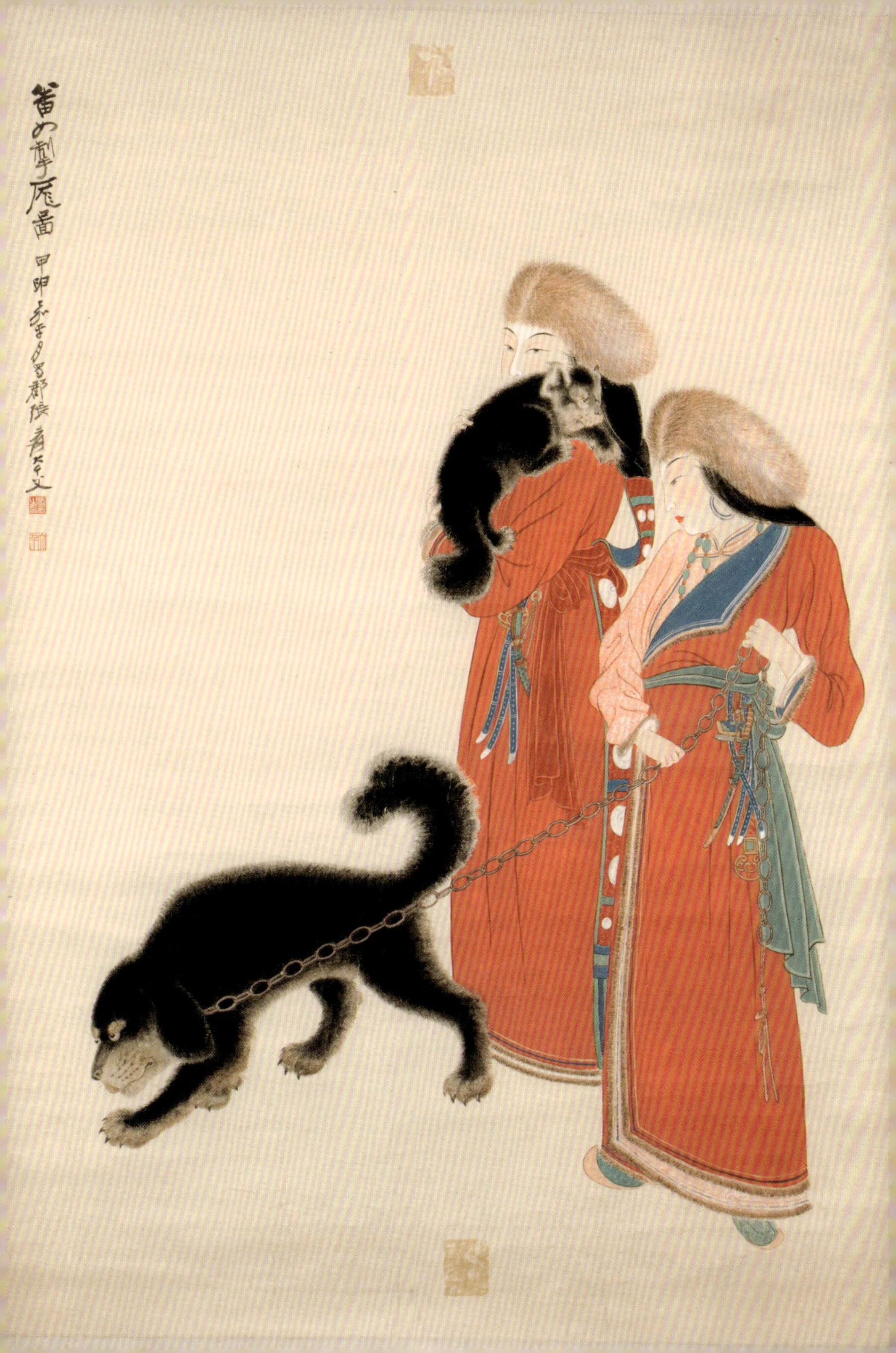
番女掣厖圖
甲申嘉平月蜀郡張爰大千父

有特殊之處。² 沒有任何標誌地點的圖像為這幅畫提供脈絡。另有一幅作品描繪一名醉舞的藏族女性，是張大千在前一年的類似作品，題記指出他對在新疆見到的藏族女性留下美好回憶，經常憶及，而對這類景象的喜愛是他作畫的靈感來源。³ 平塗（flat application）的色彩賦予這幅畫一定的紀念性（monumentality）——張大千提升了少數民族女性這一繪畫主題的地位——但也使她們置身於缺乏時間感的空白中。將人物安排在不設背景的淺近空間中的構圖手法，讓人想到早期人物畫，例如在卷軸與墓室壁畫中都可看到的唐代庭園仕女圖。

張大千在都市（成都）情境中憑著記憶畫出藏族女子，這讓人要問，《番女掣厖圖》畫得像不像，若果，這樣的「相像」（resemblance）如何透過圖像認定？我們或許還可以問，這幅畫如何增進我們對 20 世紀中期繪畫的了解，因為它也展現出與媚俗紀念品的近似性。透過觀察所得的元素反映在《番女掣厖圖》的畫法上。我們先看主題——西北地方的民族——以及對他們衣著高度描述性的手法；這種處理方式指出了主題與技巧上的新方向。毛帽與獒犬毛皮的精巧細節暗指跨文化的用筆方式。動物身上與帽簷的毛髮反映出油畫中典型的濃密感與斑駁色彩。油畫技法可能啟發了畫家對毛髮濃密區域的描繪，以琥珀、黑色、棕色與灰色的精細線條描繪毛帽的細節。藏女身上冬衣的精緻細節，與用來強調動物身體的飽滿黑色墨水並置對比。對衣著細節的這兩種描繪手法，可以說是達成再現（representation）的不同技巧：分別以油彩和墨水召喚「寫實」（realism）的兩種方法。

在水墨畫中穿插油畫效果，牽涉到 1930 年代最重大的論辯之一，也就是在藝術中注入逼真或「貼近生活」（lifelikeness）特質的需要，以服務中國現代化的國家議程。徐悲鴻於 1917 年啟程赴日本學習油畫時，推動清朝文化改革的康有為（1858-1927）為他寫了一幅字，讚美他「寫生入神」。這四個字體現了那個年代的美學理想；寫實或逼真——以模擬真實——與重振中國文化的努力密切相關。在民國初期，與模仿（mimesis）相關的技巧備受推崇，康有為的用語若翻譯為道地口語的英文是 Realism is next to godliness（「寫實主義與神性並列」），因為「神」一字指向神性的存在。康有為這句話宣告，千百年來為藝術家所鄙夷的逼真圖像描繪即將復興。⁴

2　《番女掣厖圖》的題記為：「番女掣厖圖，甲申嘉平 [12] 月，蜀郡張爰大千父。」農曆甲申年（1944）的最後一個月（12 月），相當於 1945 年 1 月 14 日至 2 月 12 日。因此這幅畫的紀年為 1945（而非經常提到的 1944 年）。

3　見 LACMA 館藏線上資料庫：https://collections.lacma.org/node/172667（2021/5/15 檢索）。

4　Fraser, "Mimesis," 200-201.

1　民國　張大千　《番女掣厖圖》之局部　1945年1至2月間　軸
紙本設色　109×75公分　郭有守捐贈　賽努奇博物館藏 ⓒRMN

見 ● 張大千《番女掣厖圖》●

這段期間，張大千是「藝苑」與「墨海潮」等畫社的成員，這些保守派畫社提倡透過水墨畫技巧保存文化，推廣「國粹」。我們沒有理由設想1930年代的張大千已經像後來在1950至80年代，在創作中嘗試油畫效果。[5]

1935年的《國畫月刊》以四期探討歐洲和中國繪畫中的逼真性，俞劍華在其中一期寫道「寫生為中國山水畫之根本方法」，今人卻「只知有臨摹，不知有寫生。」[6]他似乎同時在提倡兩種互不相容的理想：為了回歸唐宋繪畫和寫生，藝術家應該受到歐洲藝術描摹「真實」的模範啟發。[7]俞劍華與其他評論者提及的主要是山水（而非人物畫），但我們仍可提出一個論點，即戰時前往西北地區的藝術家，尤其是張大千，是以民國時期美學議程下更廣大的目標為己任。意思是，張大千在描繪當代主題、四處遊歷為物品寫生的同時，也嘗試透過臨摹敦煌與榆林石窟的唐宋藝術，振興古代繪畫。他描繪當代少數民族的作品，和這些作品如何揉雜了他的圖像觀察與早期洞窟壁畫中的族群，還有另一層複雜的意涵。

1930年代，中國興起如何振興藝術並建設國家（promote the nation）的熱烈論辯；針對「寫實」課題發表的各種意見顯示，評論者知道描繪世界有多重方法。各種討論往往以涇渭分明的方式定義繪畫途徑，換句話說：歐洲（或西洋）相對於中國的觀看方式。「新派畫」這個用語迂迴承認了歐洲技法在1930年代中國的吸引力，而對這類畫作的批評則傳達出對跨文化繪畫手法的排斥。[8]保守的民族主義畫家反對將油畫技法融入水墨畫作。比如，為什麼要用一點透視法（歐洲繪畫的標誌）限制可以輕易容納多重視角的水墨畫？[9]儘管如此，這些關於模仿與相似性的活潑論述顯示，在民國初期與中期，評論者對於達到圖像真實的多重方法有所體認與包容。[10]

此處適於指出，「寫實」（realism）是藝術史中使用最過的密碼（cipher）之一；它可以輕易地指涉「生活」（life），但是這掩蓋了可以達到「相似性」（likeness）的技法有多少。以專業用語而言，它不足以涵蓋用來捕捉各種視覺「真實」的多樣風格與其微妙差異。另一方面，我們不妨藉此機會梳理逼真性的課題，並探索其不同功能與形式，尤其在戲劇化、出人意料和悲慘的歷史事件接踵而來，經常挑戰藝術界的那段時期。面對饑荒、洪水、破壞，被迫遷徙到國內人煙罕至的地區，藝術家該如何回應？1930和1940年代的生活被戰爭所占據，可以說繪畫既回應了現代與未來的可能性，也決然地往過去倒退。有些藝術家發展出新的主題，其他則緊抱歷經時間淬鍊的材料。《番女掣厖圖》反映的是一種新穎（現代）遭遇的再現，一名漢人畫家挪用了西藏與蒙古文化，藉此形塑中國 – 現代

議程（Sino-modern agenda）。[11]

張大千一方面描繪他在西北與其他民族的邂逅，同時又著迷於在敦煌這類考古遺址臨摹遙遠過去的藝術；有些摹本是在他離開甘肅後與友人一起完成的。其中一幅是與何海霞（1908-1998）合作的《李氏像》；畫作右下角的簡短題記表明「波斯地毯」是由這（第二）位畫家所繪（圖2）。[12] 在壁畫描繪的供養者行列中，李氏在隨從簇擁下出現在這類有裝飾的地面上，與其夫曹議金（914-935在位）相對而立。從更廣泛的脈絡而言，自18世紀以降，外來風格便在某些畫坊中大行其道，而張大千的臨摹計畫，符合當時為尋找尚未受到外來風格影響的漢人藝術源頭的努力。這種純粹的表現狀態並不存在——在任何文化中皆然——但是這種有一個前歐洲（與前日本）的美學存在的想法，影響了張大千《李氏像》中精準勾勒的身體輪廓和理想化的用色。這幅絹面作品據稱是對曹議金的回鶻族夫人逼真的描繪；在她肖像上方的題記說明，他是10世紀一小國的國王與軍事將領，領土涵蓋敦煌地區。[13]

2　民國　張大千與何海霞　《李氏像》（榆林窟敦煌壁畫供養像摹本）　1943年12月至1944年1月　軸　紙本設色　226 × 87.5公分　郭有守捐贈　賽努奇博物館藏 © RMN

5　張大千以潑墨潑彩手法，在山水畫中營造抽象表現主義特色。他在1950年代暫時放下帶有抽象元素的早期大型荷花畫作，在這方面展開實驗，最早的嘗試是對歐洲阿爾卑斯山的風景描繪。

6　「寫生為中國山水畫之根本方法，不特古已有之，而且發源甚早也。」「只知有臨摹，不知有寫生。」俞劍華，〈中國山水畫之寫生〉，《國畫月刊》，第1卷，第4期（1935），頁71。

7　「今中國寫生方法既已失傳，欲圖恢復，不可不借鏡於現尚流行之西法。」俞劍華，〈中國山水畫之寫生〉，《國畫月刊》，第1卷，第4期（1935），頁72。

8　陸丹林，〈談新派畫〉，《國畫月刊》第1卷，第5期（1935），頁109。

9　俞劍華，〈中國山水畫之寫生〉，《國畫月刊》，第1卷，第4期（1935），頁71-75；及賀天健，〈中國山水畫今日之病態及其救濟方法〉，《國畫月刊》，第1卷，第5期（1935），頁100-103。

10　倪貽德，〈西洋山水畫技法檢討〉，《國畫月刊》，第1卷，第4期（1935），頁76-79；第1卷，第5期（1935），頁119-120。

11　Fraser, "Ethnographic Mimesis," 213.

12　右下角的題記為「門人何海霞（1908-1998）畫波斯地毯」。

13　Eric Lefebvre, "Collection as an Embassy: introducing Chinese contemporary painting in Post-War France: (1945-1960)," in M. Pejochová and C. von Spee eds., Modern Chinese Painting and Europe (Berlin: Verlag, 2017), 85-88; M. Bellec, "Contemporary Chinese art in the Musée Cernuschi from 1946 to 1953," 收入《巴黎·丹青——二十世紀中國畫家展》（香港：香港藝術館，2014），頁121-122。

李氏的深紅色長袍有著和緩起伏的皺摺和線條俐落、襯以花鳥主題的藍色衣領，這樣的描繪方式，反映出想要複製她完整外觀的企圖。然而，在洞窟牆上找不到和這幅李氏像一模一樣的人物。事實是，這幅畫融合了散見於四個洞窟中的李氏肖像細節與題記。多數特徵來自相距25公里的榆林第16窟（約936-940）與敦煌莫高窟第61窟（947-953）。張大千的畫家團隊首先將壁畫直接描摹到紙上，然後才調整細節以符合絹面卷軸的形式。

1944年摹本中的李氏，顯然是以她在莫高窟第61窟中的大型肖像為本；她在繪於東壁南側的女供養人行列中位居首要位置（這幅肖像是她的兒子曹元忠（944-974在位）在她死後所獻）。第61窟的顏色設置與題記受損，似乎促使了張大千的團隊以數個李氏畫像為來源，以求「完全相似」。她的服飾特色，比如珍珠色澤的回鶻鳳冠，在榆林第16窟中最清晰可見。壁畫中隱約帶著紅暈的雙頰與眼瞼，在絹本上強化為玫瑰色的光澤。在10世紀的壁畫中僅偶爾可見的花鈿，在畫中分布於她的嘴唇與眉毛周圍。壁畫的色彩隨著時間改變。妝容的細節已經褪色，白色的淚滴狀頭冠與紅袍顏料都已變黑。然而，這些損壞在摹本中都移除了，她的形象恢復到與想像中的10世紀樣貌「相像」。在這個挪用的過程中，逼真與否的定義是彈性而可塑的。

張大千與其團隊在洞窟中發展出的臨摹程序可以「復原式」形容。在這個過程中，團隊忠於一幅壁畫過去樣貌的「未來風格」，意思是，以彷彿時光從未侵襲壁畫的方式描繪人物。這是一種想像或假設式的模仿，模擬原本的色彩、線條，有時也有根據若未受損則「應該存在」的元素所模擬的內容。題記也以同樣的過程復原。李氏畫像摹本上方的長段文字，融合了敦煌莫高窟第55、61和98窟中的題記。張大千也挪用了榆林第16窟中曹議金榜題中的頭銜，並與對壁上的李氏榜題相結合。在此過程中，他創造了一種非正式的地方史。在畫作題記中，他綜合了關於李氏和曹議金的題記（通常不會同時出現）：

（後唐 (923-937)）敕推誠奉（秦）國歸義軍，河西隴右……等州節度使……曹義（議）金夫人，北方大迴鶻國聖天可汗的子，敕授秦國天公主隴西李氏像。蜀郡張爰大千氏 。

此外，張大千以他獨特的書法直接在榆林16窟的洞壁上為臨摹過程留下紀念。在窟壁上李氏與其隨從間空白（褪去）的榜題方框中，張大千寫道：「辛巳十月

二十二日（1941年12月22日），蜀郡張大千臨習一週題記。」他與壁畫間的連結不只是描摹其輪廓線條與題記；他記下了自己在那裡的確切日期、為時多久，在他記錄的供養者畫像旁邊，為自己創造了無可抹滅的文字肖像。這符合麥可・陶席格（Michael Taussig）認為模仿具有民族誌性質的看法；他在《他異與模仿》（*Mimesis and Alterity*）中指出，變得更像自己的行為，是一種與「他者性」（otherness）自我認同的過程。[14]

本文的中心問題，涉及早期佛教畫主題如《李氏像》的摹本，與《番女擎尨圖》中描繪當代主題的關係。在當代少數民族女性的一般描繪（generic depictions），與考古遺址中少數民族供養像的摹本之間，我們如何劃下風格差異的界線？我們又如何將衣著、五官到構圖風格上有這麼多共通處的兩個作品，並置調和來看？一幅宣稱捕捉的是現在，另一幅是過去。乍看之下，榆林供養像似乎與相似性的議題毫不相關；它並不像藏女和其寵物的風俗畫（genre scene）一樣，是根據觀察或寫生所繪。但若我們更廣泛的思考模仿這件事，那麼臨摹確實是一種挪用；描圖尤其是要以高度近似的方法重現另一作品。本文討論的例子彰顯了張大千如何透過挪用不同考古遺址的文字與圖像，大費周章地創作了一幅新畫作。在這個例子中，我們必須將我們對「原作」和「真實」的定義加以擴大延伸。

暫且放下臨摹過程本身不論，也許我們可以問，藏女獒犬圖與李氏像之間，有何相似性？而圖像上的相似之處又在哪裡？色調、服飾元素與風格方面的重疊皆清楚顯示，張大千在他的現代摹本中，使用了古老的服裝與臉部妝容風格；這樣的圖像策略，凸顯了當代「原始」邊疆的概念如何與壁畫中出現少數民族相呼應（圖1、2）。張大千對藏族女子的描繪帶著史詩感的崇敬（epic reverence），令人想到與歷史紀錄的連結。刻意簡單的構圖與古老得多的人物畫遙相呼應；兩幅卷軸中都以類似的色彩描繪女性衣著；再加上妝容間的共通處，處處顯示年代較古老的壁畫是畫家當代描繪對象的歷史典範。藏女獒犬圖的紀念性，似有可能汲取自壁畫中的某一風俗畫式場景（genre scene）。而相對的，少數民族的鄉野習性（habitus）對張大千而言帶著與過往的強烈連結，因而，對他們日常生活的觀察，可能啟發了他使用洞窟臨摹所得的構圖。

將這兩個作品並置研究的價值在於，這讓我們更逼近中國抗日戰爭期間（1937-1945）的藝術生產與文化民族主義的關係。1942年和張大千同行以協助他進

---

14 Michael Taussig, *Mimesis and Alterity: A Particular History of the Senses* (London: Routledge, 1993); Fraser, "Ethnographic Mimesis," 214.

行龐大計畫的五名塔爾寺藏族畫家，直接與模仿的議題相關。張大千仰賴來自青海的專業佛教畫家的高超技巧，也將他們當作當地資訊提供者（native informant）加以利用；他們的專業，是將畫在建築上的圖像變成摹本的基礎工作中很關鍵的工具。這種身體的挪用——透過當地藝匠的認知知識與知覺知識（cognitive and perceived knowledge）創造作品——是一種逼真。陶席格指出文化樣貌（cultural likeness）的挪用，尤其在偏遠區域，是無緣接觸早期原始過往的過客，求取其近似樣貌的一種方法。[15] 在此例中，與藝匠的合作讓過客得以接近原住民所擁有的祕密知識形式。如前文已指出，1940年代的普遍認知是西北地區保存了中華文化的早期形式，未受殘留的現代美國、歐洲與日本視覺性沾染。西藏僧人畫家的技巧，象徵了「純粹」藝術形式的保存。

從許多方面而言，張大千在考古遺址的臨摹工作，因為喚起對遙遠過去（唐宋）畫家作品的關注，重新引發了對工筆和模仿寫實主義（mimetic realism）的興趣。諷刺的是，與青海畫家的合作，同時也提升了20世紀佛教藝術工坊原本被忽略的重要性。文中討論的兩幅畫作也是一個指標，反映人物畫在民國早中期的廣泛復興。工筆畫的優異水準在龐薰琹（1906-1985）與傅抱石（1904-1965）的作品中清楚可見；此外，董希文（1914-1973）、司徒喬（1902-1958）與謝稚柳（1910-1997）的作品中都可看到豐沛的色彩。他們的畫作共同呈現了國民黨控制的中國西北與西南方的景色。不過，在鄰近的陝西省，這些創作上的努力也與1949年以前與中國共產黨相連、強調「民間」形式與色彩的延安畫家方向一致。以觀察、細心描繪和鮮豔色彩為基礎的新方向已蔚然成風。

15　M. Taussig, *Mimesis and Alterity*.

地獄的審判 27

Jessica Harrison-Hall━━霍吉淑

明代地府判官陶像

陶土加上釉彩怎能為一張臉賦予如此生動的情感？這張臉上眉頭深鎖，嘴唇緊抿，鼻孔賁張，大眼圓睜，在塑像製成的 500 年後仍展現出即將迸發而出的能量，或者甚至是怒氣。

明　地府判官釉陶像之局部　約 1490-1600 年　高 136 公分　寬 36 公分　深 31 公分　大英博物館藏　英國藝術基金（Art Fund）捐贈

策展人之眼

　　在一名博物館人員的工作生涯中，我們經常把注意力放在包容性上：不論是在寫作上力求讓各種背景、各種年齡的受眾都能夠理解，或是在策劃活動時從多種生理、心理、教育的需求角度去觸及人群。因此，當我受邀僅針對一件物品、僅從它對我的個人的意義來寫，對我而言，這是個嶄新的挑戰。比如，我是不是該選擇一個小器物，讓讀者光透過描述就能欣賞它，傳達給讀者器物上手（handling）的感覺，因為上手就和在一本書、一家博物館或一間文物店裡看見它一樣重要？上手器物的實務經驗，是我三十多年來有幸享有的特權━━我透過手指建立了我的眼力━━不論是一件白玉溫暖、光滑、打磨過的表面，一件朱紅雕漆器物起伏的曲線，還是一個上了厚釉的碗與它未及釉的粗糙碗足之間的對比，碗身觸手滑順光澤，反射光線，卻立足於粗糙的黏土底部上，而這底部正是判斷它使用何地土壤製造的關鍵。

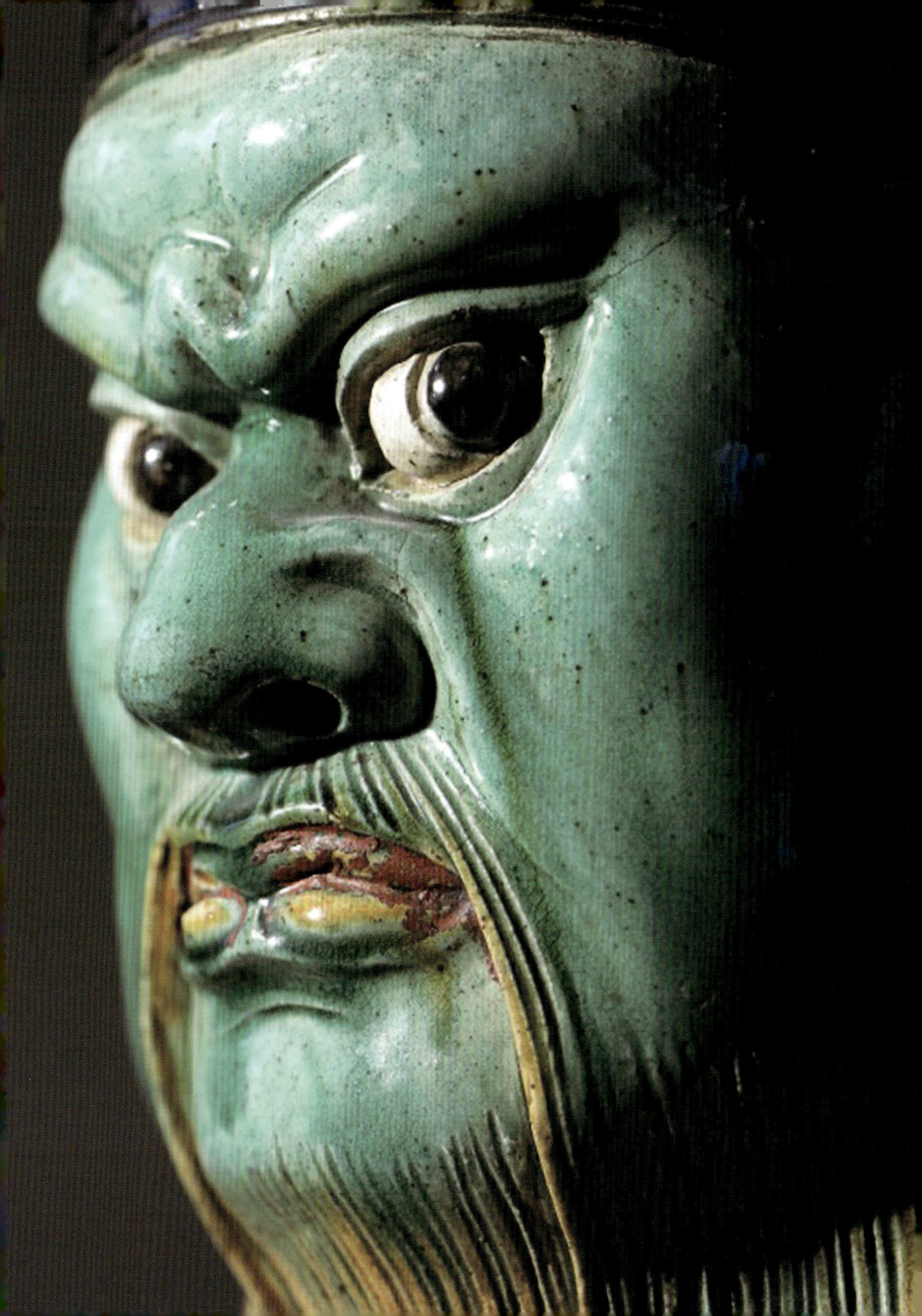

籌到這筆錢。後來是因為上述的慈善家，它才會成為大英博物館的藏品。博物館的陶瓷專家羅伯特・洛克哈特・霍布森（Robert Lockhart Hobson, 1872-1941）可能也參與協助安排，讓塑像在 1917 年 11 月送抵博物館。一個月後，霍布森在《柏林頓鑑賞家雜誌》（The Burlington Magazine for Connoisseurs）第 31 卷首度發表有關這尊塑像的說明，標題簡單明瞭：「大英博物館新藏中國塑像」（A New Chinese Figure in the British Museum）。結果這尊塑像大受訪客歡迎，於是霍布森在 1923 年的《明代陶瓷》（Wares of the Ming Dynasty）書中又特別強調它，次年在風行一時的參觀指南《大英博物館陶瓷與民族誌部門藏遠東陶瓷器指南》（A Guide to the Pottery and Porcelain in the Far East in the Department of Ceramics and Ethnography, British Museum）中也寫到它。

知識的分享

今天，這尊塑像位於何鴻卿爵士中國與南亞館的中央，疫情之前每年有大約 600 萬人造訪這間展館。它被放置在依時序陳列的器物當中，始於新石器時代（約公元前 4000 年），終於中國大陸、香港與臺灣的現代藝術，包括今年新取得的藏品。而這個塑像安置在明代展區，位於明代早期和晚期的展櫃之間，立在一個底座上，在它旁邊有一尊由希臘船運大亨喬治・尤莫弗普勒斯（George Eumorfopoulos, 1863-1939）收藏的類似雕像，他可能是從同一個供應「判官」（Judge）的來源購買的。兩尊雕像並未放置於展櫃中，而是開放展示，訪客觀看它們的方式也同於它們原本應被看見的方式——向上仰視。

當然，這尊塑像現在也是博物館線上典藏的一部分了，也可以被用數位方式觀賞。數位圖錄使得學者和大眾有機會在手機或電腦上，以互動方式觀賞雕像。他們可以使用放大功能，檢視在博物館參觀時很難看到的微小細節。

大英博物館前館長尼爾・麥葛瑞格曾說，我們是一所「世界共有共享的博物館」（Museum of the World and for the World）。由於這尊雕像在實體與線上都對公眾開放，世界各地的研究者因而也能將他們的新發現與我們分享，這表示我們得以用真正全球化的方式看見它。

28 枕流漱石

Lothar Ledderose ── 雷德侯

泰山石刻

乍看之下，帥眾的刻文似乎只是對經石峪風景的奇想回應。但是這句刻文對《世說新語》和朱熹的指涉，是有學問的觀賞者能意會並欣賞的，也為這個用語賦予了文學趣味、歷史深度和道德向度。⋯⋯日本小說家夏目金之助以夏目漱石之名為人所知。

明　帥眾　「枕流漱石」　1625年　山東泰山經石峪石刻　作者提供照片

　　這謎般的四字成語——枕流漱石——刻在山東泰山經石峪的《金剛經》石刻上方岩壁上。泰山的《金剛經》摩崖石刻，在中國所有露天石刻經文中最為壯觀。每字字徑半公尺，超過兩千字的經文沿著石面迤邐而下（圖1）。

1　山東泰山《金剛經》摩崖石刻　6世紀末（作者提供照片）

　　千百年來，超過六十則題記在這段經文周圍刻下。這些題記讓我們得以細細追溯這個地點的歷史和影響。[1] 這篇文章的主題就是其中一則題記。

1　泰山經石峪《金剛經》與其周圍題字，將發表於《中國佛教石經：山東省（第四卷）》（維斯巴登 (Wiesbaden) 與杭州，即將出版），該卷包含夏墨湄對此石刻題字的基礎研究。在此感謝她的貢獻。

枕流漱石

形式

這則題記年代為 1625 年,是雕刻年代從 1572 年至 1930 年的八則題記之一,成排分布於刻經址以北的低矮岩壁上,岩壁兩端間的長度約 28 公尺(圖2)。最早的題記刻於 1572 年,大約位於整排題記的中央,共有二字:水簾(亦參見圖5)。雕刻者是朝廷高官萬恭(1515-1591),時任兵部左侍郎,奉敕總理河道提督軍務。

經石峪中所有較早的刻文都成直排,包括經文亦是如此。萬恭這則題記首度使用橫排形式,此後經常被採用。橫排題字有兩個到五個大字,通常前有年代,後為署名,字體都較小。這種題記讓人想到紙本或絲綢手卷上橫寫的墨筆卷首題字。以圖 3 為例,此為書畫大家董其昌(1555-1636)為友人趙左(約 1570-1633)1611 年的手卷所書的卷首題字。[2]

2 位於刻經址以北,雕刻了題記的矮壁,刻於 1572 至 1930 年間(作者提供照片)
3 明 趙左 《枕石漱流圖卷》之引首 1611 年 卷 紙本墨書 臺北石頭書屋藏

萬恭引入這種形式,加上他的其他作法,為經石峪賦予了文學氣息。他以七則題記讚美山谷之美,使其有了歷史地位。此外,他在1572年蓋了一座亭子,讓遊客有地方歇腳,欣賞風景（圖4）。刻下《金剛經》的僧侶何時又為何離開山谷,我們不得而知,但是到了16世紀,山谷的純淨永恆感和宗教氛圍已經淡去。萬恭建造的亭子給了這裡一個新焦點;透過題記,他吸引了遊客注意經文以外的事物,並以世俗和美學價值取代了宗教價值,因而不可逆轉的改變了山谷的特質。

經石峪的第二個重大改變發生於1960年代。從一張老照片中可以看到,萬恭的「水簾」題字上方原本有水瀑流瀉而下（圖5）。可惜的是,為了嘗試保存經石址,千百年來潺潺流過經文的水流,被引導流入側邊挖出的一條水道。在此過程中,亭子被遷至他處,幾則舊題記遭毀,包括萬恭在1572年於亭子後方大石上刻下的「聽泉枕」（圖4）。

4　萬恭於1572年所築涼亭,後方大石上有他的「聽泉枕」石刻,現已佚失（照片為1930年代由良友攝影團拍攝,作者提供照片）

5　矮岩壁上的水瀑。照片攝於1930年代,2018年展示於泰安岱廟（作者提供照片）

2　這幅手卷現為臺北石頭書屋收藏。見蔡宜璇編,《悅目:中國晚期書畫》（圖版篇・解說篇）（臺北:石頭出版股份有限公司,2001）,圖版17;及李慧聞,〈董其昌的「董其昌」、「其昌」署款演變研究及其對董其昌某些作品繫年及鑑定的意義〉,收入華人德等編,《明清書法史國際學術研討會論文集》（上海:上海古籍出版社,2008）,頁126,圖18。感謝李慧聞為我指出這幅卷軸和使本文多所增益的評語。

讓人不解的題記

在圖 5 最左處流瀉而下的水流後方，可以看出有一個「枕」字，這是我們接下來要討論的主角「枕流漱石」刻文的第一個字。刻文如萬恭的「水簾」一樣橫排，四個楷書大字前有記載日期的直排小字：天啟五年仲秋吉（1625 年，圖 6）。幾已抹除的字跡仍可解讀，是因為金石學者孫星衍（1753-1818）在 18 世紀的紀錄。[3] 橫書的大字最後另有一直書署名，清晰可辨：南州帥眾題（圖 7）。

帥眾（1567-1640，字我一，號五實）是江西省南昌府奉新縣人，因此以南昌舊名「南州」署名。他是 1616 年的科舉進士，[4] 於 1622 年出任浙江道監察御史。[5] 史載他「清惠自持，以治行擢」。[6] 他於 1625 年獲任巡鹽御史，因職務之故前往山東，在經石峪刻下了他的題記。[7]

枕流二字呼應萬恭的聽泉枕（圖 4）。但是帥眾留下的這四個字刻意令人難解，究竟意義為何？我們也許可以想像「枕流」的意思，但是「漱石」呢？若把字對調，變成枕石漱流，帥眾的刻文便可理解，也與董其昌的卷首題字一樣（圖 6）。這著名的成語用以描述隱士的簡樸生活，此前已見於陳壽（233-297）的《三國志》。[8]

不過，帥眾那四個字少見的排列組合，並不意外的也有先例。劉義慶（403-444）膾炙人口的軼事集《世說新語》即收錄了下面這則故事：

> 孫子荊（孫楚，?-293）年少時欲隱，語王武子「當枕石漱流」，誤曰「漱石枕流」。王曰：「流非可枕，石非可漱。」孫曰：「所以枕流，欲洗其耳；所以漱石，欲礪其齒。」[9]

年少的孫子荊透過巧妙的文字遊戲用了許由的典故，相傳這位上古高士聽到帝堯欲授與他官位後，嫌惡

6 帥眾題記年代（作者提供照片）
7 帥眾題記署名（作者提供照片）

地洗了耳朵。[10] 孫子荊說他以山石漱口是為了磨利牙齒，而礪齒恰是超然清高的隱喻。

理學大家朱熹（1130-1200）在《答陳同甫書》（陳同甫，1143-1194）中提及這個故事：

> 正如孫子荊「洗耳」「礪齒」之云，非不雄辯敏捷，然「枕流漱石」，終是不可行也。[11]

在此，朱熹承認孫子荊的回答才思敏捷，但並不合於理。

然而在其地方，朱熹又以漱石隱喻讀書。相傳他曾為江西白鹿洞書院手書「漱石」二字。[12]

乍看之下，帥眾的刻文似乎只是對經石峪風景的奇想回應。但是這句刻文對《世說新語》和朱熹的指涉是有學問的觀賞者能意會並欣賞的，也為這個用語賦予了文學趣味、歷史深度和道德向度。

日本小說家夏目金之助（1867-1916）以夏目漱石之名為人所知。他在 1889 年準備次年進入帝國大學就讀，與友人以俳句和中國詩詞唱和時，一時興起下首度使用這個別名。他得知漱石一詞是透過唐代讀物《蒙求》，這本書解釋四字成語的背後故事，平安時代即已傳入日本。[13]

3　（清）孫星衍，《泰山石刻記》，收入新文豐出版公司編輯部，《石刻史料新編》（臺北：新文豐出版公司，1977-2006），輯 3 冊 26，頁 17b。

4　朱保烱、謝沛霖編，《明清進士題名碑錄索引》（上海：上海古籍出版社，1980），冊 3，頁 2595。

5　（明）黃彰健編，《明熹宗實》，收入《明實錄》（京都：中文出版社，1984，據中央研究院 1962 年刊本重印），卷 21，頁 13410a。

6　（清）呂懋先編，《（同治）奉新縣志》，收入北京愛如生數字化技術研究中心編，《中國方志庫》（香港：迪智文化，2006，據清同治十年刊本重印），卷 8，頁 23a-b。

7　（清）黃掌綸等撰，《長蘆鹽法志》，收入《續修四庫全書》編纂委員會編，《續修四庫全書》（上海：上海古籍出版社，1994），冊 840，頁 526b。

8　（晉）陳壽，《三國志》（臺北：史學出版社，1974），卷 40，頁 995。

9　（南朝宋）楊勇校箋，劉義慶撰，《世說新語校箋》（臺北：樂天出版社，1973），頁 588。

10　（漢）蔡邕，《琴操》，收入陳文新編，《雅趣四書》（武漢：湖北辭書出版社，2004），頁 52。

11　（宋）朱熹，岡田武彥編，《晦庵先生朱文公文集》（京都：中文出版社，1977，據明嘉靖四十一年刊本重印），卷 36，頁 582b。

12　（明）林庭 、周廣編，《（嘉靖）江西通志》，收入《中國方志庫》（據明嘉靖四年刊本重印），卷 12，頁 6b。

13　感謝沃爾夫岡・沙莫尼（Wolfgang Schamoni）提供此資訊。

御史與宦官

　　明代最為惡名昭彰的宦官之一是程守訓。根據《明史》記載，他殘忍驕橫，強索財物時「許人告密，刑拷及婦孺」[14]、「殺人莫敢問」。[15]

　　御史帥眾是全體宦官的死對頭。史料告訴我們，他「屢屢上疏諫言，針砭時弊，彈劾宦臣污吏」[16]。又，「御史帥眾指斥宮禁，閹人請帝出之」[17]。程守訓的惡行最終遭揭露，他在 1606 年由萬曆皇帝（1572-1620 在位）下詔處決。

　　此前三年，程守訓曾造訪經石峪，在刻經址北邊水瀑下方刻了一首詩，但是他的刻文幾乎完全無人得見，直到近年才在帥眾的大字底下被發現（圖8），而且幾乎已被帥眾完全銷毀。在宦官程守訓已遭處死二十年後，御史帥眾在這裡再度對他施以懲罰，用的便是鑿刻在石頭裡頭，那力道遒勁的每一點、每一劃。

8

帥眾刻文細部圖，下有已損毀的程守訓 1603 年題記（作者提供照片）

14 （明）張廷玉，《明史》（北京：中華書局，1974），卷 223，頁 6064。
15 《明史》，卷 305，頁 7806。
16 《奉新縣志》，卷 8，頁 23a-b。
17 《明史》，卷 240，頁 6237。

美國課堂上的青銅鼎

29

Kaijun Chen ── 陳愷俊

鄂侯馭方鼎

> 李峰教授的青銅器課程很特別，他一開始就分享自己的體會說：「思想方法確實重要，但是訓練也很重要。」……也許是因為李老師兼有在中國和日本的考古學訓練和美國的思辨薰陶，他在教學中強調要結合開闊的思路和紮實的訓練。

西周　鄂侯馭方鼎　高 35.5 公分　口徑 31.1 公分　胡若輝藏（陳介祺舊藏）

　　青銅器研究不是我科研和教學的專長，但我在哥倫比亞大學讀博士班（2007-2014）時，有幸選修了李峰教授的西周和東周青銅器課程，後來又旁聽了李教授漢代以前的考古學課程。藉著學習的經歷，分享一位非專業研究者有效入門青銅器研究的心得。

　　總的來說，美國的課程強調學以致用，即用剛剛學到的知識和方法，迅速搜集訊息，了解這個學術領域最新的研究，然後使用新發現拓展該領域知識的疆界。佔有史料和一手訊息固然重要，但是新的史料必須用於證明清晰的論點或者幫助推理，否則就只是堆砌資料。經常會聽到美國老師說，所有研究某問題的文獻加起來，你們兩周應該可以讀完。一些在東亞接受早期訓練的同學，雄心勃勃要在一學期裡研究重大課題，但期末論文通常只有兩周投入準備，結果寫不完，需要延期提交。沒錯，說的就是我本人。

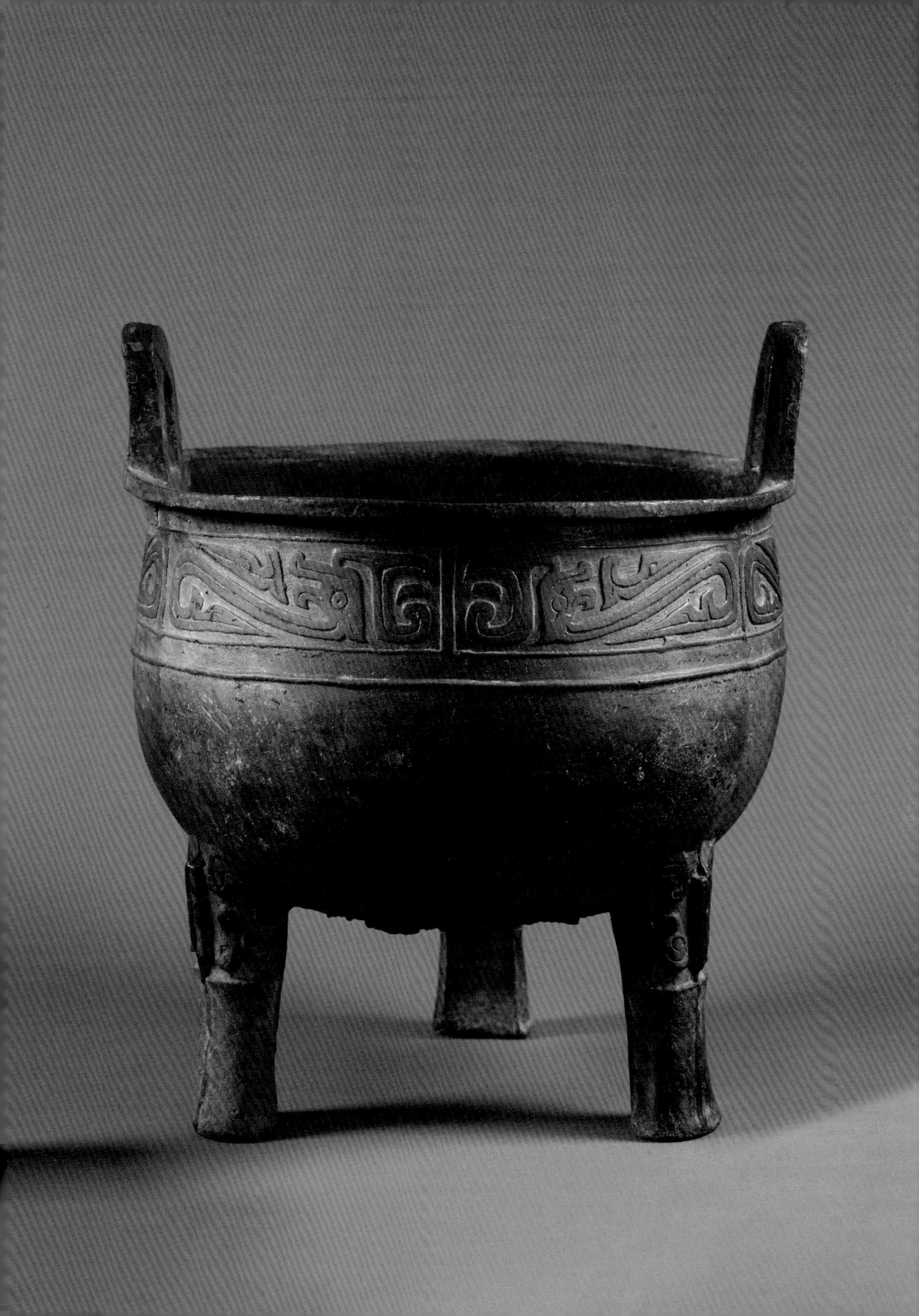

李峰教授的青銅器課程很特別，他一開始就分享自己的體會說：「思想方法確實重要，但是訓練也很重要。」我一直記憶猶新。這不同於中國或者法國大學老師從頭到尾地講課（赴美之前筆者在中國讀大學然後在法國讀碩士班）；也不同於大多數美國研究生討論班，大家爭論評判最新研究的理論假設和論據，這雖然非常有助於磨練邏輯思維，但是如果沒有基本知識儲備，容易製造許多理論的可能性，卻找不到證據。也許是因為李老師兼有在中國和日本的考古學訓練和美國的思辨薰陶，他在教學中強調要結合開闊的思路和紮實的訓練。李老師課程第一個月的四節課，每節課都介紹青銅器研究的一個方面。接下來的十週，每位學生選取一組青銅器進行研究，做課堂報告。我選到的是西周晚期，與南方鄂國相關的鄂侯馭方鼎以及相關器物。

從金石學到考古、文字、歷史學

　　李老師第一節課概括了漫長的金石學發展史，然後從現代考古學、文字學和歷史學的角度，回顧了仍然有相當價值的宋代和清代金石學資料，以及一些古人著錄青銅器的良好習慣。最有趣的是，他會推一輛圖書館的小車把各種線裝的青銅器著錄帶來課堂，教大家怎麼用年代比較久遠的藏器目錄。那時還沒有中研院的「殷周金文暨青銅器資料庫」，我就學著從孫稚雛的《金文著錄簡目》找出鄂侯馭方鼎曾著錄的地方，然後勾畫本器遞藏的順序。就錄有鄂侯馭方鼎的目錄來說，一些著錄僅羅列藏器名稱，一些有銘文拓片，外加釋文甚至地名人物等考證。可是20世紀初印刷的圖錄已經比較難找，劉心源的《奇觚室吉金文述》（稱此鼎為鄂侯鼎）、吳大澂的《愙齋集古錄》（稱為馭方鼎），這兩種著錄都有銘文拓片、釋文和考證，還有陳介祺藏器，鄧實編的《簠齋吉金錄》[1]，這幾本都是我在老師推來的小車上取用的。幸而《金文文獻集成》收入了不少古代和近世的文獻，包括著錄有鄂侯馭方鼎的這幾種。可其中一些書仍是節錄，也許正好缺少其他研究者尋找的內容。十來年後的今天，網路和數據庫疾速發展，ctext.org 已經全文收錄《奇觚室吉金文述》和《愙齋集古錄》，即使圖書館因為新冠疫情限制訪問，坐在書房就可以找到有關銘文拓片，[2] 可仍會懷念與同窗圍坐傳閱清晰大開本圖錄的時光。除了以上早期著錄，這個鼎還有好多位名家著錄，例如「殷周金文暨青銅器資料庫」還未列入的柯昌濟《韡華閣集古錄跋尾》也有「噩侯鼎」在列，且解釋文字考定故實。[3] 更有資料庫悉數收入的晚近學者的著錄和考證。最後，陳佩芬在〈上海博物館新收集的西周青銅器〉中記載此鼎是由企業家陳大年捐贈入館，時

值 80 年代初期。[4] 因為鄂侯馭方鼎是傳世文物，而非科學出土所得，流傳有序，加之前輩學者的反覆背書本身，是對一件器物真贗情況很好的說明。器物真贗當然不是其唯一的意義所在，但這是研究其攜帶歷史訊息的基本。

鑄造技術和器物甄別

要確認器物的真偽和年代必然要學會觀察器型紋飾特徵和鑄造痕跡。而了解基礎的青銅器鑄造技術，又是知其然且知其所以然之必須。所以李老師第二節課就介紹了青銅器鑄造技術。老師援引了諾爾·巴納德（Noel Barnard）、林巳奈夫、松丸道雄等學者的研究，結合器物細節照片講解了塊範鑄造、失臘法鑄造、分鑄再焊接的區別，以及傳統研究認為各技術流行的大致年代。相比多年前我自己在上海博物館霧裡看花觀察青銅器，如此有條理有重點地觀察器物太重要了。這也讓我意識到，觀察器物的方法是相通的。無論是青銅器，還是陶瓷，甚至是繪畫，首先要學會該觀察哪裡，在積累了相當感官記憶後，多比對，再思考是不是有傳統方法未加強調的部份可以細看，尋找變遷的規律，以期給器物在時空中找到錨點。跟青銅器各方面的學問一樣，器物鑑別顯然不是短時間可以學完的。

老師重點談了墊片和銘文鑄造的問題。絕大多數青銅器都是由澆築填充內範和外範間的空隙做成。墊片就是鑄造時內範和外範之間支撐定位的小塊。澆築完畢後，墊片會在器物表面留下痕跡。隨時代、地域甚至鑄造者階層不同，墊片使用習慣會不同。觀察墊片痕在器表的分佈，可以幫助判斷器物的真假甚至鑄造時代和地域。尤其為了保證銘文清晰，銘文所在的區域常會用墊片。那麼墊片痕有時候在拓片上就可以看到。上課時我們就練習了在器物照片和銘文拓片上找墊片痕。肉眼搜索並不容易，我在研究鄂侯馭方鼎時，就不敢確信一些坑窪不平的小塊就是墊片痕。而現在，專業的文物科技工作者已經可以用 X 射線照片幫助捕捉墊片痕跡了。

銘文可能在器物內壁或者外壁，是或下陷的陰文或高起的陽文。陽文可以由外範或內範刻字翻轉鑄造。但如果銘文是下陷的，內範或外範上的字就需要突

1　劉慶柱、段志洪、馮時主編，《金文文獻集成》（北京：線裝書局，2005），卷 16，頁 21。

2　（清）劉心源，《奇觚室吉金文述》（哈佛燕京圖書館藏光緒壬寅年刊本），見《中國哲學書電子化計劃》：https://ctext.org/wiki.pl?if=gb&res=220218（2022/7/29 檢索）；吳大澂編，《愙齋吉金錄》（北京大學圖書館藏本），見《中國哲學書電子化計劃》：https://ctext.org/library.pl?if=gb&res=2548（2022/7/29 檢索）。

3　《金文文獻集成》，卷 25，頁 130（韓華，頁 52）。

4　陳佩芬，〈上海博物館新收集的西周青銅器〉，《文物》，1981 年 9 期，頁 33-34。

起。而刮削陶範表面形成文字不太現實，一則耗工太多，而且任何痕跡都會留在器物內壁或外壁，現存器物表面沒有這種痕跡。李老師講解了巴納德所提出的，分開製作字銘範，嵌入內範表面的假設及其問題；也介紹了松丸道雄提出的使用刻字皮革在內範軟泥上形塑凸起文字的假設，但是這種方法也未能完全解釋現存青銅器銘文的一些型態。最後，老師提出利用「假內範」和「假外範」多次嵌套的方法。[5] 這種方法甚至可以解釋陰陽銘文並存的情況。總之，了解技術的遠期目標不僅僅是甄別器物，而是可以探索技術變遷和社會組織、文化偏好間的關係。

斷代紀年

判斷器物年代需要綜合運用各學科方法。李老師推薦大家從夏含夷（Edward Shaughnessy）對西周銅器斷代定年方法的概括開始學習。雖然當代學者有各自偏愛擅長的方法，但在引學生入門時，總是力求全面的。第一，自郭沫若《兩周金文辭大系圖錄考釋》利用器物銘文中的人物事件信息對比文獻來探查器物年代，經陳夢家、容庚等等學者發展已蔚為大觀，是基本方法。第二，美術史和文博學者對比各種出土和館藏的器物，釐清器型紋飾銘文風格的變化，找出時代和地域特徵，也需要參考。我瀏覽了羅森的《亞瑟·沙可樂收藏中的西周青銅禮器》（*Western Zhou Ritual Bronzes from the Arthur Sackler Collections*）先把握形制變化的概貌，然後主要使用了朱鳳瀚《古代中國青銅器》和各種圖錄來查找鄂侯馭方鼎以及其他鄂侯鄂地相關的器物在形制變化序列中的位置。學有餘力的同學還使用了林巳奈夫的《殷周青銅器綜覽》。[6] 另外，銘文在器物上的位置、其書體以及個別字的寫法也有助於推斷器物的製作年代。對器物風格研究而言，夏先生沒有強調，但李老師解釋的考古學方法尤為重要，科學出土的器物可以依據所出地層推測年代，即使傳世器物，也可以依據考古類型學，按器物各部分尺寸形狀置於分型分式的系統中。雖然這個課程主要借助發表的照片拓片研究，老師也強調了接觸實物的重要性，尤其是丈量器物各部分的尺寸、感受重量、觀察鑄造痕跡等，有機會時他就帶我們去博物館庫房近距離看實物；老師看似輕鬆的判斷工作依靠的是幾十年來的目驗與上手經驗。

其實，許多資深學者已經從各方面研究過鄂侯馭方鼎，我對它器型紋飾的觀察只不過驗證了他們的結論。此器深腹圜底，三足頂端帶獸面，類似西周早期的樣式；鼎口與上腹之間的一帶相對夔紋（亦稱顧龍紋）是西周中期的風格，半圓形的三足也是西周中後期流行。這種風格暗示此鼎型制是不諳中央王朝標準者所

做，或者故意自行取用風格元素混搭而得。第三個參考標準，就是銘文提到的干支年月，有可能幫助我們非常精確地確定作器時間。但是學者們綜合許多銘文中的干支紀年、紀月、紀旬，並無法整理出一條時間線，毫無矛盾地編年銘文上所有的人物和事件：多位周王起始年號不是一個，而是兩個，[7] 鄂侯馭方鼎銘文沒有自標年月。

以器物為證據的多維歷史研究

最後，我們花最多時間的練習，是釋讀銘文，然後從裡面找出跟其他器物銘文重合的人名、地名、國名、儀式名稱、禮品或物件名稱等，以此勾勒出歷史文脈。這是第三節課所學第一種斷代方法自然的延伸。在沒有數據庫的年代，這種索引的工作要借助張亞初的《殷周金文集成引得》來做。那一年我還翻閱《金文編》熟悉字形，遇到生僻的字和讀不通的地方，就依靠第一節課學習的方法，參考前輩學者的釋文和考證。[8]

雖然鄂侯馭方鼎的銘文仍有一些讀不出的字，大意是清楚的：周王到南邊征伐角和僑的淮夷，凱旋折返的路上跟鄂侯——友好的戍邊盟友開宴會，他們一起喝酒射箭，王送給鄂侯玉器、馬還有弓箭，鄂侯鑄鼎答謝。（圖1）所以，此鼎可能就是在鄂地所鑄，可以解釋器型紋飾上的年代混搭風。同為上海博物館所藏的翏生（器號：04459）也提到周王征伐角和僑。歷史地理學家徐少華對這些地方進行了考證，[9] 更挖掘出西周初期鄂侯所作器物，從其銘文推斷鄂人逐漸南遷的過程。鄂侯馭方鼎銘文所提到的儀式和禮物，其他銘文也常見，可資參考。戲劇性的是，不久後做的禹鼎銘文就紀錄了鄂侯聯合淮夷叛變，被周王艱難而嚴厲地滅國。然而，2012 年河南夏響舖出土的鄂侯墓群顯示鄂氏似乎沒有滅絕，而是繼續南遷了。

5　關於「假範」鑄造方法的詳情，請見李峰，〈西周青銅器銘文制作方法釋疑〉，《考古》，2015 年 9 期，頁 78-91。

6　郭沫若，《兩周金文辭大系圖錄考釋》（上海：上海書店，1999）；Jessica Rawson, *Western Zhou Ritual Bronzes from the Arthur Sackler Collections* (Mass. : Harvard University Press, 1990)；朱鳳瀚，《古代中國青銅器》（天津：南開大學出版社，1995）；林巳奈夫著，廣瀨薰雄、近藤晴香譯，《殷周青銅器綜覽：殷周時代青銅器之研究》（上海：上海古籍出版社，2017）。

7　Edward Shaughnessy, *New Sources of Early Chinese History: an Introduction to the Reading of Inscriptions and Manuscripts* (Berkeley: Society for the study of Early China and the Institute of East Asian Studies, University of California, Berkeley, 1997), 134-155.

8　張亞初編，《殷周金文集成引得》（臺北：中華書局，2001）；容庚，《金文編》（北京：中華書局，1985）。

9　徐少華，〈鄂國銅器及其歷史地理總考〉，《考古與文物》，1994 年 3 期，頁 87-93。

1　西周　鄂侯馭方鼎之銘文局部　高 35.5 公分口徑 31.1 公分　陳介祺舊藏

  雖然我的研究鄂侯馭方鼎的經驗,是幾乎已有標準答案的一次練習,但希望這個過程可以展示一個非專業研究者如何在老師的指導下,將一點(一件器物)定位到器型紋飾銘文變化的時間之線上,然後勾連相關青銅器的訊息之網,照亮歷史的一面。

的慈禧太后面無表情，穿著古裝，一臉嚴肅的坐在宮殿風的背景前，其實讓人有種悠遠陳舊又古板的恐懼感。其他的參觀記憶十分模糊，只記得有很多唐三彩等等，還有導覽老師傾倒著大量的歷史知識。其實大部分的時候，多數人並不專心，或因為人多根本看不到前方展品。當時個子特別矮小的我夾在許多同學之間，覺得有個穿著像是布袋戲服裝一般的人物對著苦悶的我會心微笑，彼此彷彿有了交流。

　　84公分高的她，以陶燒製而成。表面有豐富的釉色，但臉、手等部分沒有上釉，以陶樸素的質地，呈現肌膚的粉霧質感。瞇著眼微笑的古典瓜子臉龐，娟秀精巧。相對素淨的面容，衣著裝飾卻頗為繁複。鬆鬆的髮髻上有花葉髮簪，耳朵垂掛著醒目的花葉耳環。最裡層的衣服是綠色的連身長裙衣，綠色的窄袖，隨著動作從白色短外罩的寬袖中露出。服飾的華麗感來自多層次的如意形雲肩：上面是兩層白綠藍相間的蓮瓣造形，下層披肩的如意形下擺則像是藍色的蘭花，邊緣處有一圈細密的滾邊短穗。兩側向下垂落的飄帶，與腹部向上高舉的蝴蝶翅膀裝飾交錯著，形成互相呼應的視覺意象。飄帶除營造出輕盈感，更將觀者視線從雲肩引導至下半身的劍裙。向左擺動的雲肩飄帶與裙上向右搖動的劍帶，使整體呈現S形的動態感，完美烘托了主角臉朝右、左手反手插腰、右手舉鏡、左腳向前時身體微微側身旋轉的婀娜姿態。這樣的服裝一方面反應了漢人的華服傳統，但似乎又更像是戲曲中的女角。她的腳下是一朵半球形的祥雲，代表了神仙的身分。一朵可愛的大藍花，有點俏皮的裝飾在雲的正前方。

　　這件作品現藏於國立歷史博物館，登錄的典藏品名是「琉璃雷母像」，典藏登錄號為7026，是1956年教育部撥入國立歷史博物館的日本歸還文物。因姿態生動，製作精細，被視為清代中晚期嶺南地區廣東佛山石灣一帶生產的石灣陶精品。石灣陶是歷史悠久的民窯，特別是在明清時期名家輩出。很多有名的匠人直接以名字為店號，如「文如璧店造」、「黃古珍」等。更有許多專門的店鋪號，如「兩來正記」、「沅益店」等，在當時都相當出名。這些工匠、店鋪雖以製作器皿、文具及小擺設為主，但也製作與史博館藏的這尊持鏡女神相仿的塑像。在廣東佛山市祖廟屋頂花脊的一組光緒年間文如璧店造的群仙像中，即有形象相似的持鏡女神，側身的仙女在群仙之間以鏡照亮凡塵。廣東佛山市博物館也藏有一件時代相差不遠、半球雲上署名黃古珍的作品，不論是姿勢、服裝及紋樣配置，都與史博館藏相似。只是表現皮膚的地方也上了光亮的釉，服飾色調以黃為主、藍為輔，頭飾及耳環略有差異，而且向前的右腳露了出來。整體來說，表情及姿態不如史

博館藏品生動脫俗。兩尊女神樣式雷同，卻呈現出不同的配色及質感，說明當時有一個樣式底本在不同的工坊間流通。另一方面，工坊間的風格差異，表示不同作坊都在生產同類型的產品，表現了當時社會的需求。

在史博館與之一起展出的是「琉璃雷公像」，也穿著華麗的漢式服裝。相當的尺寸及製作，同樣充滿笑意的臉微向右傾，左手捻鬚狀，右手下垂，右腿抬起，在方向上與女神相互呼應。完全沒有古代《搜神記》中雷公「色如丹，目如鏡，毛角長三尺，狀如六畜，似彌猴」的形象，反而相當老成穩重。這尊男性神像原來的右手已經缺失了，沒人知道長什麼樣子，現在看到的是修補後的樣貌。因此，女神像手上的鏡子成了辨別他們身分的主要標誌。很長一段時間，似乎無法確定這面鏡子究竟代表的是閃電或月亮。在一些出版品及展覽資料中，他們多被稱為雷公及電母，有時也稱作日神及月神。[1] 但若是從廣東佛山市博物館典藏來看，與黃古珍持鏡女神搭配的男神的服飾造型皆與史博館藏品相近，只是雙手姿勢不同。男神高舉的右手也拿了一面像是鏡子的物件。因此，他們應該是日神及月神，而不是雷公與雷母（或電母）。

這兩件作品都有一個木頭座子，因此在入藏時被當作玩賞的擺飾，這也是我們在博物館觀看它們的感覺。但回復到它們應有的情境，應是在悶熱潮濕的嶺南，在大太陽下站立於某間道教寺廟或家祠屋頂──香港西貢蠔涌車公古廟為我們提供了一個完美的想像情境。[2] 一對石灣陶日神與月神，就豎立在車公古廟正門入口上方、屋頂垂脊的最前端。他們是進入正殿前最先看到的神仙，像是友善的守護者，日夜照看著寺廟。這組作品中的月神面容秀麗，向前的左腳鞋尖從裙下露了出來。整體來說，這件作品兼有史博館及黃古珍月神的特徵，但服裝樣式又不盡相同，應該是廣東佛山某處工坊依據月神的固定樣式製作的作品。

今日，廣東石灣陶廣受收藏家喜愛，也得到不少學者關注。其中又以爐、瓶等容器類、文具類，以及作為擺飾的人物雕塑類最受追捧。但小學時代的我，會被這樣的文物吸引，與石灣陶的背景發展、鑑賞知識、生產脈絡，甚至是工藝技術，一點關係也沒有，也完全不知道任何相關研究，反而在很大程度上，與小時候常外出去寺廟拜拜，或在家接觸歌仔戲與布袋戲有關。在我很小的時候，跟著

1　國立歷史博物館，《國立歷史博物館藏石灣陶》（臺北：國立歷史博物館，1995），頁 150-151。清，作者不詳，琉璃雷公人像（7025），《數位典藏與數位學習聯合目錄》：http://catalog.digitalarchives.tw/item/00/12/45/eb.html（2022/5/23 瀏覽）。清，作者不詳，琉璃電母人像（7026），《數位典藏與數位學習聯合目錄》：http://catalog.digitalarchives.tw/item/00/12/45/ec.html（2022/5/23 檢索）。

2　香港西貢蠔涌車公古廟月神照片請見 https://mapio.net/pic/p-40180711/（2021/6/30 檢索）垂脊上的日神及月神現已移入室內珍藏。

信仰虔誠的奶奶在臺北市臨江街口土地公廟門前看酬神的野臺戲，是日常生活的一部份。歌仔戲、布袋戲搬演著天上人間的喜怒哀樂；廟宇的雕刻、壁畫，屋頂上的神仙裝飾，對應到戲劇中的角色，成為我認識神仙人物、傳奇故事的來源。

有一派學者認為，臺灣廟宇屋頂上不可思議的交趾陶源自廣東的石灣陶。[3] 除了廣東，這種建築裝飾也與福建有很深的淵源。臺中鹿港龍山寺、筱雲山莊的交趾陶裝飾上都有福建泉州「晉水一經堂」的店舖號。無論如何，這種習自華南的建築裝飾工法，在臺灣發揚光大，並成為國寶工藝。不論在清代或現代的廟宇，經常可以見到以交趾陶及剪黏製作的廟宇建築裝飾。臺灣廟宇凹弧起翹並帶有捲尾的屋脊，比華南地區廟宇的屋脊更加誇張；神仙塑像不僅依附在屋脊或牆面，更有許多超出建築本體輪廓線的設計，色調上也不僅有藍、白、黃、綠的組合，而是五彩繽紛。觀者在廟宇中觀看這些作品的方式、心理狀態都和在博物館時完全不同，在博物館裡觀看作品慣常以平視視角，到了廟宇裡則轉變成了仰望。廟宇藝術裝飾作品的展示情境並不由展場的壁紙與投射燈營造，而是隨著天光時刻變化，在陽光、月光下閃耀。當行過一殿又一殿，敬拜安奉在室內的諸尊神明的過程中，汗水、焚香及燒金的氣味，伴隨著無數願望交錯繚繞在屋脊、牆壁上的神仙塑像身邊。作為裝飾，這些神仙塑像與廟宇建築共同構成了一個獨特的、展現地方美學的裝飾系統，為信眾構築了仙境的內容及層次，恍恍惚惚中也會覺得他們都是神仙幻化而來。

為宗教場域製作的物件，在其原來的使用環境中，多有一種實用的功能，或有目的性的意義，與其他同在一個空間的物件或裝飾，共同營造一個情境。這一情境是為某些特定的活動使用，以有形的形式加強對無形（神明或教義）的理解與認同。對研究上古考古美術的我來說，古代青銅器以及墓葬便需要以這樣的方式去認識它們的價值。人們以虔敬、祝福的心情精心製作，賦予它們功能與神性，在一次次的儀式中，將一套套裝盛美酒佳餚的青銅器放上祭檯向神明祝禱，或最終放入墓葬，撫慰逝者及親人。藝術性因這些需要而生，藝術表現則是隨著不同時代、區域的人群對未知世界的不同理解、儀式行進的差異，不斷變化。

小時候校外教學的博物館參訪經驗讓我意識到，在廟宇看到裝飾用的尋常壁畫、神仙塑像，到了博物館竟可以變成展示的藝術品主體。兩種不同屬性的殿堂，也因為這些作品有了連結，但不同空間卻賦予了觀者對作品完全不同的感受，展示功能與詮釋也有很大的差異。經過漫長的學習及工作歷程後，我成為了一位博物館員，並且有幸觀覽、上手過許多偉大作品，但每當我造訪史博館，還是會想

再去看看我心目中的女神。每次我們相視而笑，都能引領我回到小學時的初衷。廟宇對我來說，是平靜心靈的避風港，朋友心情不好的時候，我會約他一起去廟裡走一走，看看建築、看看人。有趣的是，我注意到許多人無法分清兩種殿堂的界線，不論在國立故宮博物院北院或是南院，我經常看到雙手合十的觀眾，對展廳裡作為藝術品展出的佛教造像又敬又拜——留在展櫃上的錢幣是他們在博物館裡能做的另一種表態。

我完全不是陶瓷研究者，但我想說的是，在更多的時候，能或不能欣賞某類藝術品，可能與生活經驗相關。觸動個人內心的作品，有時不一定是國寶或重要古物，也無關雅俗。所謂的藝術品並非完全高不可攀，或只能以價格衡量。對美的感知可以無涉專業知識，而是相當個人、私密的文化體驗。在為本文查閱資料時，正巧讀到石灣陶收藏家施欽仁（O. K. Skinsnes）引述美國學者菲利斯 ‧ 阿克曼（Phyllis Ackerman）描述中國上古青銅器紋飾的一段話：

> 中國的紋飾是關乎整個的設計。它不是只是裝飾，而是一種表示，一種禱告或召喚。然而這是一種阻隔嗎？美術品就是應該純粹美術的嗎？無目的的作品不一定有實質的價值，而有目的的作品，亦不妨礙本意的表達。假定表達方式對內容是適合的話，和表達的內容是有價值的，則作品的寓意實可提高美的欣賞。[4]

於我心有戚戚焉。

3　盧泰康，〈臺灣傳統陶塑藝術——交趾陶源流及其特色〉，《陶藝》，第 24 期（1999.7），頁 50-54。

4　Phyllis Ackerman, *Ritual Bronze of Ancient China* (New York: The Dryden Press Publisher, 1945); 轉引自施欽仁，〈為什麼收藏石灣？〉，《石灣陶展》（香港：香港大學馮平山博物館，1979），頁 315。

被遺忘的「印」記

31

邱士華

黃彪《畫九老圖》

> 「蘇州片」是一個披著不道德外衣的藝術史專有名詞，泛指一大批明末清初託名歷代書畫大家的偽作。與「蘇州片」相關的「工作者」，無論是書畫家、印人、裱工⋯⋯，均刻意泯除「當代」與「個人」的痕跡，以便成功將作品變身為價值不斐的古代名家之作。⋯⋯黃彪是少數留下名字的「蘇州片」畫家。

明　黃彪　《畫九老圖》之局部　1594 年　卷　絹本設色　27.2×193 公分　國立故宮博物院藏

　　如果不是籌辦「偽好物：16 至 18 世紀蘇州片及其影響」特展，我對畫家黃彪的印象並不深。

　　「蘇州片」是一個披著不道德外衣的藝術史專有名詞，泛指一大批明末清初託名歷代書畫大家的偽作。與「蘇州片」相關的「工作者」，無論是書畫家、印人、裱工⋯⋯，均刻意泯除「當代」與「個人」的痕跡，以便成功將作品變身為價值不斐的古代名家之作。

　　黃彪是少數留下名字的「蘇州片」畫家。在文獻中，他偽造過一卷北宋張擇端的《清明上河圖》，矇騙了蒐集大量奇珍異寶的明代權相嚴嵩父子。《清明上河圖》是蘇州片大量偽造的熱門題材，黃彪偽造《清明上河圖》的記錄，讓他成為「蘇州片」的代表人物。

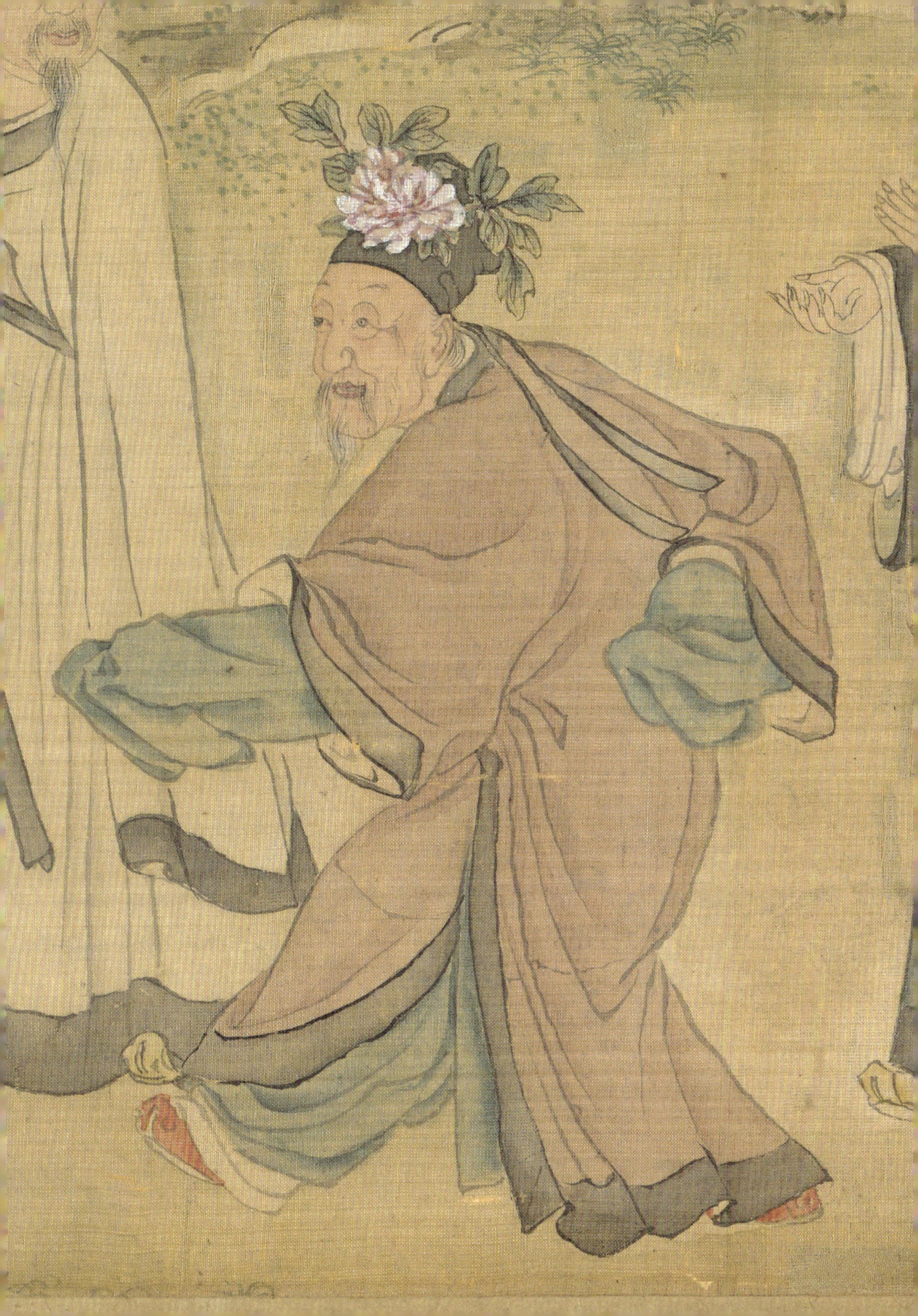

我對面貌朦朧不清的「蘇州片」一直很好奇，籌辦特展時開始認真閱讀與「蘇州片」相關的研究與文獻。黃彪繪製《清明上河圖》的故事，浮在我心裡的問題是：這是真實還是虛構的故事呢？黃彪的畫技到底有多好，能夠讓嚴嵩父子把他的偽作當成收藏中最好的一件？

　　抱著姑且一試的心態，搜尋了國立故宮博物院有沒有黃彪的作品。沒想到竟然找到黃彪繪製並題識的《畫九老圖》！（圖1）

　　《畫九老圖》描繪的是唐代詩人白居易致仕後，與年長名士在會昌五年（845）聚會的故事。後人稱他們為「香山九老」、「洛中九老」或「會昌九老」，並產生許多描繪賢長者讌集的畫作。黃彪《畫九老圖》結尾處，接著他自己的一段題識。他提

1　明　黃彪　《畫九老圖》　1594 年　卷　絹本設色
27.2 × 193 公分　國立故宮博物院藏

　　到繪畫與國家氣運相連,自己重繪「九老圖」,是踵武前賢的「繼絕」之舉。這段題識更重要的是標有他創作的時間和年紀——萬曆甲午年,也就是西元 1594 年,當時他已高齡七十四歲。

　　原本好像只留下名字的這位最有名的「蘇州片」畫家,竟然連出生年份都清晰起來,七十四歲還健朗地樓居作畫,並以「繼絕」為信念,繪製「九老圖」的複本。這些新認識,與我原本認為作偽者應是低調朦朧存在的預設顯然不同。

　　他畫得好嗎?從《畫九老圖》來看,他畫得不差,在遵循「九老圖」原本構圖與母題的同時,對人物五官、點綴木石的處理,不會因此過於板滯,而自信地作了屬於自己版本的發揮演繹。

2 明　黃彪（舊傳仇英）　《抗倭圖》之局部　卷　絹本設色　31.1 × 572.7 公分　中國國家博物館藏
　　取自東京大學史料編纂所，《「倭寇図卷」「抗倭図卷」をよむ》（東京：勉誠出版，2014），頁 48-49

3 《耆英盛會圖》（左圖）與《畫九老圖》（右圖）人物比較
　　明　黃彪　《耆英盛會圖》之局部　卷　絹本設色　47.2 × 445.6 公分　遼寧省博物館藏
　　取自邱士華，〈蘇州片畫家黃彪研究〉，《故宮學術季刊》，37 卷 1 期（2020.3），頁 36

讀過他卷末自題以後，應該不會有人把這卷《畫九老圖》當作「蘇州片」。但如果將黃彪的題跋割去重裱，這幅畫會不會變成一般認為的「蘇州片」呢？我認為答案是肯定的。

最好的例子，就是藏在北京中國國家博物館所藏的《抗倭圖》卷。（圖2）在過去有關「倭寇圖」的研究中，這本《抗倭圖》上不見作者簽款或題識，畫面內容與東京大學史料編纂所珍藏的《倭寇圖》卷又有若干處雷同。因此，《抗倭圖》一直被視為「蘇州片」的一個種類。

2018年7月18日，國立師範大學藝術史研究所主辦「真贋之間——文獻史學與美術史學的對話」座談會，邀請史料編纂所的須田牧子介紹《倭寇圖》與《抗倭圖》卷，投影出這兩個圖卷許多精彩的細部。飽覽之餘，發現《抗倭圖》卷末有一方印看起來十分眼熟。特別在中場休息時，麻煩須田女士放大確認，沒想到就是黃彪《畫九老圖》上同樣出現的「扁舟五湖」印。而《抗倭圖》的「扁舟五湖」印上方，還鈐有一方原本沒有識讀出的「黃彪」印，其篆法又與國立故宮博物院所藏傳蘇軾《自書苞菊賦》的「黃彪」印雷同。由於這幾件作品中鈐印、簽款的巧合，可以推斷「扁舟五湖」即為黃彪常鈐蓋在自己作品上，代表自己的印章。

當時我也準備前往遼寧省博物館蒐集資料，因此翻看《中國古代書畫圖目》中該館藏品。正好翻到一卷該館所藏無款的《耆英盛會圖》卷（圖3），圖片雖小，但總覺得與《畫九老圖》相似，取得較清楚的圖檔後，又在卷上見到了「扁舟五湖」、「煙霞倦逸」的印章，其下另有一方「黃氏子印」，因此可以推斷遼寧省博物館的這卷《耆英盛會圖》卷，也是黃彪的作品。（圖4至圖6）

4　黃彪《畫九老圖》之「扁舟五湖」白文方印
　　明　黃彪　《畫九老圖》之局部　1594年　卷　絹本設色　27.2×193公分　國立故宮博物院藏

5　黃彪《耆英盛會圖》之「扁舟五湖」白文方印
　　明　黃彪　《耆英盛會圖》之局部　卷　絹本設色　47.2×445.6公分　遼寧省博物館藏

6　《抗倭圖》之「黃彪」與「扁舟五湖」兩方白文方印
　　明　黃彪（舊傳仇英）　《抗倭圖》之局部　卷　絹本設色　31.1×572.7公分　中國國家博物館藏

這方「扁舟五湖」，成為串起黃彪作品的重要印記，是讓我在蘇州片的研究過程中，與黃彪相遇的神奇「一物」。

「扁舟五湖」印記，發揮協助搜尋特定畫家手蹟的功能。這種印蹟比對的研究方式，在藝術史研究中屢見不鮮，有名者如宋徽宗「宣和七璽」、明初內府「司印半印」等收藏章的比對，藉此確定書畫名蹟創作年代下限的佐證，或是像董其昌印章的比對，藉此判斷真偽，甚至透過印面崩裂的狀況，解決創作時間先後的排序問題。

越是名頭大的書畫家或是作品，就容易有較多的偽造者，偽造的水準也更高。即使是同一方印章，鈐在紙本或是絹本上，效果就不一定相同。鈐蓋當時使用的印泥材質，上印泥時是否勻整、以及施力時是否打滑、在歷代重新裝裱的過程中，印蹟所在的經緯絲線是否受到拉扯位移，都可能增加鑑別是否為同一方印的困難度。即使是印痕與標準件完全相同，也會擔心是否是後來獲得書畫家或收藏家印章的不良人士後鈐的偽作。

凡此種種，令研究者多將印痕的比對視為輔助證據。而黃彪這個研究個案，與上述收藏印或作者印記研究最大的差別應該在於「偽印」的缺乏。赫赫有名的大書畫家或是大收藏家的印章，因為具有較高的市場價值，所以不僅偽造書蹟、畫蹟，連印章也會作偽。光是判斷哪一方印才是可考的標準印，恐怕都要花一番功夫。但名號不這麼響亮的書畫家，反而少了這層辨偽的困擾，比對起來相對直接容易。

當藝術史的研究從歷代大師的研究中轉向後，原本似乎不堪用的印蹟識別，或許可以有些新氣象。黃彪的研究就是其中一個幸運的例子。在「偽好物」特展中展出的更多「無名」偽作工坊的研究，或許也可以透過相同「偽印」的比對，幫助我們對這一階層藝匠與作坊的活動，得到更進一步的認識。

若隱若現 32

黃蘭茵

明永樂甜白雙龍紋碗

因為胎體輕薄的特性，甜白釉色之下的暗花裝飾，在特定角度的光線背照下，可以若隱若現的為觀者所識。器物類作品在展覽布陳的時候，有一個擺放展件、固定位置的步驟，是展覽工作中我最喜愛的環節之一。墩座、支架、三角錐和鏡子，提供了文物將被看見更多不一樣的特點與細節的可能性。

明　永樂　甜白雙龍紋碗之器身內壁　1403 至 1424 年　高 4.7 公分　口徑 10.0 公分　底徑 4.0 公分　國立故宮博物院藏

　　永樂時期的白釉瓷器器形端整、胎質細膩、釉質溫潤、釉光柔和，尤其以其純淨潔白的釉色著名於世，有「甜白」之稱。

　　這一件甜白釉小碗（圖1）的口部略向外撇、深弧壁、矮圈足，器壁均勻細薄，重量不足五十公克。小碗全器施釉，只在足底著地處露胎。雖然僅有一小圈可供觀察，仍然可以從這蛛絲馬跡之間感受到它胎質的細緻勻淨，可以想像胎土應是經過重複的淘洗澄淨而成。包覆著器身的白釉潔白溫潤，釉色之下，隱隱可見器內壁一左一右共有雙龍飛舞其間。碗的內底心另有「永樂年製」四字篆書款，款成二字雙行，並外加單圈。永樂時期的白瓷釉光潤澤而不刺眼，或許是釉中的石英顆粒與雲母含量較多，視覺上的感受較為柔潤所致。另外，雖然都稱白瓷，

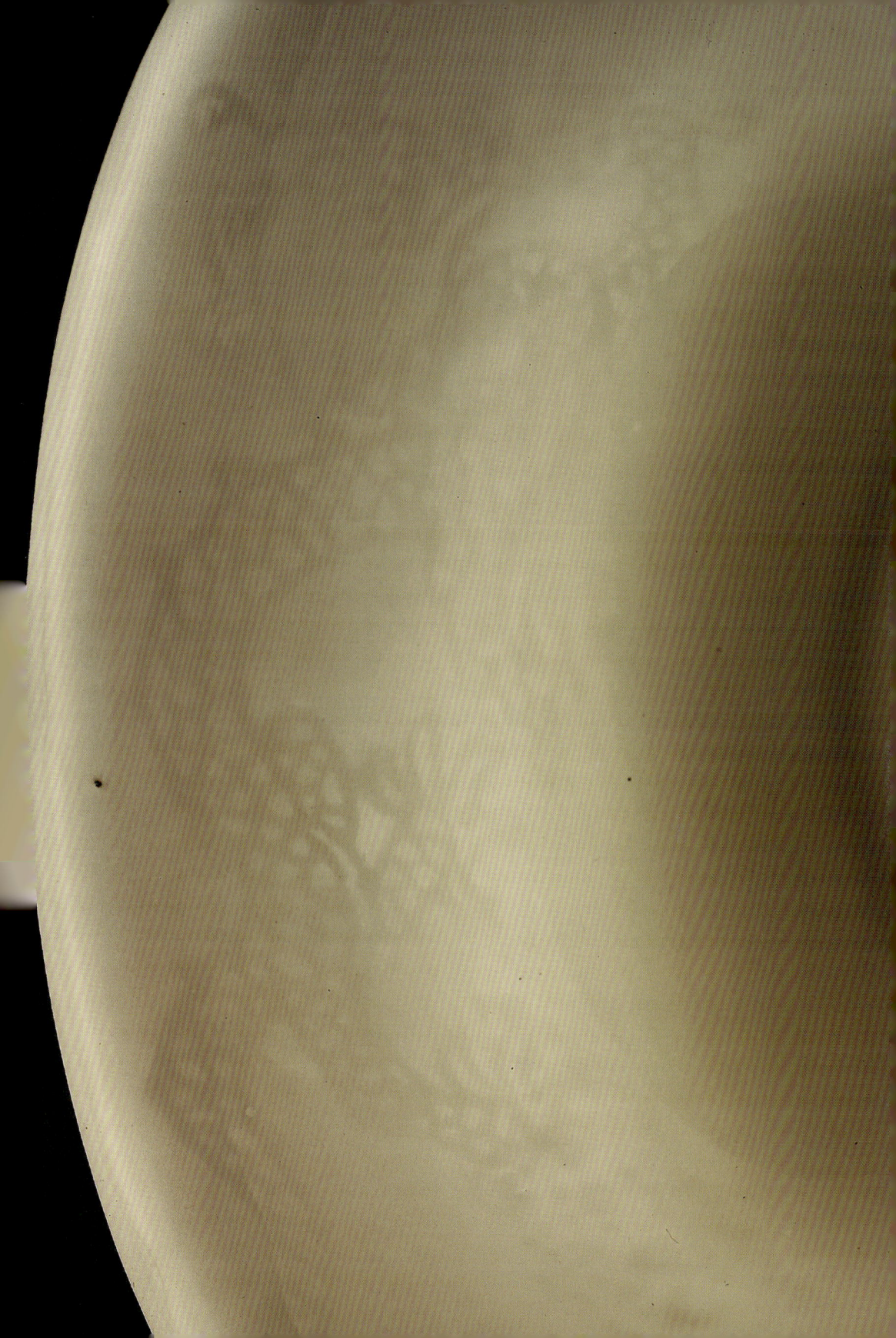

15世紀早期的甜白釉色對比前代定窯瓷器釉色偏牙白，或是景德鎮青白瓷釉色泛著淡淡月白，還是有其獨特的白色魅力。明代晚期文人，像是黃一正在《事物紺珠》以及王世懋在《窺天外乘》中，都曾將明代早期永樂、宣德時期的白釉瓷器稱為「甜白」。景德鎮考古研究所的學者劉新園推測，這是因為明代嘉靖時期白砂糖剛被發明出來，所以用色白如霜雪的白糖之甜，來比擬潔白潤澤的永樂白釉瓷器。[1]

永樂白瓷小碗的輕透，也是讓人印象深刻的特點之一。清代的陶瓷札記《南窯筆記》中在「永樂窯」一欄中特別提到了：「有永樂甜白脫胎撇碗，此最輕者；有最厚者，有青花壓手杯，底內俱有篆書『永樂年製』」。札記中提到重量最輕且帶有「永樂年製」篆書款的脫胎撇碗，很有可能就是我們現在看到的這種甜白釉小碗。

因為胎體輕薄的特性，甜白釉色之下的暗花裝飾，在特定角度的光線背照下，可以若隱若現的為觀者所識。器物類作品在展覽布陳的時候，有一個擺放展件、固定位置的步驟，是展覽工作中我最喜愛的環節之一。墩座、支架、三角錐和鏡子，提供了文物將被看見更多不一樣的特點與細節的可能性。有的時候，相鄰的兩個物件，它們可以共享一個大的墩座，暗示彼此呼應對照的關係；有的時候，很類似的兩件作品，一件擺得靠近觀眾一點，讓觀眾可以直接俯視觀察到器內底心的圖案或是款識，另一件，則擺放得稍遠一些，因為這樣的距離，可以引導觀眾用較側視的角度，更清晰地看到器形的全貌。有的時候，在器物的下方可能需要加上一面鏡子，這面鏡子可以幫助觀眾看見隱藏在器物底部的某些圖樣。在展示兩件器形、尺寸甚或釉色不同的器物時，墩座的大小和量體，也會對於兩個主角之間關係的營造形成截然不同的感受。有的時候，一個三公分高的墩座，能讓尺寸較小的物件與隔壁量體較大的文物，形成較有主從效果的層次關係；又或者換上一個五公分高的墩座，當成前者的舞臺，突出前者的氣勢，相鄰的兩件文物，立刻形成一種與前述不同、勢均力敵的呼應關係。凡此種種，都是在希望觀眾能夠看見更多文物的特點還有細節的前提下，所做的考慮。2017年在「適於心：明代永樂皇帝的瓷器」的展覽中，也是基於相同的考量，所以設計了一個透光展現文物的區域，以兩件幾乎相同的文物相鄰展示。一件置於墩座之上，讓觀眾可以看到文物原本的器形和釉色；另一件則內嵌在斜臺之內，由後方打光，希望觀眾能在燈光照耀下看到低調卻又真實存在的圓眼、尖牙、鱗片滿滿的五爪龍紋紋樣。

1　第一眼看到這件潔白素淨的小碗時,您能想到其實上面居然有雙龍紋飾嗎?
　　明　永樂　甜白雙龍紋碗　1403-1424 年　高 4.7 公分
　　口徑 10.0 公分　底徑 4.0 公分　國立故宮博物院藏

1　劉新園,〈景德鎮明御廠故址出土永樂、宣德官窯瓷器之研究〉,收入香港市政局、景德鎮市陶瓷歷史博物館編,《景德鎮珠山出土永樂宣德官窯瓷器展覽》(香港:香港市政局等,1989),頁 12-52。

見 ◉ 明永樂甜白雙龍紋碗 ◉

白釉雙龍小碗的燒造地點在景德鎮。前文提到的王世懋，曾記錄了他的景德鎮經驗。他說:「江西饒州府浮梁縣科第特盛，離縣二十里許，為景德鎮官窯設焉。天下窯器所聚，其民繁富甲於一省。余嘗以分守督運至其地，萬杵之聲殷地，火光燭天，夜令人不能寢。戲目之日:『四時雷電鎮』。」其中，離浮梁縣中心二十里許外的龍珠閣周邊，就是燒造官方用瓷的地方。永樂時期開始在瓷器上標示帝王年號。在一部分的單色釉瓷器如紅釉及白釉的杯、碗、高足器，以及少數幾件青花壓手杯，都可以在內底心看到「永樂年製」的篆書款。所以，即使「永樂時期專門製作官方用器的『御器廠』是否已經成立」這個問題，在學界仍未完全達成共識，但我們至少可以知道，官方的力量主導及介入瓷器生產應該是明顯可見的。從景德鎮陶瓷考古所歷年的挖掘成果可以知道，在明代早中期，顏色不純正、紋飾畫錯的作品，會被一起擊碎掩埋。這種對於不及格產品集中銷毀的行為，一定程度也反映了瓷器受管控的官方性質。

　　這些大量掩埋的不及格作品，有時候透露一些有意思的訊息。根據出土紀錄，像是1989年景德鎮珠山明代御窯廠遺址的發掘報告，白釉瓷器在永樂前期地層中的所有出土物中佔絕大多數，甚至達到98%。[2] 學者因此推測，永樂皇帝大量燒造白色瓷器有可能與他燕王時期居於北平，感染元人尚白的風氣有關，而建造南京報恩寺的白瓷磚，則展現了皇帝對父母的追思。永樂宮廷中的大量的日常用瓷，很有可能也是以白瓷器為主。永樂四年十月時，曾發生皇帝收到域外進貢物品的一個小故事。《明太宗實錄》裡記載:「回回結牙思進玉椀，上不受，命禮部賜鈔遣歸。謂尚書鄭賜曰:『朕朝夕所用中國磁器，潔素瑩然，甚適於心，不必此也』」。從這一段紀錄中，可以看到永樂皇帝對自身使用瓷器的喜愛和信心，而讓他舉出與玉椀相對比的日用之物，應該正是類似本件小碗般光潔潤澤的白瓷器。

　　就像上述這個外邦使節贈送玉碗，卻受到婉拒的故事所反映的，十五世紀早期，明朝和中西亞諸國保持了頻繁而密切的往來，多方的人員、物品也因此有了流通的機會。其中，位於中亞的帖木兒帝國與明更有多次載之史冊的交流紀錄。最有名的例子是永樂皇帝曾兩次派遣陳誠赴薩馬爾罕和哈烈;[3] 而在帖木兒帝國的沙哈魯統治時期，更曾「組織」了一隻大型使節團赴北京。在這當中，隨團成員蓋耶速丁曾留下有趣且豐富的行旅紀錄。[4]

　　蓋耶速丁是帖木兒帝國皇帝沙哈魯使節團訪問明代宮廷的一員。這個龐大的使團共有五百餘人，結合了沙哈魯的長子兀魯伯王子、次子阿布勒法特·依不喇

王子、三子貝孫忽王子，四子蘇玉爾格哈特彌士王子和五子穆罕默德・居其王子的代表等各方勢力。隨團畫師蓋耶速丁奉貝孫忽王子之命，以日記形式記錄了旅途經過，和一路走來所見的地域特色、風土人情。根據紀錄，使節團在 1419 年 11 月 24 日離開哈烈，於隔年的 1420 年 12 月 14 日抵達明朝的首都北京，經過了約半年的時間，在 1421 年 5 月 18 日離京，並於 1422 年 8 月 29 日返回哈烈。在居留北京城期間，他們不僅參加了永樂皇帝的宴會，也在其後蒙獲接見。紀錄中描述了賜宴的排場和宴會的過程、華美壯麗的宮殿、與現存畫像非常貼合的皇帝樣貌及御座、精采絕倫的雜耍和音樂表演、進貢獲賞賜的物品，以及盛裝食物、點心、花束的器皿。很可惜的是，在這份紀錄當中，沒有辦法找到和甜白瓷器相關的隻字片語。或許這麼輕薄的物件，也不適合熱鬧喧囂的場合吧？

　　永樂皇帝曾經營建紫禁城，派遣大型艦隊交通南洋，遣使赴四鄰創造新外交聯繫，編輯永樂大典創造新知識體系。這位成就非凡偉大功業的皇帝，日常使用的瓷器竟是如此貌似低調的作品，實在令人感受到其中的反差並產生無限遐想。而這種內斂的紋飾，是否在當時燭影幢幢的時空之中更容易展現其若隱若現的特質？這又是另一個有趣的想像了。

2　劉新園著，高喜美譯，〈永楽前期官窯の白磁研究——永楽・宣徳官窯考証 その一〉，《東洋陶磁》，vol. 15-16（1985、1986-1988），頁 153-180。

3　Ghiyathuddin Naqqash, "Report to Mirza Baysunghur on the Timurid Legation to the Ming Court at Peking," in *A Century of Princes: Sources on Timurid History and Art*, ed. W M Thackston (Cambridge [Mass.] : The Aga Khan program for Islamic architecture, 1989) , 279-297. 中文譯本見何高濟譯，《撒哈魯遣使中國記》（北京：中華書局，1981）。

4　參考 Morris Rossabi, "Two Ming Envoys to Inner Asia," *T'oung Pao,* Second Series, Vol. 62, Livr. 1/3 (1976): 1-34；及 Felicia J. Hecker, "A Fifteenth-Century Chinese Diplomat in Herat," *Journal of the Royal Asiatic Society,* third series vol. 3, no. 1 (Apr., 1993): 85-98.

青瓷碪花入萬聲

33

Mori Tatsuya ── 森達也

「萬聲」銘青瓷鳳耳瓶

（白居易）〈聞夜碪〉……描繪了在漫長秋夜裡，妻子一邊思念著遠方的丈夫、一邊用碪搗布的悲傷。後西天皇或許也知曉自千利休以來，這種器形的青瓷瓶被稱作「碪」，因此將碪青瓷與〈聞夜碪〉中的碪所發出的聲音作連結，以「千聲」、「萬聲」命名。

南宋　龍泉窯青瓷鳳耳瓶（青磁鳳凰耳花生）　銘「萬聲」　高 30.8 公分　口徑 9.4 公分
腹徑 14.1 公分　底徑 11.7 公分　日本國寶　和泉市久保惣記念美術館藏

　　在日本，有將極其重要的文化財、歷史資料、古美術品指定為「國寶」的制度。被指定為國寶的美術工藝品範疇中，陶瓷器作品僅有 14 件，其中早先便傳入日本的傳世中國陶瓷就佔了 8 件。包含有建窯的曜變茶盞 3 件、建窯的油滴茶盞 1 件、吉州窯的玳瑁盞 1 件，以及龍泉窯青瓷 3 件，此中也反映了自古以來日本人對於龍泉窯青瓷的喜好。而在 3 件龍泉青瓷國寶中，知名度最高的是「萬聲」（万聲）。

　　我曾任職於愛知縣陶瓷美術館，於 1994 年舉辦「東洋陶磁名品展」時曾借展「萬聲」，因而有了首次上手觀察的機會。過去僅能透過相片或是隔著展櫃玻璃見到「萬聲」，因此當時直接感受到的重量感、及器物之美，至今仍無法忘懷。那份感動，也是後來我投入龍泉窯青瓷研究的契機。其後，在朝日新聞社主辦的「宋瓷展：稱作神品的陶瓷器」（宋磁展：神品と呼ばれたやきもの，1999 年）及愛知縣陶磁美術館的「日本人喜愛的中國陶瓷：龍泉窯青瓷展」（日本人が愛した中國陶磁：龍泉窯青磁展，2012 年），皆有機會再次接觸「萬聲」，但始終難忘最初入手時的感動。

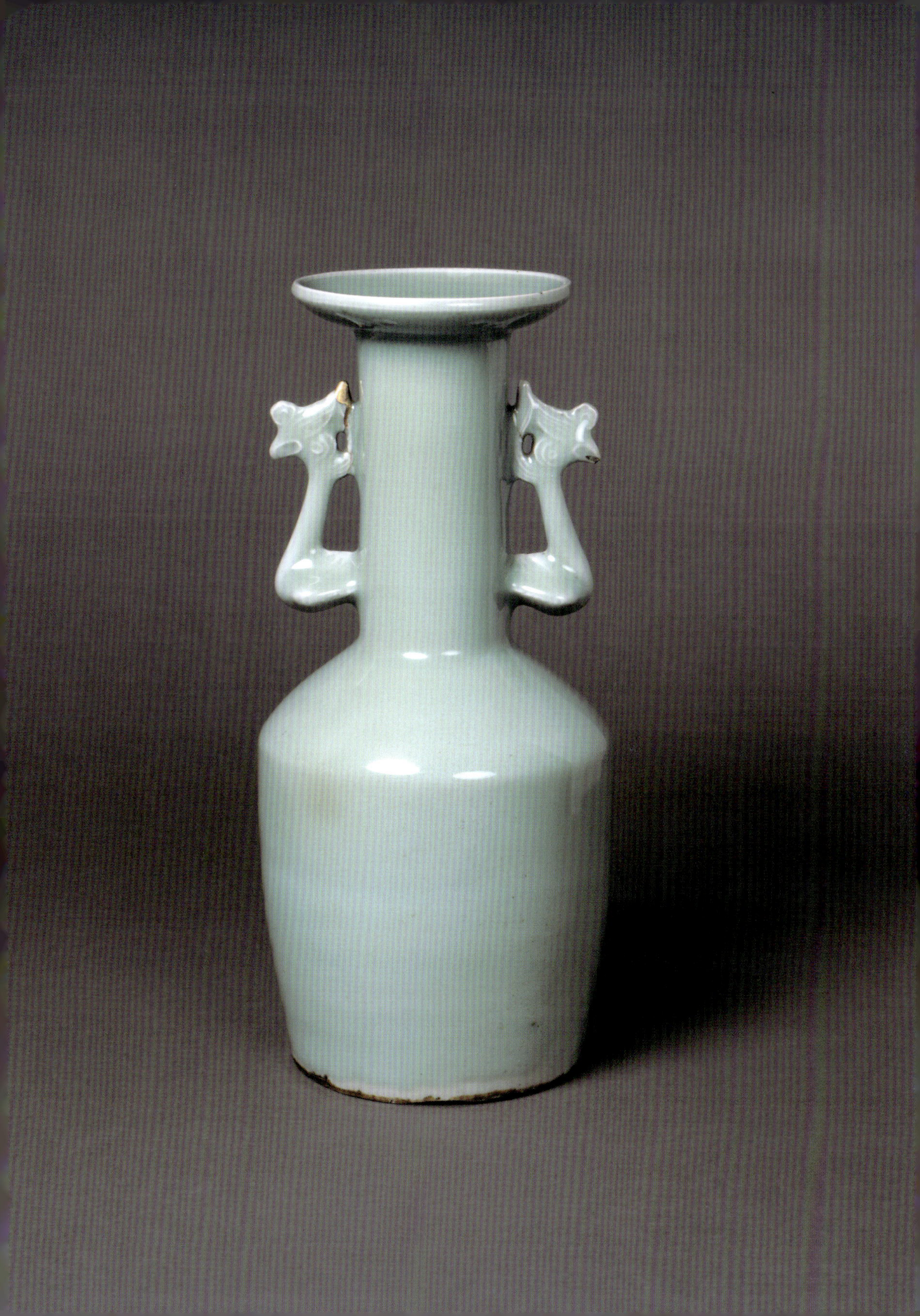

龍泉窯係指以浙江省最南部的龍泉市為中心，延伸至麗水、政和一帶的青瓷產地。唐代時該地受到越窯的影響開始生產青瓷，北宋起燒製具有龍泉窯特有風格的青瓷，北宋末期至南宋初期開始外銷海外。南宋以降，出現了受杭州南宋官窯影響的青瓷，到了南宋中期，確立了施粉青釉與梅子青釉的高檔青瓷製品。儘管南宋的龍泉窯高檔青瓷與南宋官窯青瓷同樣使用於首都臨安（杭州）的宮廷中，但龍泉窯基本上仍屬民窯，自南宋以來，其製品不僅外銷至東亞、東南亞、印度洋一帶，甚至遠及東非及地中海；進入元代，外銷量更是顯著的增加，可見世界各地的人都感受到龍泉窯青瓷的魅力。明代前期，龍泉窯收到朝廷的指派開始生產青瓷官器，此時期製品目前可見於臺北及北京的故宮博物院收藏。到了明代後期，龍泉窯的生產卻開始衰退，外銷同樣停滯，清代則僅存地方窯場的規模。

北宋末期至南宋初期起，龍泉窯青瓷即開始輸入日本，但到了南宋後期至元代，高檔的粉青釉青瓷，方受到公家（貴族）及上級武士的歡迎。除此之外，南宋中期至明代前期之間輸入的各式龍泉窯青瓷高級品，均受到寺院、公家、大名家、上級武士、豪商、茶人等的珍視，不少流傳至今的傳世品。日本傳世的龍泉窯青瓷中，最為著名的即為本文介紹的青瓷鳳耳瓶「萬聲」，被譽為龍泉窯青瓷的代表作而聞名。

「萬聲」為身呈筒狀、帶有細長頸、盤口的瓶形器。此種器形在日本稱作「砧形」、在中國為「紙槌形」。砧（碪）是一種用來敲擊織好的布匹使其更為柔軟的木製工具，圓筒器身的一端帶有細長的柄。由於青瓷的器身至頸部形態與之相似，故以砧命名。此種瓶形器是由北宋時期汝窯仿造西亞傳入的玻璃瓶而誕生，其後，由南宋官窯青瓷和河南省的張公巷青瓷、定窯白瓷等繼承。因此龍泉窯可說是受到南宋官窯的影響而開始生產砧形瓶的。

「萬聲」頸部兩側有鳳凰形耳。此乃模擬鳳凰側面上半身的姿態，上方尖突的部分為鳳凰頭部後方的長羽，一旁的圓凸為頭冠，其下向側邊突出的三角形則為嘴喙，往下圓柱狀部分是頸部，彎折處則是胸口到翅膀的部位。同時期龍泉窯青瓷的砧形瓶還有貼附摩羯魚耳（譯注：原文「鯱耳」，鯱為虎頭、魚身的想像動物）的類型，在日本稱作「鯱耳花生」。在汝窯仿製西方玻璃瓶而誕生的砧形瓶上貼飾耳，實為龍泉窯的創意。

「萬聲」除了圈足足端外，全器厚施了美麗的粉青釉。關於粉青釉，北宋後期為了御用而燒成汝窯青瓷的天青釉，在南宋官窯再現，受到後者的影響，龍泉

窯誕生了呈色偏綠的青色釉。因此相較於汝窯和南宋官窯青瓷的釉調，龍泉窯青瓷發色略帶綠調、而沈著。「萬聲」使用了反覆上釉而使釉層增厚的多層施釉技術，以產生粉青釉的質感，這種多層施釉的技法即來自於南宋官窯。除了砧形青瓷外，南宋中期至元代初期施以粉青色厚釉的龍泉窯青瓷，在日本皆多被稱作砧青瓷。

與「萬聲」同樣器形的青瓷鳳耳瓶，在日本有許多的傳世品，其數量或許比中國的出土品及中國和臺灣博物館的藏品總數還要多。與建盞中名品在日本的傳世品多於中國和臺灣收藏的狀況相似。建盞雖然是宋代的製品，但其名品主要是在元明時期傳入日本。儘管青瓷鳳耳瓶最佳的製品產於南宋中後期，然而從1323年元代中期自中國航往日本博多、沈沒於朝鮮半島西南沿海的貿易船新安沉船中，出水了2件龍泉窯摩羯魚耳瓶此一現象得見，南宋的砧形青瓷瓶是在元代以來作為古美術品或是中古品運往日本的。另一方面，相傳為16世紀後半集茶道大成的千利休所持有的摩羯魚耳瓶，其器腹的裂縫使用了金屬的鋦釘修補。鋦釘補瓷的技法，並未使用於明治時期以前的日本，因此針對此件摩羯魚耳瓶，我推判極有可能是在中國即已破損，經修理後作為價格低廉的中古品在元代或明代時輸入日本。利休在這般傷損的中國陶瓷中發見符合自身的審美意識，而將其作為茶席中的花瓶使用。綜上所述，宋代以來至元明時期，許多南宋的砧形青瓷自中國運往日本，被認為是現在日本許多傳世品的來源。

此外，根據這件利休所持的摩羯魚耳瓶，在江戶時代中期即有將此型態的青瓷瓶稱作砧青瓷的紀錄。器腹有巨大的裂隙（「罅」日語讀作 hibi），再加上砧捶打布匹的聲響（「響き」日語讀作 hibiki），因此將其稱作砧青瓷。

不過，現在提到砧青瓷，多數對陶瓷器有興趣的日本人腦中首先浮現的是「萬聲」。圓潤而大型的外觀，膨大的器腹和飾耳位置達成絕佳平衡的輪廓，與優美的粉青釉相得益彰，其風格表現簡直是砧青瓷中的橫綱（日本相撲用語，意指最高層級）。同樣器形的青瓷瓶傳世品在日本還有許多，以與「萬聲」並列的「千聲」（重要文化財，陽明文庫藏）為首，為人所知的還有被指定為重要文化財的五島美術館藏和大阪市立東洋陶磁美術館藏的鳳耳瓶等。除了博物館和美術館藏的諸多名品外，還有私人收藏品，但都沒有能與「萬聲」匹敵的作品。「萬聲」的整體以及各個部位精緻的比例和美麗的釉色，都壓倒性的勝過其他藏品。

除此之外，「萬聲」在日本能有如此高的評價，和其來歷有關。根據京都大覺寺二百二十一世住持一溪宗什（1618-1684）的記載，江戶時代掌握最高權力的

德川家三代將軍德川家光（1604-1684），將「萬聲」讓給東福門院（家光的妹妹，後水尾天皇的中宮，1607-1678）。後來又傳給後西天皇的第六皇子公弁法親王（1669-1716），保存在其隱居和薨逝地點的京都毘沙門堂直至第二次世界大戰後，後續又經歷了個人收藏，現在則為和泉市久保惣記念美術館藏。

與「萬聲」並稱的「千聲」，現在收藏於京都的陽明文庫（公家・近衛家史料的保存館）。關於「千聲」，近衛家的侍醫山科道安（1677-1746）所撰《槐記》中，記載了近衛家熙（1677-1746，曾任關白和太政大臣）1724年至1735年的言行，其中「享保十二年（1727）三月廿九日」的條目寫道，「千聲」為砧青瓷之最，大猷院殿（德川家光）將其讓給東福門院，東福門院再贈與後西院（後西天皇，1638-1685，1655-1663在位），其後，後西天皇再給予近衛家，後西天皇以「擣月千聲又萬聲」將其命名為「千聲」。此處雖然並未提及青瓷瓶「萬聲」，但在「千聲」的收藏箱中附有後西天皇親筆所書的「青瓷砧花入千聲」紙片，由於「萬聲」的收藏箱中也有出自同一人所書的「青瓷砧花入萬聲」紙片，因此推判「千聲」和「萬聲」皆是由東福門院傳給後西天皇，後西天皇根據「擣月千聲又萬聲」將較小的名為「千聲」、較大的名為「萬聲」。此外，過去許多記載都將「擣月千聲又萬聲」當作詩文的一節，然而至今仍未發現相符的漢詩，最有可能是取自白居易（772-846）〈聞夜砧〉（《白氏文集》卷十九）中「千聲萬聲無了時」一句。〈聞夜砧〉之全文為「誰家思婦秋擣帛，月苦風淒砧杵悲。八月九月正長夜，千聲萬聲無了時。應到天明頭盡白，一聲添得一莖絲。」描繪了在漫長秋夜裡，妻子一邊思念著遠方的丈夫、一邊用砧擣布的悲傷。後西天皇或許也知曉自千利休以來，這種器形的青瓷瓶被稱作「砧」，因此將砧青瓷與〈聞夜砧〉中的砧所發出的聲音作連結，以「千聲」、「萬聲」命名。

自古以來，日本的讀書人對於中國的史書和詩文有極深的造詣，在江戶時代的公家和天皇尤其如此。由於具備以中國為中心的漢字文化圈所共通的教養，而產生了「萬聲」之銘。

另外，在日本向來會將出色的工藝品或茶道具、樂器、武器等特別命名，稱作「銘」。有的銘會沿用所有人或使用者的名字，也有許多是透過器物的形狀或顏色聯想命名。因此像「萬聲」一樣基於深沈的教養而聯想出的銘也不少。

以「萬聲」為首的青瓷鳳耳瓶，長期以來深為日本的文化人和茶人喜愛，影響延續至今。如前所述，許多鳳耳瓶佳作大多為南宋中後期所作。尺寸上，與「萬聲」器高相當，約莫30公分者為最大型；其次則是與「千聲」或相傳為千利休所有的摩羯魚耳瓶相當，大小約莫25公分者；以及小型者約為15公分左右。前述新

安沉船中，除了有 2 件約 25 公分大小的摩羯魚耳瓶外，還出水了數件約 15 公分者，然而傳世名品中多見為 30 公分大小，少數則為 25 公分大小這一類。15 公分這一種的傳世品幾不可見，或許是因為 15 公分的尺寸對於書院擺飾或是茶室使用來說太小了。

此外，12 世紀末至 16 世紀日本的瀨戶窯模仿中國瓷器生產了各式各樣的灰釉和褐釉陶器，但是並不見模仿青瓷鳳耳瓶的器種。為何瀨戶窯仿製了當時輸入日本的大多數中國陶瓷器種，卻不見青瓷鳳耳瓶呢？究竟是因為砧形瓶的形態複雜難以仿製，還是對於模仿已被神聖化的鳳耳瓶感到躊躇呢？儘管推想了各式理由，但皆缺乏明確的證據。另一方面，明末景德鎮古染付（譯註：專指明末從景德鎮外銷日本的日本人訂燒的青花陶瓷）中出現了極受歡迎的鯉耳青花瓶，可說是向鳳耳瓶致敬；在日本稱作「七官」的明末青瓷中，也出現器形矮短的附耳瓶。

江戶時代前期，九州北部的有田窯等開始生產青瓷，但也不見鳳耳瓶；江戶時代後期兵庫縣的三田窯和王地山窯等，受到龍泉窯的影響而開始燒製高品質的青瓷，但依然未見鳳耳瓶的器形。脫離了中世瀨戶窯的陶器技術階段，儘管進入了能夠生產高品質青瓷的江戶時代，卻依然不見鳳耳瓶的仿製品，究竟為何？這果然是由於砧青瓷的鳳耳瓶身份不同吧？說不定在江戶時代，高級的鳳耳瓶皆為公家、將軍家、大名家、寺院或豪商等的私藏，僅有少數的上層階級可以看到，而未被普遍認知，是以沒有仿製的需求。

另一方面，明治時期以來，隨著砧青瓷的鳳耳瓶在博物館等公開展示而開始受到矚目，諏訪素山（1851-1922）和板谷波山（1872-1963）等活躍於明治、大正時期的陶藝家著手進行高品質的砧青瓷鳳耳瓶仿製，再現砧青瓷的粉青釉，對於陶藝家的青瓷製作影響甚大，其影響力持續至今。

本文聚焦於龍泉窯「萬聲」銘青瓷鳳耳瓶，延伸探討日本對於龍泉窯青瓷的需求及文化史上的影響。中國陶瓷對於日本而言，不單是美麗及實用的容器而已，自古以來還包含了對陶瓷器裡所蘊含的中華文化之強烈認同。日本人長久以來鍾愛南宋時期生產的砧青瓷，不僅是為其近乎完美的美麗著迷，同時也對其所蘊含的宋代文化一向懷有憧憬吧。自古至今，日本對中國陶瓷的鑑賞，經常不只有在陶瓷品類群體上，還特別賦予個別的物件（如萬聲）個性與文化價值。如前所述，透過對包括萬聲在內的日本傳世中國陶瓷之鑑賞及深入探索，也將能瞭解日本的美學意識、古玩賞鑑方法、中國觀及其歷史背景。

34 描繪隱形的事物

Richard Vinograd ── 文以誠

周季常《五百羅漢圖・應身觀音》

他戴著多面觀音的面具，一手舉起彷彿剛將面具戴上，或正要將面具移除以露出底下的臉龐。面具邊緣明顯可見，平滑的輪廓線和淺色調，與面具下深色肉體的鬆弛雙頰和下巴輪廓形成鮮明對比。

南宋　周季常　《五百羅漢圖・應身觀音》　約 1178 年　軸　絹本設色　111.5×53.1 公分　波士頓美術館藏（Museum of Fine Arts, Boston）

　　十個人物羅布在涼廊（loggia）上，涼廊間隔著兩根鮮紅色柱子，柱子間的欄杆另一側連接著一座花園。花園裡，一塊礦藍色觀賞巨石的凹陷處，露出一片高細竹莖的下半部。飄入的厚重雲氣籠罩柱子、岩石與竹子，使這些實物若隱若現，削弱了其物質性。

　　框圍住畫面的背景中混合了被揭露與掩蔽之物，這樣的特質延續到下方人群的中心人物身上。他在五人的圍繞下，坐在高起如寶座的椅內，椅子上覆蓋著花卉紋飾的絲綢。他戴著多面觀音的面具，一手舉起彷彿剛將面具戴上，或正要將面具移除以露出底下的臉龐。面具邊緣明顯可見，平滑的輪廓線和淺色調，與面具下深色肉體的鬆弛雙頰和下巴輪廓形成鮮明對比。面具顯然是人造的，但是上

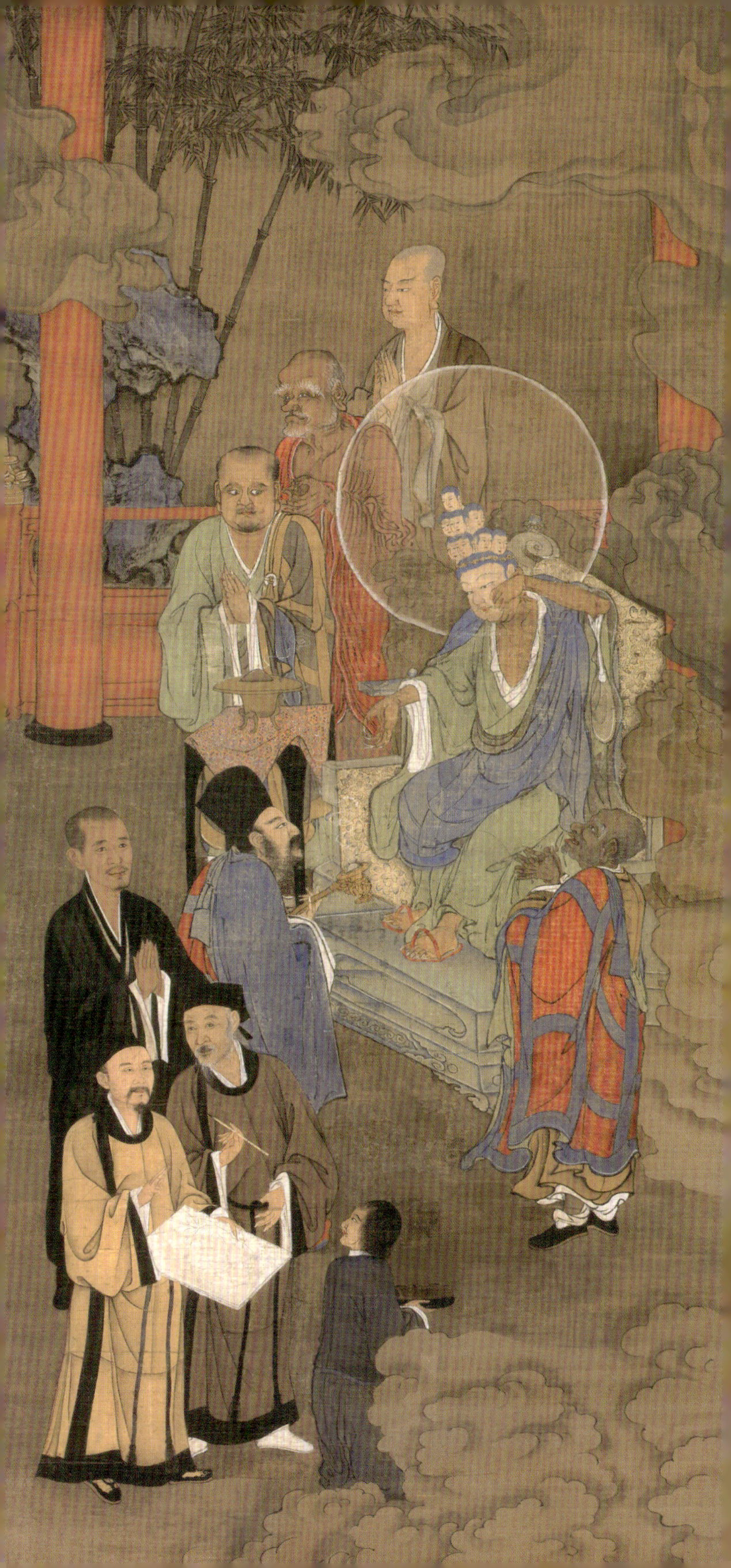

方八個小臉中有幾個分朝不同方向望去，彷彿意識或活動各自獨立。[1] 戴著面具的坐立者也為雲氣所鑲框，雲氣中分別露出他和他頭部周圍的透明光環——這又是一個既遮亦顯的手法。

　　光環可能屬於戴面具的肉身人物，也可能屬於觀音化現，但面具底下的人是誰？面具的實體性與明顯的人造感顯示這可能是一場表演，而背景的花園顯示這是一個世間情境，可能是一棟豪宅或寺院區。然而，在高座上的觀音人物的正對面有一名敬拜者朝他舉起手爐，而鄰近著僧服或住持袍的四人則雙手合十表示崇敬。因此這應該是一場儀式而非戲劇或扮裝表演，雖然在這幅畫的此處與其他地方，世俗和超自然之間的界線並不總是清楚劃定。

　　戴面具者的身份是畫作中心的隱形之物，但只是數種隱形物之一。有些母題介於可見邊緣，比如從手爐和鄰近一個鼎狀香爐升起的裊裊白煙，需要細看才能辨明。掩蓋了部分背景並從觀者右方逼近寶座和近景的濃厚雲氣，有可能和香煙一樣，是儀式中化身或幻影的信號，在遮蔽物質世界的同時揭露超自然領域。[2] 在此，信號同樣混雜而模稜兩可，因為近景空間看來全然屬於塵世。

　　這一種條件式的（不）可見性的顯著特質，源自這幅畫作的原始脈絡，它是整套一百幅掛軸當中的一幅，這些掛軸總共描繪了五百個羅漢，多數時候只有在法會中才得見全貌。[3] 單一掛軸基本上只是整套畫的一部分，但每一幅也都擁有重要的獨立元素——可能由繪製整套畫作的兩名畫師之一所繪，或是由個別不同捐贈者所贊助，描繪一個獨特主題。因此每幅畫都具有一種雙重或過渡性質，既是更大作品或計畫的一部分，也是一個獨立的組成元件。相對於在儀式典禮進行時，畫軸處於全套畫作中（與觀者）互動所具有的力量，只將它作為孤立的展示品加以描述必然是一種失真，但另一方面，那樣的儀式脈絡正會促使觀者仔細關注單一畫軸中的每個重要元素。審視這套畫作中所有現存的畫軸，會發現每一幅畫作都具備重要通則，包括了在原本的一百件畫幅中，每一幅畫面中都分配了五名羅漢的圖像。

　　另一種不可見，是時間和保存狀態的意外副產品。一百幅殘存至今的九十四幅原作裡，大約半數畫上帶有泥金題字，現在以肉眼已幾不可見，但藉由紫外光或螢光攝影可以完整或部分辨識。尚存的題字中，少數包含捐款贊助者的名字；許多包括年代，顯示整套畫作的完成時間可能為公元 1178 至 1188 的十年間，也記錄了主要創作者的姓名：林庭珪和周季常。[4] 本文討論的圖軸並無題字，但是因為與整套畫作群組中有周季常姓名的作品風格相似而被認為由他所作。寫下題

字並署名的是寧波一帶的惠安院住持義紹,他可能是這個計畫的組織者,負責尋找捐資者和招募畫師。

　　尚存的題字共同形成了一種對當時整套作品的內部描述,亦適用於未題字的圖軸,如本文討論的這一幅。這些題字,加上一貫的圖像手法和傳統,使我們得以對一些人物的身份提出假設。《五百羅漢圖》每幅通常畫有五個羅漢,在本圖中應是包括戴著面具的坐立者,以及站立於他周圍的四個人物,他們身上的僧服或住持袍是整套圖組中最常見的羅漢衣著。四名站立的羅漢皆雙手合十表達虔敬,不過只有兩人望向戴著面具的羅漢,其中一人大眼斜看,似表驚異或讚嘆。羅漢中有兩人膚色黝黑,頭骨嶙峋,長長的濃眉和扭曲的五官顯示來自南亞的異國起源和超自然特質,可能是釋迦牟尼佛最初弟子中的阿羅漢,留在人間護法。另外兩名羅漢頭髮已削去且五官較為平常,相似於在這幅畫和圖組中其他畫裡所出現的當代中國僧人或住持。睜大眼睛斜看觀音形象人物的羅漢戴著住持正式肖像中常見的袈裟扣。這種熟悉與陌生之物的互相交雜在《五百羅漢圖》的許多圖軸中都很常見。在某些例子中,畫中人物展現出南宋僧人或住持肖像畫中習用的特定姿勢和呈現方式,或坐或站於羅漢之間。[5] 這些其實是著名高僧或住持的肖像,只是以羅漢裝扮稍加掩飾,恰與本圖軸中戴著面具、裝扮為觀音菩薩的羅漢互為對照。

　　著藍袍蓄黑鬚的男子將香爐舉向戴面具的羅漢,透過這個儀式動作將近景人物所代表的凡人世界與羅漢的聖界銜接起來。與已經削髮且坦露頭頂的羅漢不同,持香爐的男子頭戴圓柱狀的高帽,標誌著他的高官地位。井手誠之輔教授已經指出這描繪的可能是南宋右丞相史浩(1106-1194),他是《五百羅漢圖》製作地區明州(今寧波)人,並且在 1178 年二度任右丞相,這也是《五百羅漢圖》相關紀錄最早的年代。[6]

1　根據吳同計算,圖中觀音有十一面或十二面,參見 Tung Wu, *Tales from the Land of Dragons: 1000 Years of Chinese Painting* (Boston: Museum of Fine Arts, 1997), 164-165。

2　參見 Phillip E. Bloom, "Visualizing Ritual in Southern Song Buddhist Ritual," in Patricia Buckley Ebrey and Shih-shan Susan Huang, ed., *Visual and Material Cultures in Middle Period China* (Leiden/Boston: Brill, 2017), 82-111。

3　參見奈良国立博物館、東京文化財研究所編,《大德寺伝来五百羅漢図》(京都:思文閣,2014)。

4　題字參見《大德寺伝来五百羅漢図》,頁 170-221;《五百羅漢圖》製作背景與題字概要見 Phillip E. Bloom, "Ghosts in the Mists: The Visual and the Visualized in Chinese Buddhist Art, ca. 1178," *The Art Bulletin*, 98-3 (2016): 300-303。

5　Richard Vinograd, "Identifications: Class, Gender and Race in the Daitokuji 500 Luohans Portraits," 收入井手誠之輔編,《徹底討論・大德寺伝来五百羅漢図の作品誌:地域社会からグローバル世界へ》(九州:九州大學人文科学研究院,2019),頁 129-154。

6　參見《大德寺伝来五百羅漢図》,頁 98。

站在《五百羅漢圖・應身觀音》近景左方的四個人物對畫面上方的儀式表演和觀音化身（不管是顯靈或假扮）轉過身或別過臉，彷彿他們並未察覺屬於另一個境域的事件。這與《五百羅漢圖》中描繪布施者或寺廟供養者時常見的位置與方向安排一致，即這些人物位於近景中，與羅漢有所區隔，但並沒有確鑿的界線將這些群體彼此分開，也偶見互相混雜。近景中有三個人物展現南宋正式肖像畫的常見手法，以四分之三側面畫法描繪，兩側鼻孔皆清楚可見。[7]最後面的人物穿著黑色僧袍，衣著和五官都與另一幅圖軸中的某位僧人一樣，那名僧人手持勸募簿，記錄為了繪製《五百羅漢圖》所募得的善款。他很可能是僧人義紹，負責管理耗時十年的繪製計畫，並以泥金寫下了傳世畫軸上約半數尚存的題字。他虔敬地雙手合十，眼神朝上，彷彿在想像正在他後方上演的神聖儀式和觀音現身。他前方的兩個人物穿著棕色和淺黃色長袍，可能更無理由轉身觀看畫面上方的羅漢儀式，因為他們或許正是繪製了羅漢圖像的畫家林庭珪和周季常。[8]最前方較矮小的人物是個侍者，端著可能是毛筆匣的黑色漆器盒子，他轉頭向後，但只是為了望向兩位畫家。較年長的那位一把花白鬍鬚，手握毛筆，他的同伴對著一張折起來的紙比畫著，紙上淡淡畫了一張臉的草稿。這張臉淺淡不全的線條代表另一種過渡性和若隱若現，呼應畫中其他部分的這種狀態。這些線條勾勒出的輪廓，似乎是一張闊臉和一件袍子的縫邊，袍子敞開，露出底下的頸項與胸口。這描繪的，會不會是隱藏在觀音面具底下的那張臉？

　　這幅畫軸包含至少一位畫家的肖像（或自畫像），以及可能是畫中一名人物的預作草圖，兩者都讓這張畫具有後設圖像（metapictorial）的意味，既裝襯（frames）也表達對畫作本身的製作生產或整體圖像表現的意見。畫家既在畫外也在畫裡，他們是這幅圖像的創造者，也是被描繪的表現主題，畫裡的他們正在畫畫。身為《五百羅漢圖》的組織籌畫者和畫中的描繪對象，義紹也具有相關的超圖像與內圖像（supra- and infrapictorial）身份。由於義紹、林庭珪和周季常都製作並參與了儀式的圖像化（ritual visualizations），他們會被通常用來標誌出羅漢界域或將人世隔絕在外的濃厚雲氣所框架，實屬適切。羅漢也穿梭於超凡脫俗的境域和日常場域之間，有些畫面中他們正在觀賞描繪神明的圖軸，包括觀音菩薩的另一化身。[9]圖中的十一面觀音形象顯然是彩繪的木質面具，但是其中一些小頭各自朝向不同方位的眼神又提醒我們，在儀式和其他種類的表演中，面具其實會成為其所代表的東西；從這種意義而言，是人戴著面具，卻也是面具以下方的身軀和臉龐為支撐或載體，承戴著神明。

《五百羅漢圖・應身觀音》的核心關懷是表現（representation）、視見（vision）、存在（being）與身份（identity）的議題。這些元素經常重疊、模糊、分裂而具過渡性質。坐在椅子上的中心人物既帶有人造性又具有生命力，他的身份為面具所隱藏，卻也廣為流傳。這名人物可能是古代高僧寶誌（公元 514 年卒），他的神通包括能扯裂自己的皮膚——也許是用爪子般的長指甲——揭露自己實為觀音菩薩再世。[10] 果真如此，戴面具的人物可能代表一名羅漢正在重演寶誌顯露觀音形象的傳奇事蹟，或甚至是裝扮成羅漢的當代和尚在表演寶誌化身為觀音，形成身份的三重乃至四重套疊。羅漢與凡人混雜一處，正如表演與儀式、示現與隱跡共存。

7　《大德寺伝来五百羅漢図》，頁 11。

8　吳同認為兩名男子中較年輕者可能是委託製作這套畫的捐贈者，見 Tung Wu, *Tales from the Land of Dragons*, 164。

9　參見《大德寺伝来五百羅漢図》，頁 44-45。

10　參見 Tung Wu, *Tales from the Land of Dragons*, 165。

畫類型。本文探討的畫作是紙本水墨設色作品，為法國耶穌會傳教士從北京寄給亨利－李歐納・貝爾坦（Henri-Léonard Bertin, 1720–1792）的一批畫中的一張。貝爾坦是政府高官，1753年至1780年曾在路易十五治下，以及短暫在路易十六治下任職。貝爾坦一直著迷於中國的概念，而北京的法國耶穌會傳教團正屬於他的職務範圍。這些以科學家、藝術家和其他身份活躍於清代宮廷的傳教士，寄給貝爾坦數量驚人的關於中國的訊息，其形式有探討當代和歷史主題的文章、古典文本的翻譯、中文刻本、和一套套經常伴隨著文字的繪畫原作。繪畫與文字的用意在互相補充，由視覺圖像提供文字無法完整描述的資訊，而這些繪畫多數都由貝爾坦在巴黎交人裝訂成冊。[2] 當時的法國社會菁英認為中國是一個開明的帝國，由仁慈的皇帝在學養豐富的士大夫輔佐下統治，在許多方面與法國平起平坐，並在技藝（les arts）領域有許多值得法國學習之處，包括實用或機械技巧、工藝、生產技術、科技，以及農業和其他主題。從北京寄給貝爾坦的繪畫與文字就是為了滿足這個目的，但很少被視為美術。

在此印製的這幅畫呈現的是一座中國暖房（或說溫室）的前立面，收錄在一本名為《中國溫室及其存放的花卉》（Serres chaudes des Chinois et fleurs qu'ils y conservent）之冊頁中。畫上題字說明這是在1777年收到的一組六幅畫之一，不過只有五幅保存在畫冊中。這幅畫的右緣也有中文題字「花兒窖子」，字面上直譯就是種植花卉的窖或坑，其實就是中國傳統對溫室或暖房的稱呼。這幅畫以歐洲紙張裝裱後再黏附於畫冊的空白頁上。畫中描繪一座暖房的南面，但呈現的不是完整建物而是結構的細節。本應覆蓋屋頂的瓦片只出現在建築兩端，兩端之間的空間呈現出屋頂結構的不同層次。同樣的，立面部分只有右半部完整呈現。建築以屋柱區分的「間」（中國傳統建築的標準形式），有四開間的紙窗上方有可捲的蓆子，最右邊的一個蓆子是放下的，顯示天寒時可覆蓋窗戶。左邊六間包含中央的門口，這六間的窗戶沒有畫出來，因而可見內部的幾個細節。建築物前方地面的四個開口顯示有煙道或通風口，讓地下供暖系統的熱空氣與煙霧得以排出。這個系統讓開花植物在冬季也能種植，在另一幅畫中有精細描繪。

法國傳教士寄給貝爾坦的資料大多在1776至1791年間發表於《中國雜記》（Mémoires concernant les Chinois）。[3] 貝爾坦收藏的中國畫冊中，許多都有圖說或描述圖像內容的長篇文字，但《中國溫室及其存放的花卉》並非如此。即便如此，耶穌會傳教士韓國英（Pierre-Martial Cibot, 1727-1780）所寫的一段文字詳細描述了中國溫室或暖房，在1778年隨《中國雜記》第三卷出版。[4] 這段文字詳述溫室的供暖系統，

也就是在磚面地板或高起平臺下的中國式火爐與煙道系統，稱為炕，[5] 亦描述可在夜間或天氣格外嚴寒時放下覆蓋紙窗的耐用蓆子，以及厚實隔熱屋頂的特色。這些都與冊頁中的插圖內容相符。此正式出版的詳細說明，與描繪清楚且實用資訊之圖像的結合，呈現了貝爾坦希望法國向中國學習之目標的縮影。

此處繪畫中的溫室立面展現了歐洲直線透視法的精準數學結構。直線透視法傳入中國的故事已經受到廣泛研究。[6] 中國藝術與歐洲透視法最著名的相遇，是任職於清宮的耶穌會傳教士藝術家，將歐洲透視法的數學原理和繪畫效果教授給宮廷畫師。在此交流中最重要的人物是耶穌會士郎世寧（Giuseppe Castiglione, 1688-1766），與宮廷畫師在清皇家工坊共同為宮廷生產畫作之餘，他也同時訓練宮廷藝術家。貝爾坦那幅畫中的水平線條，在現實中應該是平行的，但卻顯示為相交於畫作左緣之外的某一消失點。這些線條包括屋脊、排列在立面開間上方的屋瓦，以及建物正面的細節。建物正面十個開間的寬度在實際上應該都相同，在畫中卻是按比例縮小。院落中的樹木光秃一片，冷調的冬陽照在建物的正面，側面因而落在陰影中。這樣的效果，連同畫中的高光區與其他細節，代表歐洲的明暗對照技法。建築物以精準正確的細節描繪──是中國傳統界畫的精美之作。這幅畫以及冊頁中其他圖像對建物以及樹木和植栽細節的描繪，清楚顯示它們出自嫻熟傳統繪畫風格的中國畫家之手。這些細節與歐洲透視法系統完全融合，是清宮中西合璧繪畫風格的典型例子。

《中國雜記》的第一卷出版於 1776 年，貝爾坦在序言中簡短談及中國繪畫，寫道歐洲人所見通常為最低劣的作品，是在南方港市廣州製作的出口品。然而，他說自己的收藏中有來自北京的優異作品，透視法運用得宜，色彩之鮮豔亦是歐洲人在中國繪畫中前所未見。顯然，他說的是耶穌會傳教士寄給他的繪畫。然而在當時，這些繪畫並不被視為藝術品，而是被視為插圖，是結合文字用以傳達知識的圖像。在《中國雜記》中，只有一本中國畫冊被明確描述為藝術品，而這本畫

2　這些畫冊的清單可在法國國家圖書館（Bibliothèque nationale de France）網站的進階搜尋頁面 (https://catalogue.bnf.fr/recherche-avancee.do?pageRech=rav)，以 Henri-Leonard Bertin 為作者名搜尋到。搜尋結果包括畫冊（分類為 Recueil）以及個別畫作和其他文件。

3　Joseph Marie Amiot (1718-1793), *Mémoires concernant l'histoire, les sciences, les arts, les moeurs, les usages, &c. des Chinois: Par les missionnaires de Pekin*（北京傳教士撰寫的有關中國歷史、科學、藝術、禮儀、習俗等的文章）(Paris: Nyon, 1776-1791), 15 vols.

4　*Mémoires concernant les Chinois*, vol. III, 423-437.

5　書中在頁 433 提到中文裡的「炕」，並描述為供熱空氣流動的管道 flue 或通氣孔 vent，極可能指的是炕洞。

6　資料來源之一為 Kristina Kleutghen, *Imperial Illusions: Crossing Pictorial Boundaries in the Qing Palaces* (Seattle and London: University of Washington Press, 2015).

冊中有12幅圖像在《中國雜記》第九卷中複製出版。[7]這本畫冊被描述為原創作品，一名中國人可能會買來收藏作為傳家珍寶，正如一個歐洲人會收藏大師畫作一樣。畫冊中的耶穌會士註記和冊頁裡中文文本的翻譯都指明了其主題：浙江省新安江畔嚴州府在1742年的水患。畫冊的焦點是乾隆皇帝的因應措施如何救民於苦，整部畫冊除了是藝術作品，也意在宣揚仁君德政。

儘管如此，貝爾坦的中國溫室畫冊，品質仍受與他同時代的路易－弗蘭斯瓦・德拉圖（Louis-François Delatour, 1727-1807）讚賞，他與貝爾坦同為皇室朝臣，也分享貝爾坦對中國強烈的興趣。德拉圖在1803年匿名出版的中國建築與其他主題的全面性研究中，描述了中國溫室畫冊中的插圖，明確稱它們為「繪畫」，並指出它們是宮廷畫師的作品，提供廣泛的實用資訊。[8]貝爾坦的畫冊從插圖到藝術品的演化，有一部分反映的是一種18世紀對「美術」（fine art）的理想與藝術家角色的概念。[9]貝爾坦中國溫室畫冊中的繪畫固然品質精良，但他收到的其他畫作更是真正的傑作，[10]而這些作品全都擁有以現代標準來看足堪定義為藝術品的視覺、文化與藝術特質。

7　"Description de l'inondation de la ville de *Yen-tcheou-fou* et de son territoire, en 1742," *Mémoires concernant les Chinois*, vol. IX (1783), 454-470, 卷末所附的12個圖版。

8　Louis-François Delatour,"Des Serres Chinoises et de leurs formes : Manière de s'en servir, et tentatives heureuses pour perfectionner leurs Plantes," *Essais sur l'architecture des Chinois, sur leurs jardins, leurs principes de médecine, et leurs moeurs et usages*（關於中國人的建築、他們的花園、他們的醫學原理、他們的禮儀與習俗的文章）(Paris: Imprimerie de Clousier, 1803), Chapter VI, 221-229.

9　關於此歷史現象，見 Larry Shiner, *The Invention of Art: A Cultural History* (Chicago: University of Chicago Press, 2001), esp. Part II: Art Divided, 75-151.

10　見註釋2有關法國國家圖書館的文獻說明。

36 戰爭中的裸體

Mia Yinxing Liu ── 劉宓亞

孫瑜的電影《大路》

20、30年代的中國現代藝術中,很多關於裸體藝術的爭論也是圍繞上述區別展開的:從劉海粟的裸體模特風波,到潘玉良的裸體自畫像被潑墨,藝術家們執意推廣裸體藝術,而一些保守的觀眾無論如何也只看到「暴露」的可恥的人體。

民國　孫瑜　《大路》劇照　1934年　聯華影業公司

1934年,時年三十四歲的導演孫瑜完成了一部國產片大作,名為《大路》。這部電影當時算是抗戰時期的「國防片」,在電影史上通常被認定為左翼電影的代表作,[1] 或是「革命浪漫主義」的先驅(孫瑜自己對這個詞彙自己也很認同)。[2] 也有學者觀察到此片偏離革命的「軟性電影」特質,[3] 裴開瑞(Chris Berry)則專文討論了

1　程季華,《中國電影發展史》(北京:中國電影出版社,1981),頁342;Laikwan Pang(彭麗君),*Building a New China in Cinema: The Chinese Left-Wing Cinema Movement, 1932-1937*(Lanham, MD, Boulder, New York and Oxford: Rowman and Littlefield, 2002), 98-104.

2　孫瑜,〈大路之歌〉(自序,寫於1985年),收入孫瑜著,舒琪、李焯桃編校,《大路之歌》(臺北:遠流出版社,1989),頁34。

3　張真,《銀幕豔史:都市文化與上海電影1896-1937》(上海:上海書店出版社,2019),頁244。

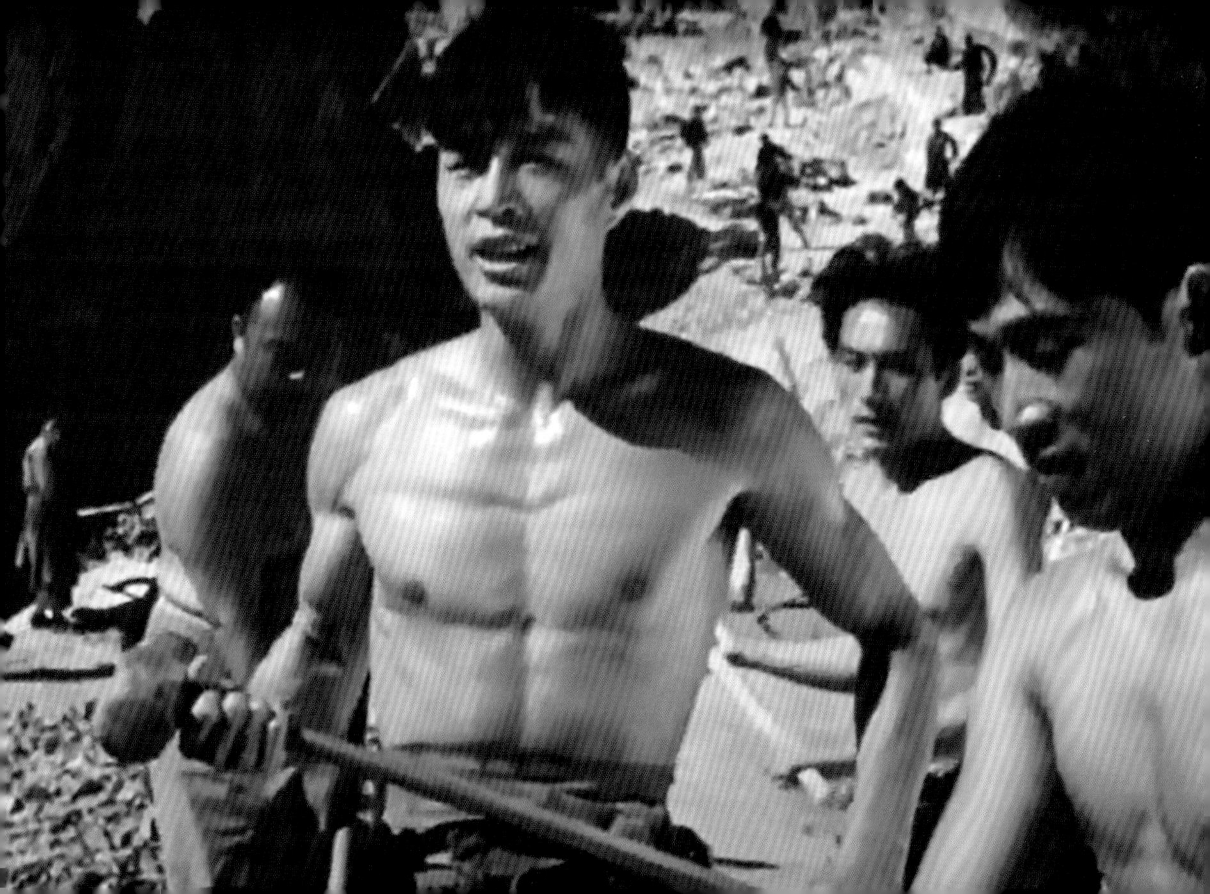

片中瀰漫的情慾於革命主題之間的矛盾，認為《大路》通過鏡頭剪輯結構完成情慾的崇高化並與所謂革命精神對接。[4] 這裡我將觀看的焦點集中於《大路》中的人物裸體場景。因為在銀幕上如此大膽直接地表現眾多人物裸體，並且以電影媒介參與關於裸體在視覺文化中的諸多討論，《大路》算是當時中國電影中唯一的一例，而且後也鮮有來者，而《大路》中對裸體的表現及倡導的觀看裸體的方法更是令人耳目一新，值得再仔細發掘和商榷。

　　《大路》的故事梗概是：以金哥為首的六位青年男性在城市中失業後決定去內地當築路工人，在工地上結識了開飯館的兩位女性丁香與茉莉。由於日軍的入侵，漢奸工頭意圖破壞國軍抗敵的築路工程，六位男青年被囚禁施刑。茉莉施展美人計，與丁香發動築路工人群起將他們從地牢中解救出來。但是在影片結尾，除了丁香以外，他們都在築路的工地上死於日軍飛機的掃射。故事也許並無出彩之處，但是此片令人印象深刻的是銀幕上呈現的大量裸露人體——103 分左右的片長中，裸體貫穿幾乎電影的全部，直接展現的人物半裸或者全裸鏡頭至少有 21 分鐘。電影一開頭是長達 1 分 25 秒之久的歌曲段落，表現一排一邊唱歌一邊走向鏡頭的流汗的半裸男體。英俊高大的電影皇帝金焰飾演的金哥，在整個電影中從來都是至少以裸露胸肌出現。每次路見不平的時候，金哥是真正意義上的挺身而出——他會把上衣全部脫下，裸露更多。

　　除了電影中貫穿始終的築路工人的健美裸體以外，片中有三場重要的關於裸體的場景。第一場從 41 分 42 秒開始，是讓不少現代觀眾都覺得「尺度很大」的兩位女性互相親暱的「香艷」場景，首先由一個中長鏡頭表現茉莉慵懶地半躺在涼椅上，衣衫不整，還鬆了幾個鈕扣，伸了個懶腰，露出她美麗的大腿和胳膊，鏡頭流連四秒，柔和的燈光設計著意體現她裸露身體的軟玉溫香。（圖1）此前一場戲中觀眾已經看到她與好色的工頭老練調笑周旋，嫻熟地以美貌息事寧人，意識到她從前是風塵女子的身份。這個裸露的鏡頭顯然將她表現為被鏡頭與觀眾聯盟窺視的對象，延續並滿足觀眾對她已經挑起的性遐想。然而，她卻落落大方，毫不在意自己穿著的清涼，反倒引領觀眾將目光接力轉向前景中用火鉗燙頭髮的少女丁香。然後接下來長達六分鐘的戲是兩位女性的耳鬢廝磨摟抱親吻，觀眾似乎突然闖入了通俗電影乃至是色情電影的肉感空間，半是震驚半是羞怯地窺視銀幕上類似「蕾絲邊」（Lesbian）的場景，不安且興奮地滿足了經典電影分析中論述詳至的電影結構體制與觀眾合謀的窺淫慾望（有趣的是她們身後的牆上還掛著一副裸女的圖畫）。（圖 2 至圖 4）

4 Chris Berry, "The Sublimative Text: Sex and Revolution in Big Road," *East-West Film Journal*, 2:2(1988): 66-86.

在緊接下來的一幕中，影片48分時，觀眾又是跟隨茉莉視角的引導，看到一場多位男性裸體的場景。其內容很簡單，即兩位女士在回家的路上發現六位男性都在山底的溪流間裸泳。這場有觀眾稱全是白花花的肉體的戲歷時四分鐘，共由35個鏡頭剪輯而成，其中全裸正面鏡頭有29秒之多。整段場景穿插遠景的長鏡頭，中長鏡頭，和少數一兩個拉近的中特寫，基本的剪輯結構保持視線一致——兩位女性作為居高臨下的觀看者，都以中長鏡頭低角度仰拍。被看的全裸男性群體有在山間溪旁的遠景鏡頭，也有在水中嬉戲的中特寫鏡頭。大都以俯拍為主，確定山頭觀望的女性主觀視角。在這些鏡頭裡，孫瑜沒有認真地對裸體的性器官特別的迴避，但也沒有進行明顯的渲染，沿襲他一貫倡導的追尋天然的狀態（圖5至圖7）。

接下來的第三場關於裸體的場景則發生在突然降臨的戰爭狀態，敵人來了，六位男性因為幫助國軍築路抵抗日軍全部被漢奸打入地牢。金焰等人的裸體在這一段戲中被繩索綑綁，承受劊子手的血腥鞭笞。（圖8）同樣的裸體以前或是在烈日的公路上揮臂築路、充滿力量的軀幹，或是在溪邊戲水的陽光下年輕美好的身體，現在卻變成了待宰殺的羔羊，刀俎上的魚肉。裸體的力量美感讓位於它的物質存在的脆弱性。肉搏的傷痕和血跡更加體現了裸體的原始特性——裸體是生存的最後防線，剝落到了盡頭，再也無路可退，裸體的被破壞回應的是家國滅亡的危機感。從先前明快抒情的、陽光大自然中的裸體展現，到這裡陰影幢幢表

現主義式的、黑暗的裸體受虐,這場景激發觀眾對毀滅美好的惡之力量的痛恨,因此也引起觀眾對經典電影模式中以施虐／受虐產生視覺快感的不安之反思。

毫無疑問,《大路》是一部直接參與當時中國視覺文化中關於裸體爭論的電影。首先,它介入了關於裸體藝術(nude)與暴露(nakedness)之間界線的探討。一般認為,裸體藝術是希臘羅馬古典美術中形成的關於美和科學合一的終極理想,也象徵著人類的真相和本質——裸體是人最後的底線,再無可掩飾,再無可偽裝。而裸體藝術既然不涉及現實的衣裝,所以也是無關於直接現實的所謂本質或者「精華」。[5]「暴露」的作品中表現的是可以辨別的具體時間,而裸體藝術中的時間則是靜止的,永恆的,無可能指出的,如提香的維納斯。「暴露」讓人產生的是不安和羞愧,而裸體藝術則是呈現女性或男性的完美理想形象,讓觀眾產生仰慕的靈魂昇華。這兩者也是所謂裸體作為高雅藝術與裸體作為色情俗文化之間的差別。

20、30年代的中國現代藝術中,很多關於裸體藝術的爭論也是圍繞上述區別展開的:從劉海粟的裸體模特風波,到潘玉良的裸體自畫像被潑墨,藝術家們執意推廣裸體藝術,而一些保守的觀眾無論如何也只看到「暴露」的可恥的人體。這個現象彰顯出裸體藝術本身定義的不確定性,因為它必須依靠受眾的觀看體驗定義是否「昇華」還是「羞恥」,而觀看體驗遠遠不是普世偕同的,就連提香也無法讓所有觀眾避免臉紅不安,或產生「淫畫」之責。《大路》裸體場景似乎提供了對觀看裸體的引導:電影讓別的角色承擔了對裸體的羞澀,提醒觀眾中國視覺傳統對於裸體觀看的不適——眾男生意識到自己被看時,他們首先是慌亂,然後是害羞地躲下水中,在一個俯拍的中長鏡頭中,韓蘭根飾演的小六子從水中站起來,以正面暴露,也就是「羞恥感」,來威脅茉莉離開,同伴丁香更是一直摀住雙眼,躲在茉莉的身後勸她趕緊離開。然而茉莉毫不以為意,反倒是笑吟吟地坐了下來繼續觀賞。因此觀眾初見銀幕裸體的震驚和窺淫感的不安由茉莉鎮定下來。茉莉的目光是公開的,坦然的,非佔有式、非破壞性的,也是平等的,在羞恥的壓力下堅持肯定裸體的合法性和正確觀看的無所畏懼,快樂地直面呈現男性的裸體。雖然也是愛慕,但是她從情慾式的觀看中剔除掉漁色的猥瑣(比如胡鬍辦等人對身體的佔有和破壞的慾望,就是反面的需要懲罰的敵人觀看方式)也消除了與色情共體的羞愧感,將其變成近乎美術性的觀賞。

5　Kenneth Clark, *The Nude: A Study in Ideal Form* (Princeton: Princeton University Press, 1972), 3-30.

其次,《大路》雖然看似幫助美術家們從 20 年代開始所弘揚的裸體藝術在中國的發展,但是它又與現代寫實派挑戰傳統的立場結盟,將所謂高雅,無時間性,永恆的裸體藝術從紀念碑式的美術圖像拉進如馬內和庫爾貝一般的「暴露」性現實中,參與了對經典裸體藝術保守性的批評——《大路》中的裸體是現時化和階級化的身體,不是脫離現實的理想存在,而是寫實的抗戰時期的勞動人民。清末以來國家民族存亡的危機感催發了對國民健康運動的體魄的追求,讓裸體在視覺文化中的表現承擔了倡導性的功能。[6] 抗戰前魯迅等人對於木刻運動的支持已經把勞工階級的男性形象推到了裸體藝術的前臺,國難時期作為勞工階級的男性裸體更是成為了國家男性的雄性楷模。在《大路》中,勞工赤身裸體是自然而然的,在烈日炎炎下揮汗如雨,裸體是他們的勞動所需,古銅色的肌膚和強壯的肌肉皆因勞動所得,因此他們的裸體又符合現代派寫實主義的要求,也能延續對於傳統文化的反思與批判。《大路》在太湖拍攝外景時,更借用了當時築路的工人們,大概有三四百人之多。孫瑜感嘆他們的表演真摯,也是由於他們真實的勞工裸體,為電影中很多場景增添了力度,比如大群築路勞工深夜持火把去胡宅解救六位獄中男主角的那場戲。[7]

最後,也是最重要的一點是《大路》不但檢閱了關於裸體表現的現代性各方面爭論,提供了如何「正確」觀看裸體的方式,還將電影媒介本身的特質介入其中。片中背書的裸體觀看方式是由茉莉來引導的。上文提到的第一個場景中,茉莉以半裸的畫報美女形象出場,承接觀眾的窺淫目光,然而,觀眾馬上意識到她遠非被動的被觀看對象,這位有著健康美麗裸露軀體的女性,同時擁有一雙女神的眼睛。她接力推手轉而引領觀眾,以無私平等的方式,將目光投向所有角色的美感。更有趣的是,我們發現茉莉其實也是電影媒介的代言人。她的女神般的視角代表的就是電影作為媒介的視角,因為她不但用主觀視角引領我們觀看,還能主觀地在銀幕上召喚圖像,比如在和丁香的親暱戲份中,她在「空中」一一展現各位男生的可愛繡像,演唱鳳陽花鼓時用歌聲和迷離的眼神,為場景中的角色和我們展現了 3 分半鐘的新聞紀錄蒙太奇,紀實而即時地讓 1934 年的戲院觀眾們和 21 世紀的我們,親眼看到洪水淹沒的破屋茅棚、流離失所的國人、枯槁行乞的婦人和孩童、和戰火下的焦土和殘垣。因此,茉莉帶領我們看到的裸體,茉莉教導我們的觀看裸體的方式,不僅是戰時對身體的現代性的另一重解讀,也是電影媒介介入到關於裸體表現的討論中來的自信的發表。

《大路》於是用有如茉莉在山頭觀看裸體的全景式的電影目光,將各種關於

裸體現代性的討論匯總調和，呈現在電影這一特殊的通俗媒介中，並提供一條連結學院藝術與通俗文化、憂患寫實與快樂觀賞、傳統觀念與現代啟示、看與被看等諸種分歧的大路。韓莊（John Hay）曾提到中國傳統藝術中裸體藝術的缺席是因為身體的整體性被「分散」成功能性，[8]《大路》提供的似乎是完全相反的一劑解藥，用理想的電影目光將裸體這個爭議問題中所代表的不同現代性連結起來。這條大路如電影中明示，是由裸露的身體而鋪就，由茉莉（作為女性）的電影目光引領的通途。

6　比如，包蘇珊的研究專著《為國強身：道德秩序中的中國體育》中寫到民國對體育救國的重視。見 Susan Brownell, *Training the Body for China: Sports in the Moral Order of the People's Republic* (Chicago: University of Chicago Press, 1995).

7　孫瑜，〈大路之歌〉，頁 34。

8　John Hay, "The Body Invisible in Chinese Art?," in *Body, Subject, and Power in China*, eds. Angela Zito and Tani E. Barlow (Chicago/London: The University of Chicago Press, 1994), 42-77.

楊貴妃的裸露手臂

37

Catherine V. Yeh ── 葉凱蒂

梅蘭芳《太真外傳》劇照

傳統京劇的青衣絕對不會坦露身體的任何部分,因為這種角色代表的是道德勇氣、端莊與正派。梅蘭芳飄逸的衣服和坦露的雙臂,在京劇中完全是異類。這代表的不僅是另一套社會價值觀,也是另一種美學。

民國　梅蘭芳　《太真外傳》　1926年飾演楊貴妃照片
取自莊鑄九等編,《梅蘭芳》(上海:私人印刷,1926),頁23

　　這張照片呈現的是京劇名伶梅蘭芳(1894-1961)在《太真外傳》中飾演歷史人物楊貴妃的扮相。[1] 梅蘭芳是中國最偉大的京劇明星之一,專飾旦角。創作於1925年的《太真外傳》是1910至1920年代間為梅蘭芳創作的一系列京劇之一。這張照片在1926年首度刊登於莊鑄九編輯的《梅蘭芳》畫冊。我是在研究20世紀初男旦崛起之現象時,偶然看到這本照片集、注意到裡面出版的照片,尤其是這一張。這張照片中梅蘭芳的身段看起來很陌生,服裝也不尋常。看來陌生,是因為在今日的京劇舞臺上,不再能看到這樣的姿勢或服裝;它們已經完全消失了。梅蘭芳飄逸的衣裳和裸露的手臂對當今京劇而言是全然陌生的。為什麼?

1　根據王長發與劉華編輯的《梅蘭芳年譜》,1925年(民國十四年、乙丑)夏,梅蘭芳32歲,編演新戲頭本《太真外傳》,包括《人還》、《冊封》、《窺浴》、《賜盒》、《定情》等出。《太真外傳》故事見白居易《長恨歌》、陳鴻《長恨歌傳》、《楊太真外傳》,元白樸《唐明皇秋夜梧桐雨》雜劇及《晴唐演義》。梅蘭芳據此編成四本京劇。秋,編演新戲二本《太真外傳》,包括《賞花》、《醉寫》、《貢梅》、《搜夢》、《拈釵》、《偷笛》、《出宮》、《獻發》、《回宮》等出。1926年(民國十五年、丙寅),梅蘭芳33歲,12月繼續排演了三、四本《太真外傳》。三本包括《七夕》、《盤舞》等出;四本包括《小宴》、《驚變》、《埋玉》等出。王長發、劉華編,《梅蘭芳年譜》(南京:河海大學出版社,1994),頁101-102。

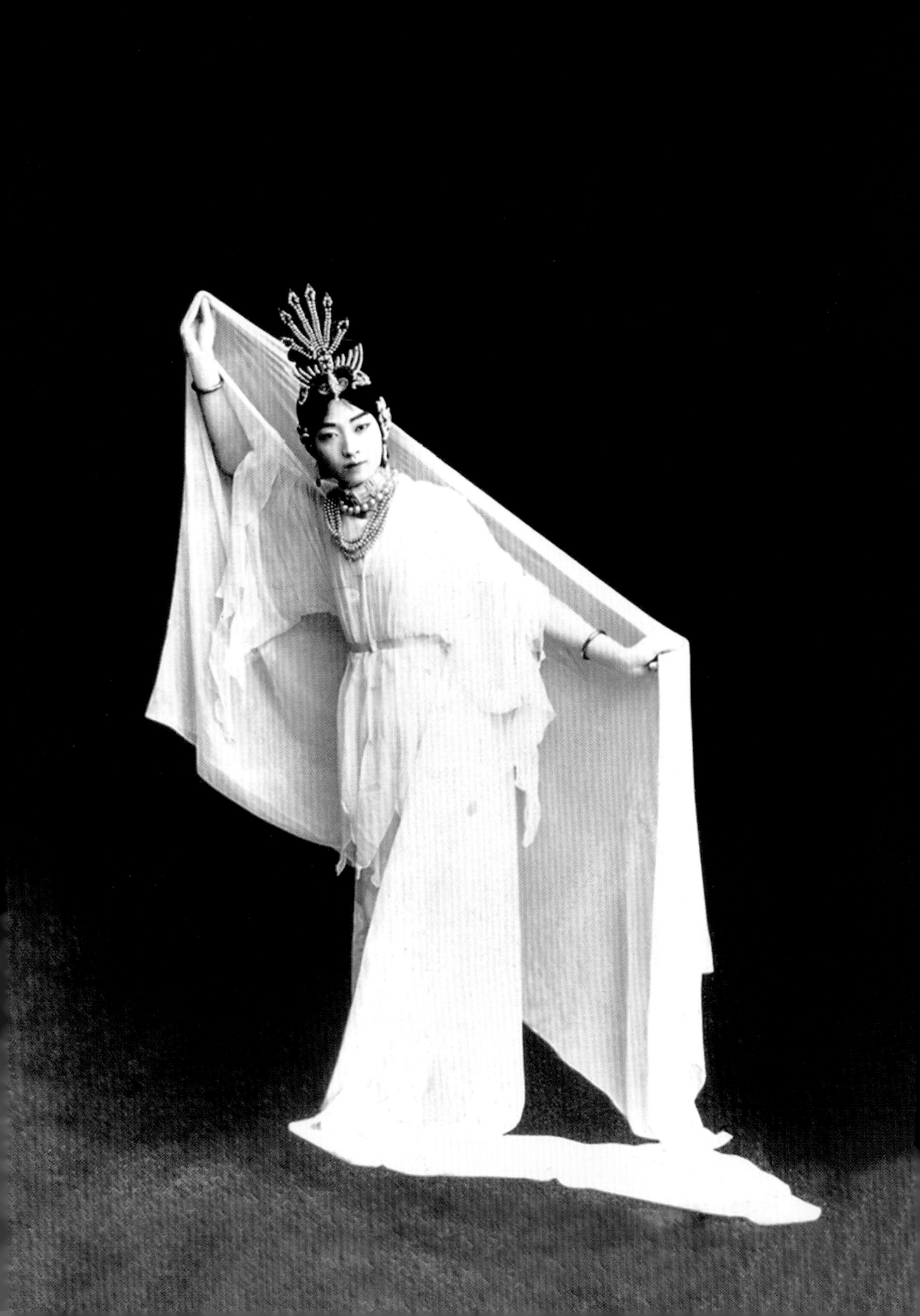

1　梅蘭芳在《三娘教子》中的扮相
　　取自梅紹武編,《梅蘭芳》〔大型畫傳〕（北京：北京出版社，1997），頁19

要回答這個問題，必須將這張照片放入京劇與中國戲臺文化當時的發展脈絡來看。由梅蘭芳飾演楊貴妃的這齣新戲，屬於當時一系列被歸類為舞蹈劇（dance drama）的新劇碼之一。這些為了梅蘭芳而寫、為他而創作的新戲，許多是以神話為本。它們描述帶有傳奇色彩的女性角色，這些角色來自中國民間故事、傳說，以及小說與故事中著名的女主人翁。楊貴妃是中國極為有名的唐代美女，是唐明皇的寵妃。據說皇帝因為鍾情於她而疏於朝政，導致了安史之亂，而軍隊平定叛亂的條件是皇帝不僅必須放棄楊貴妃，還得下令處死她。唐明皇迫於無奈，只好下詔縊死楊貴妃。《太真外傳》分為三本，歷述這位傳奇美女的興起與殞落，成為梅蘭芳的代表作之一；它與《霸王別姬》共同代表了京劇中悲劇的出現。[2]

為了解讀這張照片裡的訊息，我必須尋找不同線索。我在書面紀錄和出版照片中搜尋，試圖填補空白，闡明這張照片的歷史脈絡。梅蘭芳專攻青衣旦角，檢視傳統京劇青衣標準的身段與服裝就能異常清楚地看出，1925年的那齣新戲有多麼脫離常規。比較青衣標準服飾與作相。第二張照片（圖1）中的梅蘭芳呈現比較傳統青衣的身段與服裝，這是1925年以前的標準範式。

比較兩張照片後，我們可以建立幾個定點。在圖1的梅蘭芳影像中，他以古典青衣（也稱正旦）的姿勢站立，兩手交疊於身體前方。這個身段在京劇中稱為「抱肚子」。這是個關閉內涵的姿態，顯示謙虛與正直。青衣的行頭絕不花俏。這張照片裡，青衣全身，包括雙手，都被覆蓋住了。唯一現露的是她的臉。她的髮型是明代常見的傳統女性髮式。青衣的服裝以黑白布料作成，剪裁簡單。

相較之下，《太真外傳》劇照中的楊貴妃扮相迥然不同。首先，她的身體姿勢是很外放的，一隻手臂高舉起來，另一隻朝下延伸，形成對角線式的流動。其次，新設計的戲服用的衣料是透明的絲綢紗，有拖尾和由梅蘭芳高高舉起的絲巾。第三，照片裡的髮型和頭飾在京劇的服裝和化妝中也沒有前例。孔雀頭飾的設計，是為了喚起這個角色那種神話的、超越凡俗的驚奇感。然而，最驚世駭俗的是演員裸露的手臂。如圖1所示，傳統京劇的青衣絕對不會坦露身體的任何部分，因為這種角色代表的是道德勇氣、端莊與正派。梅蘭芳飄逸的衣服和坦露的雙臂，在京劇中完全是異類。這代表的不僅是另一套社會價值觀，也是另一種美學。

為何這些異想天開的元素會在1920年代中期進入京劇的表演藝術美學中？這些服裝和舞姿顯示它們是跨文化互動的產物，來自這齣新劇出現時期所獨有的跨文化脈絡。在梅蘭芳1915年演出新舞蹈劇《嫦娥奔月》之後，更及1917年演出的代表作《天女散花》，其中一場驚人的綢帶舞，新編舞蹈進入京劇，在戲劇中扮演的關鍵角色已經非常清晰了。齊如山（1877-1962）與梅蘭芳合作數十年，協助梅蘭芳創造出一種後來成為其標誌的新京劇類型，這種新京劇是以西方舞蹈為構想和靈感來源的。齊如山回憶道：

> 我自光緒末年看到西洋的跳舞，便以為它極優美。後一考察，才知道人家極為重視，不但民間人人要會，連教育界也以為這是專門功課，於民風社會是影響極大的一種教育。回國後便想搜集中國的舞。[3]

受到在歐洲的見聞所啟發，齊如山將舞蹈的概念引入京劇，並且將這種新的劇種稱為舞蹈劇。從齊如山上面這段話可以隱隱看出，舞蹈被視為已開化文化的代表。若京劇要以一種已開化文化的形式加入世界舞臺，就必須將舞蹈納入其整體中。

為改革京劇，齊如山與梅蘭芳探索了大量的文獻與視覺資料來源，包括漢魏時期的歌詞、唐詩，以及宋朝《德壽宮舞譜》的殘本。[4] 據齊如山說，他們最重要

---

[2] 世紀之交時，悲劇被理解為戲劇藝術中現代性的代表。悲劇在京劇中的崛起，是京劇改革者為了追求現代性而做的努力。這與自明代戲劇以降一齣戲必須圓滿收場的傳統背道而馳。這種新戲曲因而代表了全新的美學感性。見（蔣）觀雲，〈中國之演劇界〉，《新民叢報》，1905年17期，頁95-98。

[3] 齊如山，《齊如山回憶錄》（北京：戲劇出版社，1998），頁154。

[4] 齊如山，《中國劇之組織》（太原：山西人民出版社，2014），頁39-40。

的來源是視覺文物,如「包含有舞姿的(古代)青銅器、石刻拓本、歷史圖書插圖」以及繪畫與雕塑。[5] 要從這些視覺與文獻來源中萃取特定資訊頗為困難,但並非不可能。齊如山與梅蘭芳合作,將圖像與文字轉譯為動作,重建出齊如山稱為「舞法」的連續舞蹈動作。其成果透過一系列附有文字說明的插圖呈現(圖2)。

梅蘭芳的新舞蹈劇劇目包括《洛神》、《紅線盜盒》、《天女散花》、《廉錦楓》、《太真外傳》、《上元夫人》……等,全都融入了古代舞蹈形式,例如「掉袖兒」、「羽舞」、「拂舞」、「垂手」、「杯盤舞」、「壽舞」……等。據齊如山描述,他和梅蘭芳為了將舞蹈加入新劇中,試盡各種方法。[6]

有了新的舞蹈動作後,就需要較為寬鬆的新戲服。傳統舞臺服裝既重且寬(圖3),目的在於把身體遮蓋起來。

隨著舞蹈進入京劇,服裝也必須輕盈飄逸,讓身體得以在舞臺上自由移動。在西方舞蹈的啟發下,齊如山與梅蘭芳重新創造亦重新發明了傳統中國舞蹈。為以全新的方式呈現身體,他們也創造了新的劇場服裝(主圖)。不僅如此,這些動作與服裝中如編碼般包含了一套新的社會價值,代表新的世界觀。美學價值的轉變,反映出社會關係和權力動態的轉變,尤其在性別方面。新的劇場美學將女性角色放上舞臺中心,取代了作為傳統京劇主要焦點的年長男性角色:老生。

在京劇中置入舞蹈有兩個目的。首

2 《天女散花》舞譜
取自齊如山,《國劇淺釋》(北平,1935);照相製版重印(北京:中國戲劇出版社,2015),頁103

3　傳統旦角舞臺服裝
　　取自《梅蘭芳與中國劇場》（*Mei Lan-Fang and the Chinese Theater*；私人刊印，1935）

先，讓梅蘭芳得以吸引大量觀眾，獲得票房成功。第二，意在使京劇躋身世界地圖。實質上是要讓舞蹈成為中國劇場美學與世界觀眾溝通的語言。[7] 梅蘭芳飾演楊貴妃的影像，代表的是中國版的跨文化時髦（transcultural chic）。梅蘭芳以西方舞蹈劇為靈感的身姿和影像，對國內觀眾而言代表了現代性。作為經過重新發明的傳統中國文化的象徵，這個影像也意在為國際（觀眾）所消費。

1915至1925年間，梅蘭芳成了國際知名的明星。將他推向明星地位的，是他在中國舞臺上和1919年日本巡演時所演出的新編劇目。新劇之所以新，不在於故事的新穎。事實上，這些故事都是大家耳熟能詳的。這些劇目之所以新，是因為它們表現了屬於舞蹈劇的一種新美學。舞蹈作為源自西方劇場的新觀念被引入京劇，在與世界觀眾產生互動的想法下進入京劇美學。透過《太真外傳》等新劇目，舞蹈成為京劇現代化的具體顯現。[8]

這張劇照所捕捉到的形象，顯示了跨文化對話的力量。它代表一種新的跨文化別緻（chic）。新的舞蹈劇迎合西方對東方的印象，使得京劇在世界舞臺上被接受。梅蘭芳又因在世界舞臺上代表中國文化而使得京劇在國內獲得肯定。梅蘭芳的成功同時也啟發了其他年輕男旦角，促使他們創造自己的舞蹈劇。到了1920年代尾聲，男旦已經開始在中國舞臺上稱王。舞蹈進入京劇也是旦角獲取權力之舉。它讓梅蘭芳與旦角同儕在與京劇其他行當的競爭中取得霸權地位。最重要的是，它幫助京劇在國家建構的現代化論述中，獲得了發言權。

5　齊如山，《中國劇之組織》，頁39-40。
6　齊如山，《齊如山回憶錄》，頁116-117。
7　齊如山，《齊如山回憶錄》，頁116-117。
8　Catherine Yeh, "Mei Lanfang and Modern Dance: Transcultural Innovation in Peking Opera, 1910s- 1920s," in *Corporeal Politics: Dancing East Asia*, ed. Katherine Mezur and Emily Wilcox (Ann Arbor: University of Michigan Press, 2020), 44-59

好山無數
撲天涯烟霜
陰晴旦夕佳
宋滅先生曾
到此故留筆
戲在吾家
慶戊歲暉
地新昌作
元暉

希世之寶趙遹無倫

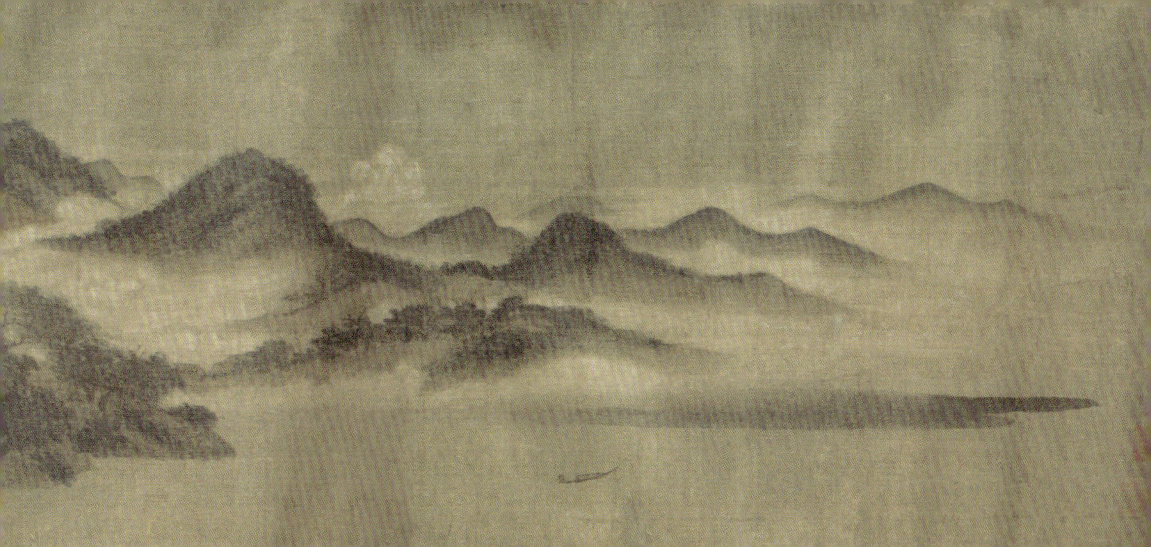

圖寫冥茫

38

Peter Sturman —— 石慢

米友仁《雲山圖》

倘若畫家在創作上選擇掩藏與隱晦,即便不是完全掩藏,而是透過提示與視覺線索來暗示眼睛所見以外的真正內涵,結果會如何呢?基於感知上的自然差異,我們不免會將個人的主觀性參與介入畫作的主題。而事實上,這正是畫家對觀者的提問:「諸君能否辨識其中的真味?」

南宋　米友仁　《雲山圖》　1130 年　卷　絹本設色　43.7×192.6 公分　克利夫蘭美術館藏

所貴於枯淡者,謂其外枯而中膏,似淡而實美,淵明、子厚之類是也。若中邊皆枯淡,亦何足道?佛云:「如人食蜜,中邊皆甜」。人食五味,知其甘苦者皆是,能分別其中邊者,百無一也。

—— 蘇軾〈評韓柳詩〉[1]

「心所不知眼亦不見。」(The eyes don't see what the mind doesn't know.)

—— 常見現代諺語 [2]

這兩段出處截然不同,內容也與視覺藝術無關的引言,卻共同體現了中國文人畫美學的根本特質。蘇軾(1037-1101)的評論用意在提升人們對柳宗元(773-819)詩的欣賞,因為柳詩雖然受到高度推崇,但其光環卻往往被其他唐代大師所掩。蘇軾體會到柳詩重在表達與捕捉內在本質,而少著力於外在形式上的用字,因之將柳宗元的寂靜與同代大家韓愈(768-824)的風格作了比對。韓詩勝在「豪放

奇險」，但是「溫麗靖深」不殆柳詩。前者顯而易見，後者則難被欣賞，因其內涵為枯淡的表面所掩蔽。為了類比，蘇軾在味覺的感知中找到對應。人人都能嚐出甘甜的味道，並能與苦味區分，但是品嘗微妙的滋味則是另一回事。品味詩的精美，必須有分辨不同層次味道的鑑賞力，真正的鑑賞家懂得內蘊的真味。蘇軾的評論，最終從柳詩的內在特質，轉向對應的讀者問題。所謂百人中只有一、二人懂得品鑑的菁英論調，某種程度上蒙蔽了一個事實，即理解的前提是知識。聽覺與味覺經過訓練後，可以分辨出微妙的聲音與味道。

眼睛亦然，也能訓練，而這就要談到牽引到前面的第二段引言。知識深切地改變我們眼中所見的藝術品。一旦對內涵、時代與個人風格、圖像學、契機與功能等的了解愈深，我們能看到的就愈多。就我個人經驗所及，重訪一幅多年前曾經細心審視但後來未再關注的畫作，可能會有一種奇怪的體驗；尤其是涉及那些剛入門中國繪畫研究時初次相遇的作品。再次觀看同樣的畫作，卻跟記憶中的不一樣，因為經年累積的知識和經驗會強化並重導我們的認知。明明看地是同樣的一件作品，卻看到過去視而不見，隱而不顯之處。然則，倘若畫家在創作上選擇掩藏與隱晦，即便不是完全掩藏，而是透過提示與視覺線索來暗示眼睛所見以外的真正內涵，結果會如何呢？基於感知上的自然差異，我們不免會將個人的主觀性參與介入畫作的主題。而事實上，這正是畫家對觀者的提問：「諸君能否辨識其中的真味？」

米友仁（1074-1151）在他的山水畫題記中經常影射「玄奧」（mysteries）與「隱晦」（hidden views）。受到蘇軾的藝術理論，及其父親米芾（1052-1107）流芳百世志向的影響，「小米」常以肉眼無法看見的神祕之物作隱喻，提示觀者畫中個人特質的存在，而究其根本，就是蘇軾所稱道柳宗元與陶淵明（約365-427）詩表面下含蘊的內在潤澤（「中膏」）。米友仁的這類題記提醒觀者細品其畫作，因為他所描繪層層包裹於其中的特定畫作可能是私密性的。不過，他創作於1130年的《雲山圖》則略有不同。在遭逢金兵入侵的巨變，四處劫匪輾轉南渡的艱險的時期，米友仁選擇呈現一種宏觀的理想山水。從畫上簡短的題詩開始檢視此畫，顯示藝術家在邀請我們讀畫的同時，亦想確保觀者體認到山水的崇高偉大。

1　蘇軾，〈評韓柳詩〉，《蘇軾文集》（北京：中華書局，1986），卷67，頁2109-2110。

2　這句話有不少相關的變化版本。法國哲學家亨利·柏格森（Henri Bergson，1859–1941）寫過類似的話：「眼睛只看見心智已準備好理解的。」（The eye sees only what the mind is prepared to comprehend.）此處引用版本是我在洛杉磯的熱門廣播節目「週末戰士」（Weekend Warrior）中聽到的，主持人是羅勃·卡拉珀醫生（Dr. Robert Klapper）。

好山無數接天涯，煙靄陰晴日夕佳，
要識先生曾到此，故留戲筆在君家。
庚戌歲，辟地新昌作，元暉。

　　這首詩結構簡單，上聯兩句描述性的文字後，是兩句平淡的記述。但是米友仁言簡意賅的短詩，且下聯平平淡淡，卻隱藏著提示如何看待這件山水畫作的複雜性。這幅畫是為新昌村（位於江蘇省）的友人所作，米友仁雖然強調畫作創作的特定歷史時空，然而畫中描寫的卻是一種超越時間的山水體驗。更有甚者，他將這個「曾到此」的經驗呈現給題記中隱涉的未來觀賞者——也就是我們。《雲山圖》不僅是為了他的友人所作、更是為了未來的觀者而畫。因之，所有後世的觀者都得以見證他與他的友人，在紹興庚戌年間的新昌村所曾經共同體驗的這片山水。

　　吾人參與此山水的觀畫經驗，經由《雲山圖》中一個容易被忽略的小細節而得到：在離水岸不近不遠處，一只飄蕩的小舟中，細看之下，所圖繪著的人物，不只有一位，而是兩位緊挨在一起的漁父。因此提示著這是米友仁和他的友人的寫照（圖1）。二人不只身處在景物之中，同時在觀照著這片山水。米友仁的小詩告訴我們，畫作主題不僅是好山無數和雲霧飄渺的山水，更是畫中二人的山水體驗。基於畫中人物對這片山水的體覺，觀者的存在感也變得真實具體。彷彿是偷窺者，意識到了自己觀看的行為。

　　米友仁的構圖巧妙地強化了觀者既是局外人又是受邀者的感覺。接近地平面（ground plane）的低視角，予人一種從另一個時空暗中飄然而至的感覺。兩名漁父緊挨一側，小船因之往左邊傾斜的視覺處理。從心理上，這樣的安排強化了一種獨特的效果，暗示畫中人物的不穩定性。觀者和他們見到一樣的山水，但是也意識到他們特殊的處境。透過這種細微的方式，觀者察覺到眼前景物的私密性。

　　《雲山圖》大致呈上寬下窄的三角形或梯形構圖。它邀我們進入到畫中有濃密樹葉及遠方蜿蜒而下的溪流注成的一處寧靜水域。在目光適應了這裏的景物之後，觀者順勢看到掩映於灌叢深處的村舍。這個僻靜的隱居處提供了第三個觀景視角：由舒宜居住的環狀空間緩緩地往深處開展，同時迎向上方雲朵舒捲綿延壯觀的遠山（圖2）。這個看似觸手可及的隱蔽處應該就是安身之處。然而，從某方面而言，我們愈仔細審視前景這片景致，能看到的就愈少，因為米友仁的樹木與

1　南宋　米友仁　《雲山圖》之局部　1130年　卷　絹本設色　43.7 × 192.6 公分　克利夫蘭美術館藏

2　南宋　米友仁　《雲山圖》之局部　1130年　卷　絹本設色　43.7 × 192.6 公分　克利夫蘭美術館藏
3　南宋　米友仁　《雲山圖》之局部　1130年　卷　絹本設色　43.7 × 192.6 公分　克利夫蘭美術館藏

灌叢畫法簡逸細節變化有限：以粗放的筆致畫樹幹，幾抹汁綠和墨畫葉。如此粗放的筆墨置於講究細節與技巧的北宋晚期繪畫脈絡中特別突兀不尋常。然而，儘管表面形式粗放，這片山水依然有其細緻之處：林木的布局與漸層色調產生出動感，光禿昂揚的樹枝映著白色的雲霧而烘托出來。所有的描繪沒有一處是平板的，因之在視覺上應合了蘇軾對柳宗元與陶淵明詩的描述，看似平淡，實則豐富。或者，直白地說，此畫並非如第一眼所見的那麼簡單。

　　數世紀以來，這種點染效果通常被稱為米點。將米芾與米友仁父子等同於一種特定的畫法，這種標籤式的指稱是對他們的一種致敬；雖然流於籠統簡化，但是這個技巧的用意在於以簡易作為掩飾。乍看之下，似乎像米友仁自稱的「戲筆」一般毫不費力。當然米友仁的同僚們不作如是想。米友仁的題記飽含著邀請與挑釁，偶爾也會挑戰觀者去發掘表面形式底下的祕密。然而，觀者所見，端視個人已有的認知。有些人或許只看到天真率性的單純，但是熟悉米芾書畫論述者卻能洞悉其創作理念所植基的古意。熟悉中國早期山水圖像者，在米友仁《雲山圖》的構圖中，能看到與唐鏡上常見的仙境圖符節之處。在圖卷右側，漁父的左

上方,那一朵揚起於遠山之上的靈芝狀雲,便是唐代古風的明顯跡象(圖3)。縱然米友仁連這個跡象也加以掩飾,以濃厚如油畫的白色顏料,將唐代圖像創作中裝飾模式的雲朵,作自然風格來呈現,因而轉化成宋代山水畫相對寫實的筆意。米友仁的雲朵一旦經辨識之後,便賦予了他的山水超脫塵世的光芒與內涵,促使觀者隨著米友仁視野中心湧動的山脈起伏,而聯想起古老傳說中漂浮於東海的海上仙島。

　　仙島是追求的終極目標,是許諾永生與極樂的天堂,但非凡人所能企及。巨鼇托舉的仙島,一旦接近就消失在海中。米友仁的《雲山圖》重訪這古老的山水畫主題,但是又將之個人化。使得他當下的處境,不只是他的新昌友人兼主人能真實地感受到,而且為後世的觀者所共情。在這浮沉不定的世界中,米友仁回顧過往,以及他和友人曾經共同契及的一個理想境界與心象。我們被納入這個觀畫經驗,是對我們是否夠格的試驗。最終,米友仁質問我們能看到多少?誠然,他必定期許觀者果真能夠體認到他畫作表面下的深意。

Miyazaki Noriko ── 宮崎法子

澳洲維多利亞國立美術館藏《花鳥圖》

這幅佚名花鳥畫給人的感覺則是一種觀者彷彿鑽入了這秋日的高大草叢中，並抬頭仰望的感覺。不過，如此接近畫中的描繪對象、周邊沒有太多留白，這種捕捉和描繪外部世界的畫法，和南宋畫大異其趣，甚至與意在復興南宋畫風的明代繪畫也大相逕庭。

元　佚名　花鳥圖　軸　絹本設色　106.0× 55.0 公分　澳洲維多利亞國立美術館藏（National Gallery of Victoria）

緣起

　　這幅畫作並不是由中國傳到日本的作品，也不是我近年來出於興趣而進行研究的文人畫。會與這幅畫相遇，完全出於偶然。美術雜誌《國華》要刊載過去未曾被發掘的作品，所以讓我撰寫解說。要介紹新出的作品，需要盡全力喚起看過的諸多作品的記憶，然後將這個作品透過某種形式定位在美術史的座標上。同時，這個過程也是對引介者自身鑑賞畫作方式的考驗。早在二十年前所做的解說，既沒有明快的結論也沒有新的知見。我幾次想以別的新主題著手寫作，但結果還是決定抄謄舊稿，來完成這項工作。這是因為，我認為面對初次看到的作品，透過觀察，透過用文字來談論「作品是如何被創作出來的」，具體寫出一邊斟酌推敲、一邊解讀的過程，應該也有參考價值。若藉由這一篇文章，能對有意學習中國繪畫的朋友有所助益，那麼我覺得十分榮幸。

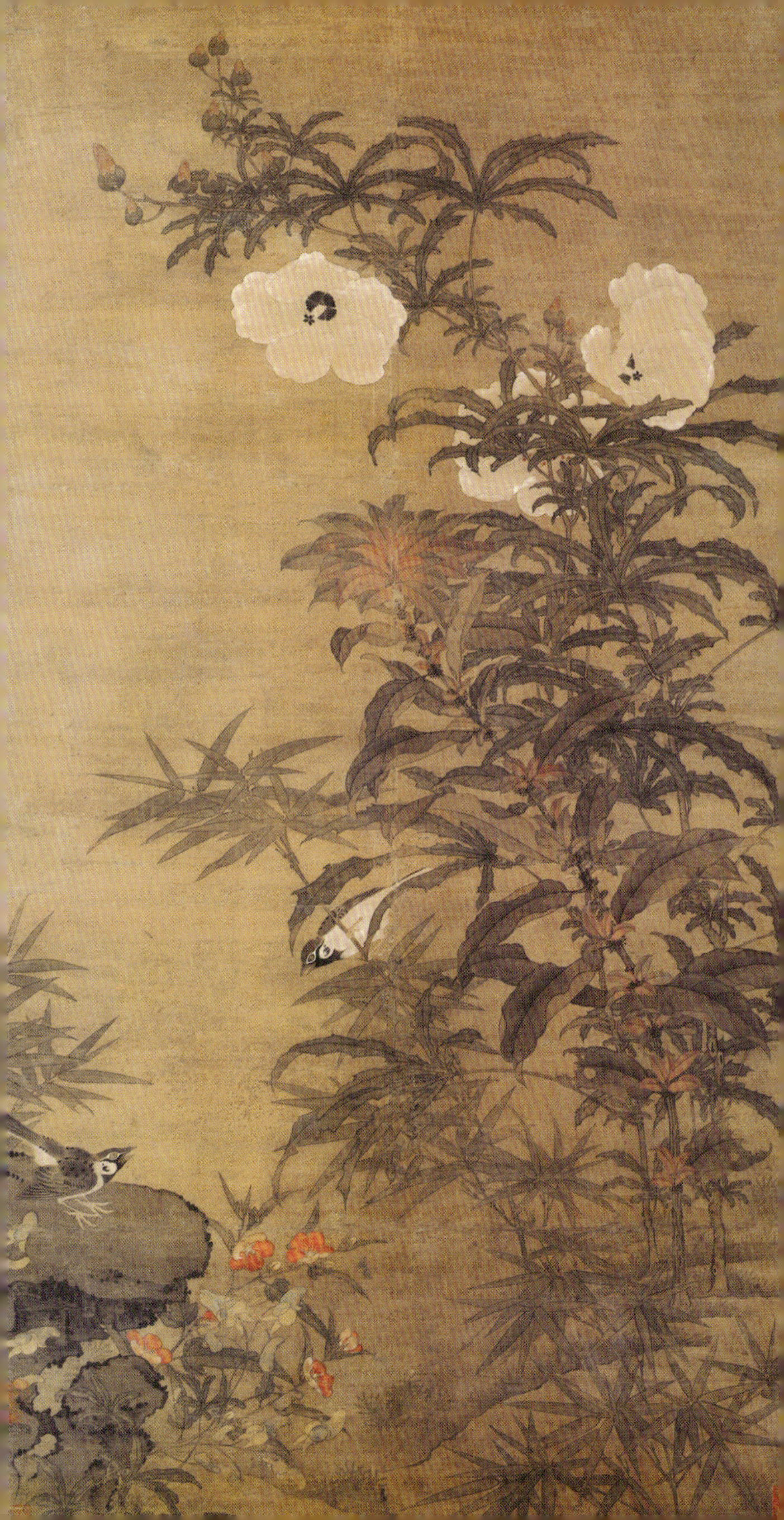

畫家的相關線索

關於現藏於澳洲維多利亞國立美術館的花鳥畫（主圖），在我到此畫的前一手收藏家處調查時，豪爾・羅傑（Howard Rogers）先生已經指出，畫的左端中段部分，有一顆僅能經過X光判讀的朱文印——「王熙」，因此當時普遍認為，此作的作者是王熙（元代宮廷畫家，在文獻中僅有姓名留存）。[1] 不久之後，在日本國內的展覽也將其做為元代宮廷畫家王熙的作品展出，進而為澳洲美術館所收藏。

在前一位藏家處調查這幅作品時，無論是從第一印象或是畫風，都讓人判斷應該是元代的作品。而關於那顆印章，雖然「王」字是判讀出來了，但另一個字光憑肉眼很難辨識。為了以後能加以解讀，我拍攝了照片就離開了。後來我遲遲沒有確認印文，又忙於其他工作，隨後這件作品也公開了，並且被送往海外。我聽說了此事後，原以為沒有必要再以新發掘的作品來介紹它了，也就這麼擱置。最後，因為編輯的催促，我重新開始撰寫解說。首先，我把此前拍攝的照片中的「王熙」印放大，為了確認印文，進行了畫面處理，竟意外地發現印上的名字不是「王熙」，而該釋讀為「王罩」（圖1）。於是，本圖或許是元代宮廷畫家「王熙」唯一的現存作品——這一觀點的論據化為烏有，也需要從零開始重新討論作品在藝術史上的位置。因為這幅作品曾被視為王熙的畫作，所以我對王熙相關的資料及元代宮廷繪畫也進行了若干調查，但篇幅有限，而且與本作的作者無關，所以不再贅述。我也省略花鳥主題的寓意討論，以作品的具體描繪手法為中心，增訂一些內容後，整理如下。

作品概要

本作品為高106公分，寬55公分，絹本設色的掛軸，畫面中央有縱向的絹布拼接痕跡。儘管周邊可能經過裁切，但是從用印的位置來看，這幅畫所見當下的大小和當初繪製時應該大體一致。裝裱則是中國明清以來隨文人畫興盛的裝裱形式，

1　元　佚名　花鳥圖之局部　軸　絹本設色　106.0 × 55.0 公分　澳洲維多利亞國立美術館藏

1　Howard Rogers, Entry No.4, "Bird and Flower Painting by Wang Xi," *Kaikodo Journal* (1996 Spring): 12.

而且是比較新的裝裱。這件花鳥畫的裝裱，反映了明清以後中國文人喜好的裝裱品味，質樸、清淡單色，底紋不顯眼（故宮博物院的明清藏品多見這種裝裱類型）。日本的傳統裝裱繼承的是宋代的樣式，會使用風帶和織錦，室町時代的東山御物即為代表。其後，江戶時期以後渡日的中國繪畫，在日本改裝時也會使用織錦，並且從明治時期到約莫戰前一直持續著這樣的傾向，雖然不像室町時期那麼普遍，但在日本通常會用深色或帶有圖案的錦緞來重裝中國繪畫，而不比照明清時期使用的素裝。這件作品在我調查時雖然已收藏在日本，但可以推斷這一保留明清裝裱樣式的作品，並未經過日本近代的藏家重改裝裱，傳入日本的時間應該比較晚，較可能是戰後才從中國流傳出來的。畫中並無畫家的落款，在畫上有四處鈐印。首先看到畫面左下方，就是現在有待釐清的朱文印。照片經過數位處理後，如前所述，印文並非「王熙」，而是「王翬」，是個沒有印框的朱文長方印（圖1）。這和清代四王之一的王翬同名。這枚印章與畫中其他用印之處不同，印色也較淡。從用印的位置來看，當作畫家用印也算合理。

但是，王翬這個名字，或者字或號裡的首字為「翬」的王姓畫家，就我個人淺見，除了清代的王翬之外並無第二人。不過這幅畫從畫風來看，不可能出自清代王翬之手。更謹慎地說，目前所知清代王翬的用印中，並沒有見到與這幅畫上相同的印章。即使本圖中的「王翬」印有可能是畫家用印，也並未提供我們任何與畫家有關的資訊。

「王翬」以外的三顆印，每一顆印泥色澤都很鮮明，從字體研判有可能是清末的鑑藏印。除此之外並沒有其他用印，也沒有題跋可供辨識。這一幅畫並非出自名家之手，也未曾經過名家收藏，我們也對截至近代的遞藏經過一無所知。

如先前提及，這是一幅精緻的畫作。節制有度的淡彩敷色讓勾勒主題的細線躍然紙上，畫裡的主體彷彿精巧堅硬的玻璃藝品般美麗，這種手法在其他的花鳥畫中很罕見。

整體構圖　空間的設定方式

在畫面的右半邊，畫作的主要母題——兩株黃蜀葵和雁來紅（葉雞頭）從右下方的土坡長出，相互交纏而挺立，略略向左傾斜。上方正對畫面盛開的大朵的黃蜀葵，深茶色的花蕊清晰可見，是這幅花鳥畫裡最引人注目的花朵。再稍往下看，分別可見背對的、側對著的黃蜀葵。位於左下方的則是雁來紅帶著紅色的葉子。黃蜀葵作為典型的秋季花卉，在草蟲圖中多見描繪，而常和黃蜀葵一起入畫

2　元至明　《草蟲圖》雙幅之一（蜀葵雞頭花）　軸　絹本設色　150.6 × 79.2 公分　東京國立博物館藏
3　元　孟玉澗　《春花三喜》　軸　絹本設色　165.2 × 98.3 公分　國立故宮博物院藏

的一般會是雞冠花,像這樣黃蜀葵搭配雁來紅(葉雞頭)的畫作其實並不多見(圖2,有雞冠花與黃蜀葵的《草蟲圖》)。

　　黃蜀葵和雁來紅正前方下側繪有小株的竹子,細竹枝也向左斜伸,其上停著一隻麻雀,左下方的石塊上也有一隻麻雀停留,它們相距咫尺,彼此鳴和。石塊的右下方繪有藍色的附子花(雖然已經褪色)和一叢鮮紅的花朵(這些花至今還無法確定其種類),給畫面左下方增添華麗,也呼應著畫面右上方綻放的黃蜀葵與雁來紅,讓整個畫面更顯均衡。

　　畫面的大部分由植物構成,呈鋸齒狀的蜀葵葉層層交疊,繁複錯綜;雁來紅的葉面兩側捲翹,露出葉背,畫家更細緻地分別描繪葉片的表面和背面。從竹葉銳利的尖端到麻雀,輪廓以粗細一致的細線勾勒後,再於其中施以淡彩。每一片植物的葉子都彷彿是輕薄的鋼片,帶來緊密精緻的印象。竹葉施上淡彩,葉脈則留白,黃蜀葵的朵朵花苞也被描繪得準確而寫實。特別是雁來紅脈絡分明的莖,還有細密地附著其間的顆粒狀小花,亦被描繪得鉅細靡遺。

　　值得一提的是,畫家呈現這秋日花草的景致時,讓觀者好像在端詳近在眼前的景物,消弭了觀賞者和畫中景物的距離,可謂作畫一大特色。這與元代宮廷畫家孟珍(孟玉澗)的《春花三喜》(圖3)有共通之處。不過,有些不同的是,孟珍在畫作中的右下角為兩隻鵲鳥(實際上是灰喜鵲)留出空間,並以其為中心在周圍配置其他的母題,讓整個空間感覺起來較疏朗。而這幅佚名花鳥畫給人的感覺則是一種觀者彷彿鑽入了這秋日的高大草叢中,並抬頭仰望的感覺。不過,如此接近畫中的描繪對象、周邊沒有太多留白,這種捕捉和描繪外部世界的畫法,和南宋畫大異其趣,甚至與意在復興南宋畫風的明代繪畫也大相逕庭,是元代繪畫的共通構圖特徵。這種特徵,作為一個具體的現象,和元初文人的理論、對近世(南宋)畫的否定,以及提倡回到北宋畫以前的復古主義是相通的——暫且不論它們之間是否有直接的影響。

描繪手法的特徵及效果

　　此外,在這幅作品中,畫家精緻而纖毫畢現地描繪細節,但此種手法並無法表現出花朵或鳥原本具有的觸感或厚度,因此反而給人以纖弱的人造物一般的印象,這其實可說是元代繪畫裡常見的特徵之一。我認為在宋代和元代之間,特別是在花鳥畫或人物畫中發生的一大變化就是,竭盡所能精細描繪,卻喪失物體確鑿的存在感和重量感。

4 元 佚名 《蘆鴨圖》 軸 絹本設色 日本私人藏

宋代的畫家在精緻地描繪對象時，同時也會描繪周邊的氛圍與空間。元代畫家則不然，他們似乎熱衷於在畫面（二度平面）上追求母題本身饒有意趣的形態，甚至有時把細緻入微、毫無遺漏地描繪出一切作為至高無上的目標。例如在《蘆鴨圖》（圖4）中，雖然極度細緻的表現手法令人驚嘆，但也由於描繪得過於精緻，導致觀賞者感受不到鴨子這種生物本身重量的存在感。此外如在王振鵬等畫家筆下的元代界畫中，對精細描繪的極致追求，也讓人覺得畫中世界缺乏現實感。

有意識地率先嘗試這種元代嶄新繪畫風格的，也是元初的文人。元初的錢選以宋代院體的花鳥畫為基礎，在紙本上以鮮明的色彩畫出寫生形式的花鳥畫，廣受歡迎。但其實很明顯的是，畫家恣意在畫面上理性地改創出新的造型，既非南宋畫亦非北宋畫，而是一種嶄新的花鳥畫。在他的畫作中可以發現，畫家追求的不再是空間深度，而是平面造型的妙趣。不論畫家本身是否有無意識這種傾向，都被認為是包含職業畫家在內的元代畫家所具有的共通點。這可能反映了元人對繪畫作品的期待，也或許和繪畫的觀眾／受眾的擴大或變化有關。

這幅畫作中精細的描繪，如同前文所述，帶來了迥異於宋代的效果與印象。主要原因在於鉤勒植物的葉子等輪廓的細線，這些細線均勻劃一，精細勾畫出每一個細節。這種線條不見任何動勢、力道強弱與銳鈍的變化，只細緻入微地描繪複雜的母題。說到類似這種運用細線條與淡彩的絹本花鳥畫，就會想起元人（傳任仁發）的《秋水鳧鷺圖》（上海博物館藏）（圖5），

此畫中引人注目而奇特的水禽形態，正表現出了前述元代畫家的特色。此外，該畫背景裡設色的樹葉和果實用均勻纖細的輪廓線鉤出，並以雅緻的淡彩烘托，描繪樹葉以及鳥兒的硬質感也讓空間深度顯得單薄，這些都可見是和《花鳥圖》相似的共通點。但是，在任仁發的畫裡，可以看出畫家大膽地改變了鳥禽的造型，這種嘗試比本圖更為深入。此外，他細緻地描繪出了石塊的質感，展現了紮實的繪畫技巧，而這是本圖所欠缺的，這一點稍後還會詳述。

關於石塊的畫法

　　本圖最引人注意的，就是圖中左下方露出一部分石塊的畫法。仔細看像是有孔洞的太湖石，若真是太湖石，那這一幅畫就不是草蟲圖，而是描繪了具有造景石的庭園情境的一幅典型花鳥畫。這個石塊的輪廓畫法和其他部分不同，看起來像是由一些大的墨點連接起來。整幅畫裡，也就只有這塊石頭的部分所用的墨色特別濃重。苔點與石塊的輪廓重合，可以看出石青、石綠交互點上的痕跡，這在古代羅漢圖或佛畫裡是常見的技法。在石塊上所做的些許皴紋的效果十分纖弱，幾乎稱不上是皴法。流傳到日本的眾多南宋羅漢圖、寧波佛畫，基本上運用了近似李唐的小斧劈皴的技法來畫山水，即使手法豪邁不拘，但仍看得出技法穩定，進而可以推敲出畫家的時代背景。

　　相對於此，在這幅《花鳥圖》中的石塊畫法卻顯得不夠穩定，這和傳到日本、出自元代僧侶畫家柏子庭、雪窗等人的墨戲、墨蘭圖裡

5　元　佚名（傳任仁發）　《秋水鳧鷖圖》　軸　絹本設色
114.3 × 57.2 公分　上海博物館藏

用淡墨渴筆繪出的石塊的不穩定性又有所不同。若真要舉出近似的作品，當數京都知恩寺所藏、顏輝的《蛤蟆圖．鐵拐圖》中，鐵拐所坐的岩石（圖6a、圖6b）。但這樣的石塊畫法，也能被看作和藏在日本的南宋佛畫一脈相承。而本圖的畫家表現石塊的肌理與凹凸表現上，畫技並不純熟。

先前提過的傳任仁發的《秋水鳧鷖圖》（圖5）的石塊，運用淡墨仔細地畫出凹凸，展現出紮實而穩定的畫法。而孟珍的《春花三喜》（圖3）中，右下方所畫的石塊則是以濃墨與淡墨大筆準確疊加（屬郭熙派的畫法），讓石塊成為畫裡極重要的元素，充滿獨有的存在感。這也體現了元代宮廷畫家老練準確的畫技。

再者，本圖石塊平坦的上部的形狀，看似與李衎的《四時平安圖》（臺北故宮藏）相近，但李衎畫的並非石塊而是鬆軟的土坡。李衎的《竹石圖》（北京故宮藏）則用了與《春花三喜圖》類似的技法來描繪石塊，土坡與石塊的畫法有很明確的分別。

中國畫裡，人物畫的圖樣長久以來被承繼，且摹本較多，如果畫中繪有山水或即使只畫了一方石塊，都可以從中推測出畫作的製作年代；這是我在學生時代，恩師鈴木先生所教授的方法。而這件作品中石塊的畫法，清楚地顯示這位畫家在山水描繪的技法上尚未純熟。

這一幅花鳥畫，或許是當時追求花鳥畫典範如《春花三喜》的某位職業畫家所作，畫家以他拿手的精細描繪植物作為主體，也畫上嬌小的麻雀，然後又畫了不太擅長的太湖石。或者，也另有可能因為畫坊分工，石塊是由畫技尚未純熟的弟子所繪。總之，從這塊石頭描繪不佳的表現來

6a

6b

5　元　佚名（傳任仁發）　《秋水鳧鷖圖》　軸　絹本設色　114.3×57.2公分　上海博物館藏
6a　元　佚名　《花鳥圖》之局部　軸　絹本設色　106.0×55.0公分　澳洲維多利亞國立美術館藏
6b　元　顏輝　《鐵拐圖》之局部　軸　絹本設色　161.3×79.7公分　京都・知恩寺藏

看,這幅花鳥畫的作者應是一位山水畫技法未臻純熟、且尚未掌握石頭穩定畫法的花鳥畫家。

竹雀

　　如同上述所見,這幅《花鳥圖》是以點綴了太湖石的秋日庭園來設計構圖的。看不到羽色華麗的文禽、亦無花木,描繪有高高的草本花卉,整幅圖看起來近似「草蟲畫」。但是,因為未描繪草蟲畫裡慣有的昆蟲,畫的是竹子與兩隻麻雀,所以可以視之為「竹雀圖」的一種。畫裡不僅有秋天的草叢,也畫有石頭與麻雀,所以並非只是單獨描繪花卉植物的小品,而是職業畫家筆下的格套配置,也就是由花、鳥、石構成的絹本花鳥畫。

　　竹子和麻雀的搭配,較早見於傳為黃居寀的《山鷓棘雀圖》(臺北故宮藏),及遼墓出土的《竹雀雙兔圖》(遼寧省博物館藏)等,是具有悠久繪製傳統的花鳥畫主題。清代時,也有崔鏏的《百爵圖》(北京故宮藏)等慶典性質的花鳥畫,但那是仿宋人的畫法。然而,本圖的兩隻麻雀在秋天茂密的草叢中,彼此相對,相距咫尺。由這兩隻交鳴的麻雀所構成的斜向角度(vector)所產生的動勢,彷彿成了一股引力,將從畫面右下方伸展高挺出來的右側所有植物往左下牽引,只見蜀葵與雁來紅以和緩的弧度向左下傾斜。這樣的動勢,像是將佔滿整個畫面的母題,封閉在畫面裡。在這樣的空間裡,絲毫感受不到風的存在。這個特徵也和《春花三喜》等畫作共通,不同於宋畫會暗示往外擴展的空間感,這可以說是元畫的一大特色。

結語

　　綜上所述,這幅作品可見具有與元代繪畫共通的特徵。話雖如此,至今還找不到與這幅《花鳥圖》類似的作品。也不見有任何線索能釐清製作地區或畫派。但就像《葡萄垂架圖》(東京國立博物館藏),還存在許多雖能傳達出元畫的纖細,卻無法被分類,看似孤立傳世的作品。《花鳥圖》作為這樣的孤本,將來或許也能發現與它類似的作品,因此留意此作也會是有意義的吧。

　　這幅作品雖非當初所期待的元代宮廷畫家所作的花鳥畫,卻將元代這個帶來繪畫史鉅變的時代裡,無名職業畫家人才濟濟的盛景流傳至今,因此仍可說是一幅珍貴的畫作。

40 召喚靈光的圖版

主圖　此圖收錄於林育淳等主編，《臺灣製造・製造臺灣：臺北市立美術館典藏展》（臺北：臺北市立美術館，2016），圖錄中的圖版尺寸為 21 × 15.4 公分；而您現在閱讀的這本書單頁尺寸為 23 × 17 公分

蔡家丘

廖繼春《有香蕉樹的院子》

我想你已經細看了彩色圖版。畫面是一個臺灣巷弄的生活景象，左側有一株香蕉樹，蕉葉佔據上方大半部，伸展交錯。右側起的巷道、白牆，向左後方退遠，逐漸縮小。幾位婦女或坐或站，像是在交談與工作。陽光，從上方穿過蕉葉，映出幾何狀的斑斕光影，在葉子上，與牆壁、土地、椅凳、盆栽、婦女的頭髮衣裙等處，篩落在每件事物上，畫家顯然為此費盡心思描繪。

日治時期臺灣　廖繼春　《有香蕉樹的院子》　1928年　129.2 × 95.8 公分　臺北市立美術館藏

　　不知道你是如何讀起這篇文章呢？是坐在書桌前，舒適的椅子上，伴著一杯茶或咖啡。還是站在書店裡，這是你目前翻到的第三本書，猶豫要不要買（那就買吧）。或者在捷運晃動的車廂裡，周圍的人都在低頭滑手機。又或者，你讀的其實是電子書，和別人一樣凝視著手機或平版。也可能正靠在柔軟的枕頭上，期待這本書陪你至三更入夢。

　　從以前到現在，看畫，也經歷了類似的變化。古人看書畫，在書齋的桌上、廳堂的牆上，甚至行舟時的船艙裡。後來有了美術館、博物館，大家一起集合到展場裡觀看。印刷與照相術普及後，作品成為照片，或書、圖錄中的一頁，看圖

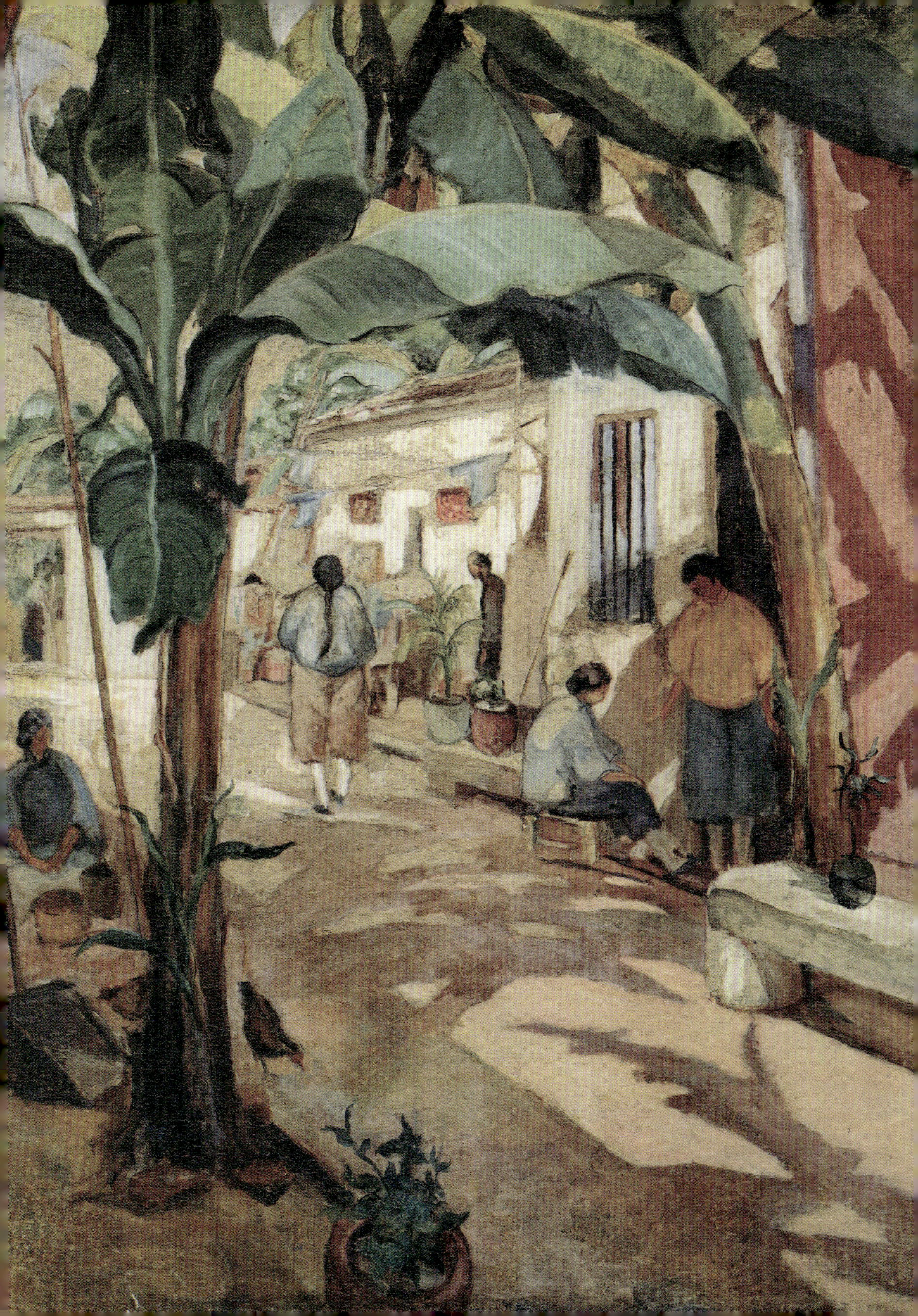

版也算是看作品。隨著技術與科技進步,「圖版」的形式,還變成幻燈片、螢幕投影。目前的階段是數位影像,用畫素計算大小,儲存成電子檔案。

也因此你已經看到這篇文章的主角,這張圖版,廖繼春《有香蕉樹的院子》,1928 年的作品(主圖)。不過,如果你已經讀過這本書的幾篇文章的話,應該知道,我們不一定要講關於這幅畫的故事。許多研究總是努力想指出,畫家在什麼情況下、為了什麼畫這幅畫,得到什麼獎項與評價,畫中地點是哪裡,人物是否確有其人?⋯⋯好像不考察這些故事,就無法說明這幅畫的意義。「歷史資訊不足恐慌症」便會發作,其實我也常常是如此。

不過無論如何,請先仔細端詳這張圖版,欣賞每處細節,越久越好。因為這是目前我與你唯一的連結,也是畫家與我們唯一的連結,無須恐慌。

「圖版」的形式

剛到藝史所就讀的夏天,炙熱的陽光從中庭穿過一側的窗戶,斜斜照在走廊,耀眼不已。我們正揮汗如雨地,將一櫃櫃的圖版照片,搬到隔壁樓的地下室。懵懂的學生其實並不知道自己搬的是甚麼東西,但仍記憶猶新。

沒有搬走的檔案櫃裡仍有幻燈片,留待上課使用。傅申教授的課堂,由同學輪流負責,事先將要看的幻燈片,依照某一個朝代、畫家,或主題,在轉盤中排好。一枚枚幻燈片記錄著作品的全貌,或是細部。上課時除了老師低沉的嗓音,穿插同學的發言外,就是切換一張張幻燈片時,從黑暗中傳來喀擦、喀擦的聲音。進行學科考試,要在時間限制內辨識作品,也是助教手動操作,在黑暗中投射一次次的光束。喀擦、喀擦。

不過那時因為數位相機開始流行,所以已經不大拍幻燈片。我們帶著自己的數位相機在展場裡拍作品(當然是指被允許的那些),或翻拍圖錄中的圖版,變成自己的圖檔。取好檔名,存放資料夾,或製作成 PPT 做報告。後來,智慧型手機進步神速,輕便好帶,照相功能完善,畫素也不錯。有時取代數位相機,有時並用。

未來的圖版會變成什麼樣的形式呢?如何製作、流通、存放?只有天曉得。君不見連藝術品本身,都可以 NFT(Non-Fungible Token)的形式,在網路世界存在。

不過,為了寫這篇文章,回頭問了藝史所的學長姐,使用那些圖版照片的經驗。沒弄錯的話,是藝史所當初向密西根大學購買的圖檔。美國的大學和臺北故宮合作,拍攝作品黑白照片,貼在硬紙卡上,再分門別類地收藏入櫃。[1] 這些黑

白照片,是老師們的教材,是學生和作品的初遇,大家對著作品細細端詳。這樣說來,其實它們並不存在於我個人的學習經驗中。如今沒有研究目的,卻興起回去翻閱的念頭。不過想想,當初自己可是把它們一箱箱搬走的共犯。好像有點惆悵,又說不出個所以然。

《有香蕉樹的院子》

你別誤會我的意思,我沒有說圖版可以取代作品喔。直接欣賞、觀察作品是非常重要的。我的老師們如此耳提面命,我也經常提醒學生。只不過現在看到圖版的機會,比起作品容易太多。臺灣日治時期的畫家,參加「臺灣美術展覽會」（簡稱臺展）,還有在日本舉辦的「帝國美術院美術展覽會」（簡稱帝展）,很多作品沒有留下來,只能在當年集結付印的圖錄裡看得到照片,黑白的居多。顏娟英教授一開始也把這些照片製成硬紙卡片,後來將臺展圖錄製作成網路資料庫,讓所有人都能參考研究。

幸運的是,當初入選帝展的《有香蕉樹的院子》,仍然保存至今,我想你已經細看了彩色圖版。畫面是一個臺灣巷弄的生活景象,左側有一株香蕉樹,蕉葉佔據上方大半部,伸展交錯。右側起的巷道、白牆,向左後方退遠,逐漸縮小。幾位婦女或坐或站,像是在交談與工作。陽光,從上方穿過蕉葉,映出幾何狀的斑斕光影,在葉子上、與牆壁、土地、椅凳、盆栽、婦女的頭髮衣裙等處,篩落在每件事物上,畫家顯然為此費盡心思描繪。

學生時期,這件作品是學科考的必考題之一,也在美術館展覽時看過原作。作為美術史上的重要作品,這件作品當然有許多圖版「分身」。我也曾經在將過去帝展圖錄重新集結翻印的《日展史》(東京:社團法人日展,1982)中,看到它猶如郵票般大小的黑白圖版。當時用我的 Canon 數位相機翻拍下來,畫素不高,大小才 267KB 而已,那是 2007 年的事。（圖1）

《有香蕉樹的院子》頻繁出現在畫家傳記、展覽圖錄中。依照時間先後舉例的話,如 1976 年出現在國立歷史博物館《廖繼春畫集》,以及《雄獅美術》雜誌封面與內頁（圖2、圖3）。那期的《雄獅美術》,清楚記敘了作品修復的事情。把畫集圖版和雜誌封面比較的話,正好可以看到修復前後的差異。畫作原本有許多顏料脫落的地方,出現在樹幹、地面、畫沿、人物,與牆面等各處。

---

[1] 照片來自艾瑞慈（Richard Edwards, 1916-2016）、高居翰（James Cahill, 1926-2014）兩位教授,與臺北故宮的合作計畫。參見陳葆真,〈方聞教授對中國藝術史學界的貢獻〉,《漢學研究通訊》,36 卷 1 期（2017.2）,頁 22-23。

1

1 《日展史》中的《有香蕉樹的院子》猶如郵票般大小的黑白圖版
日展史編纂委員會所企劃編集,《日展史》(東京:社團法人日展,1982)

2 《廖繼春畫集》,圖版的尺寸為 18.5 × 13.7 公分
國立歷史博物館編,《廖繼春畫集》(臺北:國立歷史博物館,1976)

3 《雄獅美術》,第 63 期(1976.5)封面,圖版的尺寸為 14.5 × 13.4 公分

見 ● 廖繼春《有香蕉樹的院子》●

築夢
Vision

4　《臺灣製造・製造臺灣》圖錄內頁的局部放大圖版,尺寸為 28.0 × 44.2 公分

展覽圖錄還有如 1990 年「臺灣早期西洋美術回顧展」、2016 年「臺灣製造・製造臺灣：臺北市立美術館典藏展」等等。除了整件作品刊印出來，有時還會局部放大，穿插在章節過渡的頁面，如（圖 4），顯示這件作品既普及又重要的地位。圖版解析度越來越高，色調越來越清楚鮮明，網路上也很容易查到。

　　有這麼多的「分身」，以及看過原作的經驗，我以為我對它已經夠熟悉了。直到最近參加另一個寫書的計畫，要為這件作品寫篇說明，所以再次找出各種圖版，仔細端詳一番，並且向美術館申請調閱作品檢視。本來，作品經過時間，畫面上有些自然受損，以及修復過的痕跡，並不值得大驚小怪。我的工作只需補充一些歷史資訊，把故事簡短寫好，向讀者大眾介紹這件作品。畫面上的一些小痕跡，並無大礙。無妨於我的寫作，也不影響這幅畫的故事。

　　偏偏鑽牛角尖的想法就是從這個時候萌生的。越想細看這些痕跡，越造成欣賞時的干擾。有的修補痕跡看得出來，有的不見得明顯可辨。光影明暗色調的變化，有些地方太過分明，看起來像是被分割的幾何色塊。有些地方模糊不清，失去了景深空間感。無論是走近作品看，還是走遠看，把圖版放大看，還是拿遠看，我都沒有把握完全分辨，並在腦海自行建構作品最初誕生的樣貌。圖版究竟反映多少作品原貌，現存作品上哪些是畫家原跡、哪些是修補，這些問題對我構成一個無解的灰色地帶。或許你會說，科學檢測可以釐清這個問題，但，平凡如我們在大多數的場合，只有「分身」可看啊。想像中，那個光影色調應該還要更自然一點，更有整體的協調感才是。至少我希望可以如此說服自己，不帶遺憾的面對它講故事。偏執的情人眼裡容不下一粒沙。公主感覺到床墊下有一顆小豌豆，輾轉難眠。

召喚術

　　我坐在中研院文物館五樓會議室裡，聽著石守謙教授的演講。講題是 20 世紀前期，歐美與東亞各國對中國石窟等佛教遺跡的調查活動，與中國美術史的發展。石老師演講魅力驚人，周一早上十點的會議室裡，座無虛席，聽眾們聚精會神。

　　20 世紀前期，法國、英國、日本的考古學家和學者的調查團隊，深入中國黃土高原、絲路大漠，調查如雲岡、敦煌、與天龍山石窟等遺跡。他們前往紀錄、攝影，將大量的資料、照片，整理分析並出版。他們之間有時會交換資訊，互通有無，有時又像是互相競爭的對手。演講探討這些調查工作及成果間的互動，以及這些成果在中國學界產生的作用，帶動藝術史研究在中國的發展。

例如，法國漢學家、探險家伯希和（Paul Pelliot, 1878-1945）團隊調查敦煌石窟，拍攝照片超過1500張。他們不但拍攝洞窟外部構造，更努力克服洞窟內光線不足的問題，運用反射光，拍攝壁畫細部。伯希和意識到這些照片具有高度的研究價值，是其他書所不及，因此從中挑選三百多張，出版《敦煌圖錄》。這些圖版就被日本學者松本榮一（1900-1984），大量運用在自己的研究中。日本建築史、考古學家關野貞（1868-1935）調查中國佛教相關史蹟文物，便和瑞典藝術史家喜龍仁（Osvald Sirén, 1879-1966）書信往來，並提供他照片。關野貞出版的《支那佛教史蹟》，成為中國調查團隊的重要參考，圖版被用在研究報告中。其次是中國建築史家梁思成（1901-1972），也以這本書為基礎，繼續進行考察研究。

演講抽絲剝繭，引人入勝，即使不是研究中國美術史的我，也聽得十分入迷。繼續娓娓道來的是，梁思成正在努力尋找北宋以前的建築遺構，想要證明唐代木構建築的存在。於是他仔細閱讀伯希和的《敦煌圖錄》，對圖版中的任何角落都不放過。終於，他在其中的兩張圖版，發現了屬於9世紀後半具唐式的簷廊梁架。其中一張照片，在圖錄中的排版方向原本甚至是錯置的，梁思成顯然費心讀懂，發現關鍵。

臺上講到這裡，螢幕投影出那張石窟照片。當然，是黑白的。

一剎那，好像有電光火石在我眼前迸發，耳邊有語句嗡嗡迴響。「梁思成顯然費心讀懂圖版……發現關鍵……」。演講還在進行，但我已聽不到其他聲音，那個通往九十九樓的電梯按鈕突然被按了下去。[2] 我的身體飄然而起，向上穿越會議室的屋頂，順著陽光滑落藝史所的走廊，向那些黑白圖版道別，然後又發覺我已然坐在研究室，急切地想從電腦檔案中找出我最早拍的那張《有香蕉樹的院子》（圖1）。

模糊又小張的黑白圖版，像是略為曝光失焦。然而，且看這枚濃縮的小宇宙裡，陽光如此耀眼，光影變化如此「自然」。即便不夠「高清」，它仍是原作最早被翻拍的一枚照片，保留最多原貌的圖版，當年的觀眾也是靠它來回溫記憶中的陽光。原來畫家想要給人留下的印象、在畫中精心安排的主角，不是樹，不是哪個人或地點，而是自然流瀉、無所不在的無形光影吧。公主找到了那顆豌豆，心情舒坦，即便對其他人來說，它又小又無關緊要。

作品從誕生後就開始走向死亡，或許萬物皆然。起初我們用照片保留作品的模樣，小心存放。還好未來不會再有照片因時間而變得泛黃的事了，數位圖檔可以隨你調整，輕鬆複製。「分身」越來越多，在書架、網路上、電腦檔案裡。原本

以為，就此留下作品永恆的面貌，殊不知只是更清楚地記錄下邁向消失的過程。

很抱歉，說了半天，還是沒有提到一丁點關於畫家和這張畫的故事。避免你恐慌，我有把它寫進另一套書中，關於歷史，關於畫中的香蕉樹、婦女、巷弄，還有畫家投入的生命。欲知詳情，敬請購買。不過，我覺得我好像已經把最重要的部分，在這裡和你分享了。

2　九十九樓電梯的形容來自吳明益的小說，見吳明益，《天橋上的魔術師》（臺北：夏日出版，2011）。

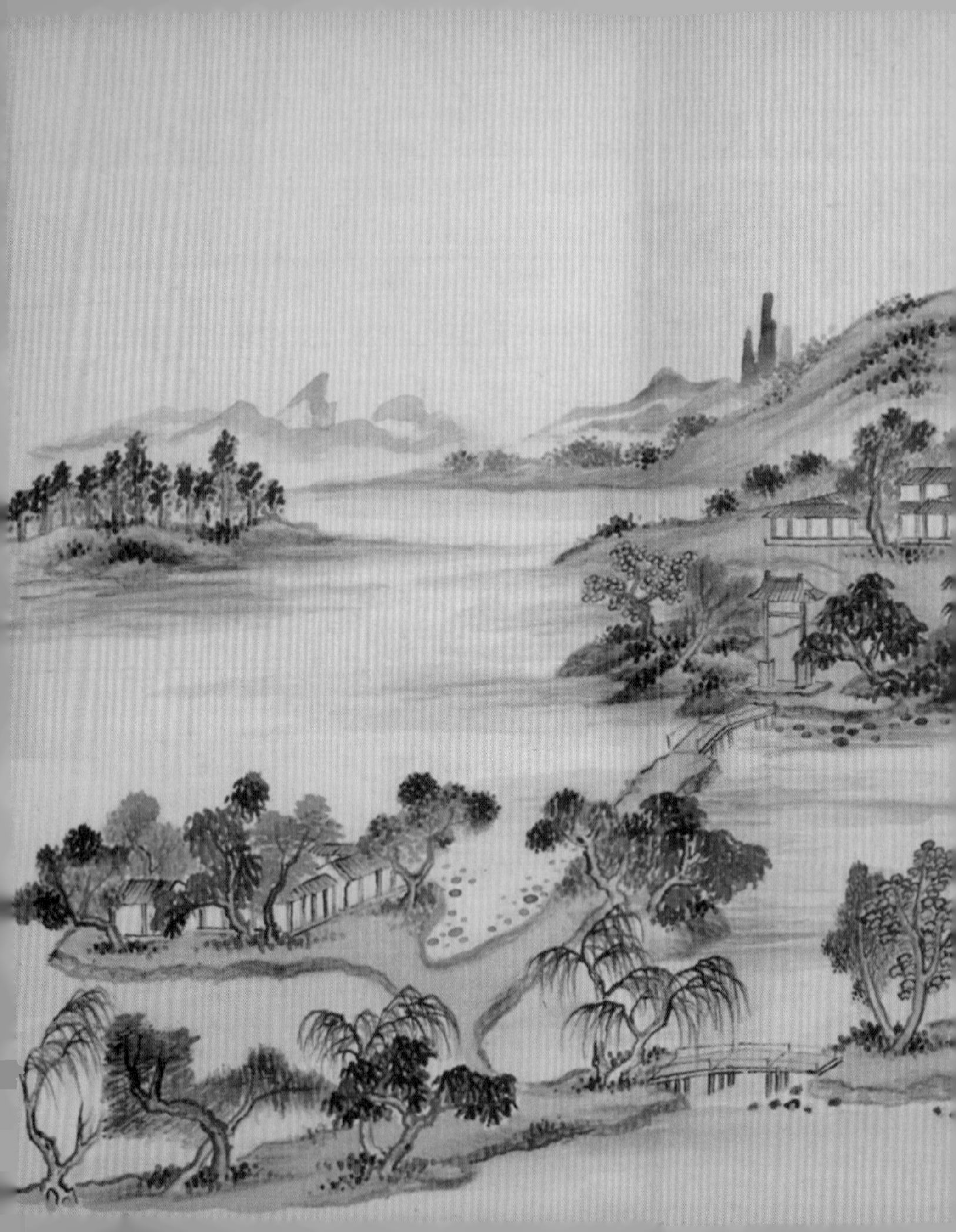

御製詩

形和形和則聲和聲和則天地之和應矣詩率時農
夫蹠德既著至而猶尚重農以是而益可美矣漢書
貢禹傳罷錢幣而重農使民一歸于農唐書百官志
仗在紫宸內閣起居舍人夾香案分立殿下唐會要
龍朔三年四月始御紫宸殿聽政孫逖詩鳳
管臨青路龍輿下紫宸李燈詩軍恩降紫宸烽火不

後漢書篝亭候修烽火用之唐明皇詩長楡息烽火

煙億萬秋 煙直上烽火之徼宋史樂志

高柳靜風塵盧照鄰文斥候無烽煙之

嘉壇並侑億萬斯年祕舍菊花銘煌煌丹菊萬秋彌

榮

缺席的文物

41

Stephen H. Whiteman —— 魏瑞明

丟失的王原祁《避暑山莊圖冊》

> 我們能為不再存世的文物寫史嗎？針對這樣的作品我們能有多少論述，又有多少把握？……多數藝術史關注的是我們面前的作品——我們依然能夠觀賞、或許還能觸摸到的作品。除了重尋已經佚失的事物，一段有關不再存世的物品的歷史，又如何能教導我們寫作較為傳統的藝術史呢？

清　聖祖撰　戴天瑞繪　《御製避暑山莊詩》之〈芝徑雲堤〉　約 1711 年　絹本彩繪夾頁　1712 年　內府刻朱墨套印本　北京故宮博物院藏

　　1711 年，康熙皇帝委託帝國最著名的畫家創作一套冊頁，供他個人觀賞。這套畫冊共有 36 頁，每幅小尺寸的山水畫搭配一則康熙皇帝對景色的描述，以此慶祝夏季行宮落成，此事非同小可，因為皇帝將在此接見來自帝國各地的王公大臣，尤其是清朝的內蒙古盟友。可以想見，這樣的冊頁對研究清初的藝術史學者和歷史學者都具有潛在的重要意義，可能有助於闡明皇室身份的形成、宮廷外交、清朝統治的建築情境、皇帝的藝術贊助者身份等許多議題。然而在此我們遇上了難題：這套冊頁已經佚失，唯一尚存的是 1745 年的宮廷收藏畫作目錄《石渠寶笈》中的一段簡短描述。

　　我們能為不再存世的文物寫史嗎？針對這樣的作品我們能有多少論述，又有多少把握？雖然隨時間流失的過往作品多不勝數，它們卻鮮少出現在我們的歷史

中，儘管它們曾是我們的視覺過往不可或缺的一部分。多數藝術史關注的是我們面前的作品——我們依然能夠觀賞、或許還能觸摸到的作品。除了重尋已經佚失的事物，一段有關不再存世的物品的歷史，又如何能教導我們寫作較為傳統的藝術史呢？

歷史文物——可能是一件藝術作品、一份文本、一個事件——可視為代表過去複雜無窮的拼圖的其中一片。每一片都有自己獨特的形狀和外觀。獨立來看，有些拼圖片較易辨讀，有些較難，端視它所捕捉的是過往全貌的哪一個細節。不過，一旦放在全圖中的恰當位置，其意義就透過與周圍其他拼圖片的關係而獲得彰顯。泰半的歷史研究，可視為是將我們選定的文物周圍的拼圖片辨識出來的過程，藉此幫助我們了解整塊拼圖中的一小片區域。

當我們選擇的文物已不是我們能尋得，這個過程就變得比較困難，但絕非不可為。我們知道有這個拼圖片，但或許對它所知不多。明確的說，我們不知道它的樣貌、觸感等等，而對藝術史學者而言，這些通常是最重要的資訊。那麼，該從何著手？沿用拼圖的隱喻，我們必須從找出選定文物周圍的拼圖片開始。這樣做的過程中，缺失那一片拼圖的形狀和樣貌也會逐漸清晰。有些細節我們可能永遠不得而知，但這樣的重建並不必然是純粹假設性的——藝術史的方法仍能讓我們有很多發現。

再說回那本佚失的冊頁。1745 年的《石渠寶笈》有這段紀錄：「王原祁畫避暑山莊三十六景一冊。素牋本著色。畫凡三十六幅。……每幅左方書聖祖仁皇帝御製各體詩并小序。」著錄中亦記錄每首詩的全文，王原祁（1642-1715）和書法家王曾期（活躍於 18 世紀末）的落款印章，以及畫作尺寸。[1] 平心而論，這樣的開始絕非毫無頭緒。我們知道畫作主題，在其他文獻中有詳盡記載的畫家，以及畫作尺寸。這些資訊結合起來，足以讓我們開始了解拼圖片的形狀與樣貌。

雖然圖畫本身已不存世，但《御製避暑山莊詩》（後稱《避暑山莊三十六景》，簡稱《三十六景》）如今廣為人知，而這主要是透過 1713 年由專門製作朝廷敕修書籍的武英殿刊印的木版套印本。由康熙朝中次要畫家沈崳（生於 1649 年？）署名的版本，基本上反映《石渠寶笈》中描述的結構：先是御製詩，但如今前有一短文描述景色的實體位置，繼而是皇苑的雙幅（double-width）圖像。特別的是，圖像印在單張圖紙上並以拉頁方式裝訂，因而少了一般常見的書冊中縫干擾。

1　國立故宮博物院編，《秘殿珠林・石渠寶笈》（臺北：國立故宮博物院，1971），卷 2，頁 745。

一直以來都有藝術史學者認為《三十六景》被歸為沈崳所繪很不尋常，以現在對康熙朝中重大藝術品產製的認識而言更是如此。環繞《三十六景》套印本的物質與檔案證據都顯示，這些是珍貴而稀少的產品，提供給數量有限的菁英受眾。1713年套印本以精緻的白色開化紙印刷（後來的版本則可辨認出是使用現在已經變為棕色且易碎的竹紙），並且限量製作400套——200套為漢文，200套為滿文。在相似的例子中，如武英殿本《耕織圖》（1696初印）或《萬壽盛典初集》（1716），這些印刷品皆依循有詳細記載的起草與繪畫流程，由主要的宮廷畫家主持——《耕織圖》由專畫建築與人物的焦秉貞（約1660-1726）和冷枚（約活躍於1677年至1742年）主責，而《萬壽盛典初集》則是宋駿業（約1662-1713）和王原祁。然而沈崳並不是這樣的人物，也不像在這些例子中，有文獻將他所繪冊頁本身當作藝術品加以記載。

有沒有可能，雖然武英殿本《三十六景》的末頁題款顯示沈崳為設計者，但佚失的王原祁畫冊才是套印本的原始來源？書中版畫與王原祁的畫作尺寸幾乎相同，約為27.5×30公分，而王原祁曾在繪製避暑山莊圖冊的相同時期，為康熙皇帝與私人贊助者畫過相關的作品。如今收藏於遼寧省博物館的長卷《西湖十景圖》年代約可回溯至1708年，王原祁在其中描繪了杭州西湖如園林般的景致，這裡是康熙皇帝南巡時最喜愛的地點之一。以披麻皴形塑的青色、綠色與淡棕色暈染山丘環繞的西湖著名景點，在康熙皇帝於1699年造訪後都立了御碑標誌。[2] 這提供了重要的先例，我們因而得知王原祁在對康熙治下皇家疆域的視覺框架中，扮演活躍角色，而他使用的是他所謂正統派風格的技巧，深植於對宋元大家，尤其是黃公望（1269-1354）的風格。

大約在同時，王原祁也為僅知為「寄翁先生」的私人藏家繪製了兩套仿古的園林冊頁，分別為現藏於北京故宮的仿盧鴻（活躍於713-742年）《草堂十志》冊頁，和現藏於紐約大都會藝術博物館的仿王維（699-759）《輞川圖》長卷。這些冊頁指向畫家、贊助者與過往之間的一系列複雜關係。首先，它們顯示寄翁先生被等同於以盧鴻、王維與他們的莊園為縮影的隱逸文人典範。雖然我們對寄翁先生一無所知，包括他是否真有一座園林都不得而知，但是將個人修養與私人園林的培植畫上等號，向來是或可稱為「園林肖像」（garden portraiture）之圖類所固有。這也正是康熙《三十六景》的目標，意在將皇帝的個人福祉和統治品質，與他身處設計簡樸而環境療癒的避暑山莊連結起來。雖然王原祁的避暑山莊畫冊描繪的是真實而新近建造的地景，有別於他為寄翁先生繪製的神話式歷史（mytho-historical）地景，但是這個畫冊中迴盪那些較早冊頁的意涵，協助框架了《三十六景》如何被詮釋，以

及畫冊在皇帝與地景之間所建構的關係。

　　王原祁和他所重製的藝術家盧鴻與王維之間的連結亦別具意義。在《輞川圖》的題記中，王原祁提到始於王維而一脈相承的多位大師，包括宋元明的繪畫大家，而董其昌（1555-1636）和他自己正是這個傳統先後的承襲者。藉此，他將自己——並推及他的《輞川圖》——定位為正統派中國繪畫的集大成者。

　　根據董其昌與其追隨者的定義，所謂正統繪畫，經常被假設為不是實際的測繪（atopographical），是描繪理想的地景，而不是真實的地方。最能表現這類理想化構圖的是「仿古圖冊」（模仿古代大師的圖冊），例如董其昌的《小中現大冊》，他畫了一系列古代名畫縮本，如范寬（約960-1030）的《谿山行旅圖》和倪瓚的《容膝齋圖》，用來作為學生臨摹的範本。這種「古代大師」的圖冊，使正統畫家得以藉由「受靈感啟發的模仿」（inspired imitation）來按照他的範本仿作，畫出以過往構圖、筆法或圖意為靈感，但仍明顯為當代畫家手筆的作品。

　　在《西湖十景圖》和《草堂十志》中，王原祁挑戰了傾向將風格與構圖理想化的正統派，與地景再現之間的區隔。在西湖圖卷中，王原祁使用他受黃公望啟發的典型筆法，描寫一片斷然真實的山水——事實上，是記錄了朝廷透過文化與技術介入對當代地景的改造。《草堂十志》則代表另一種地景現實：和《輞川圖》一樣，這個畫冊最適用的描述是，它畫的是一片神話式的歷史地景，在清朝為人所知並不是透過一處尚存的地點，而是透過文化記憶和藝術家的再造。然而，王原祁再次橋接了理想與真實，透過仿古畫冊的形式重新創造盧鴻的構圖，每一頁分別臨仿了董源（卒於約962年）、王蒙（約1308-1385）、吳鎮（1280-1354）、趙孟頫（1254-1322）與黃公望等人的作品。

　　《避暑山莊三十六景》是否也反映在地景圖和正統派理想地貌間類似的橋接？如果是，如何做到？而針對特別牽涉到風格與構圖的問題，有鑒於王原祁的畫冊已不存於世，我們要如何判斷？

　　儘管從兒時就深為喜愛避暑山莊，乾隆皇帝在位的前十五年並未前往承德，而是在這段期間修復並擴建了那裡的建築與造景。在1750年代早期重訪避暑山莊後，他委託製作了幾個新版的《三十六景》，受託的宮廷畫家都可說是王原祁正統派典範的追隨者，包括張宗蒼（1686-1756）和錢維城（1720-1772）。[3] 這些冊頁彼

2　（清）翟灝編，《湖山便覽》（上海：上海古籍出版社，1998），頁27-28。

3　已知的乾隆朝刊印本清單見 Richard E. Strassberg and Stephen H. Whiteman, *Thirty-Six Views: The Kangxi Emperor's Mountain Estate in Poetry and Prints* (Washington, D. C.: Dumbarton Oaks Library and Collection, 2016), 95, n. 34.

此之間和與沈崳木刻版畫之間的比較顯示，雖然這些畫家得以發揮一定的個人風格，但三十六景中每一景的構圖都還相當一致。有鑒於王原祁的畫冊此時尚存於宮廷中，我們可以合理想像這些後來的版本大致反映出王原祁的原作，若考慮這些乾隆朝畫師與王原祁之間係一脈相承，更是如此。

王原祁的《三十六景》可能和《草堂十志》一樣是仿古圖冊之作的第一個線索，來自張宗蒼版本的第十六景「南山積雪」，現由臺北國立故宮博物院收藏。張宗蒼這幅畫描繪冬景，有灰色渲染的天空和白色山丘，這種筆意與構圖在王原祁的作品中被視為與宋代名家李成與巨然有關。再更進一步看，我們可以在沈崳與乾隆朝冊頁的畫作中，發現與王原祁仿倪瓚、吳鎮與他人所繪作品之間極為相似處。雖然避暑山莊畫冊中的圖像並未像其他冊頁，上面有題識說明其臨仿的大師，但是宮廷對王原祁藝術思想和作品的高度熟悉，足以讓觀賞者做出這樣的連結。

那麼，透過重建王原祁佚失的畫冊，我們可以得知什麼呢？當然，首先是我們也許得重新思考對晚明清初「正統派繪畫」的想法。王原祁的《三十六景》悖離了關於正統派繪畫的某些概念，比如只包含純以墨色繪製的理想化山水，以及更重要的，這種繪畫本質上屬於文人或業餘性質，可解讀為與宮廷畫的風格和製作位處相反面。在此，我們看到的是透過正統派通用的技術手法描繪的皇家山水，然而，其正傳達出嶄新且正在演化中的皇權模式。

我們也看到，在嘗試為研究的物品重建脈絡時，跨越藝術史界線和既有定義思考的重要性。在此，我們必須先擱下自認對王原祁和清代正統派的了解，才能形成重要的連結——從繪畫到版畫，從理想到真實，從文人到朝廷。我們愈能學會質疑自己的假設，愈能想像先前難以企及的可能性。

在這個例子中，畫家臨摹仿作的傳統格外重要，不僅因為其給予王原祁作品訊息，也因為清宮留下了多種版本的《三十六景》冊頁。尤其耐人尋味的是康熙晚期畫家戴天瑞的一套畫作，如今收藏於北京故宮（主圖）。戴天瑞是次要但地位穩固的宮廷畫師，尤以少見的指畫著稱（不過這些景色是以毛筆所繪）。然而，他的畫並未與毛筆謄寫的御製詩一起裝幀為冊頁，而是與木刻板印刷的文字一起裝訂為書籍樣式，並以藍絹為書皮，一如1713年的武英殿套印本。雖然後來還有許多其他的《三十六景》刻本，包括銅版刻本、存放在華麗匣子內的成套扇面畫、甚至20世紀初的石版畫，但是戴天瑞這個長期被忽略、可能最接近王原祁原作的早期版本，卻打開了可能性的大門，讓我們探索其中。

我們的謎團還有最後一片拼圖——王原祁的畫冊下落如何？這樣備受珍視的物件怎麼會從宮廷收藏中憑空消失？可能性當然很多——它可能被丟失、遭竊或無意間毀去。我們只有一個間接的線索，來自如今為香港私人收藏的一套《三十六景》銅版刻本。[4] 這一套刻本仿照王原祁的冊頁裝訂：左側為御製詩，由當初為王原祁原作抄寫御製詩的王曾期所書；右側為銅版畫，係根據沈喻的木版畫翻刻而成，而木版畫又是以王原祁的原畫為本。冊頁書衣為內府黃綾，儘管難以確知，這似乎很可能是康熙皇帝私人藏本的銅版畫。根據收藏紀錄，這本冊頁的藏品來源可以追溯到天津的一名不知名的古董商，他在是20世紀上半葉所購得的。冊頁內有一開空白頁，背後一貼紙上寫著「王原祁印冊，三十六」。雖然無法斷言，但這個貼紙似有可能指的是王原祁所繪的避暑山莊圖像，而這個畫冊很可能是隨著愛新覺羅溥儀的行李與銅版畫本一起來到天津。溥儀在1924年離開北京時帶了大量的藝術品，並先後赴天津與長春。這樣的可能性無助於尋回畫冊，但確實針對這類作品在當時中國北方與東北興起形成的清朝歷史記憶中的價值，引發了新的問題——這是藝術史拼圖的新區塊，也許剛好可以拼合到我們缺失的那一塊。

4　這個冊頁的重刊本見清聖祖詩，馬國賢（Matteo Ripa）製，沈喻繪，《銅版避暑山莊三十六景詩圖》（北京：學苑出版社，2002）。

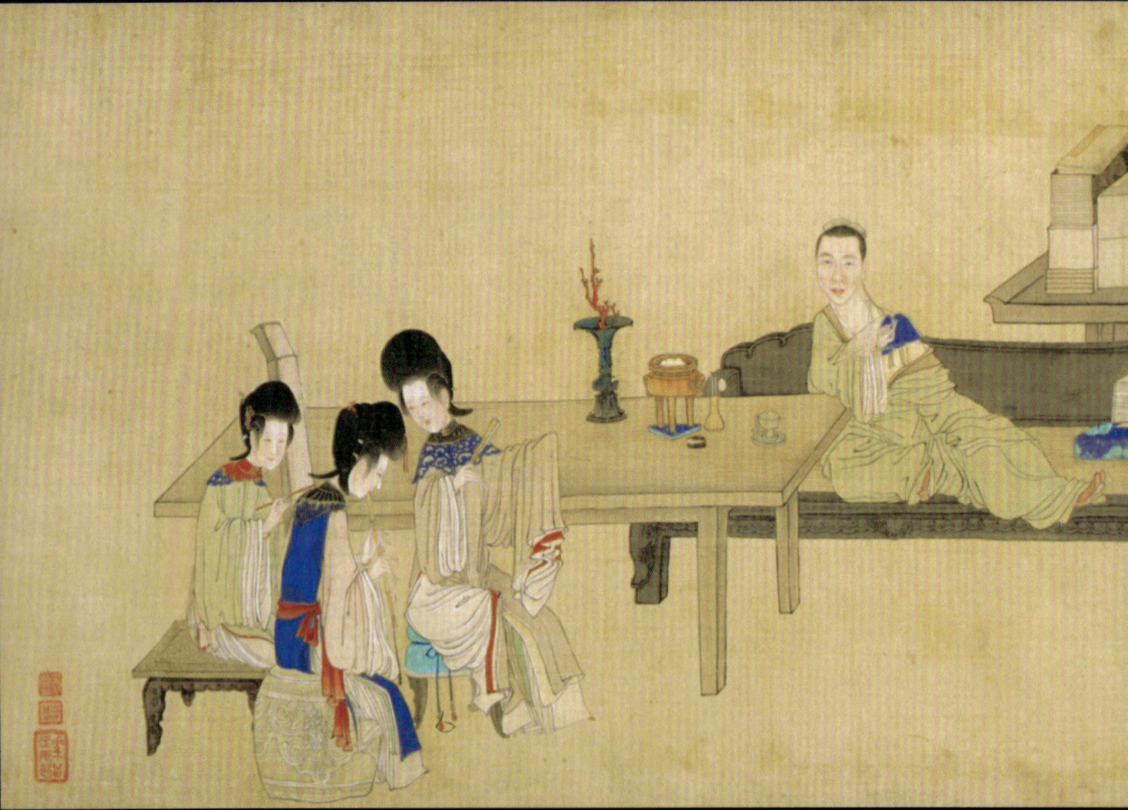

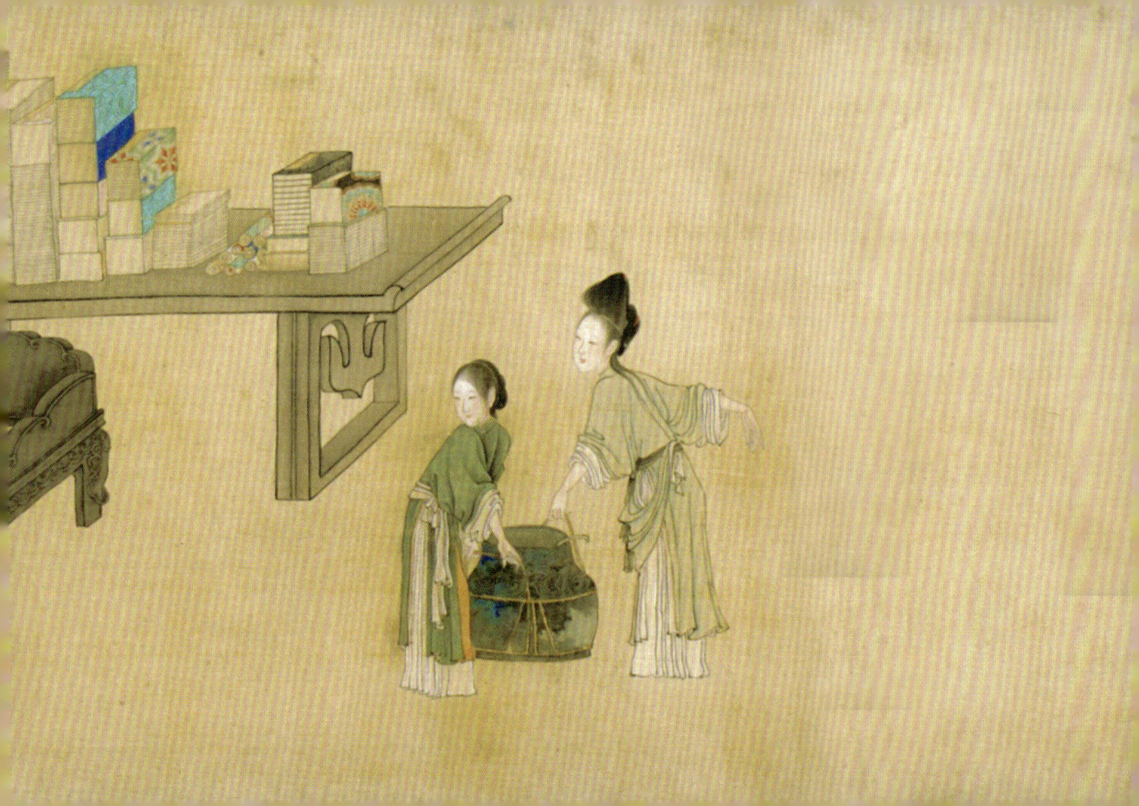

象徵性肖像

42

Judith T. Zeitlin ── 蔡九迪

禹之鼎《少壯三好圖》

這幅手卷並不描繪既有情景，也不表現喬元之家中的真實人物或物品。只有他的臉以寫實肖像的方式呈現，左方的無名女樂則屬於美人畫的標準形象，三張面孔甚至可以互換。不過啊不過，我們也不能輕易地將這些樂師忽略，只把她們視為男性的幻想，或僅僅認為她們表現的是像主的自我身份或其所屬的社會與文化群體的集體認同。實際上，正是這些承擔象徵功能的女性配角，在這幅畫裡成功地搶了肖像男主角的風采。

清　禹之鼎　《少壯三好圖》（又名《喬元之三好圖》）　約1676年　卷　紙本設色　37.5×110公分　南京博物院藏

一

　　一名英俊的年輕男子斜倚在鋪著涼席的座榻上，左腿斜伸，右腿舒適地蜷曲在身下，衣袍隨意敞開，露出胸膛上部。他手執一本打開的書，卻並不在閱讀。身旁的桌上放著誘人的酒盅，但卻不在飲酒。三名衣著華美的女樂正全心地投入演奏，而他未在聆聽。反之，他出神地凝視著前方的虛空（圖1）。如果說單憑他在畫卷中心的位置尚不足以證明這是一幅肖像的話，那麼具有立體感的面部以及五官的個性特徵，應該足以支持這個判斷。可是這個人像的頭部顯得有些過大，與狹窄的上身不甚協調，並以略感僵硬的角度與肩部相接，不免有礙人物形象的整體性。我們知道在明清肖像畫中，以兩種不同風格描繪身體和臉部的作法並不

少見。大約於 1676 年在揚州創作了這幅手卷的禹之鼎本人，便經常使用這種手法。儘管如此，欣賞此畫的現代觀者很難壓制一個印象，即畫中人物的頭部似乎剛從外界飛來，隨意降落在另一身軀之上。與人物身上的優雅長袍以及衣紋的流暢線條相比，這個頭與身體的聯結實在太過生硬。

1
清　禹之鼎　《少壯三好圖》之像主局部　約 1676 年　卷　紙本設色　37.5 × 110 公分　南京博物院藏

　　個人化的面容與無個性身體之間的張力，也體現在此畫的兩個名稱上。一個是《喬元之三好圖》，直接指涉繪畫的內容並包含了像主的名字。關於喬元之此人，唯一可知的是其為揚州人，其它生平信息則屬闕如。此畫的另一名稱是《少壯三好圖》，引用了一個歷史典故以彰顯畫面的一般性含意。這個題目見於查士標（1615-1698）為此畫所書的引首，應是畫作完成後不久所寫。「三好」之典故出於《南史》中的蕭琛（478-529）傳，其中包括了這則略帶傷感的自述：「少壯三好，音律、書、酒。年長以來，二事都廢，惟書籍不衰。」

　　將此「三好」環繞一個同代人物形象，是 17 世紀文人肖像畫中的一個流行圖式。對於這些文人而言，書、酒和曲是他們最習慣的喜好，這種構圖因此不但以蕭琛的前例美化像主，也使作為觀者的同輩文人看到與自己氣味相投的同儕，甚至感到面對著另一自我。前面說到的具有相對獨立性的像主頭部，便被給與了一種特殊的功用——對於畫外的（男性）觀眾來說，他們看到的既是畫中的喬元之

正在凝視自己，也可以在想象中把自己的面孔與像主置換，投射在一個現成的身軀之上。此畫卷後邊的一則長跋中，一位名叫汪懋麟（1640-1688）的觀者就如此寫道：畫家禹之鼎也是自己的朋友，並且也給他畫過類似的一幅「三好」肖像。汪懋麟的這幅像可惜已不存世，但他的題跋很可能啟發了查士標，以「少壯三好」作為這幅畫的引首題字。這四字因此同時映射著喬、汪二人的肖像——歸根到底，引用典故的妙處就在於它能將個別與一般、過去與現在、主角與觀者都毫無差別地涵蓋其中。

從這層意義上看，「用典」可說是一種超越時間的表現，在這幅畫裡以身著素樸長袍、頭頂束髮的典型文人形象傳達出來（其休閒和私密的裝束與華麗的官服對立，是這類消閒小像的一個特點）。與之相對，畫中的三名女樂則突出地顯示了「當代性」的特殊時態：梳著高聳的蜂巢頭，配以兩綹雲鬢和俐落的燕尾髻，她們是17世紀優雅時尚的極致表現（圖2）。三人長袍上披掛的繡件以及青絲中插戴的飾物，也都標誌出她們是引領潮流的時尚女性——最有可能是當時的名妓，但也可以是富家私蓄的女樂。特別引人注意的是歌者所披的鏤空雲肩和吹簫者身穿的織錦比甲，都以高貴艷麗的鈷藍色渲染，與前方桌上承托香爐的墊子，以及喬元之所讀書冊的封面和身旁書盒的蓋子相互呼應。與鈷藍相互映照的是沉著的緋紅色，點綴著左方鼓弦女子的羽狀雲肩、中間吹笛者的腰帶以及歌者偶可瞥見的衣服襯裡。同樣的緋紅也是桌上古銅花瓶中所插珍貴珊瑚枝的色彩，似乎點出與女樂共同作為高等奢侈品的聯繫。女樂之中的演唱者伸出左臂指向銅瓶中的珊瑚，彷彿意在強調這一象徵性的連結。

一條無形的斜線串通了喬元之手中的書、桌上的酒杯和歌者手中的褶扇，因此把書、酒、曲這「三好」聯為一體，成為像主品味與觀者自我身份的統一投射。這幅畫因此是文以誠所說的「中國肖像畫中象徵類型（emblematic type）」的絕佳例證。在文氏看來，這類肖像畫「以像主在當代的社會與文化境況為導向……由氣質、角色、行為共同體現出複雜的人格。」[1] 但這裡需要強調的一點是，這幅手卷並不描繪既有情景，也不表現喬元之家中的真實人物或物品。只有他的臉以寫實肖像的方式呈現，左方的無名女樂則屬於美人畫的標準形象，三張面孔甚至可以互換。不過啊不過，我們也不能輕易地將這些樂師忽略，只把她們視為男性的幻想，或僅僅認為她們表現的是像主的自我身份或其所屬的社會與文化群體的集體認同。實際上，正是這些承擔象徵功能的女性配角，在這幅畫裡成功地搶了肖像男主角的風采。

2
清　禹之鼎　《少壯三好圖》
之女樂局部　約1676年　卷
紙本設色　37.5 × 110 公分
南京博物院藏

二

　　上文注意到畫中心的男主角對奏樂唱歌的美女毫不在意，後者如道具般環繞在他周圍。這種情況在象徵性肖像畫中或許並非獨一無二，使這幅手卷非比尋常的是：這些充滿活力的女性形象對男主人的存在也是毫不在意。在眾多的17世紀中國繪畫中，這幅畫的一個突出之處正在於這三名女樂的生動和傳神，以及彼此之間通過音樂構成的聯結。表面上她們在為畫中的男子表演，但細看之下我們發現歌者扭轉上身，以背朝向男主，將全副注意力集中在身旁的吹簫女子身上。而這位吹簫者也是低頭專心演奏，盡力使自己的伴奏與歌聲更為融合。同樣不同尋常的是，唱歌的女子雙唇微啟，毫不羞澀地將嘴張開（圖3）。這在傳統仕女畫中相當少見，更多的情況是美女被按照慣例繪成雙唇閉合，由此顯示出表現女性

1　Richard Vinograd, *Boundaries of the Self: Chinese Portraits 1600-1900* (Cambridge: Cambridge University Press, 1992), 11. 中譯本見文以誠著，郭偉其譯，《自我的界限：1600-1900年的中國肖像畫》（北京：北京大學出版社，2017）。

之美的櫻桃小口,甚至歌唱者的形象也沿循了這一程式。此畫中啟唇的歌者形象因此突破常規,著意凸顯歌唱的行動,甚至有可能在強調歌者高超的喉技。汪懋麟在他的題跋說到畫中人「歌吳歈」,由此我們可以猜想歌者演唱的是崑山腔曲調。但這一文字佐證其實並無甚必要——我們可以相當有把握地設想在1676年的揚州,任何自認有點音樂品味的戲曲鑑賞者都會熱愛崑曲。畫中歌者的獨特手勢亦支持這個解讀:她右手舉起一把折起的扇子,左臂平伸,垂掛的衣袖隱藏了纖纖玉手。這正是晚明木版戲曲插圖中常見的視覺圖式,用以表現崑曲中的「清唱」而非舞臺上的正式戲曲演出。

這類戲曲插圖的一個例子見於晚明鄧志謨匯編的《洒洒編》,描繪的是一位名妓正在娛樂兩位賓客,地點可能為一家高級青樓(圖4)。她坐在一只弧腳圓凳上,其形狀和結構與喬元之畫像中唱曲者身下的凳子頗為相似。同樣與畫卷相同,版畫中的這個歌者也以右手持著一只折起的長扇,左手則隱藏在手臂上垂下的衣袖皺摺之內。但此處的這個歌妓卻閉著雙唇,指示其歌者身份的因此主要是其風格化的手勢和道具。與這類黑白印刷圖像相比,禹之鼎畫作中的彩色女樂形象遠為明確而生動,也更具有喚起崑曲清唱現場情境的效果。主唱的歌者如同現代爵士樂三重奏中的領奏一樣,兼負帶領其它演奏者的指揮責任,正以手中折扇敲擊出樂曲的拍子。竹笛——此處以繪畫中常常出現的竹簫取代——是崑曲伴奏的招牌樂器,也是備受古代畫家喜愛的圖像元素。一個原因在於通過表現簫笛演奏,畫家得以凸顯出吹奏美女的纖纖玉手和櫻桃小口,進而加深了音樂魅力與女性吸引力之間的傳統聯繫。此二人再加上左方的弦樂演奏者,這組女樂便完滿地構成了一個三角形的空間分布。

最後這名弦樂演奏者使用著一件頗不尋常的樂器,為畫作增添了視覺新鮮感。此樂器的名稱是「軋箏」。它與水平放置、以指撥弦的常見的箏有別,在演奏時處於直立狀態,樂師以竹桿或木桿軋擦其琴絃而發聲。[2] 一般的箏與女性表演者有著常規性的密切關係,這幅畫或可證明變體的軋箏也持續了這種性別聯繫。畫裡演奏軋箏的女子背部微馱,上身前傾,朝向其它兩名樂者。她嘴角浮出一絲微笑,似乎傳達出沉浸在音樂演奏中的愉悅。看著她所執的軋箏如桅桿般凸顯在空白背景之前,我不由再次想起爵士樂三重奏中的低音提琴手。以圖像布局而言,軋箏的直立形式在構圖上同時起到了幾種作用,既在視覺上平衡了洞簫的下行動態,也呼應著立於一旁向上升舉的紅色珊瑚。最妙的是,這個垂直的長方木器將畫中另外四件木質家具聯結入一個逐漸上升的圖像系列。這四件家具中,首

先一件是軋箏演奏者乘坐的木凳，位於構圖左下角的前景裡；另外三件則在軋箏後方依次出現，分別為擺放酒盅和其他物件的木桌、承載像主的木榻，以及一方碩大的木質書案。這些家具與軋箏在空間中相互疊壓，在尺寸上逐漸增大，在體態上相互平衡，沿水平方向朝畫面深處層層延伸。

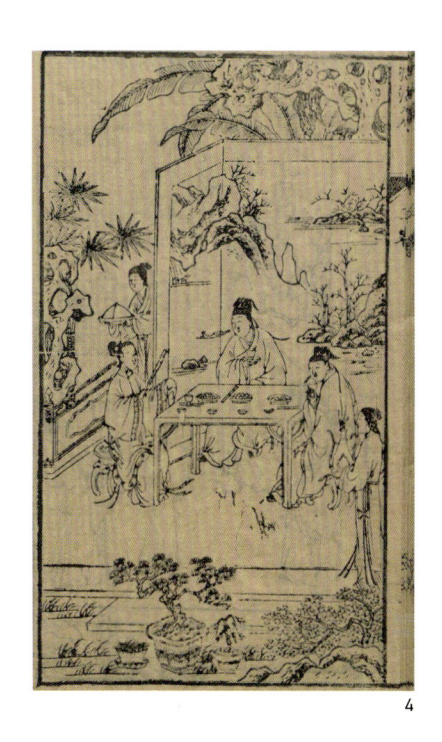

3 清　禹之鼎　《少壯三好圖》之唱曲者局部　約 1676 年　卷　紙本設色　37.5 × 110 公分　南京博物院藏
4 明　鄧志謨　《新刻洒洒編》　明刊本　紅葉山文庫舊藏

三

　　如果說位於此畫中心的喬元之對身旁的音樂表演和美妙女樂似乎無動於衷，手卷右端所繪的兩名侍女則絕非如此（圖5）。此二人手握一只巨大酒缸上所繫的繩索，似乎希望將它提起移動。酒缸敞開的口中露出一隻勺柄，看來她們正準備把這件巨物搬到主人那裡，以便為他不停地斟酒，以滿足「三好」中的好酒之

2　感謝皇家音樂學院（Royal Academy of Music）Colin Huehns 教授指出圖中樂器的名稱。軋箏的木刻版畫插圖見《樂書》，「軋箏」，中國國家圖書館藏明萬曆二十五年汪光華玩虎軒刻本明及《欽定四庫全書》。見（宋）陳暘，〈軋箏〉，《樂書》（中國國家圖書館藏汪光華玩虎軒刻本，1597），卷中，17 下。另載於〈軋箏〉，《樂書》，卷 146，8 上，收於紀昀等總纂，《景印文淵閣四庫全書》（臺北：臺灣商務印書館，1983 年），冊 211，頁 670。軋箏在遊行隊伍中演奏的圖像見中國國家博物館藏《明憲宗元宵行樂圖卷》。

5 清　禹之鼎　《少壯三好圖》之侍女局部　約1676年　卷　紙本設色　37.5×110公分　南京博物院藏

需。但二人在行動過程中卻突然停頓下來，入神地將頭轉向畫面左部的女樂合奏，以至忘記了自己正在執行的任務。二人側耳傾聽，全然沉迷在樂聲之中，其眼神和體態把她們與左方的合奏樂隊隔空聯繫起來，由此造成構圖左右方之間的平衡。但此聯結同時也突出了兩個侍女與三名女樂之間的對比：她們所穿的樸素無華的單色衣裙與女樂的華服首飾判然有別，凸顯出後者作為時尚象徵的亮麗和魅力。

史耀華（Joseph Scheier-Dolberg）敏銳地指出這幅畫中的一個有趣細節：提酒缸兩人中身材較高的那名侍女梳著特色分明的蜂巢頭、雲鬢和燕尾髻，似乎是在模仿左方的樂伎。但她的髮髻顯的有些鬆垮，缺乏女樂髮式一絲不苟的精緻，應是由於她正在進行的勞動所至。[3] 這名侍女左手握著酒缸上捆扎的麻繩，右手伸向身後，手指向下優雅地懸垂。這個姿態頗為特殊，若只是為了與沉重的酒缸平衡，或為了結束構圖的一端，似乎沒有必要繪出如此優雅的手勢。我們因此可以延續史耀華的建議，設想這名侍女是在試圖仿效左方歌妓的姿態——如上所說，這個歌妓右臂平伸，展示出標準的清唱姿勢。是否這名侍女的身姿，就和她略為散亂的髮髻一樣，也是對時尚女妓的幼稚而多情的模仿？畢竟，雖然歌者面對前方，而她顯示給觀者的是其背影和側面，二人的手臂不但指向同一方向，而且沿著一條水平線構成連貫的動態。

這些細節表現了地位低下者對地位較高者註定失敗的模仿，為這幅畫作增添了令人莞爾的諧趣成分。與之類似，酒缸表面的藍綠色呼應著古董青銅花瓶上的綠鏽，同樣暗指出二者之間的聯繫和對比：插著高貴珊瑚枝的銅瓶形制優雅而富於裝飾性，實用的酒缸則矮胖稚拙，其誇大的體積似乎超過兩名侍女所能負荷，由此增添了畫面的趣味性。但從畫卷的主題看，

如此誇張的一個酒缶也可能是必要的，因為喬元之肘邊桌上的酒盅實在太小，難以傳達出「酒」為其生平三好之一。同樣，他手中的單本書冊也不足夠傳達三好中對「書」的執著，需要靠他身後的一大落典籍才能明確表達（圖6）。這些典籍疊放在後方的龐大書案上，有若一座小山，不但占據了畫中的最大空間，也使坐在前方的像主有些相形見絀。

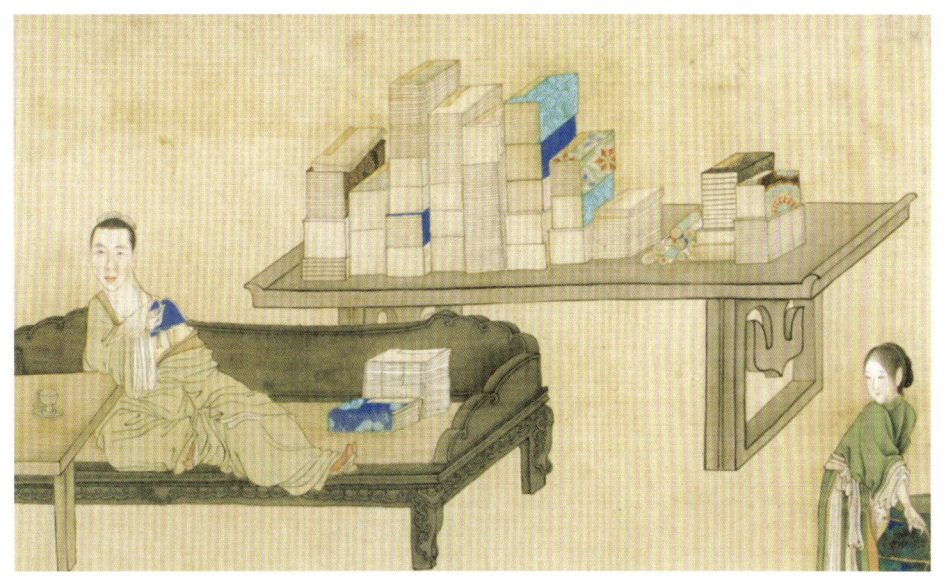

6　清　禹之鼎　《少壯三好圖》之書冊局部　約1676年　卷　紙本設色　37.5 × 110 公分　南京博物院藏

　　看起來，這些圖像都顯示出一種明顯的誇飾傾向，而這也正是以圖畫表現「三好」的關鍵。這種象徵性表現與明末清初文人對「癖好」的癡迷相關。從視覺再現上看，對酒、書與女樂的誇張——無論從數量、體積、重量和豔麗程度上說都是如此——傳達了當時以癖好為美德帶來的逾度、古怪與荒謬。回到這幅畫，雖然喬元之的肖像是其創作的動因，也是畫家所建構的物理和社會空間的樞紐，但如同位於宇宙中心的零點，他同時也是空洞的，是為了顯現「癖好」——包括生動的女性世界——的前提，就如演奏者和聆聽者雙方都被樂曲吸引，從而融入互相之中。

3　Joseph Scheier-Dolberg, *Yu Zhiding (ca. 1646–ca. 1716) and the Envisioning of the Early Qing World* (Columbia University PhD dissertation, 2018), 52.

観看，觀念，觀物

43

Lihong Liu ── 劉禮紅

文徵明《勸農圖》

文徵明的《勸農圖》正好是沈周《草菴圖》的一個反面鏡像，兩幅畫表現了同一種空間的不同時刻，彼時的田野阡陌變成了此時的白水茫茫，彼時的通途是此時的斷路。然而，無論是前者的斷路，還是後者的通途，二位畫家關注的都是與人們生計和生活息息相關的地面。

明　文徵明　《勸農圖》之局部　1525 年　卷　紙本水墨　28.9×140.6 公分　北京故宮博物院藏

我在紐約大學美術史研究所讀博士學位期間，有幸獲得機會與著名藝術史家托馬斯・克羅（Thomas E. Crow）進行一個學期的「一對一輔導課」（Independent Study）。其間我讀了他 2006 年出版的著作《競仿：法國大革命藝術中的大衛、德魯艾、和吉羅代》（*Emulation: David, Drouais, and Girodet in the Art of Revolutionary France*）。[1] 這本書的核心內容是關於法國新古典主義代表畫家雅克－路易・大衛（Jacques-Louis David, 1748-1825）的繪畫工作坊的合作模式，以及在此過程中大衛與自己的天才學徒讓・熱爾曼・德魯埃（Jean Germain Drouais, 1763-1788）和安・路易・吉羅代（Anne-Louis de Roussy-Trioson Girodet, 1767-1824）形成的社會關係，還有藝術家的生活及其藝術風格的傳承和演變與當時複雜的社會政治背景的交織。這本書的主題是克羅教授從他早年的博士論文裡發展出來的，在此書出版的時候，他已經是頗具影響力的「社會藝術史」學者。這一定位不僅是因為他曾跟社會藝術史巨擎 T・J・克拉克

1　Thomas Crow, *Emulation: David, Drouais, and Girodet in the Art of Revolutionary France* (New Haven: Yale University Press, 2006).

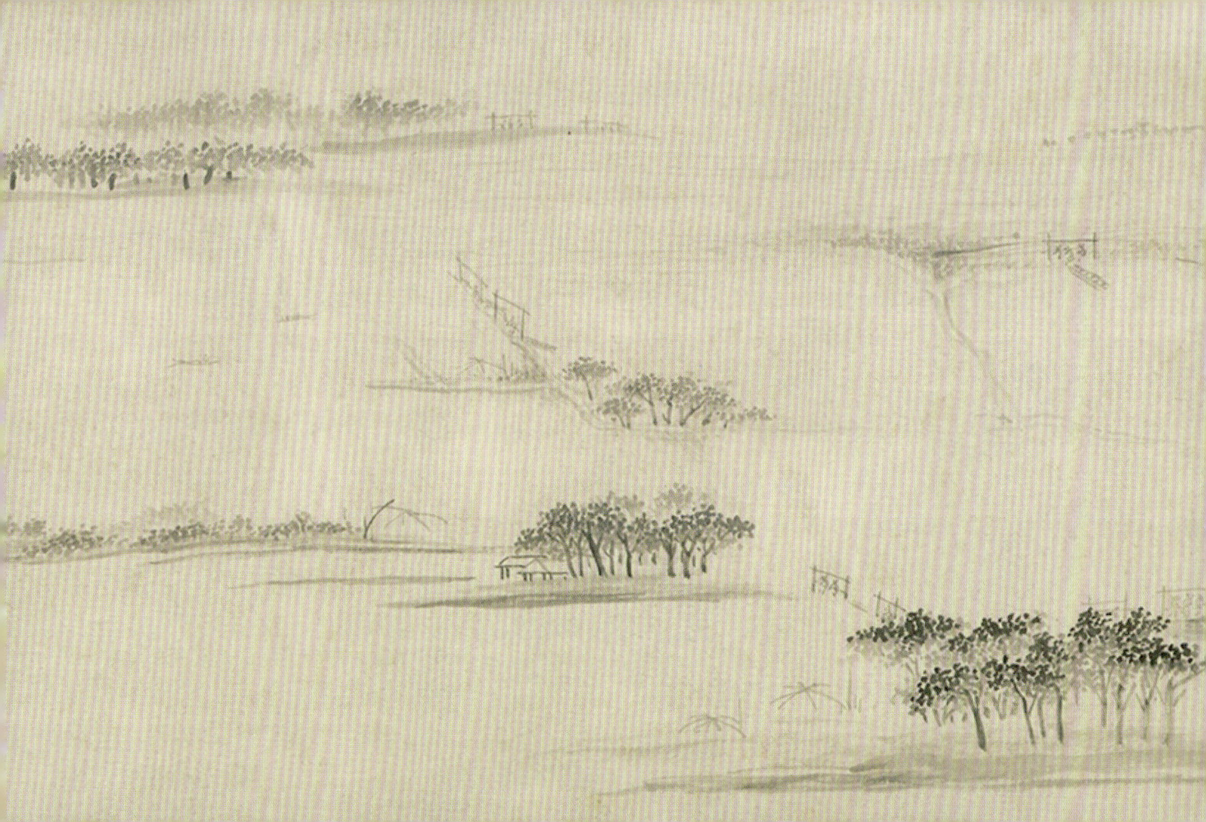

（Timothy James Clark）讀博士，更是得益於他 1985 年出版並獲獎的《十八世紀巴黎的畫家與公眾生活》(*Painters and Public Life in Eighteenth-Century Paris*) 一書。[2] 雖然此書在以藝術鑒賞為主要方法的學者圈裡受到質疑，但卻可以説是 80 年代社會藝術史的標新之作。

上世紀 70、80 年代藝術史引進社會學和人類學的方法無疑是耳目一新地擴展了整個藝術史研究的方法和範圍，讓藝術史從深度上理解人類的社會、政治、和歷史，以及從廣度上敘述人們的日常生活和公眾行為及空間。然而，這一方法的發展也對既有的、以風格和形式分析為主的研究方法形成了衝擊，至少當時在學術話語上是有對立意識的。現在看來，其實這種對立意識是被誇大了的。社會藝術史並非是形式和風格分析的反面，而是它不僅作形式和風格分析，還要考慮藝術作品的思想觀念和社會功能，可以説這兩方面相輔相成，而非背道而馳。

總之，在我與克羅教授面對面地討論《競仿》一書的時候，他告訴我，他的這本書緣起於他對一幅畫的長期觀看。這幅畫就是大衛和他的工作坊大約在 1787 年之後作的《蘇格拉底之死》(*The Death of Socrates*)，現藏於普林斯頓大學藝術博物館 (Princeton University Art Museum)（圖 1）。此畫有許多版本，大衛 1787 年創作的同一主題和相同構圖的精美版本就藏在紐約大都會藝術博物館。與大都會的版本相比，普大的版本似乎有點不能登大雅之堂，因為它不僅製作年份不太確定，而且同一幅畫裡風格並不統一，整個畫面完成度也不一致，從右到左似乎是從初稿到成稿的漸變，未完成的部分明顯地充滿草草的筆觸。若觀者以新古典主義所講究的均衡、柔和、精細這些審美標準來看，普大這個版本是不入流的，甚至可能被認為是無價值的贗品。然而，克羅教授卻被這幅畫深深地吸引住了。他在 1980 至 1986 年期間在普大的藝術與考古系作助理教授，在此期間他每每有機會去學校的博物館便會在此畫面前長時間駐足觀看。如此，這幅畫便漸漸地向克羅教授打開了重重大門，開始「邀請」他進入它的世界。首先，克羅教授意識到他在觀看一幅合筆畫，而畫面構圖板塊的分區，可能是與不同畫家的畫面製作的分工相對應的。從而他看得出畫面從「糙」到「細」的漸變乃有意為之，而那些明顯可見的、粗獷的底稿筆觸，很可能便是大衛作為工作坊大師 (master) 所特意展現的庖丁解牛般之隨意，爾後再由工作坊裡具有獨特畫風的學徒們各自完成了不同部分。這幅畫風格之多樣化，以及不同區塊所展現出的不同之完成程度，既宣現了大衛作為工作坊的引領者所發揮的自由風格，也由畫面構圖的分區來實現了學徒們的自主風格表現的機會。

1　雅克-路易·大衛（1748-1825）及其工作坊　《蘇格拉底之死》（The Death of Socrates）　1787年之後作　布面油畫　133×196公分　普林斯頓大學藝術博物館藏

　　克羅教授在這一系列的觀看和感受過程中，捕捉到了此畫向觀者宣布的製作者的意圖，即：它展現的是大衛的工作坊集體創作過程中的平等主義（egalitarianism）。也就是說，有個性的學徒們對大師的技法和風格不是機械地模仿，而是有創意地競仿。克羅教授的深度觀看讓他自然而然地找到了看這幅畫的廣角。他從這幅畫實誠而弔詭的繪畫語言裡看到了從畫家們的手筆中溢流出來的大義，那就是，工作坊的合作模式反映了當時的社會組織模式和理念。也就是說，這種有人引領的、對平等主義的追求正是法國大革命期間人們的政治理念之訴求。在這一令人興奮的闡釋空間裡，克羅教授也反過來看到了新古典主義的一個側影，即：新古典主義不只是講究理性和控制，也有復雜的心理驅動和情感注入。克羅教授從而認為，此畫的存在，不僅向觀者透現了新古典主義大師大衛的工作坊建立在師徒合作共進的基礎上的創作模式，而且表明了新古典主義畫家在他們的繪畫中，對法國大革命的政治理念進行了積極的參與。這一闡釋推翻了傳統觀點而成為新論，因為在此之前學者們認為新古典主義對大革命不存在參與意識。當然，對這些論證的具體了解需要仔細閱讀和梳理這一系列的著作。我想探

2　Thomas Crow, *Painters and Public Life in Eighteenth-Century Paris* (New Haven: Yale University Press, 1987).

討的是，藉由閱讀《競仿》一書，以及與克羅教授的討論，我認識到，從觀看一幅畫到寫出一本書來重新建立對新古典主義繪畫的理解，並不是大而化之地將風格與時代相結合，而是實實在在地以視覺分析為素材去發現藝術作品的觀念，而這一過程正是藝術史能提供的知識生產的方法。

　　在此期間，我也籌措著為自己的博士論文選題。當時我的基本想法是，不一定要在這樣一個學術訓練項目裡解決一個無人問津的研究難題，而是要借此機會試驗一些藝術史的研究方法。那時，我每天坐在研究所圖書室的角落裡，閱讀之餘的消遣，便是隨意地翻閱陳列在書架上的幾套黑白的或彩色的中國書畫圖錄。由於我當時修過的一些課程使我對繪畫的構圖空間很感興趣，於是在看印刷圖錄的時候，也自然而然地琢磨著這個問題。當我看到明代中期山水畫的時候，我感覺到這些畫的空間感有明顯的轉變。看沈周（1427-1509）的山水畫就像在漫遊，因為他的畫似乎不像宋代山水畫那樣講究空間的布局和結構的穩定性，也不像元代文人山水畫那樣講究水與山的虛實交互，大部分的畫面是地面，地面上有各種各樣的、人的步履可以到達的地方，像曲徑、小橋、休憩地、觀望臺之類的。它們分布在畫面上，形成平面似的空間網絡，好像畫家的手就跟著畫裡人的「腳」可以到達的地方在運筆。比如，現藏上海博物館的沈周《草菴圖》就是其中一個例子（圖2）。這不是所謂的繪畫空間的構圖（pictorial space），而是滿紙通途。這個觀察讓我很興奮，於是沈周的畫看得越多，這個現象越是明晰，越是容易找到更多類似的例子。因此，我可以判斷，沈周是有意地要在畫面上將這些通途形式化的（formalizing），他不僅用線條勾畫了路面，還刻意地在路面施用很淡的淺藍色，在路的側面施了淡赭石色，導致的效果便是，這些「足域」（foot-field）在視覺上具有整飭感，也是連通的。如果我們想想宋畫中有明顯畫出道路的畫面，那便是現藏於波士頓美術館的趙令穰之《湖莊清夏圖》。然而，趙令穰畫的汴梁郊區的羊腸小道雖然在地面上是明顯的，但無刻畫的線條，因而與地面渾然一體，也與上空漂浮著的、曲卷的雲帶互相呼應。如果將這幅手卷與沈周的《草菴圖》相比，差別就非常明顯了，因為二者對路徑的表現意圖，以及路徑對畫面空間構成的影響作用，都是大相徑庭的。

　　想順便一提的是，所謂的「吳門畫派」畫家們在繪畫風格上個體差異很大，但他們以社會關係為紐帶建立了師徒門第或知交網絡，這也與克羅教授觀察出大衛工作坊的合作模式及其社會性有一定程度上的可比性。沈周的風格雖有「細沈」和「粗沈」的階段，但總的來說他講究繪畫的即時感和山水的時間性，這便體

現在他以地面來鋪排畫面的漫遊式構圖上。沈周的學生文徵明以精工為主，更加講究有古意的現實風格，追求畫面裡景物的空間結構關係。文徵明的追隨者陳淳（1482-1544）與陸治（1496-1576）也各自有其鮮明的個人風格。後來董其昌在吳派先驅杜瓊（1396-1474）的《南村別墅圖冊》的跋裡，正式地使用「吳門畫派」一詞來標出這個群體的師承關係，由於此冊頁是杜瓊根據其師陶宗儀（1329-1412）的《南村別墅十景詠》而作，董其昌便將這一師承關係追溯到元末明初江南文人陶宗儀，爾後，在明中期，沈、文將這一畫脈發展繁盛。董其昌的考量並非從風格技法出發，而是無疑地亦受到此冊頁主題的啟發，這大概也是為什麼他會將並不以畫為名的陶宗儀列為吳門宗師，因為除了他曾是杜瓊遊學的先師之外，他的別墅詩詠在這裡構成了杜瓊的繪畫緣起。也就是說，這些風格不盡一致的吳中畫家們都很關注他們周遭的環境，包括住所、交遊景點、土地、水源等，從而使得他們的畫有很明顯的地域社會共同體的特點。

　　總之，吳門畫家的山水畫是作為場域的山水，作為時間的山水。我對這個特性的認識來自於對沈周畫裡反覆出現地面通途的直觀感受。然而，讓我進一步確定這一認識，則是看到了文徵明《勸農圖》裡的斷路（圖3）。這幅畫是文徵明為讚揚香山處士潘崇禮（1463-1525後）在1510年蘇州的洪災裡帶領社區民眾抗洪的英雄事跡而作，在原畫丟失後，於1523年又通過回憶作了此畫。當時文徵明在北京，潘崇禮的兒子潘鍠從蘇州到北京後拜訪了文徵明，便聊起了當時正在蘇州發生的蝗災以及其父疲於抗災一事。於是，文徵明興起之餘作了此畫，回想當年潘氏為抗洪作出的義舉。

　　也許是由於此事件在時間和空間上的距離，文徵明的這幅以回憶為基礎的寫意之畫顯得疏寥空曠，畫面只有一些橫陂與樹叢，分散在自右而左延伸的對角線式構圖上。然而，畫面中間有一處看似「脫節」的細節抓住了我的眼睛，那裡的斜線與諸橫陂形成對比，並且打破畫面整體的橫向空間布局，而縱向地向遠處的地平線延伸。仔細一看，這裡原本是縱橫交錯的田間阡陌，現在在洪水裡只露出一截略高於水面的部分，縱向的一條田徑上立有汲水架。這些處在畫面中央的斷路，讓本來稀曠清遠的畫面驟然地充滿了戲劇性。它們在視覺上的漂浮狀態和不穩定性，成為這幅畫表現的時間感的閾限。它們的狀態讓我感到，這幅畫面若非表現的是即將被水淹沒的田野村莊，那便是洪水正要逐漸退去。而這兩種時間轉向，都以這一小部分露出水面的田徑和汲水工具為軸心，它們不是標示著一個過程的開始，就是標示著一個過程的結束。

草菴紀遊詩引

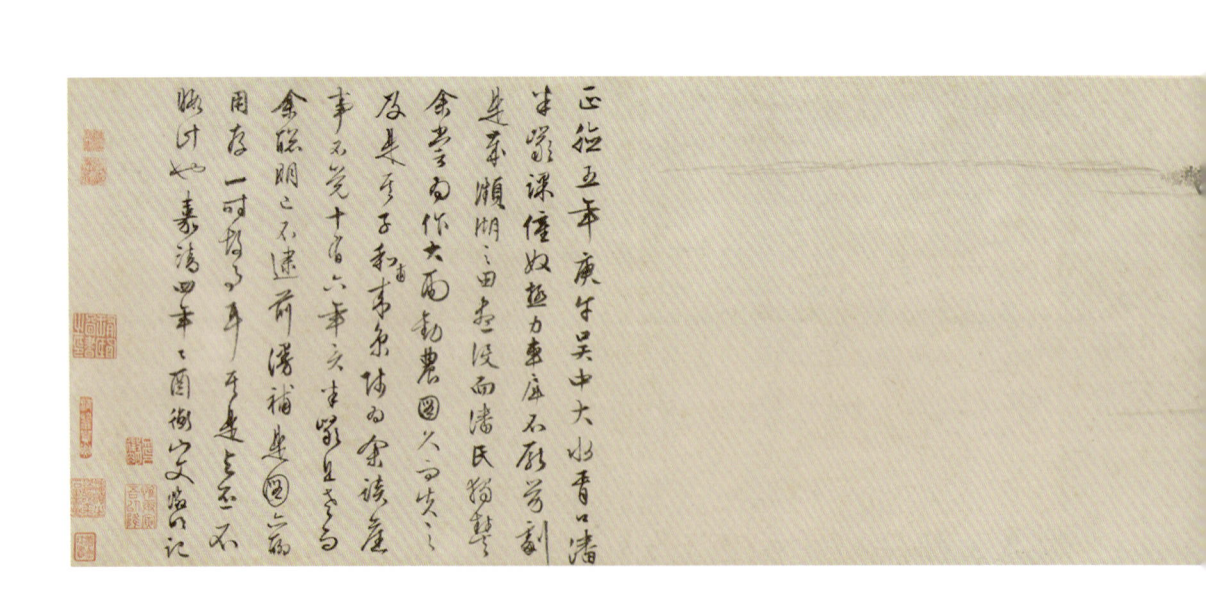

弘治十年二月十七日余有後于城
南寓草菴為避也菴名木大雲
菴有吉草菴者君之夫人鍋為待
菴道達使大雲竹樹蕃蒼按如英彩
西諸城市山林之隔岸望之地陵間
水中其水淺靖漢而西通長洲縣
治由支港補到的東俊南行至
庵左流入讀後如草滙首為地其
勢瑩至深曲如行蛛發十池廣十
畝名故生中建而石塔一藏其夭部椿
目一戲寳累和菊者利東西有二
小潤檀而方浮泊塔下補菴晚
木板耳通洲俊橋一橋怡獨
胡何為於東洲南次通一木橋然行
皆以達主傅蒇公房諸束倫中
自以達主傅蒇公房諸束倫中

正德五年庚午吳中大水青口潘
生曜深佳奴趣力東痤石壓蒡訒
是束順湖之田赴浚而潘氏頼雙
余管為作大面動農圖公面矣〻
及是季子和草朵持幻朵孩堃
車不笑十有六年矣丰寫且老矣
余聯朋之不速前潘補筆圖一為
用荼一可得乎丰矣去怎不
概汁也 寿漢四年と圍御史父蹊に記

2　明　沈周　《草菴圖》　1497年　卷　紙本淡彩　29.5×155公分　上海博物館藏
3　明　文徵明　《勸農圖》　1525年　卷　紙本水墨　28.9×140.6公分　北京故宮博物院藏

與其它相對隨意的、以筆墨點線所畫的橫陂相比，文徵明不僅特意地刻畫了畫面中央這一淹水部分的細節，而且著意強調其空間感，即：他用平行的線條勾勒畫出這裡的田堤路徑，縱向的田徑和有短縮法（foreshortening）效果的農具一起形成了有縱深走向的透視空間。這一對田堤路徑結構的刻畫，和縱橫交錯的空間架構，又讓貌似漂浮在水面的阡陌有了一些穩固性，讓觀者可以想像洪水受到控制，而整個田野和地面展露原貌的時刻即將到來。

　　畫裡的主人翁潘崇禮正站在畫面右側的斜陂上，他似乎不顧艱險地步出了自家庭院，旁邊的童子殷勤地跟隨著他，仿佛在聆聽他對水勢的估量和他的救災之計，希望被水淹沒的田野能早點恢復生機，他們的視野正好沿著畫面中央的斷路而投向遠景處的地平線。雖然他們所處的位置似乎孤立，無法通達眼前的田間阡陌，但他們欲行又止的體態，以及他們放眼遠望的期許，使我想見這原本是一片通途。在與他們正對面的遠處，也隱約地出現交互的阡陌，在橫向的一條堤道上，也有兩個汲水架，與畫面中央的斷路上的汲水架相呼應，再加上他們左邊近景處的幾個，於是我意識到，潘崇禮作為抗災的指揮者，業已在田間路堤上布羅好一個排水網，盡可能地拯救田間的農作物。

　　這樣一看，這幅畫便以回憶的方式記錄了這一抗洪舉措，從而贊揚了潘崇禮的智慧和堅韌，儘管回憶的時間性讓畫面變得似乎抽象，但畫家著意刻畫的碎片式細節，卻點明了事件的具體過程，以及人物的特點。這些觀察讓我想像到，這幅看似抽象而抒情的畫面下，隱藏著另一幅實實在在的畫面，那就是，當洪水退去之後，這裡有可居的村落和耕種過的田野，田間有通途，而畫面左邊是可以灌溉或蓄水的湖泊。這個隱藏的畫面便是另一個真實的（或者說平常的）吳中山水的畫面。

　　如此看來，文徵明的《勸農圖》正好是沈周《草菴圖》的一個反面鏡像，兩幅畫表現了同一種空間的不同時刻，彼時的田野阡陌變成了此時的白水茫茫，彼時的通途是此時的斷路。然而，無論是前者的斷路，還是後者的通途，二位畫家關注的都是與人們生計和生活息息相關的地面。可以說，這種對生活空間的關注，和對生活環境的時間性和社會性的表現，便是明代中期蘇州文人畫裡所謂的「實景」畫法。

　　與「實景」對應的繪畫實踐便是「寫生」，即對日常生活裡具體事物或場景的描繪。沈周的「觀物之生」強調觀察和展現生活中的各種生物或場景，捕捉它們的天趣。他聲稱自己的畫並非以畫技摩物，而是以物即興。在這一過程中，他捕捉

事物或場景的生動性，並在落筆之際賦予這些生動獨特之象以生命，從而讓它們在畫裡面生發意味。如此，觀者便能體會到畫家對現實世界之關注，對社會思想觀念之宣顯，以及對宇宙萬物之親近。這種「觀物」之道，或許正是藝術史作為知識生產的方法和實踐，它不僅讓我們與藝術家們產生跨時空的共鳴，也讓我們意識到這些跨時空的藝術作品本身作為「物」的存在。並且，它們的存在是真實的、有生息的、變化的。

歌川國芳與陳洪綬

44

Kobayashi Hiromitsu ── 小林宏光

歌川國芳《水滸傳豪傑百八人》

陳洪綬的畫作為歌川國芳提供了豐富靈感，產生新想法，天衣無縫地融入了他風行一時的錦繪畫作。不論是從中國原作借用具有象徵意義的細節，或是摹仿整個姿態，國芳成功造了獨特而揉雜的《水滸傳》人物形象。他的改編手法所帶來的成果，讓我們得以一窺日本浮世繪領域中的潮流，以及江戶時代晚期外來藝術引入與融入的過程。

江戶　歌川國芳　《水滸傳豪傑百八人》第 9 幅　約 1830 年　35.8×25.8 公分　作者自藏

身為藝術史學者，我關注前現代中日相互關係的議題。近年來，我在江戶時代晚期日本錦繪（彩色的木刻版畫浮世繪）的特定人物描繪中，發現與中國晚明著名版畫關聯緊密的例子，引人探究。我相信這樣的比較，開啟了對中日之間藝術往來的新認識。

歌川國芳（1797-1861）名為《水滸傳豪傑百八人》的一組 12 幅錦繪約於 1830 年刊印，描繪風行一時的中國小說《水滸傳》中所有 108 條好漢。歌川國芳在他生活的年代是傑出而多產的浮世繪畫家，並以武者繪最為人知。為這一組 12 幅版畫創作圖像的過程中，他借用了晚明著名人物畫家陳洪綬（1599-1652）所繪《水滸傳》人物的姿勢、髮型、衣著和象徵主題。

水滸傳豪傑百八人
天罡星三十六員内
掌管機密軍師
入雲龍公孫勝
山泊總兵都頭
盧俊義
八驃騎兼先鋒使
浪子燕青
八驃騎兼先鋒使
急先鋒索超
天果星
歩軍頭領
赤髪鬼劉唐
歩軍頭領
拚命三郎石秀
八驃騎兼先鋒使
沒遮攔穆弘
天傷星
歩軍頭領
行者武松
天牢星
歩軍頭領
病關索楊雄
一勇斎國芳画

陳洪綬對版畫很有熱情。他為名為《水滸葉子》的一套酒牌繪製了小說中40個人物的畫像，大約印行於1625年。他的文人朋友張岱（1597-約1684）曾說明，印製這套酒牌是為了幫助他們生活困頓、無法養活一大家子的一位熟人，這個故事很動人，不過也是用來行銷這套酒牌的手法。大眾以為這是個善心之舉，可能還會認為陳洪綬和《水滸傳》中的英雄好漢一樣有俠義精神，願意濟弱扶傾。後來在清朝，所有的酒牌圖案都以書籍形式忠實重現，先是在1657年，而後又於1734年重印出版。在日本，要取得晚明原刊本的機會極為有限，不過清代刊本顯然在大約1800年或稍早就傳入江戶（今日的東京）。因此，歌川國芳很可能曾有機會親睹1657年刊本中的插畫。

　　在歌川國芳之前，瀧澤馬琴（1767-1848）就已看過陳洪綬設計的《水滸傳》人物版畫。瀧澤馬琴是著名作家，曾翻譯《水滸傳》，與同樣廣受歡迎的浮世繪畫師葛飾北齋（1760-1849）的插圖一起出版。在前言寫於1818年的散文集《玄同放言》中，瀧澤馬琴在某一章中論及《水滸傳》不同中文版本的內容。他的兒子瀧澤琴嶺（?-1835）複製了陳洪綬繪製的戴宗與武松圖像，作為這一章的插圖。《玄同放言》中的這一章，讓歌川國芳得以一窺17世紀廣受歡迎的中國畫家創造的人物版畫新世界。

　　18世紀時，《水滸傳》已有幾種譯本在日本出版，風靡一時。由其他浮世繪大師繪製插圖的諧擬版本也頗為暢銷。在這樣有利的情況下，歌川國芳在1830年以前展開了《水滸傳豪傑百八人》系列錦繪的創作。他依照日本武士與美人版畫的傳統，以每一名人物一幅畫的方式創作這些英雄圖像，每一幅都充滿生氣與能量。這一系列立即受到大眾歡迎，為他在藝術圈贏得不可動搖的地位。有些格外受歡迎的人物版畫多次重印，但是這個系列從未完成，少畫了小說中的20多個人物。

　　另一方面，歌川國芳展開另一個計畫，以一組12幅版畫畫完108名人物。這使得先前系列中遺漏的人物得以被涵蓋進來，更重要的是，能夠滿足想要一次看完所有人物的大眾。因此，他以同樣的名稱出版了新系列12幅大判（大型版畫）。每一幅包含分成三區呈現的九名人物，而陳洪綬的《水滸傳》版畫成為創作這一系列時的重要資源。

　　歌川國芳以兩種方法挪用陳洪綬原畫中的人物。第一種方法是直接但只有部分的借用。僅有某些特徵，比如髮型、配件和服裝借用自中國的原作。換句話說，歌川國芳沒有整個圖像照抄，而是有效利用某些重要細節。

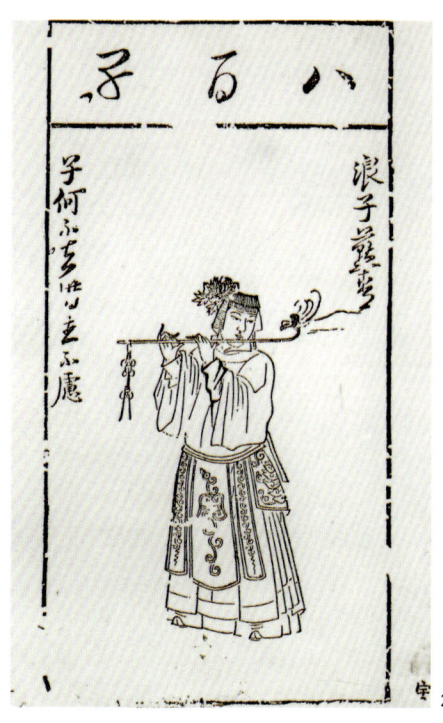

這組版畫中的第九幅中有六名人物最能說明這種方法。左上角搶眼的燕青圖像（圖1），與陳洪綬筆下的燕青（圖2）看似差異頗大。歌川國芳描繪的燕青是個英俊精壯的青年，赤裸上半身坐著，左膝屈起，左手拄著一根兵器。他全身刺滿紅色牡丹，髮際還插著一朵新鮮紅牡丹。小說中形容燕青是名高大俊秀而一身本事的年輕男子，武藝高強兼通音律。文中還說他鬢畔常年簪著四季花卉。相對的，陳洪綬畫筆下的他是名溫文儒雅的青年，靜靜站立，吹著笛子，身著長袍，髮際有牡丹簪花。兩個畫家描繪了燕青這一英雄人物的不同面向，不過歌川國芳採用了陳洪綬版畫中的簪花，因而使兩幅畫有了連結。兩個畫家都用了常用以象徵富貴榮華的牡丹，成為他們筆下燕青圖像的共同特徵。

在同一幅版畫中，坐在畫面中間區域的劉唐與穆弘的獨特髮型，以及面對燕青和盧俊義而立的公孫勝裝飾繁複的衣著，也都是直接從陳洪綬原作借用的例子。事實上，12幅版畫中的圖像許多都是從既有中國原型借用鮮明細節的成果。

第二種挪用方法從中日藝術相互關係的角度而言更為耐人尋味。歌川國芳揚棄了中國版畫中原本人物的身份，只借用其形式以呈現另一個人物。他自由使用陳洪綬四十個人物畫中的某一些人物，描繪陳洪綬並未刻畫的角色。

1　江戶　歌川國芳　《水滸傳豪傑百八人》第9幅之燕青　約1830年
　　35.8 × 25.8公分　作者自藏
2　明　陳洪綬　《水滸葉子》之燕青　18 × 9.4公分不等　約繪於1625年
　　取自李一氓供稿，《明陳洪綬水滸葉子》（上海：上海人民美術出版社，1979）

見 ● 歌川國芳《水滸傳豪傑百八人》●

392　物 ● 歌川國芳與陳洪綬 ●

3　江戶　歌川國芳　《水滸傳豪傑百八人》第12幅　約1830年　35.8 × 25.8公分　作者自藏

4　陳洪綬　《水滸葉子》之董平　18 × 9.4公分不等　約繪於1625年
取自李一氓供稿，《明陳洪綬水滸葉子》

這組版畫的第12幅也是最後一幅（圖3）有七名男性與兩名女性角色，不只展現與中國原型緊密的圖像關係，也包含第二種挪用法的絕佳例子。畫面右下角的李立身著鎧甲，右手指天，左手握著一本書或文件。小說中渾名催命判官的李立，並不在陳洪綬選擇為酒牌繪製的四十個角色中。歌川國芳從同一副酒牌中尋找看起來像判官的不同人物畫像，找到的是董平（圖4），這名年輕的將領身著鎧甲，臉部光潔無毛，展書而讀。董平不是判官，但是文武全才。陳洪綬對董平形象的描繪，符合歌川國芳想像中的判官。李立畫像是對董平畫像的忠實仿作，但是變成較年長的蓄鬍男性，望之儼然，冥界的判官正在為誰宣判。中國原作中的董平形象被暗渡陳倉到日本版畫中，用來描繪李立。

描繪董平時，歌川國芳聚焦在他身為將領的驍勇善戰。小說中描述董平善使雙槍，與陳洪綬的描繪不同，國芳第一幅版畫中的董平臉上以限取（高度風格化的紅色舞臺妝容）畫出兇猛的表情，手握雙槍，彷彿搖身一變成了歌舞伎演員。

上述的挪用方法，也適用於同一幅版畫左下角的王定六畫像。他面無皺紋，外觀年輕，臉上帶有歌舞伎舞臺妝，眼神凝望遠方，此時他正準備送一封重要的信給首領宋江。他跑步飛快如閃電一般，這樣他手中小袋內的信件才能立即傳遞。如同李立，王定六也未收入陳洪綬的四十幅版畫中。

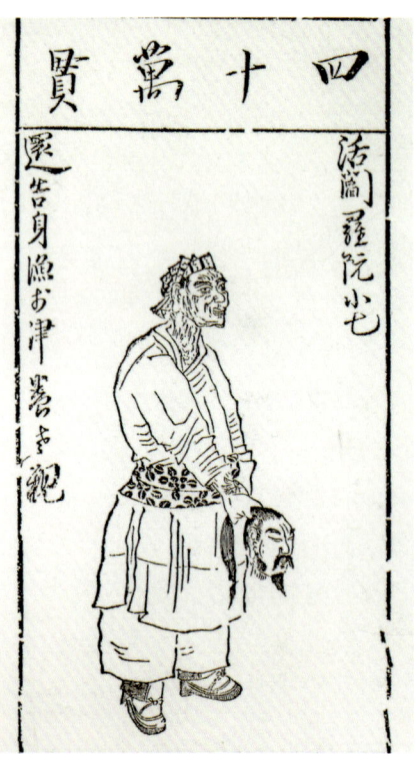

為了創造王定六的形象，歌川國芳選擇以陳洪綬版畫中的阮小七（圖5、圖6）為範本。阮小七一臉無畏，從頭髮處提著敵人的頭顱。雖然皺紋和惡狠狠的表情讓他看似蒼老，但他是三兄弟中最年輕的。他是勇敢機智的青年，但也冷酷而殘忍，人稱活閻羅。為凸顯王定六的信差角色，歌川國芳以裝著給宋江的信的袋子，取代了被砍下的頭顱。

然而，歌川國芳在第六幅版畫中創造的阮小七圖像，卻是一名年輕漁人左手提著一隻章魚，右肩扛著裝滿魚的竹簍。他停下來盯著自己的腳，彷彿思索著下一步該做什麼。或許歌川國芳在讀小說的時候，對阮小七勤勞工作的少年漁夫形象更感興趣，因此將他畫成安靜的模樣，與陳洪綬版本中殘酷的樣貌形成強烈對比。

第二種挪用手法還有一個例子是第 12 幅版畫中央的杜興坐像（圖7）。表情兇猛的他姿態搶眼，上半身扭轉，左臂直直往外伸出，露出掌心，右手抓著三叉戟，上面緊縛著狩獵的戰利品。杜興同樣不在陳洪綬描繪的行列中。不過，根據小說描述，他身高七尺，樣貌兇惡，善於拿長棍打鬥。

這一次，歌川國芳借用的是陳洪綬為小說中使鋼叉而技藝高超的獵戶解珍（圖8）設計的生動站姿。錦繪版本中，解珍被變形為帶著三叉戟而非長棍的杜興。不過，雖然杜興在錦繪中以陳洪綬筆下解珍的樣貌出現，成為技藝高超的獵戶，但在此系列第五幅版畫中，歌川國芳描繪的解珍卻未攜帶三叉戟或其他兵器，而是表情專注，帶著獵人的銳利眼神。

這兩種挪用方法都曾為京都琳派的創始者

俵屋宗達（1570-1643）所用，在他 17 世紀早期創作的一系列畫作中，便借用了一本晚明書籍《仙佛奇踪》（1602）中的人物畫。當國芳邂逅了尚未受到日本藝術圈充分重視的陳洪綬人物版畫後，便運用了大前輩的技巧。

　　結果是，陳洪綬的畫作為歌川國芳提供了豐富靈感，產生新想法，天衣無縫地融入了他風行一時的錦繪畫作。不論是從中國原作借用具有象徵意義的細節，或是摹仿整個姿態，國芳成功創造了獨特而揉雜的《水滸傳》人物形象。他的改編手法所帶來的成果，讓我們得以一窺日本浮世繪領域中的潮流，以及江戶時代晚期外來藝術引入與融入的過程。

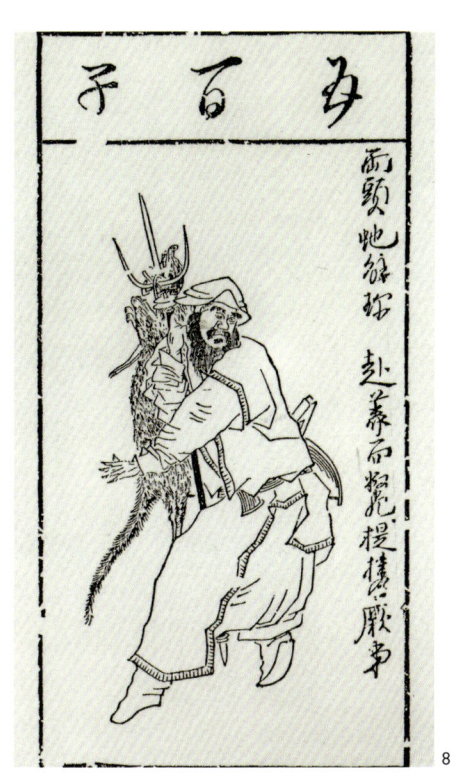

5　江戶　歌川國芳　《水滸傳豪傑百八人》第 12 幅之王定六　約 1830 年　35.8 × 25.8 公分　作者自藏

6　陳洪綬　《水滸葉子》之阮小七　18 × 9.4 公分不等　約繪於 1625 年　取自李一氓供稿，《明陳洪綬水滸葉子》

7　江戶　歌川國芳　《水滸傳豪傑百八人》第 12 幅之杜興　約 1830 年　35.8 × 25.8 公分　作者自藏

8　陳洪綬　《水滸葉子》之解珍　18 × 9.4 公分不等　約繪於 1625 年　取自李一氓供稿，《明陳洪綬水滸葉子》

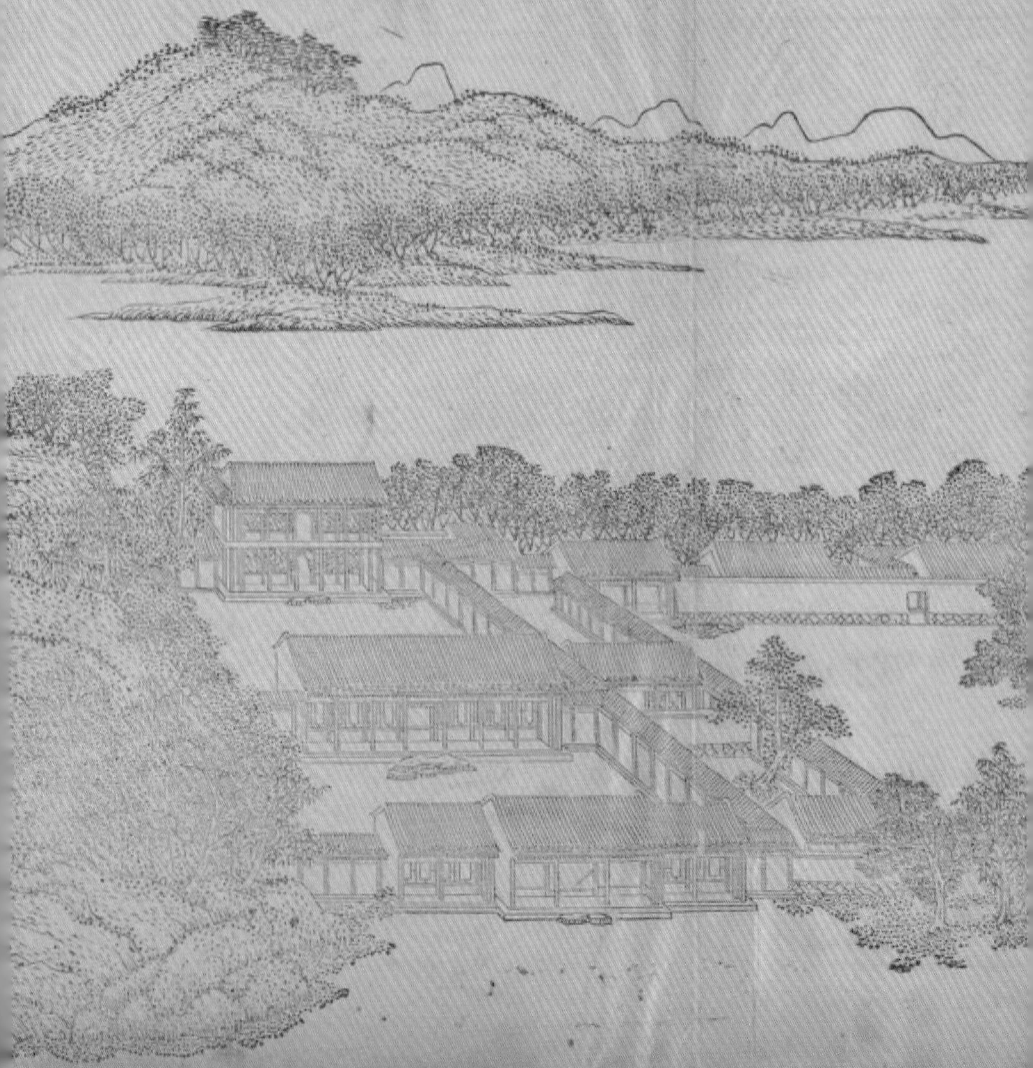

御製詩
下萬家雲氣中韋應物詩萬家烟樹溯晴川
司馬光金堤詩提封百里遠生齒萬家餘

揭發一座園林的祕密 | 45

馬雅貞

《御製避暑山莊詩》及三十六景圖

隨著重複三十六景圖紙的開合，我逐漸意識到這本書的裝幀非比尋常，這些圖紙完全沒有版框、界行、版心等文字的版式，而且對摺和裝訂也不同。……正是一次次地展收圖紙，我才驚訝地注意到其中少數幾景圖紙的右下緣露出了部分文字，輕壓裝訂處後可以看見夾縫中印著景點的四字標題。……接下來幾個月，我輾轉在新英格蘭幾個大學的善本書室確認這些邊角標題的存在並思考其作用，而得以述說以下的故事。

清　聖祖撰　沈崳繪　《御製避暑山莊詩》之〈煙波致爽〉圖紙　1712 年武英殿刊朱墨套印本　漢文木板　19.6×13.4 公分　哈佛大學燕京圖書館藏（Harvard-Yenching Library）

隱藏在書頁裝訂角落的祕密

　　對於許多耳熟能詳的作品，其實我們所知有限；至少 2008 年我的課程準備討論清宮皇苑圖繪的時候，心中的疑問比答案多很多。為什麼清代宮廷有避暑山莊三十六景、圓明園四十景、靜寄山莊諸景等這麼多寫實風格的圖像？為何它們簡樸無華的樣貌和多數遙想歷代離宮雕梁畫棟的圖繪（圖1）如此不同？相對於歷代畫院甚少描繪當朝皇家園林的風貌，何以清宮不但製作還出版皇苑圖繪呢？

　　探討康熙朝最早開創的避暑山莊三十六景圖顯然是首要之務，但我追索過程中最大的啟發，不是 2002 年秋天和闊別十年後的兩次承德之旅，也並非 2011 年於臺北故宮展廳觀看銅版畫本的時機，而是 2013 年在哈佛燕京圖書館善本書室翻開《御製避暑山莊詩》一書，一頁接著一頁地緩慢閱覽之中。先是近六頁的康熙皇帝〈御製避暑山莊記〉、上卷的一頁半的〈目錄〉，接著每一景點有標題、說

明和夾有大臣註的康熙御製詩,之後展開圖景(圖2),十八景後進入下卷,也是同樣的模式。

　　隨著重複三十六景圖紙的開合,我逐漸意識到這本書的裝幀非比尋常,這些圖紙完全沒有版框、界行、版心等文字的版式,而且對摺和裝訂也不同。此書的文紙將單面印刷的書頁背對背對摺,有文字面的版心朝外,左右兩短邊黏連在書脊上裝訂;圖紙則不比照文紙的對摺裝訂方式,而是只裝訂右短邊,書頁左半為未裝訂的散頁狀態,僅以往右摺入的方式夾在書中,也就是現今出版業通稱為「拉頁」的方式,讀者必須由右向左拉開圖紙,才能看到完整圖景(圖3)。正是一次次地展收圖紙,我才驚訝地注意到其中少數幾景圖紙的右下緣露出了部分文字,輕壓裝訂處後可以看見夾縫中印著景點的四字標題(圖4)。這些標題筆法粗略、字體不一,從來不曾在任何複製品或研究著作中出現過,卻勾起我莫大的好奇心。接下來幾個月,我輾轉在新英格蘭幾個大學的善本書室確認這些邊角標題的存在並思考其作用,而得以述說以下的故事。

1　清　張鎬　《連昌宮圖》軸　絹本設色　99.8 × 82.4 公分　國立故宮博物院藏

物 ● 揭發一座園林的祕密 ●

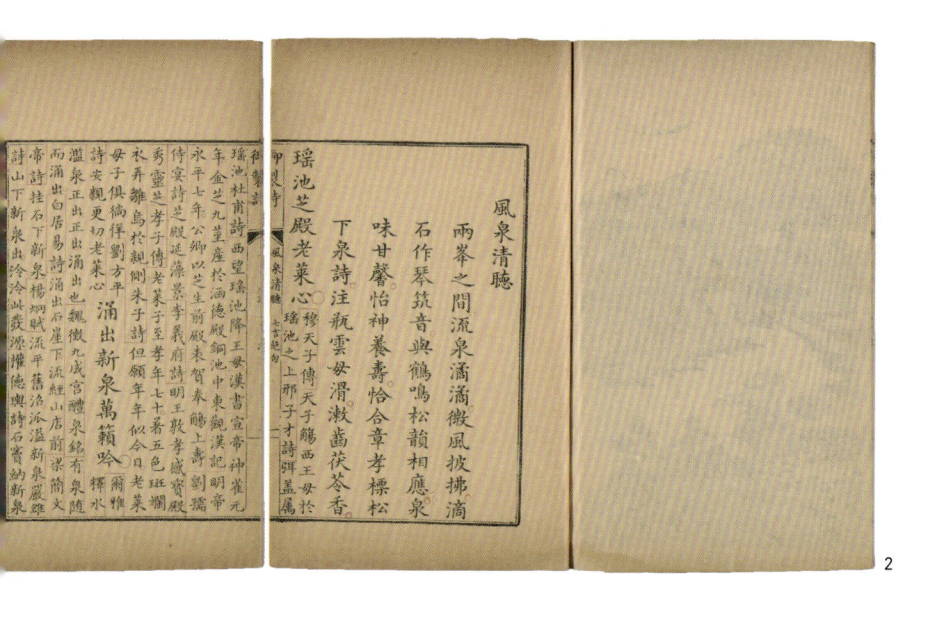

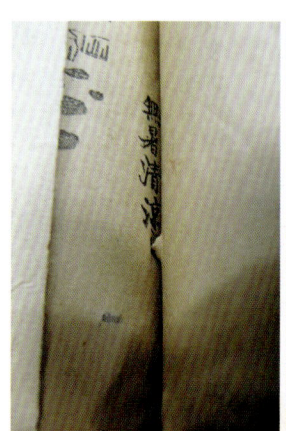

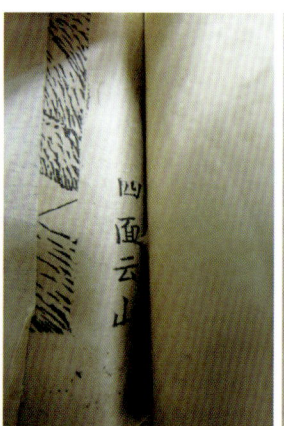

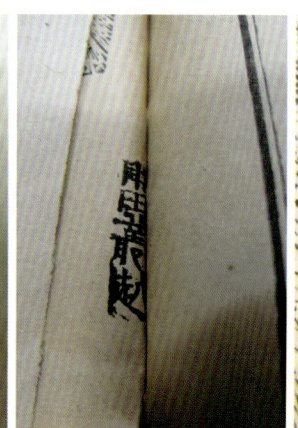

2　清　聖祖撰　沈崳繪　《御製避暑山莊詩》之〈風泉清聽〉文圖紙　1712年武英殿刊朱墨套印本　漢文木板　19.6×13.4公分　哈佛大學燕京圖書館藏

3　清　聖祖撰　沈崳繪　《御製避暑山莊詩》之〈芝徑雲隄〉圖紙展開前後　1712年武英殿刊朱墨套印本　漢文木板　19.6×13.4公分　哈佛大學燕京圖書館藏

4　裝訂內側的標記（作者攝自哈佛大學燕京圖書館藏本）

見 ●《御製避暑山莊詩》及三十六景圖 ●

動手「揭開」《御製避暑山莊詩》

　　就插圖版式和裝訂模式而言，康熙《御製避暑山莊詩》實乃中國古籍中的創舉。中國古籍線裝書中，文字和插圖通常均以相同版框，單面印刷後合葉裝訂，但是《御製避暑山莊詩》的插圖卻採用全無版框的空白版式，而以前述的「拉頁」方式和其他文紙裝訂起來。這種設計現在乍看尋常，但工序和一般線裝書的方式不同，且較為複雜。外觀看來，《御製避暑山莊詩》單邊裝訂的圖紙收摺起來與文紙合葉對摺後尺寸一致，但實際上圖紙的尺寸卻比文紙略小，圖像印製或剪裁時必須另行考量，例如，圖像在書頁上必須偏左印刷，以留下右側裝訂所需的空白頁邊，又因為圖紙僅裝訂右側，所以必須再減去紙張合葉裝訂後圖紙左側多出的空白邊。更為困難的是，《御製避暑山莊詩》的三十六幅圖均無附標題，對印刷工人在配對詩圖裝訂時顯然造成困擾，前述隱藏在右下方邊角的標題，很可能便是工匠為避免出錯，特意加上在裝訂後可以隱藏的輔助標記。

　　以上種種，都可見此插圖版式和裝幀設計的獨特性，以及製作時需要相應做出的調整。康熙《御製避暑山莊詩》此特殊創舉，應該出於特定意識的選擇，並且為乾隆宮廷所刻意承繼。乾隆皇帝將此特殊模式應用於刊載皇家園林圖的書籍中，包括《御製圓明園四十景詩》、《盤山志》和《熱河志》，而此一模式並未使用在其他宮廷刻印的刊本上，可說是清宮皇苑圖繪限定的作法。但是，到底為什麼要設計出不同於傳統古籍的閱覽方式，刻意要讀者動手一幅幅揭開三十六景的插圖呢？

收編逆轉明清士大夫的園林文化

　　明清的文士文化經常是清宮轉化與收編的對象，例如曾盛行於文士間的晚明董其昌繪畫風格，受康熙宮廷收編為正統畫派；康熙皇帝個人也模仿董其昌書風，且大量頒賜御書；而其中作為核心之一的園林文化，或也可如是觀。文人除了修築園林、於其中社交雅集、出版園林相關詩文集外，園林圖繪也是文人園林文化形塑中不可或缺的環節。尤其明清時期掌握文化資本者，更是經常透過聘請名畫家製作園林圖繪。這些園林圖繪或援引早期的文人園林圖繪圖式，展現出對文化系譜的承襲；或選取特殊角度凸顯園林景點的特色，並邀請文士題詠之，種種做法都意在呈現園主的文化形象。長卷與冊頁是園林畫最常見的形制，特別適合描繪不同園景、以及園主在其內的活動，不論是承續源遠流長的圖式中或臨流獨

坐、或持杖登高的文人（圖5、圖6），與文士好友閒話，或展現園林各時節的景緻（圖7）等都可以一概含括，而較立軸或短小單幅者更有引領觀者想像遊覽園林的效果。有些力求表現的案例如〈環翠堂園景圖〉刊印長十餘公尺的獨特尺寸、張宏〈止園圖〉的西方透視、米萬鍾將〈勺園圖〉轉化複製生產為米家燈等例子，更突顯出有心者如何在明清園林圖繪的格套框架下展現其個人特殊性。

而正如文士築園有各自的特色，康熙修築的行宮則標舉「茅茨土階、不彩不畫」的自然樸素風格，宣示其仁德的聖主形象；他也像文人園主般邀請大臣一同遊園並吟詠詩文；亦同樣繪製三十六景冊頁形式的園林圖繪，並出版其園林詩文

5　傳唐　盧鴻　《草堂十志圖》之〈倒景臺〉　卷　紙本水墨　29.4 × 600 公分　國立故宮博物院藏

6　明　沈周《東莊圖冊》之〈振衣岡〉　1473年　冊　紙本設色　28.6 × 33 公分　南京博物院藏

7　明　沈周《東莊圖冊》之〈曲池〉　1473年　冊　紙本設色　28.6 × 33 公分　南京博物院藏

《御製避暑山莊詩》。儘管這些承繼文士園林文化的作法因康熙皇帝的身分有些走調：文人的私家園林變為皇帝的行宮後苑，文士耗費心力財力的築園癖好改稱是聖主「萬幾餘暇」的樸實休憩，清宮製作的三十六景園林圖繪和出版的詩文規模更非一般文人可比擬，但無可否認，康熙對皇苑的修築、經營與活動，顯然與文士的園林文化密切相關。

《御製避暑山莊詩》乍看下也很接近明清文士的園林圖繪。不論是冊頁形制、各頁分繪園景、一首詩搭配一圖等，的確都是明清私家園林圖繪常見的作法，但《御製避暑山莊詩》卻與明代園林詩文的出版和圖繪有著十分顯著的差異，展現的是強烈的皇權意識。雖然康熙皇帝親自接待大臣遊覽皇苑，臣下也賦詠詩文，但《御製避暑山莊詩》的文本並未強調園主引領遊賞或社交酬作的面向，卻充斥著大臣跋文所指「奉慈闈則徵寢門問膳之誠，憑臺榭則見茅茨不剪之意，觀溉種則驗稼穡之艱難，覽花蒔則驗陰陽之氣候，玩禽魚則思萬物之咸」等聖主形象。《御製避暑山莊詩》的文本既未收錄賜遊大臣或皇親的詩文，臣子的參與也絕非文人的酬作，而是挪用注解經典與唐詩古典文學的方式，由臣屬皇帝之下的翰林院學士「恭注」三十六首展現康熙聖王意象的御製詩，不但形塑了皇帝文學的典範地位，更標舉了皇權至上的意識。因此，雖然《御製避暑山莊詩》看似與文人出版園林相關詩文的作法類似，卻完全逆轉文士唱和的社交取向，成為見證皇帝博學聖德並恭注御製詩的臣屬角色，以凸顯皇帝的文化霸權。

用寫實打造的理想皇苑形象

《御製避暑山莊詩》的三十六景圖，與明清常見具有引領觀者遊覽園林作用的私家園林圖很不相同，具有形塑新皇苑形象的作用。三十六景圖中杳無一人，除了明清私人園景圖少見的大量建築群外，並無園主活動的暗示。既無明清園林圖繪中常可瞥見室內傢俱擺設的開敞窗檻，室外也沒有盆栽和太湖石等常見供文人品賞的典型物象，如此的園景圖像所形塑出的空間與明清的遊賞園林很不相同。三十六景圖描繪的時節也十分單薄，所有版畫園景均未特別描繪季節變化，缺少如明清文士在四季遊園所能欣賞的不同景致，即便標題有「南山積雪」的冬景（圖8），但其版畫配圖卻未強調出雪景，無法引起目遊四季景致的興趣。再加上不同於明清私家園景圖多半為聚焦於近景的小品模式，三十六景圖卻常在背景加上遠山（圖9），以較廣視野所呈現出的皇家園林圖像，降低了觀者與園林小景間親密可遊之感。

8 清 聖祖撰 沈嵛繪 《御製避暑山莊詩》之〈南山積雪〉圖紙 1712年武英殿刊朱墨套印本 漢文木板 19.6×13.4公分 哈佛大學燕京圖書館藏

9 清 聖祖撰 沈嵛繪 《御製避暑山莊詩》之〈無暑清涼〉圖紙 1712年武英殿刊朱墨套印本 漢文木板 19.6×13.4公分 哈佛大學燕京圖書館藏

見 ●《御製避暑山莊詩》及三十六景圖 ●

如此來看,《御製避暑山莊詩》三十六景圖中雖不無開放園景讓觀者目遊的效果,但毋寧說更具有強烈的展示作用。尤其相較於明清勝景插圖通常為具框板式且與文本一齊裝訂,讀者在翻閱頁面的過程中,或閱讀文本或瀏覽圖面,其臥遊的體驗,乃透過詩文的想像和圖像所繪的人物或園景構圖所共同引領。《御製避暑山莊詩》三十六景圖的特色,與前述獨特的板式和拉頁設計,則製造出十分不同的閱覽經驗。讀者展開相對獨立存在的圖紙後,不再依賴人物或構圖的引導,而是直接進入皇家苑囿的世界。觸目所及絕非明清尋常的私家園林,既沒有四季景致,也無園主園林生活或社交活動,其所引發並非想像遊園的文士趣味,亦完全沒有援引文人共通傳承的園林圖式來展現文化形象,而是以一幅幅看似極度寫實的直白手法,展示了皇苑景觀的三十六景。

如此狀似寫實表現的皇家園林景致,建構出的卻是為了展現康熙皇帝聖王形象的理想皇苑。《御製避暑山莊詩》三十六景圖,排除了文士園景圖中布景造林的小品趣味,也顛覆傳統皇苑圖繪界畫建築的奢華表現:以坐落在林野中但明顯可見的非樓閣建築,藉由數量龐大的三十六景點與廣闊園景來呈現自然樸實卻又非尋常人家的皇苑景象,並採取廣角包含遠山的天然山水視野,框構出皇家園林的規模與宏寬氣度。儘管《御製避暑山莊詩》的圖繪看起來寫實,而成為現代學界藉以重建清宮園林的依據,但正如大臣的跋文所言:「若凡讀者因詩以求諸景之勝,豈獨未見者如親歷哉。」重點在於透過這些圖景見證「皇上敬天勤民與覆載同流之氣象,可以昭示天下萬世,永永無極矣」的聖主典範。

《御製避暑山莊詩》所形塑的,是兼具皇家宏寬氣度與「敬天勤民」聖主形象的清宮園苑,其以新創的特殊版式和裝幀作法,呈現狀似直白寫實地展現皇家園林景致,實則調整了明清私家園林圖式,建構出康熙聖王形象的理想皇家苑囿。作為清宮皇苑圖像的典範,《御製避暑山莊詩》的寫實作風使得現今坊間與學界,多視之為還原清代皇家園林的依據。另一方面,由於這層古今觀看方式與文化脈絡的隔閡,卻也讓今人無法看透其寫實面紗之下,昭然若揭的理想皇苑與聖主形象之政治意涵。但那隱藏在裝訂邊角的標註,終究引領我們穿越文化的藩籬,瞭知其來自不同時空的故事。

布萊希特與《懷疑者》

46

Ching-Ling Wang ── 王靜靈

布萊希特故居裡的鍾馗像

布萊希特在1933年2月希特勒上臺時離開了德國，開始了流亡生活。最有可能是在流亡期間，他得到了這幅中國畫軸，這幅畫陪伴他遊歷了不同的國家和大陸。〈懷疑者〉這首詩的靈感就是來自這幅畫，寫於1937年左右，當時他人在丹麥。很可能布萊希特不知道畫中描繪的是誰，因此他也不會知道鍾馗的悲慘故事和沮喪的生命；他也無法閱讀和理解畫上的題識。然而，對布萊希特而言，這幅畫所描繪的人，正如他在詩中所寫的，是質疑世間一切的「懷疑者」。

清　傳高其佩　《鍾馗》（又名《懷疑者》）　軸　紙本設色　柏林布萊希特故居藏

第一幕：懷疑者登場

在他位於柏林 Chausseestrasse 125 號公寓的簡單臥室裡，床和窗戶之間有一張小桌子，布萊希特（Bertolt Brecht，1898-1956）在上面放了一些他喜歡讀的書，桌子上方的牆面掛著一幅卷軸畫。（圖1）畫中描繪的是一位蓄鬚、黑臉的男性，戴帽、聳肩，閉眼坐在椅子上，雙手藏在袖中，長袍蓋住全身，只露出他的黑色靴子。（圖2）1937年布萊希特根據畫中的人物形象，寫下了〈懷疑者〉（Der Zweifler）這首著名的詩：

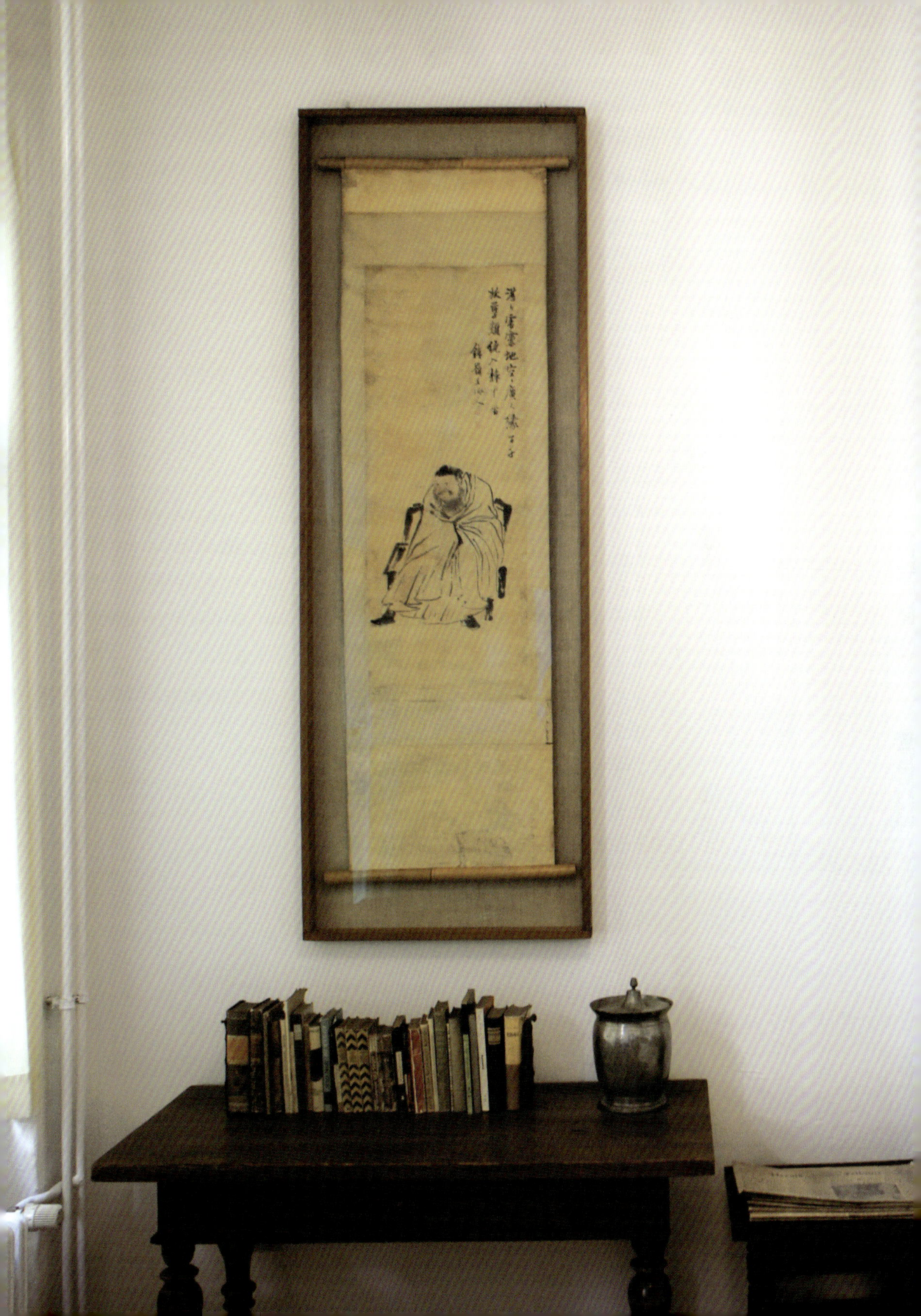

每逢我們似乎找到了
一個問題的答案
我們中就有人解開了牆上那幅捲起來的
中國古畫，使它垂落下來
向我們展現坐在凳子上那個
深刻的懷疑者。

我，他對我們說
是懷疑者。我懷疑那件
耗費你那麼多天時間的作品是否做得很好。
你說的話如果說得不夠好是否還對任何人有價值。
你是否說得好但也許
還無法相信你所說的是真理。
它是否含糊：每一個可能誤解
都要你負責。又或者它可以是不含糊的
並表現出事物的矛盾：但它是否太不含糊了？
如果是這樣，你說的就沒用。你的東西裡就沒有生命。
你確實是在一連串事件之中嗎？你接受
一切的發展呢？你發展嗎？你是誰？你向誰
說話？誰覺得你說的有用？還有，順便一提：
它是否令人警醒？它可以在早晨被閱讀嗎？
它是否也跟已有的東西建立聯繫？在你之前
說出的那些句子是否被應用了，或至少被反駁了？
一切是否都可以經得起經驗的證實？
哪種經驗？但最重要的，
永遠比別的東西更重要的：要是人們相信
你所說的，他們該如何行動？最重要的：人們如何行動？

帶著反省，帶著好奇，我們細看畫卷上
那個懷疑的藍色男子，互相看了看
然後重新開始。[1]

1　布萊希特故居臥室，柏林 Chausseestrasse 125 號，作者攝於 2013 年 6 月 12 日

1　Bertolt Brecht, "Der Zweifler," in *Werke* (Frankfurt am Main: Suhrkamp Verlag, 1993), Band 14: Gedichte 4; 中譯請參見：貝托爾特・布萊希特，〈懷疑者〉，收在黃燦然譯，《致後代：布萊希特詩選》（南京：譯林出版社，2018）。

第二幕：鍾馗登場

布萊希特在詩中將畫中人稱為「藍色男子」(blauer Mann)，因此人物的長袍原來應該敷有花青顏料，只是因為長期懸掛與光線接觸而褪色。畫上有題識：

湛湛虛靈地，空空廣大緣；
百千妖孽類，統入靜中看。
鐵嶺，且衛人。

從題識內容、黑鬍鬚、文人打扮等特徵來看，可以確知此人是中國民間傳說與明清戲曲和小說中降妖伏魔的神祇——鍾馗。鍾馗的傳說可以追溯至唐代，據北宋的沈括（1031-1095）在《夢溪筆談》的記載：鍾馗科舉落第，死後變成鬼魂，誓言要替皇上除魔。於是，鍾馗就成了掃蕩邪魔的偶像，祂的畫像在除夕夜被張貼在家門上作為守護神。吳道子是第一個創作鍾馗像的畫家。[2] 郭若虛在《圖畫見聞志》中也對鍾馗的圖像學有所記載：

鍾馗樣
昔吳道子畫鍾馗，衣藍衫，鞹一足，眇一目，腰笏、巾首而蓬髮。以左手捉鬼，以右手抉其鬼目，筆迹遒勁，實繪事之絕格也。[3]

南宋陳元靚（約 1200-1266）在其《事林廣記》中也寫道：

明皇晝寢，忽夢虛、耗二鬼，怒呼武士。俄有大人頂帽、衣袍，捉鬼擘而啖之。問其姓氏，乃終南山進士，鍾馗也。今人掛鍾馗乃食虛耗也。[4]

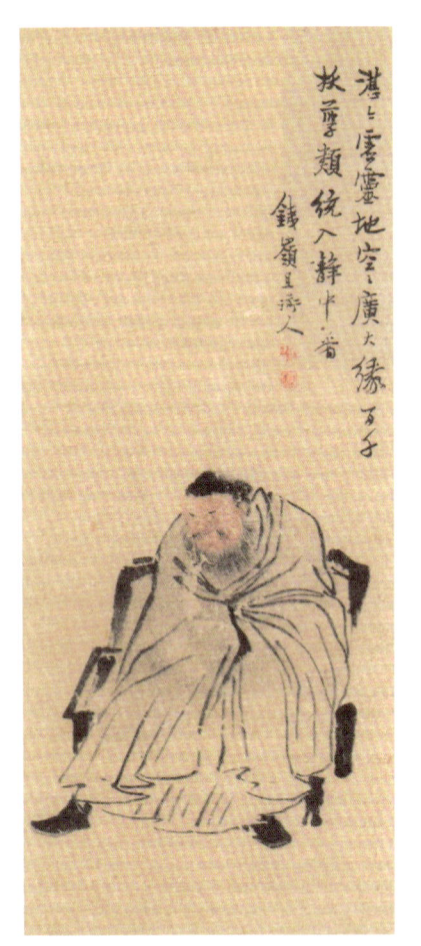

2　清　傳高其佩　《鍾馗》（又名《懷疑者》）
　　軸　紙本設色　柏林布萊希特故居藏

2　（宋）沈括，《夢溪筆談》（臺北：臺灣商務出版社，1968），卷 26，頁 25-26。

3　（宋）郭若虛，《圖畫見聞志》，收在《四部叢刊續編》（臺北：臺灣商務印書館，1966），冊 348，卷 6，頁 10。

4　（宋）陳元靚，《纂圖增新群書類要事林廣記》（北京：中華書局，1999），甲集，卷下，頁 15。

根據以上信息，可以總結鍾馗的圖像學如下：一、祂是一位科舉落第的進士；二、能捉住邪靈，然後吞食它們；三、除夕時，祂的形象被貼在門上避邪；四、鍾馗的形象最早由吳道子所創，是一個蓬髮，戴帽，持笏，著靴和藍色長袍的人物。

　　鍾馗之所以能夠捉妖煞，是因為祂的相貌極其醜陋，雖然在上述的文獻中並沒有述及。之所以知道這一點，是因為在明清的戲曲、小說中將祂描述為一個其貌不揚，但知識淵博，才華橫溢，且公義正直的人。[5] 原來鍾馗的畫像只在過年時懸掛。到了明代，也開始在端午節懸掛祂的圖像，此時天氣乍暖，害蟲五毒開始孳生，正需要鍾馗的神通來將牠們驅離。民間傳說、戲曲和小說中的鍾馗在成為神祇之前有著悲慘的命運：他擁有進士的崇高學識，並有幸參加了宮中的殿試。不幸的是，沒有被錄取，因為皇帝認為他醜陋的外表不適合擔任高級官員。鍾馗憤恨不平，當即自盡。儘管相關的傳奇有很多版本，但敘事幾乎都遵循相同的框架：鍾馗被描繪成一個失意的文人（或武將），正是其對自我的懷疑迫使之走向了死亡。

　　畫上的「鐵嶺，且衢人」款，則將此畫的歸屬指向高其佩（1660-1734）。高其佩，來自滿洲鐵嶺，其家初隸漢軍鑲白旗，後升為鑲黃旗。他不僅是一名官員，還是一位技藝精湛的畫家，以指畫聞名。所謂指畫（或指頭畫）指的是一種用指尖和指甲蘸墨代替毛筆作畫的技法。雖然這種技法在前朝已有畫家使用，但一直到清初，它才成為一個確立的繪畫流派，其中即以高其佩為代表。

　　這幅畫作雖有高其佩的題款，但對比書法與繪畫的風格實與其真跡並不相符。畫中書法筆劃平均，結字鬆散；相比之下，高其佩書法真跡的筆劃粗細對比，字形結構嚴密。這種風格上的差異，若是比對高其佩的簽名就更明顯了。此外畫中描繪衣服的線條以較慢的速度繪製，缺乏穩定性和線條的多樣性，以一種僵硬的方式並使用平行線條來繪衣折。從線條來看，它是用毛筆而不是指頭畫的；高其佩的線條通常速度較快，更加生動豐富多變，這在高其佩另外兩幅同藏於柏林的《鍾馗》畫作中也能見到。又，將畫上的兩枚鈐印與高其佩常用的印章對比，也無法辨認出是屬於他的印章。[6] 綜上所述，這幅畫應是 18 世紀末或 19 世紀初依據一件高其佩作品而製作的仿本或託名高其佩的贗品。

5　胡萬川，《鍾馗神話與小說之研究》（臺北：文史哲出版社，1980）。

6　有關高其佩的作品、款印參見 Klaas Ruitenbeek, *Discarding the Brush: Gao Qipei (1660-1734) and the Art of Chinese Finger Painting* (Amesterdam: Rijksmuseum Amesterdam, 1992)；又柏林亞洲藝術館（Museum für Asiatische Kunst）亦藏有兩件高其佩的指畫鍾馗（Inv. 5339 及 Inv.1988-403）以及一件書法扇面（Inv.1988-220）。

儘管這幅畫是一幅偽作，但我們仍然可以就「鍾馗」（高其佩最喜愛描繪的主題）來理解這幅畫。高其佩死後，其曾侄高秉將他的畫論詳述並出版《指頭畫說》（1771年序）。根據高秉的記錄，高其佩的指畫鍾馗不但「不下二百餘本，有文像、武像，有喜、怒、威、善、老之分，有似仙佛，有如鬼怪者；衣摺有勾勒、潑墨之別，有寬袍、細甲者，有寥寥數痕者，有勾勒兼潑墨者，且有潑硃者，神奇變幻，不可端倪」，而且頗具靈驗。[7]因此我們不難想像高其佩所繪的《鍾馗像》在其生前的流行程度，贗品和偽作應當也很氾濫。

有趣的是，這幅畫中的鍾馗並沒有被描繪成傳統的闢鬼形象，[8]他只是靜靜地坐著，什麼也不做。此圖讓人想起文徵明（1470-1559）於1535年所作的《寒林鍾馗》。其所描繪的鍾馗挽袖立於寒林中，此一鍾馗的新形象，在石守謙看來，就是「無用的鍾馗」，與傳統形象相比，鍾馗在此不再是狂暴的擊鬼者，而是一個失意的文人，期盼春光的到來，新的一年，新的開始！[9]鍾馗的形象從一個充滿神力的英雄人物轉變為一個文雅的文人。正如徐澄琪所指出的，18世紀所畫的鍾馗像經常從事與文人有關的活動，如讀書、沉思、釣魚、聆樂、甚至是醉酒。從此，鍾馗的形象就成了藝術家或文人的比喻，暗示著他們對現實的不滿。[10]回到畫上的題識：「百千妖孽類，統入靜中看。」此處所描繪的鍾馗既不鎮妖，亦不驅魔，只是靜靜地坐著。我們可以看到他的眼睛是閉著的，儘管題識聲稱他正在觀察；事實上，他似乎連眼睛都懶得睜開，可能是睡著了，又或喝醉了。故此畫的鍾馗並不具備避邪的功能；反而可以看作是藝術家或文人為了表達自己在政治上的失意或者哀嘆時不我予的心緒抒發。

第三幕：布萊希特登場

布萊希特本人很欣賞中國文化，尤其是中國哲學。他的書架上擺放著儒家、道家等中國哲學書籍。他讀過的聖經中還夾有佛教觀音雕塑的照片。他還擁有幾幅孔子畫像石拓，是他的朋友贈送的；他也收藏了幾件中國物品，包括一尊老子騎牛的明代銅像。1935年，他在莫斯科觀看了著名京劇演員梅蘭芳（1894-1961）的表演，這啟發了他發展其著名的「間離效應」（Verfremdungseffeckt）戲劇理論。布萊希特對中國畫亦有相當個人的看法，在他寫於1935年的〈論中國畫〉中論述了中國繪畫在透視、構圖、空間等方面的差異，他從自己的角度理解它們，並將它們投射到他自己的哲學、政治和社會信仰中。[11]

由於害怕受到納粹的迫害，布萊希特在1933年2月希特勒上臺時離開了德

國，開始了流亡生活。最有可能是在流亡期間，他得到了這幅中國畫軸，這幅畫陪伴他遊歷了不同的國家和大陸。〈懷疑者〉這首詩的靈感就是來自這幅畫，寫於1937年左右，當時他人在丹麥。很可能布萊希特不知道畫中描繪的是誰，因此他也不會知道鍾馗的悲慘故事和沮喪的生命；他也無法閱讀和理解畫上的題識。然而，對布萊希特而言，這幅畫所描繪的人，正如他在詩中所寫的，是質疑世間一切的「懷疑者」。1948年10月22日，在流亡十五年後，布萊希特返回德國，首先他住在波茨坦，然後在1949年初他搬到了柏林新房子。一搬進新房子，他就迫不及待地掛起了他最喜歡的卷軸。[12] 這標誌著這幅畫對他的重要性。

在他的詩中，布萊希特與畫中的人物（鍾馗，他認為是「懷疑者」）展開了對話。然而，畫中的鍾馗卻一言不發，甚至昏昏欲睡。實際上是布萊希特在自言自語；因此，懷疑者可以看作是布萊希特自己的自我投射。這首詩的核心是「作品」，可以理解為一般的藝術，也可以理解為他的文學或戲劇。他問「懷疑者」（實際上是他自己）自己創作的作品對別人是否有意義，最重要的是他關心作品是「如何」創作的，「什麼」是創作出來的。有趣的是，這首詩雖然是他最著名的作品之一，但在布萊希特眼中卻從未完成；保存於布萊希特檔案館（Brecht Archive）中的打字稿證實了這一點。在這個稿本上，布萊希特反覆地修改了文本。然而這首詩一直到他去世之後，於1964年才出版。布萊希特之所以沒有發表這首詩，也可能是因為他的自我懷疑：作品是否有意義？是否做得好？轉換到另一個時空，作為「懷疑者」的「無用的鍾馗」對布萊希特變得「有用」；正是這種刺激促使他以批判和懷疑的精神來評價自己的工作！

這幅畫一直掛在布萊希特的臥室裡，靠近他的床。我們不難想像布萊希特每天起床後或睡覺前站在「懷疑者」的面前，他可能會看著畫作並開始和他對話。

7　（清）高秉，《指頭畫說》，收入《續修四庫全書》（上海：上海古籍出版社，1995），冊1067，頁615-631。

8　有關鍾馗在中國藝術中的再現，參見：王振德、李天麻，《歷代鍾馗畫研究》（天津：人民美術出版社,1985）；Chunmei Tschiersch, *Die Ikonographie des Zhong Kui* (Dissertation, Universität Heidelberg, 1988)；Stephen Little, "The Demon Queller and the Art of Qiu Ying," *Artibus Asiae*, XLVI: 1/2 (1989): 22-41；林春美，《午日鍾馗特展》（臺北：國立歷史博物館，1996）；劉芳如，《迎歲集福：院藏鍾馗名畫特展》（臺北：國立故宮博物院，1997）。

9　石守謙，〈雅俗的焦慮：文徵明、鍾馗與大眾文化〉，《國立臺灣大學美術史研究集刊》，16期（2004.3），頁307-339。

10　Ginger Cheng-chi Hsu, "The Drunken Demon Queller: Chung K'uei in Eighteenth-Century Chinese Painting," *Taida Journal of Art History* 3 (1996): 141-169；徐澄琪，〈英雄的沒落——十八世紀以來的鍾馗相〉，《故宮學術季刊》，23卷2期（2005.12），頁129-159。

11　Jost Hermand hg., *Bertolt Brecht: Über die bildenden Künste* (Frankfurt am Main: Suhrkamp, 1982), 91-92.

12　參見 Brecht-Zentrum der DDR hg., *Brecht-Haus Berlin-Chausseestraße 125* (Berlin: Brecht-Zentrum der DDR, 1978), 18-27; Hilde Domin, "Wohnen nach der Rückkehr, Zu Brecht: 'Ein neues Haus'," in *Aber die Hoffnung: Autobiographisches aus und über Deutschland* (München und Zürich: Piper, 1987), 46-53.

「懷疑者」對他說：「我懷疑那件耗費你那麼多天時間的作品是否做得很好」，不斷地推動他改進自己的作品，繼續追求自己的政治和藝術理想，通過這樣做，「懷疑者」不停地向他詰問（實際上是布萊希特在問自己）：

你是誰？你向誰

說話？誰覺得你說的有用？還有，順便一提：

它是否令人警醒？它可以在早晨被閱讀嗎？

它是否也跟已有的東西建立聯繫？在你之前

說出的那些句子是否被應用了，或至少被反駁了？

一切是否都可以經得起經驗的證實？

哪種經驗？但最重要的，

永遠比別的東西更重要的：要是人們相信

你所說的，他們該如何行動？最重要的：人們如何行動？

或許我們也都應該這樣問自己！

歷史遺忘、但土地記得的火槍手

47

趙金勇

下罟坑遺址燧發槍擊火石

不為史料文字記載的種種歷史遺痕，最終都沉默地埋藏進了考古遺址的堆積當中，可謂是「用土地寫歷史」的另一樁。我們得從考古學的思考和取徑，通過解讀燧發槍擊火石這樣毫不起眼的「微物」，才能更豐富我們對於過去臺灣社會的認識。

下罟坑遺址燧石質地楔形擊火石　約1650-1780年代　3.0×3.0公分　新北市立十三行博物館藏

　　下罟坑遺址位於新北市林口區（原八里鄉）下罟村至太平村之間一帶的灘岸潮間帶，遺物分布南北長達兩公里。1994年前後開始有文史愛好者於此採集考古遺物，由於內容量大豐富、年代跨距極長，採集標本包括古生物化石、史前骨骸、石器和陶器，以及近代的貿易陶瓷器等洋洋灑灑達上萬件，記錄了過去數萬年甚至數十萬年間，活躍於北臺灣的動物與人群的歷史。譬如採集品中包括一批以往臺灣歷史考古遺址之中罕見的19世紀歐洲陶瓷器，這類陶瓷器過去僅發現於臺南熱蘭遮城、安平等少數歐洲人活動的據點，它們出現在八里沿岸無疑與清末淡水開滬有關，而這些早年的西洋「舶來品」，也見證了時隔兩百年西方人的蹤影再度活躍於臺灣的起點。由此特點來看，下罟坑遺址可謂是臺灣本島最特殊的遺址之一，展現了極高的學術研究價值，因此早在2004年就登錄為新北市（當時的臺北縣）的重要考古遺址。

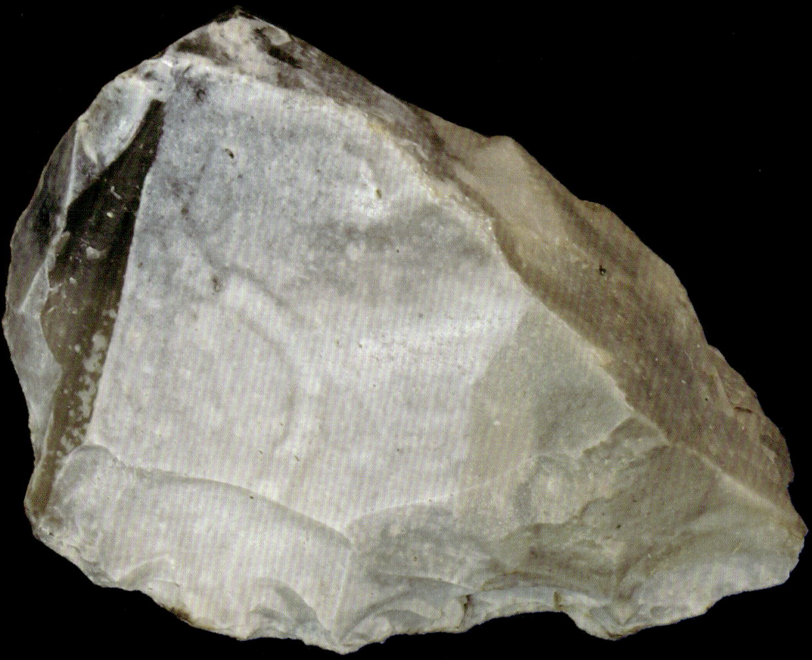

不過，下罟坑考古遺址的發現與曝光，其實並非是單純的學術活動，反而與當代的社會實踐息息相關。話說回到上個世紀的 1990 年代後期，政府將於八里到林口一帶規劃興建一系列垃圾掩埋場及焚化爐，擬徵收當地居民百年經營生活的土地，將都市發展產生的成本，便宜行事地轉移到當時偏遠的城市外圍。下罟坑遺址考古遺物的採集者張新福氏，當時是本地太平村自救會的靈魂人物，活躍於以生態保護為訴求對抗焚化爐興建的抗爭活動。期間他因好奇而於家門前灘岸海濱採集各式考古遺物，1997 年被報章媒體大幅報導，[1] 此後他的考古發現就躍上了實際生活的舞臺，甚至時常在抗爭訴求中扮演最為「在地原生」的角色。即便曾二度被提報為環保流氓，張新福與自救會的夥伴們堅持守護土地，成功地擋下灰渣掩埋場的興建計畫，但也考量大局而各退一步，轉而與焚化廠攜手共同維護八里林口的環境保護，並長期參與焚化爐的定期民間監督活動，直到今日。張氏始終默默地自修考古知識，並多次親赴大學和博物館探訪就教於相關專家，近年並在垃圾焚化廠廠區空間舉辦了「下罟遺址標本數位人文展」。一處古老的考古遺址，一場偶然的考古發現，反倒記錄了臺灣社會文資保存與環評抗爭的實踐過程，譜寫出一段凝結社會共識的歷史佳話。

隨著抗爭活動逐漸沈澱寂靜下來，張氏將多年採集所得上萬件的考古藏品，轉贈新北市十三行博物館永久典藏和展示，館方也從 2011 年起委託本人進行相關的內涵研究與展示計畫。個人對於該遺址雖非熟稔，但是對於考古遺址的形成過程問題卻有著長期的研究興趣。下罟坑濱灘採集的大量考古遺物引起學者和民間人士廣泛的關注，然而，最令人不解的卻是考古遺址的「本體」，屢經調查卻始終難以確認。我們的研究成果表明下罟坑遺址歷經了巨大的改變，恰恰描繪出考古遺址的生（沙丘遺址的形成階段）、老（文化遺留堆積埋藏）、病（突堤效應導致沙層流失）、死（海岸線後退）。考古學如何從現代殘存的有限資訊，推敲出過往這段古老沙丘的地形變遷，箇中過程令人著迷，但此為外話矣。惟，張氏採集上萬件考古遺物中的一件燧石質地楔形擊火石（D-shaped / wedge gunspall），大小僅約 35×30 公釐，卻和我有著迴旋往復的學術因緣。要理解它奇特的存在和意義，卻還得從頭說起。

下罟坑遺址的這件擊火石通體器表略有白化的石鏽現象，破疤露出黑褐色的內胎，質地為品質較差的燧石，近似色澤斑駁的玉髓，略殘；側邊可見殘留一系列連續之敲擊疤，加工形成銳利的邊刃（圖1、2）。由於史前臺灣從來罕見燧石質地器物，以往雖曾有從形態學比較分析和顯微鏡觀察石英質細小石器的研究，但為

數有限,並認為此一史前小石器製作的傳統大體侷限在東海岸中部地區。[2] 因為史前臺灣缺少燧石質地器物,而本件標本所具備明顯人為加工的邊刃,從形態學的直覺判斷來說,在最初版本的研究報告中被判斷為「錘擊法打製燧石質小型刮削器,可能屬於舊石器時代石器」。[3] 必須承認此一誤判明顯是受到田野調查中口訪資訊的影響,傳聞本地曾有業者從印尼進口玉石與石器販售,而後因故棄於下罟坑一帶的濱灘。由於這件標本外觀上形似尖狀箭頭,兼之側邊可見明顯的修整痕跡,故一度懷疑可能與島嶼東南亞先陶時代(距今 3000 年以前)的石片器傳統有關。隨後承藤木聰先生指正,並參考國內外相關遺址標本,包括左營舊城出土的燧石遺物,而於後期的報告中修正為燧發槍(flintlock)擊發器端安裝之擊火石,屬於晚近的「歷史時期石器」。[4] 地表採集石器要分辨其所屬考古文化,遠比陶瓷器困難,原因是舊石器時代的石器製作技術往往持續到後世,燧發槍擊火石就是經典案例之一。特別是隨著燧發槍流通全球,在地匠師往往依循本地的史前石器技術傳統來「山寨」燧石擊火石,在有些案例甚至需要利用顯微鏡進行微痕分析來判斷。二戰前夕英國的達特福德(Dartford)海灘曾發現並採集為數不少的石器,當時研判屬於「西歐舊石器」,於是貼上標籤後一直典藏在大英博物館內。但是,倘若細細觀察就會發現該批石器標本的製作技術似乎遠比舊石器複雜頗多,以至於數十年來這個問題一直困擾著當地的石器考古專家。誰曾可想,這個英國考古學界長期的疑惑,問題竟在發生之「前」便已解決了!遠在一次大戰末期 1917 年,錢德勒(R. H. Chandler)在《東盎格利亞史前考古學會年報》發表了一篇名為〈幾處應是燧發槍擊火石的遺址〉("Some Supposed Gunflint Sites")的小文,[5] 報導在三處燧發槍擊火石製作遺址採集的歷史時期石器,竟與前述誤判之舊石器幾乎一致!或許當時正值大戰末期烽火連天,導致該文默默無名,但先入為主的誤謬想法確實長期誤導了不少的英國石器專家,當然這也說明了二種石器在形態學上的高度相似,即使到了現在仍可能造成誤判。

　　無論如何,該件下罟坑灘岸採集的標本具備了楔形擊火石的典型特徵:帶有兩個微凸的劈裂面(一般史前石器僅具備單一劈裂面),也就是工匠將從原石上片解下

1　黃惠玲,〈八里海岸新石器時代再現〉,《聯合報》,1997 年 10 月 18 日。

2　趙金勇,〈下田組遺址考古試掘報告──兼論東海岸麒麟文化〉,《田野考古》,第 8 卷(2004.6),頁 45-93。

3　趙金勇、陸泰龍、林淑芬,《八里到林口海岸地區自更新世以來的地質環境及出水石器研究成果報告》(新北市十三行博物館委託中央研究院歷史語言研究所,2012)。

4　趙金勇,〈八里下罟坑遺址之形成過程探微〉,《田野考古》,18 卷 2 期(2016),頁 37-70。

5　R. H. Chandler, "Some supposed gunflint sites," *Proceedings of Prehistoric Society of East Anglia* 2 (1917): 360-365.

1　下罟坑遺址燧石質地楔形擊火石（SGK00776 正反面）

來的石片當作石核，而於另一側再次打剝下石片，故剖面會呈現兩側凸弧、向一端變薄的楔形；前後兩次的打擊方向接近垂直；一側邊有單向、大角度的修整痕跡作為擊火端之用。這種楔形擊火石出現早於英國等工業化生產的方角石瓣擊火石，流行年代大致在1650年代到1780年代前後，在某些特定地區可以一直延續到19世紀初期。綜合文獻史料、陸域和沈船考古遺址的出土遺物以及微量元素分析等資料，燧發槍擊火石的生產相當廣泛，包括西歐與南歐等地區都曾存在擊火石的製造產業，18世紀末義大利北部偏遠的萊西尼山區就曾日產高達20萬件的擊火石。不過，除了英、法國等國的軍火工業之外，其他地區的製品對於全球的輸出規模仍是有限。由於臺灣史前文化的石器組合中極為罕見燧石的利用，合理推想下罟坑遺址採集的楔形擊火石，連同少數的石核和燧石殘片，應該是17、18世紀西歐地區製作輸入燧發槍的相關遺留。類似的遺物也見於左營舊城的考古發掘（圖3、4），其他少數考古遺址發現的燧石片則多半屬於不定型的生火用打火石（strike-a-light），空間訊息也顯示與漢人活動有關，此一模式也相當符合臺灣民間與原住民有關用火的文獻史料。

不過，為何在臺灣會發現燧發槍相關的遺留呢？有清一朝，無論八旗、綠營或是民間武力，向來執著以火繩槍作

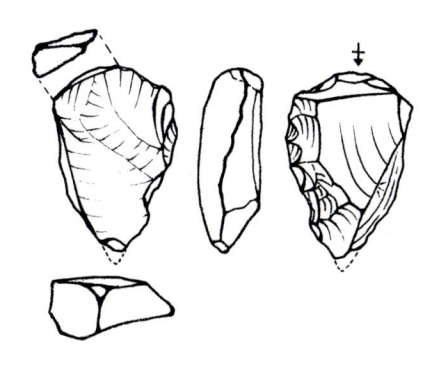

2 下罟坑遺址燧石擊火石手繪線描圖，可見楔形剖面（正反面）
3 左營舊城遺址出土燧石楔形擊火石，右側前端殘留明顯的擊火痕跡（鍾國風提供）
4 左營舊城遺址出土燧石楔形擊火石，左側前端可見擊火留下的痕跡（鍾國風提供）

為主力的火器，但是，清代軍部對於火繩槍的青睞卻並非源於對燧發槍的無知。北京故宮博物院就藏有一件康熙年間英國製的琵琶鞘燧發槍，另一件「御製自來火二號槍」更是國產高級的轉輪式燧發槍；戰場上，無論是清俄第二次雅克薩之戰或是乾隆中後期的清緬戰爭，都嚐盡燧發槍在潮濕氣候中具備速射、不啞火的優勢，也曾仿製俄國燧發槍四千把投入對準噶爾的戰爭。不過，整體上，清軍仍堅持火繩槍準頭好、射程遠的優點，據以配置到以騎兵與弓箭為主體的野戰傳統戰術。1793 年英國馬戛爾尼（Earl George Macartney）使團聽聞當時清國各省軍械庫僅備藏燧發槍 500 支，大為震驚與不解，相較之下，同時期即便執行不甚認真的禁槍令，也至少從民間收繳鳥槍鐵銃超過四萬桿，可見數量差距天壤之別。箇中因素，或許馬戛爾尼考量清國境內除西域外並無優質燧石確有其可能，而在這一點上，臺灣的地質條件也是相同的。故整體反映在早期臺灣的圖像和史料中，通行全球二百年的燧發槍始終彷彿不曾存在於臺灣。[6] 即使到了 19 世紀下半葉以後西方各國火藥武器迅速擴散，包括東亞在內的全球各地開始出現各式槍枝混雜且遽增的現象，當時西方人在本島活動時卻常見臺灣民間仍持有火繩槍，而且為數頗多，本地製造與維修亦是常態。1870 年代英國攝影師湯姆生（John Thomson）進入屏東山區原住民社會時，就發現幾乎每家每戶都掛著火繩槍，無疑是透過本島華人的中介轉販流入山區。1910 年日治官方調查泰雅族陶賽群的《蕃社臺帳》，就記錄有連發毛瑟槍、單發毛瑟槍、火繩槍、士乃得槍、村田獵槍和軍槍等六類，但沒有燧發槍的調查紀錄。可以見得，過去三、四百年間臺灣本島無論是在官方綠營、民間武力或是原住民社會，早已流通全球的燧發槍卻一直非常罕見，反而燧發槍擊火石卻確確實實地出現在考古遺址當中。這個不對稱的現象始終困擾我多時。

然而故事還沒完呢。前面討論到清朝火器遍布民間，專制力度最嚴的清代官府，其實從來沒有認真地收繳民間槍枝（但重兵器如火炮和抬槍倒是禁絕了），並且由於清初順治政府（1643-1661）就取消了匠籍制度，解放了工匠造槍的自由。相對地，民間對於火器的需求卻是源源不絕，地主團練裝備有大量鳥槍，南方地區無論是面對土匪的自衛或是愈演愈烈的械鬥現象，在在都需要火器做為爭鬥利器。紀曉嵐著《閱微堂筆記》多次記述有民間使用火槍的事態頻繁，無論是牧民「攜銃自衛」或著獵戶「合銃群擊」，持槍之人也包括他身邊的奴僕、短工、佃戶等不一而足，可見在那個年代中國民間持有和使用火槍實乃司空見慣。福建土客衝突嚴重，鄉民械鬥往往會用上各式輕重火器；廣東碉樓是中國南方鄉土建築的一個特

殊類型,集防衛、居住和中西建築風格於一體,反映的社會形態卻是面對盜匪掠劫的自衛組織。類似的社會環境脈絡,同樣普遍存在於臺灣早期的民間社會。

近期史丹佛大學專攻美國海外華人研究的考古家芭芭拉・沃斯(Barbara Voss)教授,在與開平當地學者展開國際合作研究計畫,於考古發掘中就出土不少燧發槍擊火石,在中國考古研究報告中也是頗為罕見。這裡出土的擊火石器型特徵與下罟坑遺址所見相仿,燧石的色澤同樣是黑褐色帶灰白雜質,說明可能是英國製造輸出的火器遺留。開平倉東村出土的擊火石遺物,默默地記載了當地社區自行添購西方國家使用的燧發槍(而非清朝傳統的火繩槍),甚至可能雇傭香港或澳門的西方武力,投入以碉樓為核心的社區防衛或是族群械鬥。令人突兀,卻又相當符合當地的時代背景和社會脈絡。

我懷疑相同的社會情境與歷史過程,也曾在臺灣民間上演。而不為史料文字記載的種種歷史遺痕,最終都沉默地埋藏進了考古遺址的堆積當中,可謂是「用土地寫歷史」的另一樁。我們得從考古學的思考和取徑,通過解讀燧發槍擊火石這樣毫不起眼的「微物」,才能更豐富我們對於過去臺灣社會的認識。

6　陳宗仁,〈近代臺灣原住民圖像中的槍——兼論槍枝的傳入、流通與使用〉,《臺大歷史學報》,第36期(2005.12),頁53-106。

《甘露水》的涓涓水流　48

顏娟英

黃土水《甘露水》

當我第一次在北師美術館見到《甘露水》時，深深被她堅定沈著的面容，結實有力的身軀所震撼，無法言語。百年前，這位裸女的表情為何如此既溫柔又強烈？黃土水題名《甘露水》的意義如何理解呢？水是否存在？若然，水與女子兩者如何構成《甘露水》的寓意呢？女子既寫實又抽象的表情象徵什麼意義呢？

日治時期臺灣　黃土水　《甘露水》　1921 年　大理石　雕刻　高 175 公分　寬 80 公分　深 40 公分　文化部典藏　（照片：涂寬裕拍攝，作者提供）

　　2021 年 12 月 18 日黃土水作品，重達 500 公斤以上的《甘露水》等身高大理石裸女像，相隔 63 年再度回到臺北公開展出，更是被封閉在黑暗的木箱子長達 45 年來首次破繭而出，正式與世人見面，一時造成臺灣藝壇轟動。[1] 黃土水是臺灣現代美術的劃時代人物，最早進入東京美術學校學習，並且獲得帝展四次入選。然而由於受限於經濟條件，除了《甘露水》為大理石作品，其餘三件作品都是石膏像，保存不易，沒有留下任何痕跡。[2]《甘露水》於 1921 年入選帝展，照片

---

1 林曼麗，〈總論：光——臺灣文化的啟蒙與自覺〉，《光——臺灣文化的啟蒙與自覺》展覽圖錄（臺北：國立臺北教育大學北師美術館，2022），頁 25-29。展覽時間：2021 年 12 月 18 日至 2022 年 4 月 24 日。

2 黃土水生前最後一件大型作品「水牛群像」，淺浮雕石膏模型，捐贈臺北會堂，今中山堂。

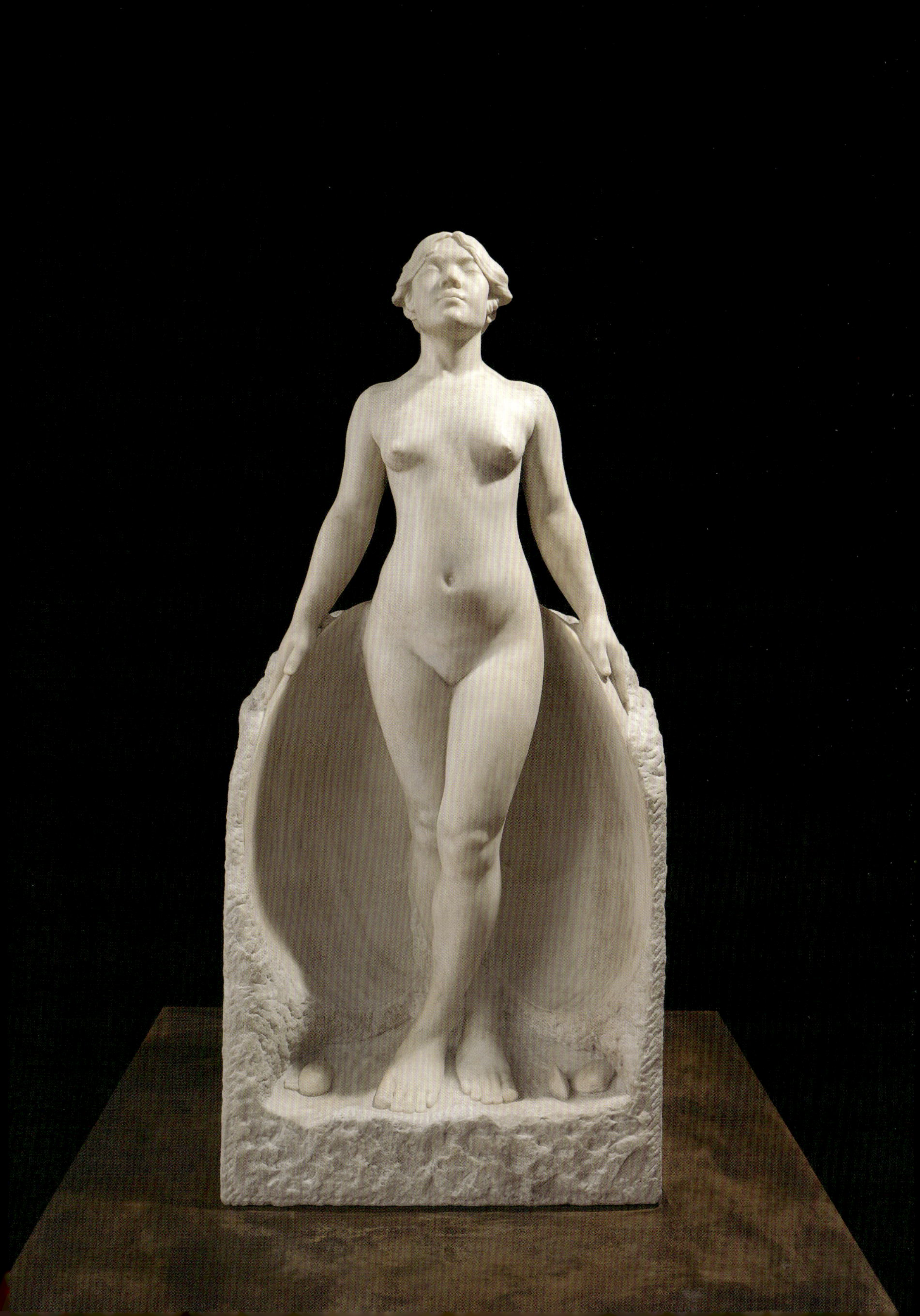

收入圖錄，接著 10 年後，在臺北遺作展展出時，再次留下一小張黑白照，此後不曾有任何圖片流出。故而，《甘露水》長期成為臺灣美術史上「傳聞」也是「傳奇」的作品。[3]

《甘露水》是臺灣美術史上第一件裸女像，首次發表時可能由於題材緣故，在保守的臺灣並沒有受到太多重視。[4] 進入國民政府時期後不久，這件作品不再公開展示，1974 年以後長期被封箱、遺忘，過去的研究有限。[5]

當我第一次在北師美術館見到《甘露水》時，深深被她堅定沈著的面容，結實有力的身軀所震撼，無法言語。百年前，這位裸女的表情為何如此既溫柔又強烈？黃土水題名《甘露水》的意義如何理解呢？水是否存在？若然，水與女子兩者如何構成《甘露水》的寓意呢？女子既寫實又抽象的表情象徵什麼意義呢？

創造《甘露水》

《甘露水》女子身軀飽滿健壯，挺直腰桿，閉著雙眼，下顎向上傾，雙手向下伸展，彷彿虔心接受天地日月的精華。她臉龐骨架方硬，眉骨稜線突出，鼻樑挺直，雙顴略寬，下顎圓潤，豐滿的雙唇如波浪起伏，且刻畫輪廓線。她豐厚的頭髮從額頭中央下垂至眼角，再從雙耳際翻轉而起，有如飛翔的兩翼，最後盤旋在腦後方，層層結髻。（圖1）搭配曲線優雅的腰部，她的小腹圓鼓，肚臍突出，（圖2）下腹勾勒出上揚的圓弧線，大腿肌肉結實，右腳輕輕著落在隆起的沙地，左腿交叉腳尖踮起；瞬間掌握靜止落地，將再次躍起的張力，彷彿動靜自如，散發無限的能量。她腳趾長大有力，感覺並非溫柔嬌弱的少女，而是堅毅且健康、明朗而樂觀的女性。（圖3）

1920 年 3 月黃土水完成東京美術學校畢業作品，大理石《少女》胸像原題名《ひさ子さん》（Hisako san），來自小模特兒的名字。同年 10 月作品《蕃童》是臺灣人首次入選帝國美術院展覽會（帝展），輿論轟動。據他受採訪時說，暑假回臺學習原住民題材後，以東京高砂寮宿舍廚師的小孩為模特兒，創作時間約十天完成。[6] 這包括製作黏土塑像，石膏翻模成像，再稍加潤色的過程。[7] 同時，黃土水進入研究科，留校繼續學習。為準備 1921 年參加帝展，改製作難度較高的大理石作品，《甘露水》，果然順利入選。

黃土水可能自聘模特兒，或利用學校聘用的模特兒完成泥塑像，翻製石膏像後修飾細節，回到學寮空地，再根據石膏像來慢慢敲打大理石。在完成製作《甘露水》約半年後，黃土水曾說明漫長而艱辛的製作過程中，還要支付各項昂貴的

1　日治時期臺灣　黃土水　《甘露水》之頭部側面局部　1921年　大理石　雕刻　高175公分　寬80公分　深40公分　文化部典藏　（照片：涂寬裕拍攝，作者提供）
2　日治時期臺灣　黃土水　《甘露水》之上半身局部　1921年　大理石　雕刻　高175公分　寬80公分　深40公分　文化部典藏　（照片：涂寬裕拍攝，作者提供）

3　關於〈甘露水〉從臺北轉運到臺中過程，透過省議員徐灶生（1901-1984）運送公司輾轉由張鴻標診所收藏的曲折過程，參見顏娟英，〈總論：臺灣美術史與自我文化認同〉，《臺灣美術兩百年》（臺北：春山出版有限公司，2022），頁32-33。

4　顏娟英，〈新時代男與女〉，《臺灣美術兩百年》，頁262-265。

5　王秀雄，《黃土水 臺灣美術全集19》（臺北：藝術家出版社，1996）；李欽賢，《大地・牧歌・黃土水》（臺北：雄獅美術，1996）；顏娟英，〈徘徊在現代藝術與民族意識之間──臺灣近代美術史先驅黃土水〉，《臺灣近代美術大事年表》（臺北：雄獅美術，1998），頁VII-XXIII；羊文漪，〈黃土水「甘露水」大理石雕作為二戰前一則有關臺灣崛起的寓言：觀摩、互文視角下的一個閱讀〉，《書畫藝術學刊》，14輯（2013.7），頁57-88；鈴木惠可，〈邁向近代雕塑的路程──黃土水於日本早期學習歷程與創作發展〉，《雕塑研究》，14期（2015.9），頁87-132。

6　黃土水採訪稿，《臺灣日日新報》，1920年10月17日。中譯見顏娟英譯著，〈以雕刻「蕃童」入選帝展的黃土水君〉，《風景心境》（臺北：雄獅美術，2001），上冊，頁124-125。

7　鈴木惠可，〈少女〉，《不朽的青春──臺灣美術再發現》（臺北：國立臺北教育大學北師美術館，2020），頁32。

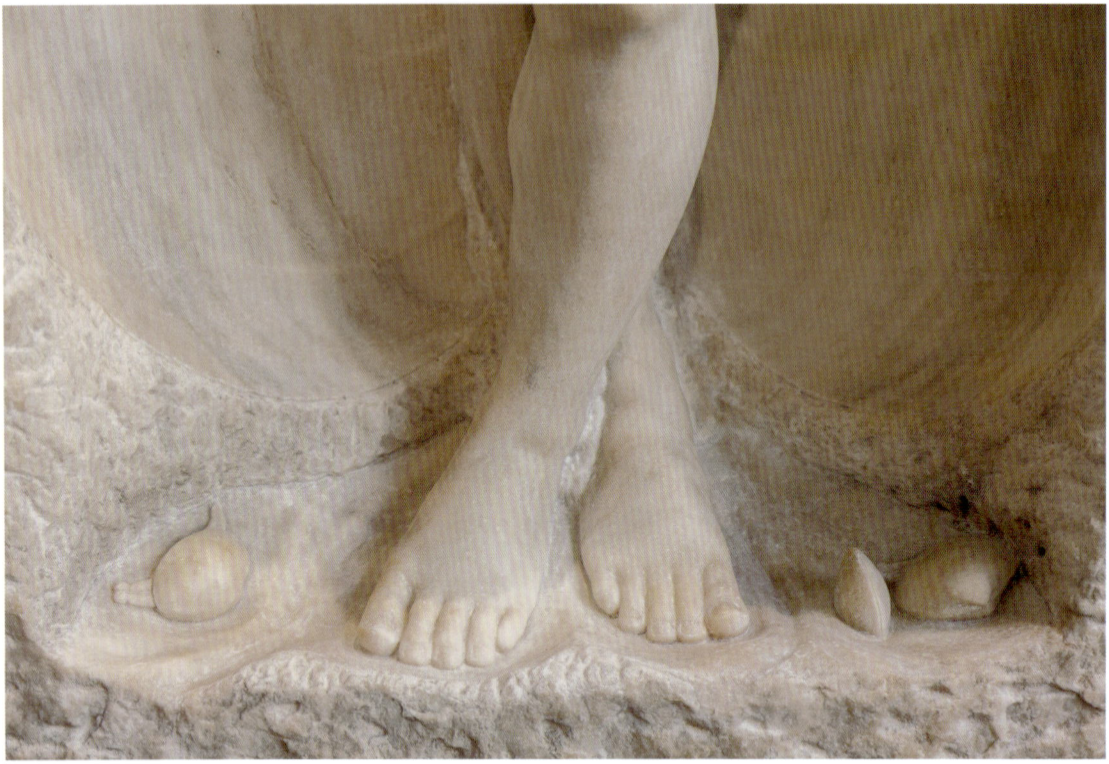
3

費用，包含石材與運費，還有模特兒薪資等等，這可以解釋他後來幾乎放棄大理石創作的原因：

> 製作一尊五六尺的石雕也幾乎要一年的時間。從早到晚，手執鐵槌，不知道有幾十萬次或幾千萬次那樣地拚命敲打著石材，萬一其中只要有一下敲壞了雕像的一根手指頭，那可就不得了，所有的努力都泡湯了。自己努力的方向還容易控制，然而所需要費用如石材、運費及模特兒、石膏材料、工具及其他種種雜費卻更不是容易的事。[8]

我對此作品水的描繪特別感興趣。黃土水借用禪寺庭園枯山水的表現手法，細膩刻畫涓涓水流緩緩環繞沙地上女子的雙腳並及角落的文蛤。三顆文蛤或直立，或平躺伸出斧足，彷彿在柔軟的淺水沙灘上自在地翻轉著。（圖3）水雖然不可見，但水穿過泥沙留下的紋路，刻劃下真實的存在感。水象徵生命，也具體敘說甘露水連結著女子與大地的生機。

超凡入聖——背道而馳的美學

1921年資深雕刻家藤井浩祐[9]在第三回帝展，注意到《甘露水》，評論：「寫實優美，但全體看來有些堅硬。」[10]他認為石雕常見此技術問題。乍看《甘露水》女子似乎凝然不動，但這是創作大理石所未能克服的技巧問題嗎？恐怕不盡然。黃土水在製作泥塑像模型時，就決定了《甘露水》的姿態。事實上，女子飽滿的上半身令我聯想到佛像，例如中國初唐石雕十一面觀音菩薩像（圖4）。[11]當然，雕刻菩薩像的匠師並不知道現代人體寫實觀念；不過，《甘露水》與菩薩像在造型上仍有些奇妙的關聯性。她們有高腰與低腰之別，但同樣在腰際表現完美對稱的曲線，細腰、小腹鼓起與肚臍突出都有些明顯類似。

3　日治時期臺灣　黃土水　《甘露水》之雙腳及文蛤局部　1921年　大理石　雕刻　高175公分　寬80公分　深40公分　文化部典藏　（照片：張國耀拍攝，北師美術館提供）

4　唐　十一面觀音像　石雕　約8世紀初　高113.8cm　日本重要文化財　東京國立博物館藏（ColBase：https://colbase.nich.go.jp/collection_items/tnm/TC-719?locale=ja）

佛教文獻以滿月形容佛臉，未開蓮苞形容眼睛等等，強調佛像莊嚴，無法形容的完美圓滿。那麼，古代石雕菩薩像如何傳達美感，亦即超越世間的永恆生命？佛像雕刻臉部飽滿而理想化，雙眼似閉非閉時表示禪定或虔敬內觀，軀幹四肢則特別講究氣的表現。裸露的雙肩、胸部與腹部，連同衣帛都必須表現出鼓盪之氣，特別是圍繞著肚臍環狀鼓起，其下方弧形裙頭寬鬆地繫住腹肚，下裳以及雙腿，都一再以圓弧形傳達此生命之氣的律動感。《甘露水》女子的臉部雖然寫實，但在眉骨與雙唇也運用線條強化輪廓，軀幹四肢更是如此，如腰部流線型曲線與小腹下的弧形線等，極其優美流暢。更特別是，女子小腹鼓起，飽滿的氣勢充溢胸膛，配合昂揚的下巴與微閉雙眼虔敬的表情，似乎接受來自天上無形的恩賜，一股超凡入聖之感。唯有觀眾繞到作品背面，才能體會這位年輕女性肌膚自然的感官美。（圖5）

西方石雕傳統，早自希臘羅馬時期常見以裸女像表現女性人體理想美，並延伸象徵優雅、豐碩、享樂等女神。[12]（圖6）文藝復興時期以降，許多名家承此傳統，以裸女為創作靈感，留下不少經典名作，歌頌女性肉體之美。

1900年，東京美術學校西洋畫科教授黑田清輝（1866-1924）以巨幅裸女畫《智·感·情》三聯作，獲得巴黎萬國博覽會銀牌獎，為日本近代洋畫裸女題材立下學院典範，影響深遠。[13] 黃土水必然熟知這幅名作，但他要表現出不同於《智·感·情》的臺灣女子形像。《智·感·情》中央〈感〉描寫正面直立，雙腿併攏的裸女，與《甘露水》形象最相近。（圖7）配合貼金箔溫暖的背景，黑田清輝畫中裸女細膩地描寫娟秀的五官，直視人間，肌膚柔軟，光影變化中彷彿吹彈可破。黑田刻意拉長女子從腰際至雙腿的修長比例；她的雙手外展舉起，據說是表

---

[8] 黃土水，〈出生於臺灣〉，《東洋》，25卷，第2·3期（1922.3），頁183-188，中譯見顏娟英譯著，《風景心境》，上冊，頁126-130。

[9] 藤井浩祐（1882-1958）1907年東京美術學校雕刻科畢業，連續入選文展並獲賞，1916年退出文展，加入日本美術院，1936年退出，重新加入官展體系，成為帝國美術院會員，文展審查員。臺中雕塑家陳夏雨（1917-2000）1937年成為其入門弟子。

[10] 藤井浩祐，〈帝展雕刻評〉，《中央美術》（1921.11），頁99。

[11] 陝西西安寶慶寺出土，原為七寶臺造像之一，參見顏娟英，〈武則天與唐長安七寶臺石雕佛像〉，《鏡花水月：中國古代美術考古與佛教藝術的探討》（臺北：石頭出版股份有限公司，2016），頁113-120。此件十一面觀音現藏東京國立博物館。

[12] The Three Graces，羅馬時期模仿公元前2世紀希臘雕刻。參考大都會藝術博物館官網：https://www.metmuseum.org/art/collection/search/256403

[13] 黑田清輝留學巴黎，1896創設東京美術學校西洋畫科，兩年後任教授。1920年當選貴族院議員，1922年任帝國美術院院長。東京國立博物館編，《生誕150年黑田清輝：日本近代繪畫的巨匠》（東京：美術出版社，2016）；東京文化財研究所美術部編集，《黑田清輝〈智·感·情〉》（東京：中央公論美術出版，2002）。

5　日治時期臺灣　黃土水　《甘露水》之背面局部　1921年　大理石　雕刻　高175公分　寬80公分　深40公分　文化部典藏　（照片：涂寬裕拍攝，作者提供）

6　美惠三女神（the Three Graces）　2世紀　石雕　高123公分　寬100公分　美國大都會藝術博物館藏

見 ● 黃土水《甘露水》●

7　黑田清輝　《智・感・情》三聯作之〈感〉　1899 年　畫布油彩　180.6 × 99.8 公分　日本重要文化財　東京國立博物館藏（ColBase：https://colbase.nich.go.jp/collection_items/tnm/KU-a053?locale=ja）

示傾聽、感受之意，為瘦長的頭頸部增添不少穩定感。反觀《甘露水》女子的面容樸實堅定，腹部飽滿健壯，加上肌肉結實的四肢，是健康可信的人體寫實，但微閉雙眼，仰望天上，只有雙手接觸背景貝殼，身軀缺乏類似〈感〉細膩誘人的肉體感覺。

永恆的靈魂與藝術淨土

　　黃土水的美學觀與西方傳統學院背道而馳；他刻意在寫實的裸女像中運用古代佛雕的表現手法，既關照地面的生物，且以昂揚的頭部傳達出勇敢地擺脫世俗感官的享受，承接來自天上的精神啟發。出身貧苦，奮力苦學的黃土水曾親筆痛批臺灣「可憎恨的千萬富翁沈醉於眼前的榮華⋯⋯崇尚肉慾的上流者完全不理解精神的重要。」他呼籲年輕人「捨棄一時肉體的享樂，永恆的靈魂才會誕生。」永恆的靈魂或生命是指什麼呢？黃土水認為唯有精深的藝術創作才能達到永恆不朽。是故，他邀請年輕人一起來創作，「拿一團泥土、一塊木頭或石頭，按自己的想法來造型，其間創作的快樂實在非外人所能理解。故鄉的年輕人啊！請一齊踏上藝術之道來吧！此處花開不斷，鳥唱不絕。啊！到此法喜之境來吧！」[14]

　　《甘露水》作品述說著黃土水內心的心願。這件寫實的裸女大理石雕像彷彿繆斯女神，祈請天降甘霖，帶給荒漠的大地無限生機。甘露水的降臨代表生命，也代表藝術的「福爾摩沙」時代來臨。

　　1930 年 12 月黃土水因創作過勞而病逝。次年 5 月，《甘露水》運回臺灣，於遺作展公開兩天後，捐贈給臺灣教育會館，現今二二八國家紀念館，展示於大廳 Y 型樓梯旁。畫家林玉山（1907-2004）晚年曾回憶六十多年前，在教育會館首見此作品如「出水芙蓉」，終身難以忘懷。[15]

14　黃土水,〈出生於臺灣〉，顏娟英譯著，《風景心境》，上冊，頁 128-130。

15　《聯合報》，1998 年 7 月 19 日，14 版。

● 總策畫 ●

賴毓芝，中央研究院近代史研究所副研究員，美國耶魯大學藝術史博士。主要研究領域為中國繪畫史，尤其聚焦 18 世紀清宮與歐洲宮廷的視覺文化交流與 19 世紀下半上海畫壇與日本的往來。曾經擔任荷蘭萊頓大學 Hulsewé-Wazniewski Stichting 訪問教授、德國海德堡大學 Heinz Götze 訪問教授、普林斯頓高等研究院訪問學人等，除了各種期刊與專書論文外，出版專書與合著包括《看見與觸碰性別：近現代中國藝術史新視野》(2020)、《跨界的中國美術史》(2022)，與合編特展圖錄《追索浙派》(2008)、《偽好物：16 至 18 世紀「蘇州片」及其影響》(2018) 等。

● 作者簡介 ●

01　柯律格 Craig Clunas，牛津大學藝術史名譽教授，亦為該校以亞洲藝術專長出任藝術史講座教授教席的第一人。其研究關注明代，也對 20 世紀藝術感興趣。任職牛津大學之前，曾任職於維多利亞與艾伯特博物館，並在薩塞克斯大學（University of Sussex）和倫敦大學亞非學院教授藝術史。著有《長物：早期現代中國的物質文化與社會狀況》、《蘊秀之域：中國明代園林文化》、《中國藝術》、《明代的圖像與視覺性》、《雅債：文徵明的社交性藝術》、《大明：明代中國的視覺和物質文化》、《藩屏：明代中國的皇家藝術與權力》以及《誰在看中國畫》。

02　喬迅 Johnathan Hay，自 1990 年起任職美國紐約大學藝術史研究所艾爾薩・梅隆・布魯斯（Ailsa Mellon Bruce）講座教授。著有《石濤：清初中國的繪畫與現代性》、《魅惑的表面：明清的玩好之物》，二書皆已翻譯中文出版。近期正在著手撰寫一本關於人工智能（AI）與藝術之間關係的理論研究新著作，書名為 *Artwork Intelligence*。已發表數篇論文、短文和收錄於書中的章節文章探討中國藝術史議題，以及整體藝術史的理論問題。目前主要的歷史研究主題聚焦在 8 至 11 世紀尤其側重 10 世紀的中國書畫。

03　巫鴻 Wu Hung，執美國芝加哥大學「斯德本特殊貢獻教授」教席，兼任該校東亞藝術研究中心主任和斯馬特美術館策展人。2008 年被遴選為美國國家文理學院終身院士，並獲美國大學藝術學會美術史教學特殊貢獻獎，2016 年獲選為英國牛津大學斯雷特講座教授，2018 年獲選為美國大學藝術學會傑出學者，2019 年獲選為美國國家美術館梅隆講座學者，並獲得哈佛大學榮譽藝術博士。2022 年獲得美國大學藝術學會頒布的「藝術寫作傑出終身成就獎」。其著作包括對中國古代、現當代藝術以及美術史理論方法論的多項研究。

04　高彥頤 Dorothy Ko，出身香港，留學美國，現任教哥倫比亞大學巴納德學院歷史系。中央研究院和美國文理學院院士。研究領域包括明清史、婦女性別、科技、視覺文化及物質文化史等。著有《閨塾師：明末清初江南的才女文化》，《纏足：金蓮崇拜由盛極而衰的演變》，和《硯史：清初社會的工匠與士人》等書。最近關注環境生態和可持續發展，探索身體記憶和口傳身授的技藝，尤其是紡染織手工藝，在現代和後工業社會中所應扮演的角色。

05　梅玫 Mei Mei Rado，紐約巴德裝飾藝術研究院（Bard Graduate Center）紡織品與服飾史助理教授，主要研究方向為 18 世紀至 20 世紀初中國和法國的織品與時尚及中西藝術文化交流。曾任洛杉磯郡立美術館紡織服飾部副研究員策展人，並在法國國立藝術史研究院、北京故宮博物院宮廷部、紐約大都會藝術博物館歐洲裝飾藝術和雕塑部、華盛頓國立亞洲藝術博物館等處擔任訪問學者。其研究獲得利榮森紀念交流計劃、美國學術團體協會、倫敦古物協會等基金會的支持。

06　**羅森 Jessica Rawson**，曾於大英博物館擔任策展人二十餘年，專注於探討、研究與展示宋代以前的早期中國。1987 年到 1994 年擔任亞洲部主任，期間負責翻新中國與南亞的大型亞洲展廳、籌辦跨部門展覽以及來自中國的大型借展。1995 年，轉任牛津大學，1994 至 2010 年擔任墨頓學院院長。1994 年至今，講授課程、指導研究生從事中國早期考古和藝術研究，並在眾多重要學術會議上進行主題演講。目前聚焦研究早期中國與歐亞大陸草原的關係，近期已完成一本關於中國古代考古學的新著，將於 2023 年出版。

07　**李雨航 Yuhang Li**，美國威斯康星大學麥迪遜分校中國藝術史副教授。研究側重於明清時期的性別與物質文化，模仿與宗教奉獻，戲曲與中國視覺藝術，媒介與宗教實踐等。首部著作 *Becoming Guanyin: Artistic Devotion of Buddhist Women in Late Imperial China* 榮獲美國宗教學會（AAR）2021 年度宗教與藝術圖書獎。除了各類文章外，亦與蔡九迪教授共同策劃和編輯了 *Performing Images: Opera in Chinese Visual Culture* 的展覽和圖錄。

08　**板倉聖哲 Itakura Masaaki**，現任東京大學東洋文化研究所教授，主要研究方向為宋元繪畫史及東亞美術交流。主持《中國繪畫綜合圖錄 三編》6 卷本、《日本美術全集》20 卷本、《アジア仏教美術論集》等編輯工作。合著《南宋繪畫：才情雅致的世界》特展圖錄，編輯與合著《講座日本美術史 第 2 卷 形態的傳承》；個人專著《李公麟「五馬圖」》等。

09　**謝明良**，國立臺灣大學藝術史研究所講座教授、教育部終身國家講座。著有《貿易陶瓷與文化史》、《六朝陶瓷論集》、《中國陶瓷史論集》、《中國古代鉛釉陶的世界——從戰國到唐代》、《陶瓷修補術的文化史》、《陶瓷手記》、《陶瓷手記 2》、《陶瓷手記 3》、《陶瓷手記 4》等。

10　**班宗華 Richard M. Barnhart**，1934 年生，成長於賓州西南部。於美國陸軍服役三年，在加州蒙特雷的陸軍語言學校開始學習中文，之後被派往日本和臺灣服役。賓州美術學院學習繪畫以後，進入匹茲堡大學和後來的史丹福大學求學，並於 1963 年畢業。1967 年完成普林斯頓大學博士論文，關注李公麟以圖繪轉化經典的《孝經圖卷》（現藏於美國大都會藝術博物館）。班宗華於 1967 年起在耶魯大學任教，2000 年退休。第一篇論文是關於中國書法，發表於 1964 年；第一本專書主題則是畫家董源，出版於 1970 年。退休後，與妻子彭佳玲（Catherine）在華盛頓州西北海岸的一個島上一起生活，並在那裡著述中國繪畫史。

11　**竹浪遠 Takenami Haruka**，2011 年東北大學大學院文學研究科博士課程修畢。博士（文學）。1998 年任職黑川古文化研究所，2015 年起擔任京都市立藝術大學講師，2016 年起任准教授。主要研究中國繪畫史，著有《唐宋山水畫研究》、論文〈呂紀畫風とその伝播——「四季花鳥圖」（東京國立博物館）を中心に—〉與〈唐宋畫牛考〉等。

12　**余佩瑾**，國立臺灣大學藝術史研究所博士，現職是國立故宮博物院常務副院長。日常除了必要的行政業務之外，主要研究課題為 10 世紀以後的中國陶瓷史，及以陶瓷史為基礎的東西文化交流。近年經手處理的展覽有「航向天方：15 世紀的伊斯蘭印象」、「小時代的日常：一個 17 世紀的生活提案」、「亞洲探險記：17 世紀東西交流傳奇」和「風格故事：琺瑯彩瓷特展」等。因為覺得博物館藏品蘊含許多意想不到的傳奇故事，所以始終不放棄博物館的研究工作。

13　**塚本麿充 Tsukamoto Maromitsu**，2011 年東北大學大學院文學研究科博士課程修畢。博士（文學）。2005 年任職大和文華館、2010 年任東京國立博物館研究員，現任東京大學東洋文化研究所教授，主要研究方向為中國繪畫史及其流傳地域的文化史。著有《北宋繪畫史的成立》、編輯與合著《コレクションとアーカイヴ 東アジア美術研究の可能性》、《臺北・國立故宮博物院—神品至宝》特展圖錄等。

14　**劉宇珍**，國立臺灣大學藝術史研究所碩士，牛津大學藝術史博士。曾服務於國立故宮博物院書畫處，參與策劃「神筆丹青：郎世寧來華三百年特展」、「巨匠的剪影：張大千 120 歲誕辰紀念展」，

與「攬勝：近現代實景山水畫展」，現職國立政治大學歷史系助理教授。博士論文探討 20 世紀初尚未定型化之「中國美術」概念，曾發表〈照相複製年代裡的中國美術：《神州國光集》的複製態度與文化表述〉、"Stealing Words, Transplanting Images: Stephen Bushell and the Intercultural Articulation of 'Chinese art' in the Early Twentieth Century"。

15　**米凱 Michele Matteini**，紐約大學藝術學院藝術史系副教授。研究興趣包括清代「怪」之繪畫及其接受，清代尚古風氣中的物質文化，以及東亞與世界的跨文化交流。目前正在進行兩個新計畫，包括參與合編一卷清代尚古風氣中的物質文化著作，以及撰寫一本關於清代藝術家的養成與教育的專書。

16　**賴毓芝**，中央研究院近代史研究所副研究員，美國耶魯大學藝術史博士。主要研究領域為中國繪畫史，尤其聚焦 18 世紀清宮與歐洲宮廷的視覺文化交流與 19 世紀下半上海畫壇與日本的往來。曾經擔任荷蘭萊頓大學 Hulsewé-Wazniewski Stichting 訪問教授、德國海德堡大學 Heinz Götze 訪問教授、普林斯頓高等研究院訪問學人等，除了各種期刊與專書論文外，出版專書與合著包括《看見與觸碰性別：近現代中國藝術史新視野》(2020)、《跨界的中國美術史》(2022)，與合編特展圖錄《追索浙派》(2008)、《偽好物：16 至 18 世紀「蘇州片」及其影響》(2018) 等。

17　**施靜菲**，目前任教於國立臺灣大學藝術史研究所，從事教學及研究工作。研究範圍主要是東亞陶瓷史及東亞與歐洲工藝美術交流，尤其著重觀察工藝技術及相關知識在不同文化間的傳遞。2002 年於牛津大學取得東方研究博士學位，曾於香港城市大學中國文化中心任教，之後轉任國立故宮博物院器物處擔任助理研究員，負責典藏、研究、策展及籌畫新博物館等相關事宜。曾經在下列機構擔任訪問研究員：東京大學東洋文化研究所、馬克斯‧普朗克科學史研究所 (Max Planck Institute for the History of Science)、李約瑟研究所 (Needham Research Institute)。出版有專書《日月光華：清宮畫琺瑯》及其他重要學術期刊論文。

18　**史彬士 James Neville Spencer**，1946 年出生於英國諾丁漢郡雷特福德，英國劍橋大學碩士。1969 至 1987 年間任職佳士得倫敦拍賣中心國際拍賣官、佳士得中國藝術部，負責中國藝術拍品尤其陶瓷的定年、編目和鑑定；1978 至 1987 年擔任總監（中國藝術）；1984 至 1987 年成立佳士得香港辦事處，並於 1987 至 1989 年間擔任顧問。參與編目「南京船貨」(1986 年在佳士得阿姆斯特丹拍賣)，包括在 1751 年沈沒的荷蘭東印度公司南京號（或稱哥德馬爾森號商船 [Geldermalsen]) 沈船殘骸中所發現的約 13 萬件中國瓷器。1989 至 2017 年間擔任鴻禧藝術文教基金會鴻禧美術館館長、2017 年起擔任顧問至今。於 1991 至 2004 年間，每年平均籌辦三回展覽，負責展品說明、定年、鑑定和策展。編著鴻禧藝術文教基金會藏品圖錄，包括《中國歷代陶瓷選集》、《天民樓青花瓷特展》和《金銅佛造像圖錄》。

19　**孟絜予 Jeffrey Moser**，布朗大學藝術與建築史助理教授。研究關注唐宋時期藝術與知識文化之間的關係。著有 *Nominal Things: Bronzes in the Making of Medieval China*，論文發表散見於 *Harvard Journal of Asiatic Studies*、*Journal of Song-Yuan Studies*、*Journal of Song-Yuan Studies*、*Grey Room* 和 *West 86th* 等期刊。

20　**林麗江**，國立臺灣大學藝術史研究所碩士，美國普林斯頓大學藝術與考古系博士。國立臺灣師範大學藝術史研究所教授，現借調擔任國立故宮博物院書畫文獻處處長。主要研究中國敘事畫、中國古代版畫與明代視覺文化。多年來深入探索中國繪畫與版畫，研究晚明繪畫與視覺文化間相互影響與傳播，亦涉及晚明蘇州片。相關研究興趣包括近代中國藝術對西方文化之應變與學習、中日文化與藝術交流，以及東西文化於近代世界交流所產生之衝擊與影響等議題。

21　**盧慧紋**，國立臺灣大學藝術史研究所碩士、美國普林斯頓大學美術與考古研究所博士。現任國立臺灣大學藝術史研究所教授兼所長。主要研究領域為中國書法史，特別留心書史典範的成立與轉變之問題，近年代表作包括〈董其昌與唐人寫經〉、〈唐至宋的六朝書史觀之變〉及 "A Forgery and the Pursuit of the Authentic Style of Wang Xizhi (303-361)" 等；主編特展圖錄《水月鏡像：懷素自敘帖摹刻本與風格傳衍》及《筆墨之外：中國書法史跨領域研究論文集》(《清華學報》專輯)。籌辦多場書法主題的國際學術研討會與論壇，近年亦逐步擴展對臺灣當代書法圈的關心。

22 **王淑津**,現任劉國松文獻庫研究員。國立臺灣大藝術史研究所碩士。學術志趣:其一,臺灣美術史,聚焦鹽月桃甫、何德來、余承堯、劉國松等跨越地域與族群疆界的藝術旅人的故事;其二,東亞陶瓷史,聚焦臺灣歷史考古遺址的陶瓷遺物世界。著有《南國虹霓·鹽月桃甫》,陶瓷考古著作散見學術期刊。

23 **馬孟晶**,史丹福大學藝術與藝術史系博士,現任國立清華大學通識中心與歷史研究所合聘副教授。主要研究領域為明清版畫史與出版文化,已出版文章處理文學插圖與視覺藝術的關係,如〈耳目之玩:從西廂記版畫插圖論晚明出版文化對視覺性之關注〉;或從地域書坊經營角度探討圖譜出版,如〈文人雅趣與商業書坊:十竹齋書畫譜和箋譜的刊印與胡正言的出版事業〉。近日研究議題也包括旅遊文化觀照下的杭州出版,及日清戰爭浮世繪的藝術性。

24 **李慧漱** Hui-shu Lee,美國耶魯大學藝術史博士,加州大學洛杉磯校區藝術史系教授。專長為古典繪畫與視覺文化,尤其著重宋畫、南宋藝術,與女性議題的探討。學術論著與出版涉及宋代書畫與園林、南宋杭州與西湖、女性與中國藝術史的建構、性別發聲與跨越,以及晚明文化與八大山人;偶亦涉獵現代與當代藝術。代表著作有:*Exquisite Moments: West Lake & Southern Song Art*(New York: China Institute, 2001)、*Empresses, Art, and Agency in Song Dynasty China*(Seattle: University of Washington Press, 2010);即將出版 *Picturing West Lake: the Poetics and Representation of An Iconic Place*(《圖畫西湖:勝景山水之呈現與再造》)。

25 **彭盈真** Ying-chen Peng,國立臺灣大學藝術史研究所碩士,加州大學洛杉磯分校博士。曾任職於國立故宮博物院、中央研究院,並赴美國大都會藝術博物館及荷蘭國立博物館研究,現任美利堅大學藝術系助理教授。專攻近現代中國工藝美術史,從性別研究和全球視野探討文物在製造、鑑賞與流動的過程中生成的文化意涵。專著 *Artful Subversion: Empress Dowager Cixi's Image Making* 由耶魯大學出版。

26 **胡素馨** Sarah E. Fraser,海德堡大學亞洲與跨文化研究中心、東亞藝術史研究所講席教授兼所長,四川大學「長江學者」特聘教授。其研究和數位人文計畫包括關注 20 世紀考古學、認知與跨文化相遇地點的佛教和攝影主題。曾與敦煌研究院合作,擔任芝加哥西北大學梅隆國際敦煌數位圖像檔案計畫主任(1999-2004)。她的著作包括:*Performing the Visual: The Practice of Buddhist Wall Painting in China and Central Asia, 618-980*(2004);*Xu Bing: After the Book from the Sky*(2020);和 *Cross Media Women: East Asian Photography, Prints, and Porcelain in the Staatliche Kunstsammlungen Dresden*(2021)。目前正著手完成一部關於 20 世紀敦煌與歷史記憶的專著。

27 **霍吉淑** Jessica Harrison-Hall,大英博物館中國部主任、斐西瓦樂·大維德爵士收藏研究員和大英博物館中國陶瓷與裝飾藝術研究員。目前正在共同領導一個藝術與人文研究委員會的國際項目,探討中國的「漫長的 19 世紀」之文化創造力(2020-2024),並將於 2023 年出版書籍和舉辦展覽。著有《大英博物館裡的中國史》,已翻譯成 6 種語言出版,並擔任何鴻卿爵士中國展廳首席策展人。與柯律格教授針對明代早期的研究策畫了展覽和圖錄 *Ming: 50 years that changed China* 以及 *Ming: Art, People and Places* 和會議論文集 *Ming China: Courts and Contacts 1400-1450*。另有兩本翻譯中文專書:《大英博物館藏中國明代陶瓷》、與康蕊君(Regina Krahl)合著之《大英博物館大維德爵士藏中國陶瓷精選》。

28 **雷德侯** Lothar Ledderose,德國海德堡大學資深教授。海德堡學術院院士、英國國家學術院院士與杭州中國美術學院視覺中國研究院院士。研究領域為中日書畫、建築和佛教藝術等,相關研究發表出版逾 200 項,包括專書《米芾與中國書法的古典傳統》和《萬物:中國藝術中的模件化和規模化生產》等。目前為海德堡學術院中國佛教石經研究計畫主持人。2005 年獲巴爾贊獎(Balzan Prize)。

29 **陳愷俊** Kaijun Chen,布朗大學東亞研究系助理教授,研究領域為中華帝國晚期文學和物質文化。研究關注 14 至 18 世紀宮廷陶瓷的製造及手工藝知識的流通,曾於 *Arts of Asia*、*Chinese Literature: Essays, Articles, and Reviews*、《故宮文物月刊》等刊物發表過關於工藝、文學與奢侈品貿易的文章。專著有 *Porcelain for the Emperor: Technocracy and Manufacture in Qing China* 探討 18 世紀清廷在其文化

產業中的技術專長之制度化。任職布朗大學之前，亦曾服務於德國柏林的馬克斯·普朗克科學史研究所和弗里克收藏館（The Frick Collection）。

30　**吳曉筠**，現任國立故宮博物院器物處副處長。做為一位歷史、考古學及美術史訓練下的研究者，長期專注於中國古代青銅器、青銅時代及鐵器時代歐亞草原與中原地區的文化交流互動。於國立故宮博物院任職以來，將研究領域擴及清代內府銅器收藏與製作。策劃多項展覽，如「商王武丁與后婦好：殷商盛世文化與藝術特展」、「皇帝的鏡子：清宮鏡鑑文化與典藏」、「華麗魔法屋：故宮的洛可可珍藏」等。

31　**邱士華**，國立故宮博物院書畫文獻處副研究員，國立臺灣大學藝術史研究所博士，主要進行中國繪畫方面的研究。曾參與策劃「雍正：清世宗文物大展」、「十全乾隆」、「山水合璧：黃公望與富春山居圖」、「行篋隨行：乾隆南巡行李箱中的書畫」以及「偽好物：16至18世紀蘇州片及其影響」、「權力的形狀：南薰殿帝后像」等特展，近年發表〈獻繪徵祥瑞·披圖存治功：嘉慶朝宮廷繪畫新象〉、〈拼嵌群組：「蘇州片」作坊的探索〉、〈黃彪是「蘇州片」画家なのか〉等文。希望可以讓大家對藝術史與博物館更有興趣！

32　**黃蘭茵**，國立故宮博物院器物處助理研究員，曾策畫「適於心：明代永樂皇帝的瓷器」特展（2017-2020），並負責故宮舉辦的國內外多檔常設展、特展的籌畫工作。研究涉獵範圍主要有7至17世紀陶瓷史，近年來，主要關懷15世紀時期明代宮廷和伊斯蘭世界的互動。大學時，因為想要了解古人生活中的器具而開始接觸陶瓷史，並且很幸運地進入博物館任職，從事陶瓷史相關的研究、策展、數位化等工作。認為展覽是連接觀眾和博物館、古代和現代、他者和自身的媒介，希望每個到博物館的人，都能透過展覽獲得知識和喜悅。

33　**森達也 Mori Tatsuya**，早稻田大學碩士，金澤大學博士。現任日本沖繩縣立藝術大學教授。歷任愛知縣陶瓷資料館（今愛知縣陶瓷美術館）學藝員、主任學藝員、學藝課長。策劃重要展覽如「唐三彩展 洛陽の夢」、「海のシルクロードの出発点『福建』——沈沒船、貿易都市、陶磁器、茶文化——」、「日本人の愛した中國陶磁 龍泉窯青磁展」等。研究領域為中國陶瓷史及其考古、日本陶瓷史、古代陶瓷貿易，研究涉及中國古代青釉瓷器的發展，汝窯、官窯、定窯、龍泉窯等窯場的生產、流通、生產特點，中國古代陶瓷外銷，伊斯蘭世界與中國陶瓷的關係等。2013年獲「小山富士夫紀念褒賞」。著有《中國青瓷の研究：編年と流通》。

34　**文以誠 Richard Vinograd**，美國史丹福大學藝術與藝術史系克里斯汀生基金亞洲藝術教授（Christensen Fund Professor in Asian Art）。研究興趣與相關研究發表包括中國肖像畫、山水畫、元代文人畫、城市版畫文化、繪畫美學和理論、美術史學、現代中國畫、當代中國水墨畫和跨國藝術等。最近的研究關注探討現代早期跨文化藝術交流的各種不同面向。著有專書《自我的界限：1600-1900年的中國肖像畫》、*Facing China: Truth and Memory in Portraiture*，合著有《中國藝術與文化》以及 *Ink Worlds: Contemporary Chinese Paintings from the Collection of Akiko Yamazaki and Jerry Yang* 等書。

35　**芬萊 John Finlay**，巴黎現代與當代中國研究中心（CECMC）合作研究員（Chercheur associé）。他的第一個學位是1974年舊金山藝術學院的版畫學士。亦曾就讀於哥倫比亞大學和耶魯大學，並於2011年獲得中國藝術史博士學位，論文題目為 40 Views of the Yuanming yuan: Image and Ideology in a Qianlong Imperial Album of Poetry and Paintings。近期著作為 *Henri Bertin and the Representation of China in Eighteenth-Century France*。

36　**劉宓亞 Mia Yinxing Liu**，芝加哥大學藝術史系博士畢業，現任職約翰霍普金斯大學藝術史系助理教授。專注中國和亞洲現代藝術與視覺文化的跨媒體歷史研究，如繪畫、攝影、電影，或其他光學裝置之間的交錯與互動。2019年出版專著題為 *The Literati Lenses: Wenren Landscape in Chinese Cinema*（《風景舊曾諳：毛時代電影中的文人山水》），近年並關注臺灣攝影，撰文探討張照堂，郎靜山等人的藝術。目前研究項目包括20世紀現代水墨畫與攝影的臨界創作和史論，以及中國電影中的女性畫外音等。

37　葉凱蒂 Catherine V. Yeh，波士頓大學中國文學與比較文學系教授，研究興趣為 19 世紀與 20 世紀文學、媒體和視覺文化領域的全球文化互動和流動。近期專著包括 The Chinese Political Novel: Migration of a World Genre 和 Asia at the World's Fairs: An Online Exhibition of Cultural Exchange（執行編輯和共同作者）。近期的研究項目是 Improbable Stars: Female Impersonators, Peking Opera and the Birth of Modern Star Culture in 1910s China。

38　石慢 Peter Sturman，1989 年耶魯大學博士，加州大學聖塔巴巴拉分校藝術與建築史系教授。研究專長為中國書畫、中國中古及近代早期圖文關係。主要關注北宋文人文化及其發展，已發表關於 10、11 世紀中國山水畫、北宋晚期宮廷藝術、宋元之際的遺民藝術和 17 世紀書畫等研究論文。專書著有 Mi Fu: Style and the Art of Calligraphy in Northern Song China（1997）和 The Artful Recluse: Painting, Poetry, and Politics in 17th-Century China（2012）。目前著手撰述一本關於北宋文人畫的專書，名為 Form and Shadow: Painting and the Literary Mind in Song-Dynasty China，同時亦進行明代博學多才的徐渭（1520-1593）的書法研究。

39　宮崎法子 Miyazaki Noriko，東京大學博士（文學）。實踐女子大學文學部美學美術史系教授。東京大學大學院美術史系畢業之後，1980 年任京都大學人文科學研究所助教，1983-1984 年赴北京中央美術學院留學。其後於 1987 年任三重大學人文學部副教授。又於 1990-1991 年應哈佛大學燕京研究所邀請，以訪問學者身份赴美研修。最終於 1995 年赴任現職。其間於 2003-2004 年前往英國及臺北國立故宮博物院研修。主要著作有《花鳥山水を讀み解く》（2003）、《中國繪畫の內と外》（2020）。

40　蔡家丘，國立臺灣大學藝術史研究所碩士、日本筑波大學人間總合科學研究科藝術專攻博士。博士論文〈1910 年代—30 年代における日本人画家の東アジア旅行と創作についての研究—地域と文化に絡む東アジアの図像〉。現任國立臺灣師範大學藝術史研究所副教授。研究領域為近代日本美術史、臺灣美術史，近代東亞美術中的超現實繪畫、日本人畫家之東亞旅行與創作等。近期出版共同編著《臺灣美術兩百年》（春山出版，2022）。

41　魏瑞明 Stephen H. Whiteman，英國倫敦大學科陶德藝術學院（The Courtauld Institute of Art）教授，雪梨大學藝術史名譽系友。研究和教學重點為現代早期中國在全球脈絡下的視覺和空間文化。已大量發表關於景觀史、現場本位（site-based）研究以及藝術史的數位方法等論述。近期出版專書《龍脈：康熙帝與避暑山莊》（2021）以及編著 Landscape and Authority in the Early Modern World（2023）。

42　蔡九迪 Judith T. Zeitlin，芝加哥大學東亞語言文明系戲劇和表演研究教授（William R. Kenan, Jr. Professor）。已出版發表與中國的戲曲、視覺文化和音樂相關的研究著作包括與李雨航合著 Performing Images: Opera in Chinese Visual Culture（2014）、與瑪莎・費爾德曼（Martha Feldman）合著 The Voice as Something More Essays toward Materiality（2019）。最近正與作曲家姚晨合作創作歌劇 Ghost Village，並負責劇本寫作。近期將翻譯出版三本中文版著作：《異史氏：蒲松齡與中國文言小說》、《芳魂：明末清初中國文學中的女鬼與性別》以及《蔡九迪自選文集》。

43　劉禮紅 Lihong Liu，美國密西根大學藝術史系莎莉・邁克生・戴維森（Sally Michelson Davidson）中國藝術與文化講席教授、藝術史助理教授，紐約大學藝術史研究所博士，蓋蒂中心和美國國家藝術博物館博士後，曾任教於約翰斯・霍普金斯大學和羅徹斯特大學。主要研究興趣包括中國明清書畫，早期現代世界物質文化交流，藝術史理論方法。目前的研究致力於嘗試發展生態藝術史。

44　小林宏光 Kobayashi Hiromitsu，東京上智大學名譽教授，加州大學伯克利分校藝術史碩士和博士。長期研究亞洲藝術史，研究專長為 10 至 19 世紀的中國繪畫和木版畫，以及和漢（Sino-Japanese）藝術的相互關係。目前研究關注繪畫與木板畫之間的相互作用，及其在中國藝術進展中產生的諸多影響。曾於 1990 年和 2017 年二度以藝術史的學術貢獻獲得日本國華賞。專書及合著包含《南禪寺秘藏詮の木版画》、《中国の版画——唐代から清代まで一》以及在國內外重要期刊發表的大量文章與評論。近年的兩本專書分別為《中国版画史論》與《近世画譜と中国絵画》。

45 **馬雅貞**，美國史丹福大學藝術史博士。現任國立清華大學歷史研究所教授。曾任美國哈佛大學費正清中國研究中心訪問學人。專長領域為明清藝術史與文化史；研究興趣涵蓋明清時期的城市、商業與視覺文化、士人武勳文化、清代宮廷藝術，以及中央與地方的互動等。著有專書《刻畫戰勳：清朝帝國武功的文化建構》；論文收入 *Qing Encounters: Artistic Exchanges between China and the West*、《「倭寇図卷」「抗倭図卷」をよむ》等書與《新史學》、《漢學研究》、《故宮學術季刊》等期刊。

46 **王靜靈 Ching-Ling Wang**，德國柏林自由大學東亞藝術史博士，現職荷蘭國家博物館亞洲部研究員，曾任德國柏林國家博物館亞洲藝術館研究員。研究領域包含中國繪畫史，清代宮廷藝術，以及歐亞視覺與物質文化交流。

47 **趙金勇**，出生於高雄，先後在臺灣與美國接受人類學與考古學訓練，長期研究臺灣東海岸史前文化，並曾於中國、阿拉斯加、菲律賓山區、東帝汶與琉球先島群島等地進行田野工作。目前任職於中央研究院歷史語言研究所，亦於成功大學考古學研究所任教。主要的研究興趣是從歷史生態與演化考古的理路，探討島嶼東南亞地區環境變遷與文化適應的複雜關係。近年的研究觸角延伸到近現代時期的臺灣歷史考古，嘗試從物質文化思考當代社會的底蘊。

48 **顏娟英**，國立臺灣大學歷史系碩士，哈佛大學藝術史博士，曾任中央大學藝術學研究所所長、中央研究院史語所研究員，退休轉任史語所兼任研究員。中國藝術史研究重點在中古時期的佛教藝術；臺灣美術研究始於 1987 年，長期進行一手資料的收集、整理與翻譯、全臺畫家田調工作、寺廟調查與私人收藏調查等。專書與合著有《風景心境──臺灣近代美術文獻導讀》、《鏡花水月：中國古代美術考古與佛教藝術的探討》、《臺灣美術兩百年》等，並建置公開網路資料庫：「南國美術殿堂　臺灣美術展覽會（1927-1943）作品資料庫」。

譯者簡介

胡宗香，國立臺灣大學外文系畢業，哈佛大學東亞研究碩士，現為雜誌編輯與兼職翻譯，譯有《十字軍首役》、《反抗》、《征服自然》等書。曾獲梁實秋文學獎翻譯類（譯文組）首獎。

薛芸如，日本東北大學文學博士，元智大學應用外語系助理教授。譯有《恍然大悟》、《掌中記》、《阿拉至大》、《德國危機》、《伊斯蘭的吉哈德》。

洪婕憶，國立成功大學考古學研究所碩士，研究興趣是歷史時期人群的移動與交流。負責森達也〈青瓷礎花入萬聲〉一文翻譯。

劉琨華，紐約大學美術研究所碩士，現為藝術顧問及獨立學者。負責喬迅〈把紫禁城看作一件物〉一文翻譯。

譯文潤校簡介

柯輝煌，國立臺灣大學藝術史研究所碩士。東京藝術大學日本・東洋美術史專攻碩士。東京大學總合文化研究科博士課程。研究領域為近代日本美術史、戰前殖民地臺灣、朝鮮半島等區域的書法史發展。

李文玉，淡江大學日文系畢業，現為自由譯者，主要承接遊戲本地化翻譯校對與時事新聞編譯，亦有戰前文獻翻譯經驗。

國家圖書館出版品預行編目 (CIP) 資料

物見：四十八位物件的閱讀者，與他們所見的世界 = Seeing: 48 Object Readers and Their Worlds/
柯律格等撰；胡宗香等譯. ―― 初版. ―― 新北市：遠足文化事業股份有限公司, 2022.09
　　面；　公分. ―― (遠足 panorama；1)
ISBN 978-986-508-152-2(精裝)

1. CST：美術考古　2. CST: 文物研究　3. CST：藝術評論　4. CST：文集

790.1607　　　　　　　　111012262

總策畫	賴毓芝					
作　者	柯律格	喬　迅	巫　鴻	高彥頤	梅　玫	羅　森
	李雨航	板倉聖哲	謝明良	班宗華	竹浪遠	余佩瑾
	塚本麿充	劉宇珍	米　凱	賴毓芝	施靜菲	史彬士
	孟絜予	林麗江	盧慧紋	王淑津	馬孟晶	李慧漱
	彭盈真	胡素馨	霍吉淑	雷德侯	陳愷俊	吳曉筠
	邱士華	黃蘭茵	森達也	文以誠	芬　萊	劉宓亞
	葉凱蒂	石　慢	宮崎法子	蔡家丘	魏瑞明	蔡九迪
	劉禮紅	小林宏光	馬雅貞	王靜靈	趙金勇	顏娟英
譯　者	胡宗香	薛芸如	洪婕憶	劉琨華		
副總編輯	洪仕翰					
責任編輯	余玉琦					
譯文潤校	柯輝煌	李文玉				
行銷總監	陳雅雯					
行銷企劃	張偉豪					
封面設計	徐睿紳	XUXgraphic				
美術設計	徐睿紳	XUXgraphic				

物見：四十八位物件的閱讀者，與他們所見的世界
Seeing: 48 Object Readers & Their Worlds

Panorama 全景 01 景

出　版　遠足文化事業股份有限公司
發　行　遠足文化事業股份有限公司（讀書共和國出版集團）
地　址　231 新北市新店區民權路108之2號9樓
電　話　02-22181417
傳　真　02-22180727
法律顧問　華洋法律事務所　蘇文生律師
印　刷　通南彩色印刷有限公司
初　版　一刷　2022年9月
　　　　四刷　2024年9月

定　價　820元
ISBN　978-986-508-152-2

特別聲明：有關本書中的言論內容，不代表本公司／出版集團之立場與意見，文責由作者自行承擔。

有著作權，翻印必究　如有缺頁或破損，請寄回更換
歡迎團體訂購，另有優惠，請洽02-22181417，分機1124、1135
Complex Chinese translation copyright © 2022 by Walkers Cultural Enterprise Ltd.
ALL RIGHTS RESERVED.

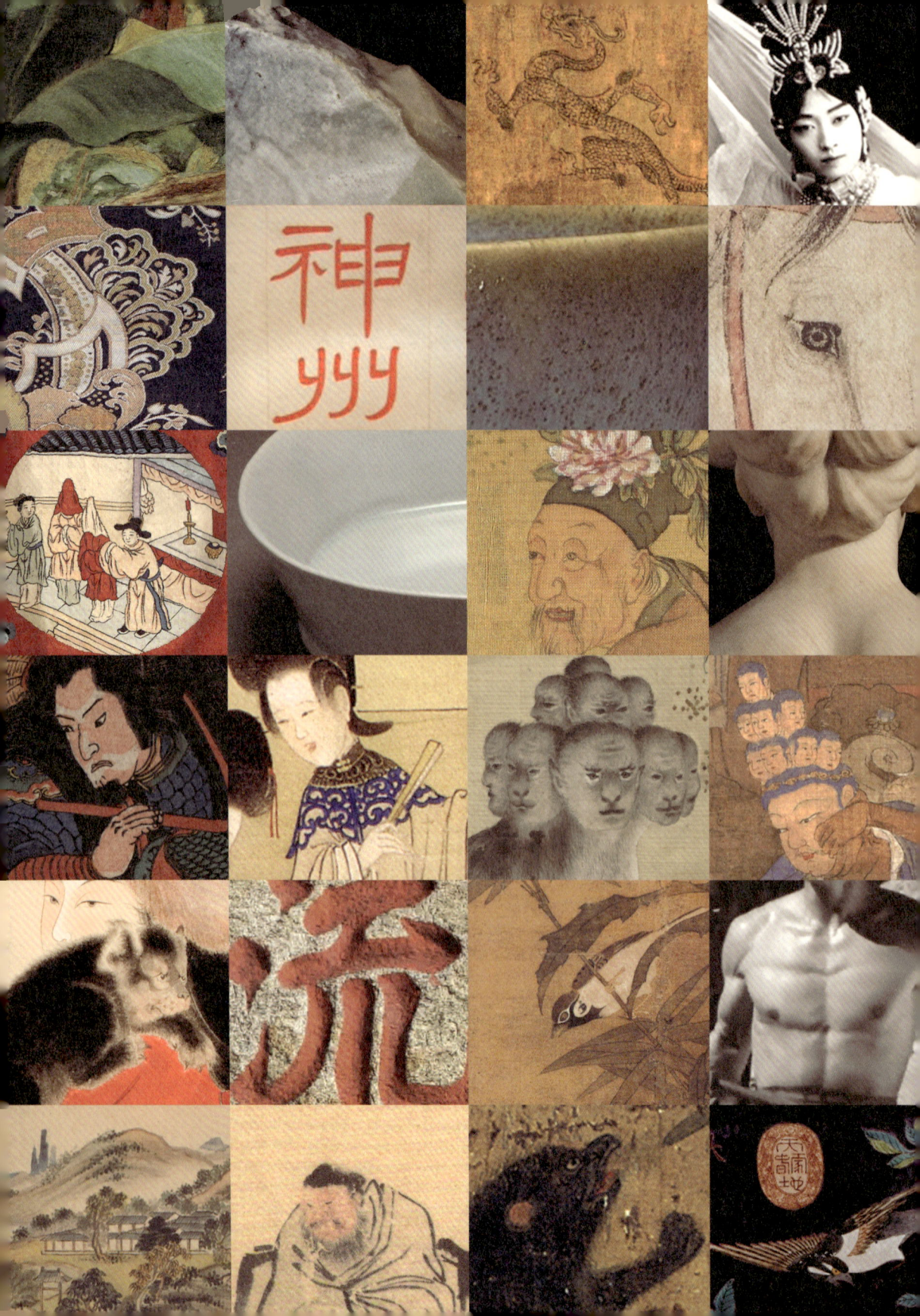